新世纪
高等学校教材

新闻传播学系列教材

媒介批评：
理论与方法

姚君喜　主　编

北京师范大学出版集团
BEIJING NORMAL UNIVERSITY PUBLISHING GROUP
北京师范大学出版社

图书在版编目(CIP)数据

媒介批评：理论与方法 / 姚君喜主编. — 北京：北京师范大学出版社，2014.3(2024.1重印)

(新世纪高等学校教材　新闻传播学系列教材)

ISBN 978-7-303-17273-3

Ⅰ. ①媒⋯　Ⅱ. ①姚⋯　Ⅲ. ①媒介－高等学校－教材　Ⅳ. ①C0

中国版本图书馆 CIP 数据核字(2013)第 266471 号

图书意见反馈　gaozhifk@bnupg.com　010-58805079

出版发行：北京师范大学出版社　www.bnupg.com
　　　　　北京市西城区新街口外大街 12-3 号
　　　　　邮政编码：100088
印　　刷：北京天泽润科贸有限公司
经　　销：全国新华书店
开　　本：730 mm×980 mm　　1/16
印　　张：25
字　　数：460 千字
版　　次：2014 年 3 月第 1 版
印　　次：2024 年 1 月第 5 次印刷
定　　价：39.00 元

策划编辑：王　强　　　　　　责任编辑：王　强
美术编辑：焦　丽　李向昕　　装帧设计：焦　丽　李向昕
责任校对：李　菡　　　　　　责任印制：马　洁

目　录

第一编　基本原理

第二编　基础理论

第三编　实践范畴

第一编　基本原理

党的十八大以来，习近平总书记针对新闻舆论工作的作用、职责使命、实践要求、自身建设等作出重要论述，深刻回答了新闻舆论工作的方向性、全局性、战略性等重大问题。媒介批评理论与方法作为推动媒介健康发展、提高传播效果的基础理论，习近平总书记的重要论述，是指导媒介批评理论研究的基石，是指导媒介批评理论与实践发展的核心。

党的新闻舆论工作是党的工作的重要组成部分。习近平总书记指出："做好党的新闻舆论工作，事关旗帜和道路，事关贯彻落实党的理论和路线方针政策，事关顺利推进党和国家各项事业，事关全党全国各族人民凝聚力和向心力，事关党和国家前途命运。"做好党的新闻舆论工作，营造良好舆论环境，是治国理政、定国安邦的大事。在新闻舆论工作的实践中，党性原则是党的新闻舆论工作的根本原则。坚持党性原则，最根本的是坚持党对新闻舆论工作的领导。新闻舆论工作要坚持马克思主义新闻观，坚持正确舆论导向，坚持正面宣传为主，大力推动媒介融合发展，做大做强主流舆论。

习近平总书记对我国国际传播工作作出重要论述，指出："要深刻认识新形势下加强和改进国际传播工作的重要性和必要性，下大力气加强国际传播能力建设，形成同我国综合国力和国际地位相匹配的国际话语权，为我国改革发展稳定营造有利外部舆论环境，为推动构建人类命运共同体作出积极贡献。"党的二十大报告也明确提出，"加快构建中国话语和中国叙事体系，讲好中国故事、传播好中国声音，展现可信、可爱、可敬的中国形象"，"加强国际传播能力建设，全面提升国际传播效能"。这些论断都为当代媒介批判理论和实践提出了具体要求，指明了方向。

伴随着数字化和媒介技术的快速发展，数据成为人类社会中须臾不可离开的存在，人类社会已全面进入"媒介化社会"的时代。媒介批评作为传播学理论研究的重要理论构成部分，有关媒介的理论和方法研究在当代传播学研究领域也不断得到重视，并且得以快速发展。本编内容重点介绍媒介批评的基本原理，具体包括媒介批评的基本内涵和视角、对象和范围、目的和功能，媒介批评理论和方法的兴起与发展，媒介批评的特征与类型，媒介批评理论的研究问题和研究方法等内容。通过本编的介绍，初步明确媒介批评的基本概念和内涵、媒介批评研究的基本问题和应用范围以及研究方法，为更深入地理解媒介批评理论和方法提供理论基础。

第一章　导　论

本章内容要点

　• 媒介批评是立足于特定价值立场的对社会公众的传播活动进行的反思性探究，它与传播批判研究、新闻评论有所不同，重点从中观层面对媒介及相关问题进行研究。

　• 媒介批评的对象是以媒介为核心的大众传播活动及其媒介产品，其范围包括大众传播活动过程的各个方面。

　• 媒介批评的主要目的是探寻人类传播活动的目的和意义，保障人类传播活动的良性健康发展，其功能在传播活动的各个环节都有所体现。

　• 媒介批评的视角包括学术性反思、经验性感悟和实践性观察。

　　媒介批评是传播学研究理论的重要分支学科。

　　传播行为是人类社会发展中的重要社会活动。从直立行走、语言的出现，到族群、社会和国家的形成，直至当今全球化发展，在人类社会漫长的历史中，无不贯穿着人类日益频繁和多维度的交流、交往的传播活动。人类社会生活中各类传播现象五彩纷呈，人类不仅创造了多种多样的传播形式，也形成了丰富的有关交流交往的传播理论、观念和思想。特别是当代媒介技术的发展，更为人类不同群体之间的交流和交往、信息传播提供了最大限度的可能，针对人类传播行为研究的传播学也发展成为独立的学科门类，并且在今天显现出方兴未艾的发展势头。

　　20世纪以来，随着信息技术和传播活动的发展，各类媒介不断普及和应用，人类已完全进入以传播媒介为载体的信息化社会。发展至今，新媒体已对传统媒体造成了巨大挑战。伴随着移动终端、人工智能的发展，各类社交媒体、智能媒介等新媒体形态不断涌现，不断颠覆传统媒介和信息传播秩序，迫使传统媒体要么被淘汰，要么面临转型。据统计，截至2022年12月，中国网民规模达10.67亿，互联网普及率达75.6%。中国移动电话用户规模为16.83亿户，人口普及率升至每百人119.2部，高于全球平均水平。5G移动电话用户达5.61亿户，占移动电话用户的比例达到33.3%，是全球平均水平(12.1%)的 2.75 倍。① 当代社会人们传播实践迅速发展，人类传播技术不断提高，各类新兴媒介形态不断涌现，传统媒介与新兴媒介不断整合。受社会、文化批评理论及其他哲学、社会学、政治学、文学等相关理论的影响，有关媒介批评的理论和实践也得到不断发展和完善。

在新媒体技术快速发展的背景下，媒介研究必须也要重新审视媒介与社会、文化的关系，媒介批评理论也要不断适应媒介快速发展的趋势。媒介作为人类社会生活的重要组成部分，没有任何时代能像如今的媒介这样对人有如此重要的影响。因此，为了保证"媒介化社会"的良性发展，从而有效地服务于社会公众，就有必要对大众传播媒介以及以大众传播为主的人类传播活动进行反思和批判，以纠正其偏误，引导其良性地向适合人类发展的方向行进。因此，掌握媒介批评的基本原理、基本理论和方法，以及在实践范畴中的具体应用等，就显得十分必要。同时，就传播学科本身而言，媒介批评学理论和方法也必须要从传统的依附于大众传播学的地位中摆脱出来，从而建立起自身相对独立、完善和系统化的学科理论体系和研究方法。

第一节　媒介批评的内涵和视角

媒介无处不在，人们身处媒介的包围之中，媒介甚至构成人们的世界。对此，德国媒介学者弗里德里希·基特勒认为，媒介决定了人们的境况，强调媒介构成了人们对世界的经验和理解的基本结构。由此，媒介批评理论的兴起和发展与大众传播媒介本身的发展和应用密切相关，但作为一门独立的人文社会学科研究，学界对其内涵和定义的界定还有所争议，尚需要对其做深入讨论，从而使其在理论和方法上不断成熟和完善。

一、从报业批评、新闻评论到媒介批评

媒介批评理论的形成和发展，与大众传播媒介本身的理论和实践的发展是分不开的。在大众传播理论研究中，人们经常使用"报业批评""影视批评""新闻评论""新闻批评""媒介评论""传播批判"等概念，在人文社会科学研究中，人们也频繁使用这些内涵模糊的概念，这些概念很容易与"媒介批评"的概念产生混淆。但是，媒介批评与报业批评、新闻评论等概念既有所不同，

---

① 央视网：《我国移动电话用户为 16.83 亿户 5G 用户达 5.61 亿户》，http://news.cctv.com/china/，2023-02-10。

又有所联系。

报业批评指的是大众传播媒介在发展早期，针对报纸媒介展开的批评实践活动。早在西方报纸媒介产生之初，许多大报刊都开设了"媒体批评"或"媒介批评"的专栏，许多国家还设立了"新闻评议会"之类的媒介批评组织或实行"媒体监察人"制度，它们就像"哨兵"和"船长"一样，监督着大众传播媒介及产品的优劣，规划着传播媒介的宏观走向。可见，媒介批评的早期实践与报业批评密切相关，与此同时，媒介批评的理论也逐渐建立起来。

作为新闻实践研究的重点领域，新闻评论的重点在于通过新闻文本，对社会事实、新闻事件、热点或焦点社会议题进行评论和分析，提出自己的看法和观点，表达自己的价值立场，其本质是"意见"的表达和传播。新闻评论是一种专门的新闻实践活动，也是新闻文本的主要体裁，它和新闻报道（消息、通讯）共同构成新闻媒介的主要内容。虽然新闻评论也可以就新闻传播本身的价值、媒介内容和媒介现象等发表意见和看法，但这不是新闻评论的主要目的。因此，与媒介批评不同，新闻评论更多的是一种微观层面的新闻实践活动。

媒介批评则是大众传播学宏观理论的组成部分，作为成熟的大众传播学，应该包括传播实务、传播发展史、传播理论与传播批评，"媒介批评"即是对传播批评的具体指称。它是指立足于特定的社会文化理论及大众传播理论，对人类所有的传播活动进行反思和批判。媒介批评的理论研究立足于大众文化批判的视角，深受"法兰克福学派"和"文化研究学派"的社会文化批判理论和方法的影响，主要从社会文化、意识形态、政治经济、技术等更加深广的层面，揭示媒介与人、媒介与社会、媒介与文化、媒介与技术等的深层关系。这些立足于批判性视角的研究，从宏观的理论视野出发，将大众传播媒介系统放置于整体社会文化系统之中，并立足于特定的社会政治、经济和文化现实，分析和反思人们的传播活动。就媒介批评理论的发展而言，从20世纪80年代学者黄新生开始探究西方的媒介批评理论，到90年代中期进入中国大陆文化批评研究和大众传播学研究的视野，媒介批评得到中国学术界的普遍重视，立足于不同学术视角、考察不同媒介层面的研究不断展开，其主要目的在于通过对人类传播活动的本质的反思，探究人类传播活动的基本价值坐标和方向，从而推动大众传播的良性发展。

此外，媒介批评还与"新闻批评""媒介评论""传播批判""报刊评论"等概念和理论内涵有内在的关系。

二、批判、批评与评论

"批评"是媒介批评的核心概念，是界定"媒介批评"内涵的重点和难点。为了厘清媒介批评的"批评"内涵，就有必要对学术语境中习惯使用的"批判""批评"与"评论"等概念的内涵加以剖析。批判、批评与评论等概念之间既有联系又有区别，因此，明辨它们之间的关系，以便准确界定媒介批评的概念内涵。

（一）批判

关于"批判"概念的内涵，一般指的是"批判哲学"或"批判理论"，它们都涉及哲学和社会思想研究层面的基本理论视角和方法。

1. 康德的"批判哲学"思想

与批判有关的首先是康德的"批判哲学"思想。康德是 18 世纪德国伟大的思想家，他立足于"批判"方法，以其《纯粹理性批判》《实践理性批判》《判断力批判》三部巨著建立了批判哲学体系，分别涉及哲学、伦理、艺术三个领域，构成了他关于真、善、美的思想理论体系，因此人们把他的哲学称为"批判哲学"。康德的批判哲学又被称为"先验唯心论"，"批判"在这里的意思是考察分析的意思。康德哲学是对近代唯理论和经验论的发展。康德认为，唯理论主张真理出自理性，知识是从先天的公理中推演出来的，这样不足以说明知识的丰富多彩；而经验论只承认感觉，否认理性的推演作用，无法说明知识的普遍性和必然性。唯理论和经验论者所犯的错误都在于在得出自己的结论之前，没有"批判"地考察人的认识能力。因此，康德给自己的哲学确定的任务是在进行实际活动之前，先要对人的认识能力进行"批判"的考察分析，以确立其范围和界限。这就是康德使用"批判"一词的原因和建立批判哲学的基本动机。

对于康德批判理论的内涵，有学者研究认为，"'批判'本身是一个辩证的概念，它没有绝对否定的意思……正像康德在《纯粹理性批判》中认为：批判的目的并非是要否定，而是恰恰相反，是要确立作为一门科学坚实基础的原理……近代人文知识分子的批判，其根本目的不是单纯的否定，而是积极的建设性的肯定；或是要确立新的原则，或是要通过反思批判将原理建立在更为牢靠的新的基础之上。这也就是人文知识分子批判活动的深层意义所在。"[①]这里所指的康德的批判理论，不仅仅是古典时期的康德所使用的认识

---

① 张汝伦：《思考与批判》，524～525 页，上海，上海三联书店，1999。

世界的方法，它包含着对人类认识的细致和严谨的剖析，借助于批判的理论和方法，人类也许能够更深入地接近事物的本质，更全面地把握人类的世界以及文化。究其本质，康德的批判理论为人文社会科学的规范性从理性思辨的角度确立了基本的标杆。康德的批判理论在今天仍具有现实意义，媒介批评理论在建立批判性思维时，仍需要应用康德的批判理论和方法。无疑，康德批评哲学的思维方式、理论范式以及对人的认识能力、伦理及审美能力的深邃的思考，依然是批判性研究的基本理论支柱。应该说，康德所确立的批判思想，在今天仍具有现实意义。

2. 法兰克福学派的"社会批判"理论

法兰克福的社会批判理论是"批判"理论和方法的又一重要基础。"法兰克福批判学派"的批判理论，主要指的是一种解释性的、规范性的、实践性的和自我反思性的社会理论。法兰克福"批判学派"的"批判"一词，最先由德国社会学家霍克海默重点加以阐释，用于法兰克福学派思想家团体，主要指的是与法兰克福社会研究所成员有关的一种社会批判的理论形式。该学派主要是对当代西方现代工业文明发展中的社会文化的批判研究，具有强烈的现实批判精神。学派代表人物有霍克海默、卢卡奇、本雅明、葛兰西、马尔库塞、阿多诺、萨特、戈德曼、阿尔都塞等。法兰克福批判理论学派的研究方法，主要立足于马克思主义和新左派思想的基础，不但与西方实证主义思潮对抗，也与马克思主义的科学主义进行争论，同时既批判西方资本主义，也批判社会主义社会的形式。霍克海默在 20 世纪 30 年代就致力于建立社会批判理论，他坚持认为马克思主义本身就是批判理论，因此，他提出要恢复马克思主义的批判性，对现代资本主义社会从哲学、社会学、经济学、心理学等方面进行多方位的研究批判。他和阿多诺合著的《启蒙辩证法》一书，开创了法兰克福学派对现代资本主义的批判理论，为社会批判理论提供了标准的模式和基础。

德国学者格尔诺特·伯默认为，批判理论利用的是规范的概念，批判理论的原型是马克思的政治经济学批判。借助于政治经济学批判，马克思得以恰当地描述资本主义经济体系的功能，同时着眼于资本主义经济体系的变化，认为它是值得批判的。为此，马克思使用了双重概念，如价格/价值、剩余价值/利润、生产/再生产等。借此，他不仅能够描述资本主义的必然过程，而且能够描述资本主义的灭亡趋势。批判理论作为一个学派表明①，媒

---

① ［德］格尔诺特·伯默：《自然批判理论》，见［德］格·施威蓬豪依塞尔等：《多元视角与社会批判：今日批判理论》，下卷，5 页，北京，人民出版社，2010。

介批评理论当然不完全等同于哲学、社会学的批判理论，但是，在媒介批评理论研究中，作为媒介批评研究的理论背景，康德的批判哲学思想和法兰克福学派的批判理论，具有重要的理论意义和现实的应用价值。特别是法兰克福学派的社会文化批判理论，就直接涉及对大众文化媒介发展的批判、分析和反思，为媒介批评理论提供了系统的理论和方法，因此，关于"批判"的各种理论也属于媒介批判研究的主要范畴。

麦奎尔描述了"四种"传播理论，包括社会科学理论、规范理论、操作理论、日常理论等。除此之外，有研究者提出了第五种大众传播理论，主张媒介理论研究最好的方法是通过"批判理论"，其核心就是通过特定的价值立场和视角，观察分析媒介现象并做出评价。媒介批判立足于人类生存价值的终极目标，通过相关的分析框架，由此建立思想和理论体系，主要关注社会公众日常生活中的各种压迫和不平等关系，批判不仅是观察现象，更重要的是批判现象。

（二）批评

"批评"一词有着非常丰富的语义史。汉语"批评"的含义包括：第一，指出优点和缺点，评论好坏；第二，专指对缺点和错误提出意见。媒介批评中的"批评"对应的是英文词"Criticism"，其含义有：第一，对任何事物质量的优劣进行评判并加以表述的行为，尤指艺术作品；批评、评论性的文章。第二，评论。第三，非难、责难、攻击。第四，不利的批评和非难。可见，英文中的批评也包含两种指向；其一为兼顾优劣两方面，加以评判；其二是直指错误。英文的批评也包含着分辨优劣、臧否功过、评价是非的含义。

"批评"概念早期常被用于文学及艺术批评。在文学艺术批评中，批评是一个使用十分宽泛的概念，含有分析、判断、思考、反思等意义。文学批评理论家莫瑞·克里格认为，批评具有两种含义：其一，是对诗或文学文本的直接审美反映（也可以指对媒介各种文本——电视、报纸、广播、网络等），或者对其所做的陈述即话语；其二，指对这种反应、陈述或话语在理论上所做的阐述。前者是对诗或文本的赏析，是心灵深处各种感情的投射，也是一种应用或实践的批评。后者则是基于哲学、心理学、社会学等学科之上所进行的一种理智的或理性的审视，是对批评陈述的理论陈述。[①] 当然，本书重点所指的是后一种批评概念。

---

① ［美］莫瑞·克里格：《批评旅途：六十年代之后》，李自修等译，8～9页，北京，中国社会科学出版社，1998。

　　对于该概念的演变，英国文化研究学者雷蒙·威廉斯在他的著作《关键词：文化与社会的词汇》中有专门的词条加以详细考述，从古希腊开始，到16世纪出现类似词汇，直至17世纪形成，其中就包含着"挑剔""评判""判断"的含义。① 美国文艺理论学者家雷内·韦克勒在其《批评的概念》中，对"批评"一词也做了词源学的考述。他从古希腊的原意讲起，直到1677年以"批评就是指正确判断的标准"而在英、法、意等国最后确定并开始通用。② 毋庸置疑，媒介批评中的"批评"之意也等同于文艺批评、影视批评等的"批评"含义。韦勒克同时也认为，学术研究者无法为这一概念"立法"，在学术语境中，它依循一定的学术传统。另一位学者菲利普·斯摩尔伍德在探讨批评概念时也认为无法对它清楚界定。③ 韦勒克指出："这个词在19世纪和当代完全是被当作康德的批评哲学的术语来使用的。"④ 从康德"批判哲学"的传统角度看，媒介批评也是一种人文反思和形而上的哲学追问，具有强烈的人文终极关怀的价值立场。由此可见，"批评"这一概念不仅是方法上的，而且具有形而上的本体存在的意义，即包含着对事物的本真状态的探究，对终极价值关怀的追求，以及对基本存在意识的反思。正如黄新生认为批评就是要以"否定性思考"实现"意识的启蒙"，来促进"现状的改变"。⑤

　　就媒介批评理论本身的发展而言，"批评"是一个包容极广的概念，与它并存的还有其他多个概念，如 journalism criticism、press criticism、mass communication criticism 与 media criticism 等。从这些概念的使用情况可以看出，前两个概念主要是指对新闻媒体的批评，显然，媒介批评则指的是对大众传播媒介总体性的批评，既包括新闻传播媒介，也包括作为文化传播载体的所有大众媒介形态，如流行音乐、摄影、影视、时尚期刊等，"媒介批评"事实上是对其相关研究的一个总体性称谓，因为它包含的领域最为开放，

　　① ［英］雷蒙·威廉斯：《关键词：文化与社会的词汇》，刘建基译，97页，北京，生活·读书·新知三联书店，2005。

　　② ［美］雷克·韦克勒：《批评的概念》，张金音译，19～33页，北京，中国美术学院出版社，1999。

　　③ Philip Smallwood，*The Definition of Criticism. New Literary History*，Summer 1996，p.545.

　　④ ［美］雷克·韦克勒：《批评的概念》，张金音译，19～33页，北京，中国美术学院出版社，1999。

　　⑤ 黄新生：《媒介批评——理论与方法》，4～5页，台北，五南图书出版公司，1987。

也是目前最为广泛使用的概念。① 由此可见，媒介批评中的"批评"概念，本身就包含着立足于价值立场的对大众传播活动的批判性考察。

(三)评论

有研究者把"媒介批评"等同于"新闻评论"或"新闻批评"，没有严格区分二者的边界，以至于在概念上模糊不清，导致产生了以新闻评论代替媒介批评的误区。有人认为，媒介批评是分析媒介现象，反思新闻报道的得失，评价记者的作品，从而形成相应的新闻观念。显然，这一概念界定把媒介批评仅仅等同于新闻评论，仅用"媒介批评"的概念指称批评性报道和调查性报道，意指通过大众媒介对各种社会现象进行的评论和分析。在这里，媒介或者更准确地说新闻从业者是批评的主体而非对象。显然，"媒介批评"的对象是大众传播媒介及其相关的所有大众传播活动，如不对此加以区别，就会引起对媒介批评的研究对象和研究范围的模糊和误解。

媒介批评不同于新闻评论。新闻评论是一种经常性的职业新闻实践活动，是作者对最近发生、出现、变动的具有新闻价值的事件、观点、事物等提出看法和意见的评述性文章。作为一种新闻文体的基本体裁，它和新闻报道一起成为新闻媒介的重要内容和组成部分。虽然新闻评论也可以就新闻价值的媒介内容和媒介现象等发表意见和看法，但这不是新闻评论的主要任务，它在新闻评论中只占很小的部分。

总之，媒介批评中的"批评"概念，上承批判思想中的"批判"的思想内涵，下接新闻评论实践中的"评论"的含义，是位于宏大理论和微观应用实践及理论之间的中层概念，下面将结合这一特征论述媒介批评的本质。

三、媒介批评的定义和本质

要给媒介批评下一个确切的定义是相当困难的，因为不同的人在使用这一概念时，对它的内涵的界定各不相同。但在学术研究中，对学科基本概念的定义，本身都包含着对该学科研究重点的思考和界定。

(一)不同的界定

关于媒介批评的具体定义，国内研究者在介绍西方媒介批评理论的基础上，立足于不同的学术立场和视角，提出了不同的看法。这些对媒介批评的主要界定可概括如下。

---

① 刘自雄：《为"媒介批评"正名》，见董天策主编：《中外媒介批评》，第 2 辑，2～15 页，广州，暨南大学出版社，2010。

1. 媒介批评是对媒介产品的研究和批评

该观点强调，媒介批评重点是对媒介产品的分析与研究，"顾名思义，媒介批评就是对大众传播媒介的批评，是对媒介产品以及媒介自身作用的理性思考"①。

2. 媒介批评是立足于价值立场的批评

该观点强调，媒介批评是基于特定的价值立场和价值观念而展开的，对大众传播活动及其产品进行的价值判断和理论鉴别。"媒介批评是以传播学为基础，按照一定社会和阶级的利益和理想，根据一定的批评标准，对大众传播媒介及其产品——大众文化的是非、善恶、美丑等问题所做的价值判断和理论鉴别"②，"所谓媒介批评，是指根据一定社会和阶级的利益与理想，并按照一定的标准，对大众传播活动所做的价值判断和理论鉴别"③，"新闻传媒评论是一种主体性活动，即由评论者根据个人的体验和理解评价新闻传媒行为，无疑具有强烈的主观色彩"④，"媒介批评在本质上是一种价值判断，它是对新闻媒介系统及各要素进行批评的过程"⑤。

3. 媒介批评是对新闻报道本身的批评

该观点强调，媒介批评探究的是具体的新闻报道的微观形态以及对社会的意义，其实质属于新闻评论的范畴，认为其形式类似于新闻评论，只不过评论的内容是针对媒介而已。"传媒评论(媒介批评——笔者注)以新闻传媒及其报道为对象，以新闻传媒与社会关系为背景，因而它区别于以往微观、局部的新闻报道评析，与仅限于传播行为与效果分析的传播学也不等同。它的意义在于为媒介设置一个'反光镜'，随时审视新闻传媒的行为与报道，并且，从新闻与相关产业与社会经济文化的互动中，评析新闻业的走向、合理的发展速度与结构比例。新闻传媒评论，同时还关注从业者的素质与道德行为"⑥。在媒介批评理论研究领域，该看法带有一定的普遍性。

4. 媒介批评是对媒介现象的批评

该观点认为媒介批评分析特定的媒介现象，以反思新闻观念的得失。

---

① 吴迪：《媒介批评：特性与职责》，载《北京广播学院学报》，1995(5)。

② 雷跃捷：《新闻理论》，266～267页，北京，北京广播学院出版社，1997。

③ 雷跃捷：《媒介批评》，10页，北京，北京大学出版社，2007。

④ 哲峰：《行为传媒评论：主体、客体与标准》，载《新闻出版报》，1997-01-17。

⑤ 王君超：《媒介批评——起源、标准、方法》，15页，北京，北京广播学院出版社，2001。

⑥ 《新闻出版报"媒介批评"专栏》，前言，载《新闻出版报》，1997-01-17。

"媒介批评是分析媒介现象，反思新闻报道的得失，评价记者的作品，从而形成相应的新闻观念"①，强调了媒介批评对新闻观念的作用和意义。

5. 媒介批评是对传媒事业的批评

该观点认为媒介批评是对传媒事业本身发展的思考与研究，"媒介批评是对于传媒业（包括传统媒体与网络媒体）的及时深入报道与评论，对传媒业发生的重大变化即时做出反应"②，强调了媒介批评对传媒事业发展的现实作用。

以上观点分别从价值立场、媒介产品、新闻报道、媒介现象和传媒事业等不同角度，对媒介批评的定义进行了界定，分别涉及了媒介批评研究的对象和范围的不同层面。但是，这些认识都比较集中地认为媒介批评的核心问题是媒介产品、媒介内容以及媒介机构等问题，这些观点基本都集中于微观的媒介分析，鲜有涉及宏观的理论视野对媒介进行的考察。董天策提出的定义则更为全面，他指出："所谓媒介批评，就是对大众传播媒介的批评，是对媒介产品、媒介行为、媒介现象以及媒介作用的理性思考和价值判断。"③这里他明确指出了媒介批评是一种理性思考和价值判断的行为。因此，立足于宏观理论视野以及特定的反思性价值立场，对大众传播活动及其媒介产品本身进行反思性分析是媒介批评应该关注的重要方面。

（二）媒介批评的定义

所谓媒介批评，是指立足于批判的价值立场、传播观念和理论背景，通过人文学科和社会科学的基本研究方法，以人们的大众传播活动及其媒介产品为主要研究对象，就大众传播活动的政治经济机制、媒介机构和从业者、媒介的基本形态、媒介产品、媒介文本及内容以及媒介受众等所进行的理论观察、分析、评价等批判性反思活动。简言之，媒介批评就是立足于批判的价值立场对媒介活动进行的研究，明确的价值立场是媒介批评的基础。

概而观之，媒介批评定义的内涵有下述三个层面的含义。

1. 媒介批评是基于基本的价值立场和理论视角的反思性批判

如前所述，媒介批评的"批评"内涵，一方面与宏观的批判理论有关，另一方面又是指向微观层面的媒介应用实践活动。但无论如何，它首先要有基

① 刘建明：《媒介批评通论》，1页，北京，中国人民大学出版社，2001。
② 孙坚华：《传媒业应得到更多的关注》，载《新闻出版导刊》，2001(1)。
③ 董天策：《媒介批评：理论联系实际的重要途径》，见董天策主编：《中外媒介批评》，2辑，300页，广州，暨南大学出版社，2010。

本的理论视角和价值立场，才能展开相应的批评活动。

2. 媒介批评的对象是人类的大众传播活动及其媒介产品

媒介批评的不仅仅是新闻传播活动，而是人类传播活动的全部，以及以媒介为核心的具体的表现形态。

那么，作为人类传播活动的核心及其意义是什么？就整体论和动态论的视角而言，人类传播活动的基础是"意义生产"活动，媒介批评关注的重点也正是媒介的社会文化层面的"意义建构"。作为人类活动的传播，可谓丰富多彩。就传播现象而言，传播活动是人们相互沟通、传达指令、享受娱乐、展开讨论、获取信息的日常行为。无论我们选择传播现象的任一层面进行考察，不论把它理解为由传到受的线性过程，或是该过程中各因素之间的关系，还是这些关系的复杂构成，以及这些构成的不同模式，直至影响这些模式的社会文化及权力结构，但总有一点是始终无法回避而必须确认的，这就是在复杂多样的人类传播活动中，相伴始终的是"意义"生产的动态活动过程。

就此意义看，所谓传播，就是人类社会建构意义的基本活动和过程。因此，就媒介与社会文化的关系而言，任何层面的分析都共同存在于"意义生产"的理论视域之中，媒介批评的核心与媒介的社会文化意义的"生产"与"建构"密切相关。

3. 媒介批评遵循基本的人文学科和社会科学的研究方法

媒介批评的主要方法要遵循人文社会科学的基本学术规范而展开，虽然那些感悟式、体验式的批评也属于媒介批评的范畴，但显然不是媒介批评的主流，媒介批评总体上是一种基于严格的方法论范畴的规范化的学术活动。

(三)媒介批评的本质

媒介批评的本质问题究竟是什么？是对以大众传播为主体的社会文化的反思活动，还是针对媒介内容而展开的新闻作品的评价实践？这是媒介批评学习和研究首先要明确的问题。

最早开始探究媒介批评的传播学者黄新生在其著作《媒介批评——理论与方法》里，虽然没有为媒介批评列出明确的定义，但他却提出了媒介批评的三个基本取向，为全面理解媒介批评的本质内涵提供了理论和方法上的借鉴意义。[1]

---

[1] 黄新生：《媒介批评——理论与方法》，4～5页，台北，五南图书出版公司，1987。

1. 价值取向

媒介批评以评判作为求知的方法，批评大众媒介时，应该不讳言价值的判断，指出大众媒介所创造的价值与人们生活的关系，为人们指导与解释生活的意义。

2. 批判取向

媒介批评应倾向于批判的取向，批评家应具有批判的精神，也就是以否定性思考、意识的启蒙、现状的改变，揭示媒介生产中的集体意识，剖析媒介中的物化关系，进而激起受众的独立判断能力，以免被商业化所引导，成为媒介机构商业化的祭品。

3. 阐释取向

媒介批评以诠释即阐释作为取向，批评家通过诠释活动，指出大众传播媒介所传递的特定意识形态背后的意义和内在的意义。黄新生所提出的立足于价值、批判以及解释的三种取向，主要是基于宏观理论背景，针对批评的基本逻辑方法取向而提出的，但其实作为人文学科研究的普遍取向，这三种基本取向不仅仅是媒介批评所独有的研究方法。当然作为人文社会学科研究的媒介批评，其基本研究取向也应该要求立足于人文社会学研究的基本立场。

为了更明确地阐明媒介批评的基本对象和范围，媒介批评研究学者王君超提出，媒介批评应包括宏观、中观和微观三个层面。[①] 宏观层次主要包括传播效果、传媒结构、机制传媒管理以及传媒与社会的关系等；中观层次主要包括传媒个性、风格、报道策划、新闻评析等内容；微观层次主要包括新闻作品评析、广告、文艺节目评析、专栏(栏目)评析、版面(板块)风格及编排手段评价、传播者(评论员、主持人、专栏编辑、记者等)素质、风格评价等。在这样认识的基础上，王君超认为："媒介批评是为保证大众传播媒介系统的良性发展，保证它与周围运行环境处于良性的动关系，而对传播媒介本身及其产品所做的自觉的、客观的批评。评价的主要内容包括新闻媒介行为的正误，结构、功能和效益；媒介的阶段性自发倾向；传媒的宏观走向预测；来自社会(环境)系统的评价信息。"[②]该观点对媒介批评的界定涉及媒介研究的宏观问题，即将媒介批评的重心放置于宏观理论，将大众传播媒介置

① 王君超：《媒介批评——起源·标准·方法》，北京，北京广播学院出版社，2001。

② 王君超：《媒介批评：历史与走向》，载《国际新闻界》，1999(2)。

于整体的社会文化系统中加以研究和考察。由此，他也把媒介批评的具体领域界定为哲学的批评、报章的批判和学术的批评三个方面。显然，该观点试图囊括媒介批评的所有内涵，但显而易见，这种分类法往往难以穷尽，试图彻底把握媒介批评的内涵的目标的确难以实现。

上述各类观点对媒介批评的本质内涵的界定，不仅涉及宏观理论，同时也涉及具体的微观媒介形式；不仅立足于宏观的理论分析，也有微观的条分缕析的解剖；不仅是逻辑的把握，还有价值的判断。似乎媒介批评的内涵十分庞杂广大，无边无际，各种赖以解释的宏观理论，不同类型的分析方法，似乎都与媒介批评有关。究竟应该从宏观出发，还是从微观入手，对媒介批评进行分析呢？这里，可以借助"中层理论"对媒介批评的本质进行分析和总结。

纵观媒介批评的各类本质的界定，其主旨和出发点都是从促进媒介与社会、文化的发展而展开的，不过其研究的切入点和侧重点不同而已。但是，因为这些理论的具体分析方法过于拘泥于媒介的某些具体问题，同样，宏观理论的视野又过于抽象，因此，如何找到一种既非微观现象的描述，又非宏大叙事的"中层理论"，应该是媒介批评研究方法变革的焦点问题。就此问题，可以引入社会学研究中的"中层理论"加以阐明。

什么是中层理论？关于社会学研究的"中层理论"，杨念群的解释是："'中层理论'在社会学中原则上是指被运用于指导经验性调查，同时也是描述社会行为、组织与变化和非总体性细节描述之间的中介物。中层理论当然也包含抽象成分，但是只有在经验研究中发现可观察的材料时他们才能发挥作用。"[①]可见，社会研究方法中的"中层理论"研究的引入，既借助经验观察，同时又基于完整的解释框架的对于媒介批评内涵的研究，应是媒介批评在本质和方法上的选择路径。因此，立足于"中层理论"视野，对媒介批评理论内涵的探究，一方面要针对媒介研究的具体现象和经验进行分析，另一方面也要结合宏大的理论背景，借以解释媒介与社会、文化发展变迁的内在逻辑。这样，媒介批评的本质内涵也易于明确了。

因此，对于媒介批评内涵本质的界定，应该立足于"中层理论"，从广义和狭义两方面展开。从广义来看，媒介批评属于社会文化批评的范畴，但与其他类型的社会批评不同的是，它以传播媒介及其社会意义的生产和消费活动作为批评的对象。重点研究的是大众传播媒介与社会、文化之间的内在关

---

① 杨念群：《空间·记忆·社会转型》，46页，上海，上海人民出版社，2001。

系。从狭义层面来看，媒介批评则主要涉及的是媒介现象层面，即对媒介形态本身和媒介内容的批评、分析和反思。

媒介批评的本质就在于它的揭示和反思。媒介批评就是探究媒介、社会和文化之间的内在关系，并且使用批评的话语体系将结果加以描述，提出反思和思考的问题。社会和文化批评是媒介批评的基本使命和责任，也是其赖以存在的基础。媒介批评围绕人们的大众传播活动及其媒介形态，展开社会文化的反思与观察，从而保障了人类传播活动的发展。

媒介批评通过对各种信息的分析、综合与评判来诊断人们所处的社会环境、人们所拥有的精神世界、人们所面临的文化脉动。媒介批评是大众社会不可取代的观察者和监督者，是现代文化不可或缺的思想者和建设者。媒介批评是一门新兴学科，它所致力的，是引导大众文化方向，推动现代化的健康发展，因此，从本质上讲，它是一种特殊的社会文化批评。[①]

四、媒介批评的视角

作为以反思性批判为主要方法的媒介批评理论，是对人们的大众传播活动进行理论思考、经验感悟和现实观察的开放性平台。但是，简单地按照某种特定标准或价值立场，将媒介批评进行微观层面的分类，往往会因过于微观而失去真正的问题。因此，从现实存在的形式出发，综合各类方法、立场以及观察和实践范畴，媒介批评包含不同的视角。

人们对现实事物的分析和认识，无不是通过观察、体验和理论抽象而实现的，就媒介批评的产生过程而言，也离不开人们的这些认识特征，同样也包含这些要素。由此，根据人们的认识的这些特征，国内媒介批评研究者往往把媒介批评按照人们认识逻辑的特征进行分类。有学者研究认为，媒介批评包括基于学术层面的批评、基于感想层面的批评和基于观察层面的批评三类。[②] 也有学者将媒介批评的类型分为基于学术层面的批评、基于感想层面的批评和基于观察分析层面的批评。[③] 如上所述，严格意义上来看，这些相似的对媒介批评的"分类"，其实仅仅是从人类认识的层面对媒介批评的不同视角做出概括，并不能算是严格的媒介批评的分类。因此，本教材使用"视角"一词来说明媒介批评的不同思考和研究途径。

① 吴迪：《媒介批评：特性与职责》，载《北京广播学院学报》，1995(5)。

② 谭舒、董天策：《媒介批评：疑问与思考》，载《新闻记者》，2004(1)。

③ 曾娅妮：《媒介批评：理论与例证》，15页，成都，四川大学出版社，2010。

1. 学理性反思

所谓学理性反思批评视角，是一种严格意义上的理论视角的分析形式，其目的是为媒介研究及分析提供借以展开的"分析框架"和"理论模型"，一般而言，其结论具有较强的现实解释能力，能全面反映研究对象的普遍性特征和内在规律。

媒介批评的学理性反思视角，主要是基于求真求善求美的价值立场，借助于已有的理论成果观点，通过规范的人文社会科学研究方法，科学严谨地对传播活动进行分析，从而揭示和阐释媒介与社会文化的内在逻辑关系。该视角因其明确的普遍主义的价值立场、规范的理论方法和分析媒介现实的深广度，因此成为当代媒介批评的主要视角。该视角的重要性是不言而喻的，究其实，任何批评都是对事实真相的探求，其起点在于有科学的理论逻辑的支持，媒介批评关注的是传播活动与人类社会发展之间的关系，因此，媒介批评在关注媒介实践的基础上，使用科学的方法和理论，在媒介实践活动与媒介理论之间架起了反思的桥梁。批评活动一方面是对媒介实践活动的纠偏，另一方面，又是一种理论的创造活动。就此而言，媒介实践、媒介批评、媒介理论三者就是在不断的反思批评中相互发展与完善的。

西方媒介批评的学理性反思视角，自法兰克福学派开始就奠定了坚实的基础。法兰克福学派的媒介研究，上承欧洲的社会批判传统，针对媒介与大众文化对社会发展的关系，分析其内在的逻辑关系，并指出其存在的问题。与美国传播研究中的"行政与市场"导向的研究不同，主张从反思性批判的视角来审视媒介、文化与社会结构中的权力关系。自此，以"批判学派"为基础的学理性反思视角成为媒介批评理论的基本构成和方法路径。同时，媒介批评理论亦不断借助哲学、社会学、政治经济学等其他学科的发展成果，将政治经济理论、符号学理论、结构主义、精神分析理论、大众文化理论、女性主义理论、知识考古学等应用到媒介批评中来，使媒介批评理论的学术化、哲理化特征日益显著，逐步形成了媒介批评最重要的视角和立场。美国媒介研究学者阿瑟·伯格认为，媒介批评包含符号学理论、美学理论、心理分析学理论、社会学理论、政治学理论、人类学理论、文学理论、哲学理论、历史学理论、比较学理论和统计学理论等重要理论领域。[①] 虽然伯格对媒介批评基本学术理论领域的界定几乎囊括了整个人文社会科学领域，显得非常宽

① ［美］亚瑟·伯格：《媒介批评的形态》，见董天策主编：《中外媒介批评》，1辑，2页，广州，暨南大学出版社，2008。

泛，但也从另一个方面说明了媒介批评的学理性反思视角具有很强的理论化特质。

就学理性反思视角而言，从目前国内外媒介批评的发展现状来看，重点形成了马克思主义媒介批判理论、媒介大众文化理论、媒介符号学、媒介意识形态理论、传播政治经济学、媒介精神分析理论、后现代主义媒介理论等不同的理论和分析方法。这些理论和方法则成为媒介批评学科发展的基础，具有非常重要的意义。本书对媒介批评理论和方法的介绍和论述重点也在这一部分。

2. 经验性感悟

所谓经验性感悟批评视角，是指在大众传播活动中，传播者或受众基于自身的经验、体会和感悟，对人们的传播活动及相关问题做出的情感性评价。正如有研究者所指出的，就文体特征而言，该类型主要以随笔、杂谈的文章形式出现，并且这些批评多是一些印象感悟式或情感宣泄式的小品文，批评者以列举事例的方式来表达个人的观点。① 当然，基于经验性感悟视角的表达文体的话语特征而言，它缺乏明确的学理方法，没有深入的逻辑推论，具有突出的个人化直觉判断的表达。显然，经验性感悟的媒介批评视角具有较强的个人主观性特征，主要是以个人的经验体验和感受为基础，从而对媒介及其内容进行的直觉性评判。

就其内容而言，作为经验性感悟视角的媒介批评多针对现实中的某些具体的媒介事件，或是特定的媒介形态以及媒介内容做出个人化的评价，如电影电视的鉴赏批评、流行音乐批评、网络事件批评、新闻媒介批评等形式。该媒介批评视角的批评中所表达的观点多以个性化立场为主，基本上是就事论事，缺乏明显的学理性和规范的方法，其重点在于特定观点或某种立场的表达。因此，该视角下的媒介批评仅表达的是批评的态度，但缺乏媒介批评所应有的理论性、逻辑性和严谨性，因而给人的多是情绪感染而缺少思想启迪。

3. 实践性观察

所谓实践性观察批评视角，主要是从事媒介生产的媒介从业者，结合自身的媒介实践，针对具体的媒介现象，基于现实的媒介现状发展而展开的媒介批评。该类视角的媒介批评多为媒介从业者的传播活动经验和观察的总结。这里所谓的观察，既不同于学理性反思视角的严谨推论，又不同于经验

---

① 谭舒、董天策：《媒介批评：疑问与思考》，载《新闻记者》，2004(1)。

性感悟视角的直觉判断，它主要是基于日常媒介实践对客观事实的总结和评价，具有明显的操作性的业务总结的特征。

实践观察视角的媒介批评主要是基于传播活动的现实实践而展开的，因此，有许多研究者也直接把"媒介批评"的对象界定为新闻传播实践及其产品，并据此认为，媒介批评是"分析媒介现象，反思新闻报道的得失，评价记者的作品"①。这种认识观点将媒介批评的范围仅仅局限于新闻传播实践或新闻评论，从而忽视了媒介批评所包含的其他大部分理论和实践领域。在具体传播活动中，我们看到，许多的报纸杂志、电视频道等专门开辟了"传媒观察家""业界观察""业界时评""业界观察"等栏目，其内容大多属于新闻从业者对自身媒介实务工作的体会和评价。当然，就现实实践而言，作为媒介从业人员，如何提高大众传播活动的质量，提高业务水平，为社会公众提供优质的媒介产品，肯定是首要的目的，同时也是媒介批评所需要关注的领域。但是，如果仅仅针对于新闻业务分析和研究，缺乏理论分析的深度，简单地以操作方法、使用技巧的探讨来代替媒介批评，显然是有所偏颇的。

总之，上述媒介批评的三种视角提出了媒介批评的基本思考路径，不言而喻，学理性反思是媒介批评的基本理论视角，也是最为重要的视角。学理性反思的理论和方法意义，就在于对媒介、社会与文化发展的批判，由此对现实产生影响。通过建构理论框架，从而分析现实问题，是任何理论研究必经的途径，媒介批评也莫不如此。但是，经验感悟和实践观察也是不可或缺的，否则，媒介批评便成为无源之水、无本之木，理论毕竟源于人们对现实问题的思考和解决。因此，学理性反思是媒介批评的逻辑起点，而实践性观察则是媒介批评的现实途径，在具体的理论探讨和媒介批评实践中，必须要将不同的视角结合起来，才能实现媒介批评理论研究的目的。

第二节　媒介批评的对象和范围

作为反思性的文化批评活动，媒介批评的对象十分宽泛，应当说与人类传播活动有关的所有事物都属于媒介批评的范畴。因此，媒介批评的对象是以媒介产品为载体的一切大众传播活动。媒介批评的范围包括大众传播的媒介生产机制、媒介的组织形式、媒介形态、媒介文本和媒介受众等领域。

---

①　陈信凌：《媒介批评刍议》，载《南昌大学学报》，1998(3)。

一、媒介批评的对象

媒介批评究竟"批评"的是什么？媒介批评的对象为何？不同的研究者也提出了各自不同的看法。总括起来，这些观点主要包括以下几个方面。

第一，媒介产品，具体指传播媒介及作为其主要产品的大众文化等。

第二，传播行为，具体指新闻报道、从业者的素质与道德行为等。

第三，传播媒介，具体指报刊、广播、影视和新媒体等所有的传播媒介形态。

第四，媒介现象，具体指新闻报道、记者采写的作品等。

第五，媒介组织系统及其要素，具体指媒介组织系统中的各个要素以及大众传媒业的变化等。

上述媒介批评对象的界定，虽然都强调了媒介批评实践中的不同类型及不同范畴，但并没有提出具有概括性、总结性的普遍性结论。相反，在强调研究对象的具体某方面内容时，这些界定却同时忽略了其他方面更为重要的内容，结果导致挂一漏万。例如，如果把媒介批评的对象仅仅界定为媒介产品，那么，就会把与媒介产品有关的诸如媒介产品的生产机制、媒介产品的消费行为等其他传播活动都排除在外，而这些范畴显然也是媒介批评需要关注的重点领域。因此，在观察具体现象范畴的同时，对于媒介批评的对象，应该界定和总结出具有概括性的观点。

在研究传播问题时，把大众传播学理论置于人类社会活动的整体之中去考察，这样，人们日常的和历史的各种传播活动构成了大众传播学研究的逻辑起点。因此，立足于社会文化环境，大众传播理论重点考察大众媒介的制度结构、组织生产、文本内容、受众以及效果等问题，因而，媒介批评理论也应该以此作为基本逻辑和出发点来分析媒介批评的对象。

媒介批评的对象是人们以媒介产品为载体的所有大众传播活动。总括来看，人们的传播活动主要包括传播观念、传播行为方式和传播行为结果。因此，人们关于大众传播的观念和认识，媒介生产、组织、消费等行为以及媒介产品都属于人们的传播活动，而所有这些活动都应该是媒介批评所关注的对象。具体而言，媒介批评的对象则涉及大众传播媒介的体制和结构、媒介组织的经营和管理、媒介的基本形态、媒介文本形式以及与此相关的媒介消费，包括媒介受众、媒介效果等各个环节的内容。

媒介批评与社会批评、文艺批评、影视批评、图书批评等社会文化批评活动互有交叉但又各具不同的属性。媒介批评涉及的范围要比社会批评更加庞杂，比文学、影视和其他艺术批评更加广泛，它虽然也涉及政治、经济，但绝不仅仅拘囿于政治、经济本身。与社会批评相比，它更关注当代的文化思潮和走向。它虽然也涉及文艺审美批评，但并不仅仅关注文艺的审美要素。与文艺批评不同，它更关注的是大众文化对人们日常生活的影响。由此，一切大众传播媒体及与此相关的大众传播活动，包括报刊、广播、影视、广告、网络等信息传播活动及其媒介载体都在媒介批评的视野之内。

总之，媒介批评的对象是以媒介为核心的大众传播活动及其媒介产品。媒介批评的对象不仅仅是新闻传播活动，而是人类大众传播活动的全部内容，以及以媒介为核心的具体的表现形态。简而言之，媒介批评可以主要概括为对媒介生产、媒介文本、媒介受众的批评。

二、媒介批评的范围

明确了媒介批评的对象，媒介批评的范围也就容易确定了。按照大众传播研究范围的分类，媒介批评的范围也包括人们大众传播活动过程中的媒介存在的社会历史文化语境、媒介生产体制和结构、媒介的组织形式、媒介形态、媒介文本、媒介受众和媒介效果等领域。

(一)媒介的社会历史文化语境

就其宏观背景而言，媒介存在于特定的社会、历史和文化背景中，并受这些背景的影响而发展变化。因此，媒介批评首先要从外部考察媒介存在的环境。不同的社会环境、不同的历史发展条件以及不同的文化环境都会对媒介产生不同程度的影响，媒介批评就是要发现、观察和诠释这些影响媒介发展的要素，并分析其影响关系，由此作为当代媒介发展的重要理论依据。

(二)媒介生产的体制和结构

媒介生产的体制和结构具体指的是大众传媒的体制和机制以及与此相关的媒介与社会文化环境之间的结构关系。

媒介生产体制首先体现为传播制度，传播制度包括传播政治法律制度、经济制度和思想文化制度等。传播制度还包括大众传播媒介与政府的关系、媒介与社会文化环境的关系、媒介与受众的关系等问题。同时，传播制度一方面体现为媒介的言论与出版自由的权利问题，另一方面也包括媒介的社会责任和义务的问题。媒介结构则是指大众传播媒介在社会文化环境中的构成性关系，大众传播与社会的政治、经济、文化环境之间形成了互相影响的关系，对这些内在关系的考察也是媒介批评应该关注的范围。

在媒介批评理论中，自由主义与社会责任媒介理论、传播批判学派、传播政治经济批判学派等都对传播制度进行了批判性考察和研究。

（三）媒介组织形式

媒介组织形式具体指媒介的社会组织机构以及内部组织结构与机制的构成形式，包括媒介的具体社会组织形式，如报社、出版社、广播电台、电视台、新媒体组织等以及媒介组织内部的媒介从业人员等。

如果说传播媒介的工具属性决定着信息的物理形式、时空范围、速度和量的规模，那么，媒介的社会组织属性则决定着信息内容的生产和传播。批判性地考察媒介组织形式，有助于人们理解大众传播系统中各种复杂的社会关系，有助于揭示大众传播活动的本质及其规律。立足于社会批判立场的媒介批评理论，则更多地关注媒介与社会、文化之间的内在关系。

（四）媒介形态

大众传播学研究中的"媒介"概念，既指具体的信息传播的载体、渠道或中介物，如报纸、电视、广播、网络、手机等，还指传媒机构。这里所说的媒介形态，主要指的是前一种含义，即指的是信息传播的工具载体。

作为人类信息传递、交流的工具和手段，媒介在人类传播中起着极为重要的作用。媒介形态的技术革命推进了人类社会的发展。语言文字的出现，使人类摆脱了原始蒙昧的状态；印刷电子传媒的兴起，使人类进入了大众传播和信息社会。媒介形态的变化和人类社会的变迁紧密结合，因此，有必要立足于媒介批评的视角，考察媒介形态在社会发展中的意义和作用。媒介研究中的技术批判学派则深刻地关注这一问题，并开拓了媒介批评的技术批判的视角。

（五）媒介文本

媒介文本指的是由媒介呈现的、受众所接触的具体内容。例如，就报纸而言，媒介文本有消息、通讯、评论、系列报道、深度报道、新闻摄影、副刊等；就电视而言，媒介文本有消息、评论、新闻性专题节目、新闻现场直播、系列报道和连续报道等，此外，还包括文艺类节目等。

对媒介文本的批评是由批评对象的特点所决定的，即主要指的是以大众传播性、新闻性为主的文本的批评。此外，媒介文本还包括那些文艺类的虚构性文本，对于这些媒介文本，严格意义上讲，属于文艺批评、影视批评的范畴，但是，如果立足于媒介的属性，就其内容偏向进行的社会文化批评又属于媒介批评的范畴。如对于电视文本中暴力的研究，就属于媒介批评的范围。而对于艺术风格、美学特征、艺术流派等的批评，则属于文艺批评的范畴。

媒介批评理论中的新闻叙事分析、话语分析理论、电视与暴力和影视叙事等，都属于媒介文本批评的典范理论，媒介文本的批评已形成了很多有影响的规范的批评理论。

（六）媒介受众

作为传播活动的传播对象或信息接收者，对受众的考察主要指大众传播的受众。在大众传播中，受众指的是大众传媒的信息接收者或传播对象。受众与传媒构成了社会传播的两极，这两者之间既相互依存又相互矛盾，由此构成了现代社会信息系统运行的重要特色。受众是一个总体性概念，最直观地体现为作为大众传媒信息接受者的社会群体，例如书籍和报刊的读者、广播的听众或影视的观众、网络的使用者等。

媒介受众是在一定的文化、不同的信息需求、不同的理解等社会环境影响下的产物，同时也包含着对特定媒介形态使用的不同效果。媒介受众通常是同时存在的，当一种媒介开始对一个社会范畴的成员或者一个特定地区的社会公众进行诉求时，受众就已经存在了。媒介受众的批评，要探究的是不同社会文化情境下受众的特征，由此，分析这些特征对信息传播的作用和意义非常重大。

（七）媒介效果

传播媒介的效果是与传播实践结合最密切的研究领域，人类传播的终极目的在于保证人类文化的历史传承，实现社会各系统之间的协调与沟通，从而维护社会的进步与发展。因此，对于传播媒介效果的批评，就应该立足于人类文明发展的高度来展开。对于媒介效果的批评，显然并非指的是短期效果的研究，而是对于整个社会文化系统的影响而言的。因此，立足于批判的视角，对传播效果进行监控和评价，也是保证传播活动发展的基本要求。

为了理论研究的方便，上述媒介批评的研究范围可以整合为媒介生产、媒介文本和媒介受众三个方面。因此，下面关于媒介批评的基础理论的论述主要围绕这三个方面展开。

第三节 媒介批评的目的和功能

媒介批评的根本目的在于通过探究媒介、社会和文化之间的内在关系，保证大众传播活动的良性发展，从而为媒介发展建立良性的"自律"和"他律"的媒介规范和媒介制度。媒介批评最终是为大众传播的规范化发展而服务的，是为了加强大众传播对社会现实准确而深刻的探究，对特定社会的文化发展的内在规律的揭示，从而提高社会文化的发展水平。媒介批评通过对媒介发展的本质性规律的揭示，从而指出媒介生产者的社会责任意识，进而提高大众传播媒介的质量。同时也通过深刻的理论阐释，使得公众充分观察认识媒介的特征、理解媒介的内涵，形成良好的媒介素养，以便于更好地监督媒介。媒介批评通过"自律"和"他律"的规范的探讨，保障和促进媒介社会生态的良性发展。

一、媒介批评的目的

媒介批评是立足于相关理论视角和立场，对人类大众传播活动的总体性观察和反思性探究。那么，就大众传播活动而言，为什么要展开媒介批评呢？简而言之，媒介批评的目的，就是立足于人类社会文化发展的基本价值关怀，为了充分保障整个社会的大众传播活动能够朝着人类活动的基本目的和要求，使其始终处于能够自我调适、不断纠偏的良性发展的轨道上，从而建立有利于社会全面发展的大众传播媒介生态系统。

（一）社会文化的价值批判

从宏观意义而言，媒介批评的根本目的就是社会批判和文化批判。作为人类的主要活动，大众传播活动应遵循什么样的基本规律、原则及标准，成为媒介批评的基本价值立场和出发点，这是媒介批评理论首要探究的问题。所以，媒介批评的宏观意义和最终目的，就是坚守人类作为自由存在和全面发展的基本意义和价值。在此基础上，进一步考察媒介生产、媒介产品、媒介体制以及媒介环境能否适应人类社会文化发展的基本要求，以此为出发点，从而为媒介和大众传播活动确立最为根本的发展方向和目标。英国文学批评家艾略特指出，批评"有可能获得我们自身以外的什么东西，这种东西我们暂时可以把它叫作真理，至于这个真理究竟有什么具体内容是次要的，只要它们确实存在，且不管它们是怎样的。"①在理想主义批评家看来，批评的至上目标是直达真理本身，但是，因为真理本身的难于把握性，因此，媒介批评无疑应当以追求真理为根本旨归。追求真理的其根本目的，在于保证社会的发展，因此，媒介批评宏观的目的就是探究媒介与社会发展的关系问题。

---

① ［英］艾略特：《批评的功能》，见《现代西方文论选》，275页，上海，上海译文出版社，1983。

(二)监督媒介的良性生态

就微观实践层面而言，媒介批评的主要目的在于建立良性的媒介发展生态，为人类的大众媒介实践活动确立规范。作为技术范畴的媒介形态，其本身并无价值立场和取向，但由于媒介所有者和使用者的不同，由此形成具有不同价值立场的媒介话语。因此，媒介批评应该从社会媒介系统出发，以社会公众的利益为价值取向，从而确定媒介发展生态，提出媒介实践层面的规范性要求，如探究媒介法规、媒介伦理、媒介体制、媒介效果、受众媒介素养等方面，媒介本身是否具备了以社会公众利益为价值的基本立场。

(三)提升社会公众的媒介素养

媒介批评还要探究媒介对受众的影响，从而提高社会公众的媒介素养。例如媒介研究的"涵化理论"就认为，在现代社会，大众传媒揭示的"象征性现实"对人们认识和理解现实世界发挥着巨大影响，在不知不觉当中影响着人们的现实观。大众传媒在形成现代社会的"共识"方面发挥了巨大作用，大众传媒具有特定的价值和意识形态倾向，通过"报道事实""提供娱乐"等形式传达给受众，从而潜移默化地形成人们的现实观、社会观。因此，大众媒介通过对事实的报道，或是娱乐化的内容，对社会公众的价值观和社会共识产生深刻的影响。就此看来，媒介批评通过对媒介内容和形式及其传播活动的批判性审视，以期提升社会公众对媒介与社会的理性认知。

在大众传播媒介的发展中，社会公众的监督是重要的"他律"的途径。要社会公众肩负媒介监督的责任，就必须要求社会公众具有较高的媒介素养。只有社会公众具备理性的批判能力，才能不断加强对媒介本身公正性的要求，这样，媒介内容生产机构自然会受到监督而坚守大众传播本身的真实性和公信力。美国媒介批评学者认为："公众不应该仅仅阅读媒介批评的文章，更应该成为行动者，参加到对媒体的评判中，并把意见和想法反映给大众媒介，而公众参与批评的前提条件是他们具备基本的媒介素养。"[1]因此，社会公众的媒介素养越高，对媒介的监督意识和批评能力越强。只有社会公众具有理性的批判意识和批判精神，才能保证媒介的良性发展。

(四)监督建立媒介法规制度

媒介发展除了媒介从业者和从业机构的"自律"外，还需要政府从法律制度上进行"他律"。通过媒介批评的监督，建立完善的媒介制度具有重要的现

---

[1] 雷跃捷：《媒介批评》，131页，北京，北京大学出版社，2004。

实重要意义。因此，媒介批评的根本目的在于通过对现行媒介制度的反思和批判，从而建构良性的媒介发展生态，实现媒介发展的"自律"与"他律"的平衡。

有学者研究认为，媒介批评是手段，真正的目标是从批判与纠正之中逐次建构合适的传播生态，使传媒不但拥有不必担心动辄得咎的消极自由，并且会有积极权利与充分资源，给人们提供丰富多样的信息与娱乐，协助人们借由传媒而温故知新、领略人生。自媒介批评之后，若有建言，是应该呼吁媒介自律、是应该推广媒介公民教育，但是，如果只在此驻足，那么，它最多只是治标的手段。媒介自律与媒介公民身份的养成都很重要，但如果没有"国家"确认制度积极介入媒介环境的规划，自律者无法得到自律的条件，受众无法得到伸张公民身份的养分。"国家"不具有本然的善，如果公视等媒介运动显示"行动为发言之酵母"，那么，媒介批评的未来，应当如何以行动推进知识的进展，以知识导正人们行动的方向，也就不能不是必须面对的问题了。①

二、媒介批评的功能

拉斯韦尔在1948年发表的《传播在社会中的结构与功能》一文中，概括了传播媒介的社会功能，其中第一点就是环境监测功能。他指出："自然与社会环境是不断变化的，只有及时了解、把握并适应内外环境的变化，人类社会才能保证自己的生存和发展。在这个意义上，传播对社会起着一种'瞭望哨'的作用。"由此可见，作为社会的观察员，传播起着重要的作用，那么谁来充当传播的检察官呢？监督社会是传播的责任，监督传媒则是媒介批评的首要功能。美国传播学者李·布朗在研究美国的媒介批评时曾深刻地揭示了媒介批评的作用："批评的一个功能是社会控制，其副产品是社会合法化。"②通过对大众观念和行为的影响，批评建立起能让社会普遍接受的标准和趣味。

因此，媒介批评的基本功能是通过对大众传播媒介的批判性反思，从而建构规范的媒介发展体系。通过媒介批评，无论是媒介生产机制、媒介文本内容，还是受众的媒介素养、媒介管理机制、媒介规范与伦理等，都进行批

---

①　冯建三：《媒介批评的历史轨迹与前景——以台湾为例》，载《山西大学学报》（哲社版），2011(2)。

②　Lee Brown, *Reluctant Reformation: on Criticizing the Press in America*, New York: David McKay Company Inc., 1974, p.11.

判性建构，从而揭示媒介与社会的关系，保障媒介的专业主义内涵，提升媒介的公信力，形成自由的、理性的、民主的社会媒介文化。具体而言，媒介批评的功能主要包括下述内容。

（一）揭示媒介、社会和文化的内在关系

美国新闻社会学者舒德森指出，随着大多数新闻记者坚信新闻在根本上是有益于公众的，在任何一个宣称自由民主的社会里，言论自由的重要性也是不证自明的，由此，就西方社会的民主与新闻的关系来看，新闻业在西方社会民主发展进程中扮演着非常重要的角色。另一位美国媒介研究学者詹姆斯·凯瑞也提出新闻与民主是等同的观点，他认为，"不在民主的逻辑和理论下践行新闻业是不可思议的。事实上，新闻业已被有效地理解为民主的另一个代名词。"可见，民主作为西方社会政治的基础，新闻是西方民主制度的基础，新闻业对现代民主的重要作用不言而喻。就此而言，媒介批评的首要任务应该是准确揭示媒介与其所处的社会、文化之间深层次的内在关系。

随着当代文化工业的发展，媒介在现代社会中扮演着越来越重要的角色，媒介成为当代政治、经济、社会、文化和人们日常活动的重要组织因素。特别是以互联网为基础的新媒介，其媒介内容生产、流通、消费及再生产联结在一起。新媒介技术不断涌现，全媒体技术将广播、电影、电视和新闻融为一体，媒介对社会文化的影响不断深入。各种"恶搞式"的娱乐形式充斥于新闻和信息中，"街头小报"式的信息娱乐文化更加流行。各类名人的丑闻、恐怖凶杀事件、政治社会冲突等，都通过多媒体全面展现。显然，现代社会媒介技术的发展，除了给人们带来了正面的影响之外，更重要的是它还不断强化社会的消极面。

因此，媒介批评的基本社会功能，就在于针对当代社会多元发展的媒介现实，深层次地剖析媒介、社会和文化间的内在构成关系，对媒介与政治、经济、社会、文化间的内在关联和互动影响做出批判性的分析，从而有效指导媒介发展和社会文化的进步。

（二）确立新闻媒介的专业主义精神

媒介批评通过对新闻制度、新闻从业人员、新闻机构等的反思性批判和商讨，从而建立起传播活动的规范和准则。

形成于20世纪的立足于社会责任理论的新闻"专业主义"，突出强调了新闻媒介的客观性、真实性、独立性和新闻自由。就新闻媒介而言，研究者认为，作为社会的信息"把关人"，价值中立是其基本原则。因此，新闻媒介必须要持中立的立场，不带个人偏私地、客观地反映事实。与此相关的是，

新闻报道必须真实地反映客观事物的原貌，不仅要达到部分真实或细节真实，而且必须要达到整体真实。此外，新闻媒介应该是独立运作的，新闻工作的目标是服务于全体社会公民，而绝不是服务于特定的政治或经济利益集团，不应受行业规范之外的任何权力的控制。西方新闻理论观念认为，新闻自由是新闻专业主义的根本，包括采访自由、出版自由、表达自由和信息获取自由即"知情权"。新闻自由是新闻发展的基石，它在观念和制度层面保障了新闻专业主义的实现。由此，西方新闻理论认为，要保障新闻媒介的健康良性发展，无论是新闻从业人员，还是媒介机构，恪守新闻专业主义的基本精神则是最重要的职业素养。

媒介批评则立足于新闻媒介"专业主义"精神的内涵，坚守专业主义精神，不断强化新闻从业者的专业主义意识，从而提升新闻职业的伦理道德观念和专业意识。同时，媒介批评也促使媒介机构注重自身的社会责任意识的建设，从而形成良性的专业发展规范，进一步提升整个社会的文化建设和观念水平。

(三)保障媒介社会公信力的实现

媒介批评的理论和实践在保障大众传播生态的良性发展和媒介社会公信力的实现方面具有重要的功能。

就媒介公信力而言，"新闻传媒的公信力是新闻传媒能够获得受众信任的能力，反映了新闻传媒以新闻报道为主体的信息产品被受众认可，信任乃至赞美的程度。"[①]显而易见，媒介的"社会公信力"的核心是社会公众对于媒介的信任程度，媒介公信力建立在受众对媒介的体验和评价的基础之上。媒介形态是信息传播的物质载体，社会公众则是媒介效果和媒介公信力的评价主体。媒介的社会公信力是传播者基于社会责任意识，通过大众传播媒介提供客观、全面、及时、权威的信息，并得到社会公众的普遍认同。那么，媒介如何获得社会公众对其形成较高的评价呢？主要取决于媒介本身的社会责任感和传播者对公正客观的传播理念的坚守。

媒介批评通过对传播者、传播制度的研究和考察，从而剖析媒介和传播者的社会责任感和公正理念。媒介批评主要基于制度和实践层面的分析和批判，以社会公众对媒介的信任程度为出发点，考察传播媒介的法律约束和自律规范的实现程度，由此评判传播媒介的社会公信力的具体体现，从而在制度层面、媒介内容生产、流通、消费等层面进行微观分析，进而保障媒介的

① 郑保卫、唐远清：《试论新闻传媒的公信力》，载《新闻爱好者》，2004(3)。

社会公信力，形成良性的媒介发展的生态。

从西方媒介批评来看，新闻传播界就有专门的机构对新闻业进行媒介批评。例如英国的"报刊投诉委员会"就是新闻界进行媒介批评的重要机构。其目的就是保证报纸和期刊从业人员加强自律，遵循业界人士共同制定的行为规范准则，提升媒介的专业运作水平。报刊投诉委员会在 2003 年修订和批准了《编辑行为规范准则》，共列出 17 项内容，分别涉及准确性、回应机会、隐私、骚扰、对于悲伤或震惊事件的处理、儿童、性犯罪案中的儿童、偷听装置、医院、报道犯罪案件、冒名、性犯罪案件中的受害者、歧视、财经新闻报道、匿名消息来源、向刑事案件证人付费以及获得情况向罪犯付费等方面的问题。① 《准则》以最高专业标准为从业者制定了规范，用专业标准强化了新闻从业者的价值和行动立场。

(四)培养公众媒介鉴别和批判的能力

就其理论本身的社会价值而言，媒介批评理论还具有培养社会公众的媒介鉴别和批评能力的功能。媒介批评理论通过提出不同的思路和方法，从而启迪社会公众从不同的角度认识媒介和社会。

大众传播媒介提供媒介产品给社会公众，为了实现其特定的目的，如商业利益或政治利益等，其内容往往偏重迎合媒介消费者的某些片面需求，由此导致媒介内容的低俗化、娱乐化、消费主义，甚至对社会公众造成伤害等倾向。美国传播学者小奥斯卡·H. 甘地就认为，大众传播对受众也具有负面效应。他将大众传播媒介的受众分为"作为公众的受众""作为市场的受众""作为商品的受众"和"作为受害者的受众"，他认为，"历史地来看，媒介批评家指控媒介工业给个人和社会带来的总体上是伤害。这种伤害可能是直接的也可能是间接的(间接的伤害是由那些错误表征和边缘化所引发的)。媒介批评家们只要使用这样的批判框架——把受害者定义为无力保护他们自己的人，他们的批评就会成功地获得他们所期待的公共反应。""虽然并不经常发生，媒介批评家不时认为存在这样的成年人群——他们可能没有能力保护他们的成员去抵御那些微妙的出版诉求。"② 正因为如此，媒介批评就特别需要关注媒介对于受众的伤害。

总之，媒介批评理论通过对现实媒介内容的解读、大众媒介理论的建

---

① 雷跃捷：《媒介批评》，126～127 页，北京，北京大学出版社，2004。

② [美]小奥斯卡·H. 甘地：《人种、族裔地位和媒介市场分层》，见詹姆斯·库兰等编：《大众媒介与社会》，杨击译，45 页，北京，华夏出版社，2006。

构，并通过媒介素养教育，引导和培养媒介消费者鉴别、分析和批判媒介内容的能力，从而在媒介消费层面形成具有批判能力的高素质受众。

思考与练习

一、名词解释

1. 媒介批评

2. 批判

3. 评论

二、简述题

1. 简述媒介批评的本质。

2. 简述媒介批评的内涵。

3. 简述媒介批评的对象和范围。

4. 简述媒介批评的目的和功能。

5. 简述媒介批评的三种不同的批评视角。

三、课堂练习

设计关于"媒介使用"情况的调查问卷，选择研究样本，了解研究对象的媒介使用情况。

第二章　媒介批评的兴起与发展

本章内容要点

• 媒介批评理论和实践是随着大众传播媒介的发展而发展起来的，媒介批评理论与大众传播发展同步，西方近代定期报刊的出现和随之对这些报刊展开的分析与评价，标志着系统的媒介批评的产生和兴起。

• 媒介批评的发展经历了从早期的报刊批评、新闻批评到学理性批评的过程。在此过程中，媒介批评的基本理论框架和批判方法逐渐形成。

• 中国媒介批评的发展与近代中国的现代化转型有密切的关系，随着近代华文报纸的产生，以报纸为中心的媒介批评得到人们的认识和评价。随着当代新兴媒体的出现和发展，媒介批评越加具有重要的现实意义。

媒介批评理论是随着大众传播媒介的发展而兴起的，它也随着大众传播媒介的发展而不断深入和完善。世界经济全球化发展所导致的，不仅是西方发达国家全面进入媒介化社会，其他国家的人们也越来越依赖于大众传播媒介，大众传播媒介在人们的社会生活中显得越来越重要。因此，对于媒介批评的历史与现实发展状况的研究，可以使我们深入理解人们如何认识、协调和完善大众传播媒介与社会、文化、政治、经济等要素之间的内在关系，从而使大众传播媒介与社会文化保持同步的发展和提升。

第一节　媒介批评的兴起

媒介批评的产生和兴起与大众传播业的发展是同步的。可以说，媒介批评的历史与大众传播媒介发展的历史同样久远，大众传播媒介出现之时，也是媒介批评兴起之时。但是，由于对媒介形态演变的历史特征的认识不同，也就形成了对大众传播媒介发展时期的不同界定。

不同的研究者对媒介批评理论的发生和兴起也形成了各自不同的看法。有的学者认为，新闻批评与新闻起源是一起出现的，媒介批评和媒介同时诞生，都植根于意识同源的互动性。[①] 有的学者认为媒介批评起源于 20 世纪

---

① 刘建明：《媒介批评通论》，25 页，北京，中国人民大学出版社，2001。

20 年代。① 有学者则认为媒介批评产生于 19 世纪 30 年代以便士报为代表的大众报纸时代。② 还有学者认为，据《美国新闻百科全书》，小说家 J. F. 考柏尔是最早对报界进行批评的人之一，在 1873 年到 1845 年间，他对报纸提起了 16 桩诽谤诉讼案，且大多胜诉。③ 这些看法产生差异的根本原因，主要在于对媒介形态和媒介批评的形态的不同认识。研究者对媒介批评的内涵和外延的界定有所差异，由此就出现了对什么是标准的媒介批评的文本认定的不同的差异。但无论如何，从逻辑上看，对媒介批评理论的发生和兴起的考察，终究离不开大众传播媒介本身演变和发展的历史。

一、大众传播媒介的发展

从广义上看，人类文化在形成之初，就已经伴随着媒介的使用，以各类媒介为载体的传播交往活动，构成了人类日常生活的基本要素。人类的大众传播活动也经历了从口语传播、文字传播、印刷传播到电子传播，直至今天以数字技术为基础整合各媒介形态的全媒体传播的演变过程。在这个发展过程中，人类对媒介的应用，由早期的个体之间的小范围传播和扩散，逐步扩展到个体与个体、个体与群体、群体与群体等复杂的信息传播形式，传播的内容也扩展到人们日常生活的方方面面。

在人类媒介发展史上，文字的出现、印刷术的发明、无线电通信的应用以及当代数字化技术的发展和普及，这些革命性的技术成为推动大众传播不断进步的推进器。在这些关键性的发展环节中，对大众传播媒介产生巨大影响的首属印刷革命。印刷术的出现不但彻底改变了人们的思想观念、社会结构以及知识的生产和传播，也极大地促进了大众传播业的发展，使得信息在大范围内扩散成为可能。同时，随着印刷新闻的出现，人们可以迅速且广泛地获取信息。

从严格意义上讲，大众传播媒介的发展历史，是以印刷技术为基础的，17 世纪初期，西方近代"定期报刊"的兴起，标志着真正意义上的大众传播时代的到来，正如哈贝马斯所言："只有当信息定期公开发送，也就是说能为

---

① 王君超：《媒介批评——起源·标准·方法》，63 页，北京，北京广播学院出版社，2001。

② 陈龙：《媒介批评论》，27 页，苏州，苏州大学出版社，2005。

③ 黄顺铭、谭舒：《一个历史的维度——美国媒介批评著作概况》，载《湖北社会科学》，2001(9)。

大众所知晓的情况下，才有真正意义上的新闻可言。"①

在印刷传播得以广泛普及之前，人类的传播网络主要有宗教传播、政府控制的政治传播、贸易和商业传播等以人际传播为主的形态，信息则主要通过商人、流动的商贩、流浪的民间说书人和民谣传唱者等传播，当人们聚集时，这些人就会告知那些发生在远方的事件的信息。

从 15 世纪到 17 世纪，随着欧洲邮政服务业的发展，特别是印刷技术普遍应用于大众传播中，单纯依赖于人际传播的传统的信息传播网络发生了根本的改变。这其中重要的标志，就是 17 世纪初期"定期报刊"的兴起。传播学者李彬认为，定期报刊与早期的新闻传播媒介相比，具有三个鲜明的特点：其一是公开发行，其二是信息内容庞杂，其三是定期出版。② 显然，这些特征充分表明，定期报刊已经是现代文明不可或缺的基本构成要素了。传播学者阿特休尔认为："定期刊物在 17 世纪前期，几乎同时出现于欧洲各地。"③

西方近代最早的一批"定期报刊"兴起于欧洲西北部的尼德兰（约为今天的荷兰、比利时、卢森堡）与德国，继而由此扩散开来。荷兰于 17 世纪初摆脱西班牙的统治而独立，建立起人类历史上第一个共和国。荷兰的文化也得以快速发展，大众传播事业亦得到发展。"被当作第一批真正的报纸而看待的出版物，出现于 1605 年—1610 年。它把驳杂的报道内容同有规律的定期出版结合起来。其中最早的一份报纸或许是荷兰的《新闻报》。该报由亚伯拉罕·费尔赫芬于 1605 年在安特卫普出版。"④当然，对于哪份报纸可以称之为"第一张报纸"至今还充满争议，但大部分历史学家赞同类似于当代第一份报纸大约在 1610 年前后出现。当年的荷兰报纸不仅畅销国内，而且还被译成外文远销海外。例如，最早的英文报纸——1620 年出版的一份"科兰特"，就是由荷兰印刷商皮尔·冯·德科特在阿姆斯特丹创办，而后出口到伦敦的。新闻史家一般都把它视为第一份英国报纸，其实它不过是荷兰报纸的英文版。1609 年起，定期刊物已在德国的一些城市出版发行，如奥格斯堡、斯特

---

① ［德］哈贝马斯：《公共领域的结构转型》，曹卫东等译，16 页，上海，学林出版社，1999。

② 李彬：《全球新闻传播史（公元 1500 年—2000 年）》，71 页，北京，清华大学出版社，2005。

③ ［美］J. 赫伯特·阿特休尔：《权力的媒介》，黄煜等译，10 页，北京，华夏出版社，1989。

④ *The New Encyclopedia Britannica*，15th edition，Vol. 26，1986，p. 474.

拉斯堡和沃尔芬比特等。坐落在欧洲主要贸易线上的城市如科隆、法兰克福、安特卫普和柏林等，都成为早期的报纸生产中心。

这些早期报刊形式的出版物可以帮助人们了解自己所处环境之外发生的重大事件，这些事件有可能与自己的生活有关或对自己的生活产生影响。同时，这些报刊也开始关注本地发生的事件。定期报刊关于不同社会环境的事件的报道，使大量的受众能够定期获得信息，其重要性显然是不可低估的。可以想见的是，伴随着定期报刊的普及，在该类报刊上或是其他出版物中，围绕"定期报刊"的批评和讨论随之展开。虽然有关这些讨论和批评的更为详尽的文献资料，尚有待进一步挖掘和整理。

二、媒介批评的产生和兴起

随着西方 17 世纪近代定期报刊的兴起和发展，围绕着报刊等出版物的关于政治权利、言论自由等重大问题的议题，逐渐成为具有自由民主思想的有识之士关注的焦点话题。就此而言，严格意义上的媒介批评也就诞生了。可以说，对"出版自由"问题的讨论和批判，不仅是人类社会历史从封建时代向资本主义时代转变的推动力，也是西方近代媒介批评产生和兴起的重要标志。

在西方近代报刊发展的过程中，"言论自由"与"出版控制"的争斗成为新兴的资产阶级和君主专制体制对抗冲突的焦点议题。由英国资产阶级革命引发的近代欧洲大陆的资产阶级革命产生了巨大影响。"英国革命的意义远远超过大不列颠及爱尔兰岛的范围，这场革命犹如一块巨石投进水中，激起了千重浪涛，波纹远达欧洲大陆、美洲及全世界。"①当然，引发资产阶级革命的原因在于封建君主专制制度。英国的封建专制时代始于都铎王朝，此时大陆的印刷技术也被引进到英国(1476)，专制王朝对新兴的传播媒介及其潜在的影响非常敏感，因为印刷书刊的广泛发行，势必培育大众的民主意识，英国 19 世纪思想家 T. 卡莱尔所说："发明了印刷，民主就是不可避免的。"②因此，在新闻传播方面，包括英国在内的欧洲专制王朝，无不对印刷出版实施严格管制，主要措施有许可证、检查制、惩处制。从 1586 年开始，英国的星法院法令形成了特许和新闻审查的综合体系(1637 年又有进一步的补充

① ［法］F. 基佐：《1604 年英国革命史》，伍光建译，前言，北京，商务印书馆，1985。

② ［英］卡莱尔：《英雄与英雄崇拜——卡莱尔讲演集》，张峰、吕霞译，269 页，上海，上海三联书店，1988。

条例），它限制了英国印刷工人的数量，并且要求他们生产的各种类型的出版物都要接受新闻审查。但是，随后由于矛盾加剧，王室越来越难以控制出版业，1641 年 7 月，星法院法令被废止。于是新闻书刊得以充分发展，广为发行，各式各样的小册子享受充分的自由，可以随便流通。至此，各类报刊数量激增，影响扩大，还导致现代报刊的诸多要素，如社论、特稿、标题、插图、广告等纷纷问世，从而使报刊逐渐从初始形态向现代形态过渡。

在近代报刊发展的过程中，无论是报刊文章，还是自由主义者和主张变革的思想家，都为推动出版独立而斗争，从而使国家对报刊的报道和评论实现最低程度的干涉与控制。显然，这些公开发表的观点和见解，对媒介本身和媒介制度的评价，是早期媒介批评的主要形态。虽然，其详尽的文献尚需进一步考述。在这些文献中，产生了深远影响的就是约翰·弥尔顿的《论出版自由》(1644)。可以说，弥尔顿的《论出版自由》是对专制体制的"报刊集权主义"进行反思和批判的大众媒介的专业批评，是西方近代媒介批评理论的滥觞。

约翰·弥尔顿是英国声望仅次于莎士比亚的诗人（图 2-1），除文学创作外，弥尔顿还写过一些政论文章，其中最著名的就是《论出版自由》。1643年，英国国会的长老会派为了巩固权力，下令实行书刊的预先检查制度，禁止出版带有民主意识的书刊。弥尔顿质疑和反对国会对报刊自由言论的控制，认为这是集权主义的做法。为了反对国会的报刊禁令，他写下了《论出版自由》。其基本主张是："让我凭着良知自由地认识、自由地发言、自由地讨论吧。"[①]他认为，只有通过自由讨论，各抒己见，人类才能不断获取真理。他的这些主张，建立在他的基本的理论认识之上。他提出，其一，人是有理性的动物，人凭自己的理性能够辨别真假正误；其二，自由地持有主张、自由地抒发己见，乃是人类与生俱来的"权利和特权"，同生命一样神圣不可剥夺。所以，限制言论出版自由，既是对理性的藐视，又是对人权的践踏。他说："杀人只是杀死了一个理性的动物，破坏了一个上帝的像；而禁止好书则是扼杀了理性本身，破坏了瞳仁中的上帝圣像。"[②]弥尔顿自由主义报刊理论的影响可谓深远。

对于弥尔顿的评价，虽然后世各异，但其对于报刊专制主义的批评，奠

---

① ［英］弥尔顿：《论出版自由》，吴之椿译，46～47 页，北京，商务印书馆，1958。

② ［英］弥尔顿：《论出版自由》，吴之椿译，5 页，北京，商务印书馆，1958。

定了媒介作为"社会公器"的重要认识的基础。传播
学者威尔伯·施拉姆评价道：弥尔顿的文章"没有
全面论述言论自由和出版自由的原则，但在当时提
出了反对集权主义控制的强有力的论点。"对此观
点，新闻传播学学者黄旦指出："这种反对集权主
义控制的强有力的论点，其所针对的对象比之论点
本身更应引起我们的注意。因为以要求言论、出版
自由为一方，以当政者控制为另一方，这种二元对
立的话语结构，不仅规范了人们考察、衡量言论、
出版自由的视角……也就因此自然而然被描述为政

图 2-1　约翰·弥尔顿

府控制和报刊反政府控制的历史。"①正如黄旦所言，弥尔顿的意义在于确立
了媒介批评的基本话语框架，因此，《论出版自由》作为早期报刊发轫的媒介
批评形式，是有其合理的逻辑性的。

　　其后英国许多的自由主义思想家，如边沁、詹姆士·穆勒和约翰·斯图
亚特·穆勒等都是出版自由的积极倡导者。他们坚持认为，通过独立的出版
机构自由表达观点是阻止专制地使用行使国家权力的非常重要的防护措施。
紧随他们在对抗英国王室、争取独立的斗争成功后，美国殖民者也将出版自
由权纳入了《第一宪法修正案》。同样，后革命时期的法国在以 1789 年的《人
权宣言》为基础的 1791 年和 1793 年的宪法中，也明确捍卫了言论自由。之
后，从法律上对言论自由加以保障逐渐被欧洲各国的政府所接受，因此，到
了 19 世纪末期 20 世纪初期，出版自由成为西方许多国家宪法内容中的基本
条文。这当然与大众报刊的发展以及有识之士对报刊的现实作用的深刻认识
有内在关系，同时，出版自由的主张也成为媒介批评理论早期发展的基础，
其后亦产生了深远的影响。

第二节　媒介批评的发展

　　在大众传播媒介产生之初，人们对大众传播媒介的批评和认识就一直没
有间断过，在西方报刊由产生到大规模发展的过程中，从早期的"报业批评"
到其后的"新闻批评"，直到 19 世纪至 20 世纪以后，具有明确的社会责任

---

　　①　黄旦：《传者图像：新闻专业主义的建构与消解》，54～55 页，上海，复旦大学
出版社，2005。

"价值立场"和严谨"学理性"，并立足于各种理论框架的媒介批评得以全面发展起来。美国媒介批评的发展就经历了由"报纸（业）批评""新闻批评"到"媒介批评"这样有内在联系的发展脉络。詹姆斯·波伊兰在发表于《哥伦比亚新闻评论》2000 年第 2 期上的综述性文章《批评：一千种声音在绽放》中将"报纸（业）批评"作为"新闻批评"的最初形式的，而该期的"媒介批评"专题则使用的是"media critics"这一术语。①

　　概而言之，媒介批评的发展经历了几个重要的发展阶段，即报刊批评、新闻批评和学理批评阶段。下面分别加以介绍。

一、早期的报刊批评

　　如前所述，西方近代发展起来的定期报刊，作为早期的大众传播媒介形态，自从其诞生之日起，就始终伴随着对其进行的反思、评价和批评。根据有关资料记载，自欧洲近代报刊产生以来，媒介批评亦伴其出现。例如，1665 年，英国国务大臣派普就对《牛津公报》创刊号发表评价，认为它"非常美丽，全是新闻，没有评论。"英国报业之父尼尔·笛福是英国第一位能言善辩的记者，但是同时代人批评他有被政府雇佣之嫌，因为他接受政府津贴，这反映了当时人们对记者职业操守的批评。② 进入 19 世纪之后，欧洲的媒介批评实践已大量出现。例如，海涅在出版于 1833 年的《论浪漫派》一书中就有对德国当时报纸的评论："我们德国人几乎连一张讥评政治的报纸也没有，可是美学报刊却越来越多，上面刊登的尽是闲得无聊的童话和剧评，所以谁一看见我们的报纸，简直就会认为，德国人尽是些絮聒不休的保姆和啰里啰唆的剧评家。"③但是，早期的报纸批评感性化色彩很浓，许多作家往往充当了批评家，如巴尔扎克、狄更斯、司汤达、福楼拜、歌德与波德莱尔等作家都批评了 18 世纪欧洲报纸的种种弊端。这也可以看出早期报业批评缺乏理论的系统性，仅仅表达情感性的价值立场。

　　美国报业在殖民地时期就已发展起来，1638 年，美国的第一部印刷机出现于哈佛大学（当时叫哈佛学院），此后，北美的印刷事业便逐渐普及开来，早期的印刷品多为宗教典籍和识字课本。独立战争时期的报刊，则具有鲜明的宣传色彩、激昂的论战精神和强烈的鼓动性。自 19 世纪以来，以美国为

---

　　① James Boylan, Critics：*A Thousand Voices Bloom*，Columbia Journalism Review（CJR），March—April，2000.

　　② 李瞻：《世界新闻史》，69～75 页，台北，三民书局，1983。

　　③ ［德]海涅：《论浪漫派》，张玉书译，87～88 页，北京，中国人民大学出版社，1979。

主体的商业报刊兴起，商业报刊的发展奉行自由主义的新闻理念，它极大地推动了新闻事业的全面发展。但同样，也存在着各种自身难以避免的种种弊端。对此现状，美国作家库珀在其政治短评《美国民主党人》(1838)中就写道："报纸有益于推翻暴政，但报纸只是要建立自己的暴政。新闻媒体对公众人物、文学、艺术、戏剧甚至私人生活尽情施暴。在保护公共生活的假面具下，报纸其实是在彻底腐化道德；在保障自由的外貌下，报纸其实逐渐在建立一个暴政，与其他基督教国家的暴政一样无礼、贪婪和粗鄙。大声呐喊意见自由，却缺乏容忍；打着爱国主义旗号，却不愿牺牲自己的利益；过分推崇礼仪教化，实质却粗俗不堪。"①库珀对商业报刊兴起所表现出的"报纸专政"的批判，无疑可被看成是媒介批评的早期形态。1842 年，英国作家查尔斯·狄更斯到美国旅游，他发现美国报纸缺乏吸引力。1843 年，他在小说《马丁·翟述伟》中写了对美国报纸的批评。此外，据《美国新闻百科全书》称，小说家 J. F. 考柏尔在 1837 年到 1845 年间，就对报界进行多次批评。②有学者由此就将考柏尔的批评界定为美国最早的媒介批评，其实，这种看似准确的界定往往会掩盖大量的历史现实。如前所述，报业的发展必然引发媒介批评的展开，从逻辑上看，它们的出现时间应该是同步的，只不过是由于条件所限，我们今天难以拥有具体翔实的资料做出充分的证明。

早期的媒介批评，主要是针对不同时期出现的大众报刊的批评。在对报刊的批评观察中，理论批评的重点，在于报刊出版的制度与报刊伦理道德。就报刊制度的批评而言，对"出版自由"的推崇与肯定是其核心理念。而随后的商业报刊的兴盛，由于追逐利益导致报纸内容突破了社会伦理道德的底线，使得报纸成为政党或资本的代言人，这就引发了媒介批评对报刊伦理的争论。例如，美国商业报刊的代表本杰明·戴创办的《纽约太阳报》、詹姆斯·戈登·贝内特创办的《纽约先驱报》和霍勒斯·格里利创办的《纽约论坛报》，作为自由主义报刊理念的实践者，奉行客观性原则，充分满足了中下层社会阶层对信息的需求。但同时，在追逐商业利益最大化的驱动下，其独立性和客观性仍然受到人们的质疑和批评。正如阿特休尔所指出的："在美国，人

---

① ［美］迈克尔·舒德森：《发掘新闻——美国报业的社会史》，陈昌凤、常江译，9 页，北京，北京大学出版社，2009。

② 黄顺铭、谭舒：《一个历史的维度——美国媒介批评著作概况》，载《湖北社会科学》，2001(9)。

们说新闻媒介超脱政治时，其意思常常是说新闻媒介超脱了党派政治。"①虽然，商业报刊宣称独立于某个具体的政党或政府，但绝不可能独立于整个资产阶级，"这种不受政府干涉的独立性，虽然确立了新闻出版界本身成为一种力量，但是它往往并不带来同时也能摆脱控制新闻出版界的私人势力的同等独立性。"②由此可见，早期的媒介批评理论所关注的重点，主要在于对报刊出版自由与政府控制之间的关系问题的争论和探究。

二、新闻批评

19 世纪末至 20 世纪初，随着资本主义社会经济的全面发展，西方进入现代工业化社会，作为社会变革的产物和推进器的大众报刊也随之兴起。总的来看，"在这个时代中，人们在下列各方面取得了显著的发展，如物质力量和财富、工业主义和工业化、技术和科学知识、运输、交通和贸易、人口和人口迁移、中央集权制政府、民主政治、阅读与写作能力和教育及舆论和报刊等。"③随之发生的是，大众传播媒介成为工业化社会人们社会生活的重要内容。大众报刊迅速发展，占据了人们生活的大部分内容。批判学者指出，大众传媒业的商业化发展，使得大众传媒成为资本主义社会"文化工业"的重要组成部分。但是，大众报刊在产生巨大的社会影响力的同时，也带来了自身发展的问题。而此时的媒介批评，则集中于大众报刊的内容定位问题，即对报刊新闻的社会功能的认识和批判。

媒介批评学者迈克尔·舒德森通过对 19 世纪末美国报刊业发展历史的研究，指出当时美国报刊所秉持的基本理念仍然是"事实"与"娱乐"并重，不过不同的报纸对这种理念的强调重点则不一样。例如，普利策的《纽约世界报》和赫斯特的《纽约日报》等产生了巨大影响的报纸则偏向于新闻的娱乐性。这些大众报刊在报道事实的同时，也会为了商业利益不择手段，采取恶性竞争的途径，这样就催生了以片面追求轰动性、刺激性和趣味性为宗旨的"黄色新闻"。新闻报道追求过度娱乐化，以达到"耸人听闻"的效果。对于报业存在的种种弊端，媒介批评理论针对新闻报道的"传递信息"和"娱乐大众"的

---

① ［美］J. 赫伯特·阿特休尔：《权力的媒介》，黄煜等译，322 页，北京，华夏出版社，1989。

② ［爱尔兰］肖恩·麦克布赖德等：《多种声音，一个世界》，联合国教科文组织第二编译室译，13 页，北京，中国对外翻译出版公司，1981。

③ ［英］F. H. 欣斯利：《新编剑桥世界近代史》，中国社会科学院世界历史研究所组译，11 卷，北京，中国社会科学出版社，1999。

问题，对新闻的本质展开了讨论。舒德森就将当时出现的这两种模式称之为"故事"模式和"信息"模式。①

对于报纸新闻的娱乐功能，芝加哥学派的代表人物乔治·赫伯特·米德就认为，新闻的目的是实现"审美"的功能。在他看来，新闻中的诸如选举或股市等消息，只能强调新闻的真正价值，但对于报纸的大多数新闻而言，"欣赏性"或"消费价值"更为重要。因此，新闻的首要任务是为读者带来令人满意的审美体验，帮助读者诠释自己的人生，使其融入所属的国家、城镇或阶层。其实，米德在这里更强调新闻作为社会认同的重要手段。显然，他对报纸的批评更多地强调新闻引导大众、建构大众观念和社会认同的重要功能。

与此相反的对新闻的功能的认识是，报纸的角色应该被定义为一种独特的文献形式，提供的事实不能经过修饰，纯粹用于传达"信息"，如法兰克福学派的代表人物瓦尔特·本雅明认为，"信息"是一种新的交流模式，是成熟资本主义的产物，其明显特征为"立刻可以验证"。信息的最高目标就是要"不证自明"。信息不比以往各种各样的"情报"更加准确，只是早期的情报经常征引神话传奇，而"信息必须听起来很合理"。本雅明因此分析道，信息"与讲故事是格格不入的"。② 他这里所说的"信息"，指的就是现代意义上的新闻概念，在他看来，新闻和传统的讲故事的形式最大的差异就是其对"客观性"的尊重。可见，在此时的关于新闻的属性的争论中，新闻信息的基本属性是其客观性，亦即与事实原貌相符合的程度。

这种针对新闻的不同价值取向的媒介批评，引发了对新闻的"客观性"的思考和讨论，由此衍生出了其后的新闻专业主义立场。根据舒德森的研究，美国新闻界关于新闻业应该遵循的标准和原则，自 1896 年后，主要体现为《纽约时报》所遵循的新闻理念的成功。这个标准就是"真实性"原则，对此当时的媒介批评就对《纽约时报》坚持的"真实性"原则给予充分的肯定。1902 年的《新闻从业者》在一篇题为《美国新闻业的标准》的社论中提出："只有那些准确、充分地呈现新闻，抓住越来越多的忠实读者的报纸，才能生存下去"。社论认为《纽约时报》的成功源于对该原则的坚持，"报业公认，在新闻业的

---

① ［美］迈克尔·舒德森：《发掘新闻——美国报业的社会史》，陈昌凤、常江译，79 页，北京，北京大学出版社，2009。

② ［美］迈克尔·舒德森：《发掘新闻——美国报业的社会史》，陈昌凤、常江译，79 页，北京，北京大学出版社，2009。

发展方向中有一条通向成功的光明大道，《纽约时报》走的就是这条道路"。记者和报纸批评家威尔·厄文在 1911 年指出，《纽约时报》"对纽约生活和全世界现状的描绘比其他任何一家报纸都要真实"。1926 年，梅尔维尔·斯通在《纽约时报》75 周年庆刊中，高度赞扬发行人阿道夫·奥克斯打破了只有煽情报纸才能成功的传统观念。弗兰克·普雷斯布利在 1929 年的著作《广告的历史与发展》中，称《纽约时报》为"世界上最具影响力的报纸"，对此结论恐怕没有多少人反对。①

　　这些对《纽约时报》所坚持的"客观性"的新闻标准的高度评价，表现出了对新闻的选择标准的认识，这就是新闻与虚构的故事不同，应该坚持的"真实性"原则。由于媒介批评的介入，对新闻的定义，就自然与客观、公正、真实、准确等标准紧密地联系起来。

三、学理性批评

　　在对报纸新闻批评的基础上，自 20 世纪以后，随着电子技术、无线通信技术的发展，广播、电视、电影等新兴的大众传播媒介形态出现，媒介批评也由报业批评、新闻批评转向全面的媒介形态的批评。同时，媒介批评的领域也由对媒介特征、体制、新闻内容等的批评，转向了对大众传播媒介的体制、内容、生产、文本、受众、效果等全面的批评。在批评方法的取向上，由早期的经验感悟、实践观察等转向具有严谨的学科方法的理论研究型批评。相应的，具有专门知识背景的学者成为媒介批评的主体。由此，媒介批评已全面转向学理性批评。

　　在这些学理性批评中，早期有关媒介研究和媒介批评的理论框架被不断提出。美国著名专栏作家、评论家沃尔特·李普曼分别于 1920 年、1922 年撰写的《自由与新闻》和《公众舆论》等著作，可以说是学理性媒介批评的重要著述。在这些著作中，李普曼就特别注意到了大众传播与社会的内在关系，不仅对新闻的性质及其选择过程进行了深刻的分析，对诸如"公众舆论与民主政治""拟态环境""刻板成见"等概念进行深入分析。同时，他还提出了媒介呈现的世界、现实世界与人们大脑中建构起来的世界之间的关系，可以视为"议程设置"理论的滥觞。李普曼对大众传播与社会关系的思考，成为早期学理性媒介批评重要的理论基础。

　　报业的快速发展使得新闻业存在的很多负面因素也不断暴露出来，于

---

　　①　[美]迈克尔·舒德森：《发掘新闻——美国报业的社会史》，陈昌凤、常江译，95 页，北京，北京大学出版社，2009。

是，有关报业与社会责任的媒介批评理论"社会责任理论"产生了。1942 年，亨利·卢斯创办的《时代》杂志出资 20 万美元，成立了由时任芝加哥大学校长的罗伯特·哈钦斯担任主席的委员会，组织了一个由 13 位"其资质无可挑剔的研究人员"组成的"新闻自由委员会"，也称为"哈钦斯委员会"。该委员会汇集了来自芝加哥、耶鲁、哈佛大学的社会学、法学、经济学、政治学、哲学、伦理学、人类学专家以及前助理国务卿、银行总裁等人员，进行了大量的调查、访谈，委员会的任务是在大量的听证和调查的基础上，就"自由新闻制度对美国的重要性"起草声明。研究和调查以及最后的声明完全由委员会独立做出，并于 1947 年发表了后来被称为传媒的"社会责任论"奠基的总报告《一个自由而负责的新闻界》。该文对美国新闻界过分强调"新闻自由"而忽视"社会责任"的现象进行了批评，可以说，这是对自由主义新闻观的纠偏。"哈钦斯委员会"的报告成为专业化媒介批评的主要理论基础。

随后，针对新闻业快速发展的现实，有关媒介与政治、经济、文化与社会等的内在影响关系的分析与批评不断展开。例如，1964 年，西北大学的卡瑞茨．D. 麦克道格尔撰写了《新闻界及其存在的问题》，讨论了诸如"现代报纸的角色是什么""美国报纸是一个企业还是一项职业""什么是新闻""当从业人员发现自己个人的道德观同报业老板的相冲突时，他应该怎么做呢""一家报纸将其政治观点基于什么前提之上呢""何为准确报纸""怎样做到报道准确""谁拥有报纸""除广告商之外，其他压力集团采取什么样的方法影响报纸""报纸应当对、能够对宣传做些什么""报界压制新闻是正当的吗"等大众传播媒介发展的现实和理论问题。1978 年，米切尔·舒德森出版了《发现新闻》一书。他视客观性为一种理想。他将新闻概念和新闻报道是如何从便士报发展到当今的报业的转化过程放在社会语境中来进行审视。1979 年，赫伯特·甘斯出版了《什么在决定新闻》。1978 年到 1980 年，英裔美国学者安东尼·史迈斯出版了《信息政治学》《报纸》《别了，谷登堡》等媒介批评的著作，开启了传播政治经济批评的路径。被美国新闻学院负责人协会称为"新闻学界最有洞察力的批评家"、加州大学伯克利分校新闻研究生院的本·巴格迪坎，1983 年写了《传播媒介的垄断：一个触目惊心的报告——五十家大公司怎样控制美国的所见所闻》一书，明确指出传播媒介的权力是一种政治权力。1984 年，J. 赫伯特·阿特休尔出版了非常具有洞察力的《权力的媒介》，着重探讨了新闻传播媒介与政治、经济、文化等各种权力的关系和相互作用。阿特休尔最后提炼出了"新闻学的七项归纳"，包括：第一，在所有的新闻体系中，新闻媒介都是掌握政治和经济权力的代言人。因此，报刊、杂志和广播电视并不是独立的媒介，它们只是潜在地发挥独立作用。第二，新闻媒介的内容往往反映那些给新闻媒介提供资金者的利益。第三，所有新闻体系无不以信仰言论自由为基础，但是各自解释言论自由的方法不一。第四，所有新闻体系都赞同社会责任理论，宣称他们为了人民的需要和利益服务，并表示愿意为人民提供新闻。第五，在所有三种新闻模式中（指马克思主义计划经济模式、资本主义市场经济模式、第三世界国家模式），彼此认为对方模式为离经叛道。第六，新闻院系传播该社会的意识形态和价值体系，最终无不帮助当政者维持他们对新闻媒介的控制。第七，新闻实践往往背离新闻理论，该著作是新闻传播批判学派的经典著作。1998 年，由道瑞斯·戈瑞伯尔、丹尼斯·麦奎尔和皮帕·诺瑞斯编辑出版的《新闻政治学：政治新闻》，探究了诸如谁应该去影响、谁又在影响着民主国家中的政治报道；媒介应当如何担任政府与公众之间、政治表演者相互之间，甚至公民相互之间的调解人；新闻如何被制作出来，问题与紧张存在于何处；怎样解决这些问题与紧张等具有很强的学理性分析的问题。① 由此可见，媒介批评的发展已经由单一的对报业制度或新闻内容的批评，全面进入到了学理性批评的发展阶段。

法兰克福学派的媒介批评理论是学理性批评的重要理论基础。它基于欧洲批判哲学的传统，由此对大众传播媒介及其文化进行审视，它是对美国主流传播研究的反动。该学派主张从价值批判的视角考察传播过程中的权力运作，成为大众传播学科的宏观理论构成。此后，其他学科领域的理论也被广泛应用于大众传播学，成为媒介批评的重要理论，如传播政治经济批判、符号学、解构主义、精神分析理论、当代消费社会和大众文化理论等，都是媒介批评的理论框架和分析工具及批评手段。

随着学理性媒介批评的深入发展，媒介批评在现实的实践应用方面也产生了不可忽视的作用和意义，除了法律规范、政府管理、行业自律外，媒介批评成为制约和监督媒介本身的第四种因素。因此，在开展媒介批评的现实实践中，完整的组织体系是媒介批评的重要制度保证。例如，英国在 1946年成立了"皇家新闻评议委员会"，至 1964 年，独立的新闻评议委员会成立，旨在确保新闻自由，监督新闻出版业，以期保证"最高的职业和商业标准"。根据美国学者 V. 怀特豪斯的介绍，美国的媒介监督体系比较完善，来自不同方面的媒介批评构成了一个完整的批评监督体系，包括如下几个方面：第

---

① 黄顺铭、谭舒：《一个历史的维度——美国媒介批评著作概况》，载《湖北社会科学》，2001(9)。

一，行业外的监督组织。这些组织由热衷于公共事务的人自愿组织起来，以开展媒介批评，如"媒介研究中心""媒介频道""公正和精确报道"等。第二，媒介行业内部的批评机构。这些主要是媒介专家和研究者撰写的新闻媒介评论。有影响的刊物有《哥伦比亚新闻评论》和《美国新闻评论》等。第三，新闻委员会和业内专业组织的批评。许多新闻工作者和新闻机构设立新闻委员会来仲裁记者和报道对象之间的纠纷，就新闻工作者和新闻组织的伦理道德方面的问题进行裁决。还有其他各种媒体行业协会组织，也担负着媒介批评的任务。① 此外，媒介研究者、媒介受众、社会公众等个体通过学术探究、撰写文章等方式也参与媒介批评，构成了媒介批评的重要领域。

　　20 世纪 60 年代，专业的媒介批评刊物出现，1961 年，《哥伦比亚新闻学评论》(CJR)创刊，逐渐发展成为美国最著名的媒介批评刊物。到 20 世纪 70 年代中期，媒介批评专业刊物发展到顶峰时期，达到了 32 家，包括《美国新闻学评论》(由《华盛顿新闻学评论》改名而来)和《尼曼报告》等；专业的媒介批评机构也逐步发展起来，如 1969 年"媒介准确性"组织（AIM）和 1986"新闻报道公正与准确协会"（FAIR）的成立等；作为新闻行业自律的监督和仲裁机构的新闻评议会也逐步发展，1967 年，加利福尼亚、俄勒冈、华盛顿等 6 个地方性的新闻评议会成立，随后，1973 年全国性的新闻评议会（NNC）成立；20 世纪 60 年代后期，美国报界掀起了普及"媒体监察人"的运动。媒体监察人成立了"媒体监察员组织"专业的媒介批评期刊、机构组织，媒介批评在美国逐渐成为一种专业化、职业化、制度化的实践，呈现繁荣发展之势，犹如春天的鲜花一样盛开。

　　美国大学也非常重视媒介批评的教学和研究②，在课程设置上，"媒介批评"的课程既有媒介批评，也有新闻事业批评、传播批评、电子媒介批评等细分的课程，理论体系完备，现实针对性较强。在课程的具体内容上，一方面重视理论学习和经典的阅读，培养学生具有较强的反思性思维；另一方面，结合现实的媒介发展案例，以提高分析问题的能力。例如，美国瓦希伯恩大学大众传播系在其"媒介批评"课程介绍中说："本课程讨论各种层次媒介分析和批评，包括产品分析、媒介内容与形式的社会学、女性主义和意识形态批评，着重于新闻分析与电视批评"，其所教授的内容包括媒介批评概说、电视批评家与电视批评、批判方法、广播/音乐电视批评、电视剧与电

① 雷跃捷：《媒介批评》，10～11 页，北京，北京大学出版社，2007。
② 陈龙：《媒介批评论》，7～10 页，苏州，苏州大学出版社，2005。

影批评、新闻批评、媒介产品分析、体育节目批评、女性主义批评、脱口秀批评、儿童节目批评、肥皂剧与电视连续剧批评、广告批评和文化分析等。北卡罗莱纳大学戏剧影视系研究生"媒介批评"课程主要讲述的内容包括：第一，叙事虚构电影：形式与意义；第二，电影与电视：类型、意识形态与观赏性；第三，选择性的形式：纪录片与实验电影；第四，电视与音乐电视：中等的特技质量；第五，从模拟信号到数字信号：电视与新媒体。其内容则偏向于"影视批评"研究。谢菲尔德州立学院传播系的"媒介研究"课程则主要围绕以下几个方面的内容展开：第一，符号学、神话学与意识形态；第二，神话学、类型与叙事；第三，现象学与精神分析；第四，女性主义与媒介批评；第五，现代主义与后现代主义。可见，该校的媒介研究更倾向于经典批判理论的研究。美国阿拉巴马大学电子传播与电影系的"媒介批评"课程主要讲授的内容包括：第一，媒介研究的概念，包括受众、作者和文本。第二，媒介分析方法，包括符号学与文体：形式主义与现实主义；叙述；类型；历史主义；现代主义与结构主义，后现代主义与后结构主义；意识形态与国家以及精神分析学。第三，媒介文化的批评与理论观点，包括媒介中的社会性别与性特征再现、媒介中的种族与种族划分再现、媒介中年龄与代沟再现、阶级、等级与文化资本以及技术与主体性。美国怀斯费尔德州立学院传播系的"媒介批评"课程的内容包括媒介批评与文化研究简介；符号学与结构主义；广告的符号学分析；文本分析、再现与广告；叙事分析导论；叙事分析；意识形态批评导论；意识形态批评：消费文化；意识形态批评：话语分析导论；意识形态批评：话语分析；意识形态批评：种族、广告和意识形态；意识形态批评：性别政治；受众接受以及机构分析等。显然这一课程设置几乎涵盖了媒介批评的所有宏观理论领域，其目的在于通过评介媒介批评的理论、方法以及应用，扩展人们对媒介、大众文化和社会变迁的理解。美国威斯康星大学奥斯库西分校传播系的"媒介批评"课程需要讲解的内容则包括什么是媒介批评；新闻评论与学术化批评；修辞方法概述；亚里士多德、比瑟尔与布朗的注意转换；纪录片修辞研究方法的应用；戏剧化与叙事理论；后现代主义批评：对影片《纪念品》的分析；社会与历史的方法：解构作为媒介事实的美国肥皂剧；细部批评：为什么《费城故事》在它那个时代是一部重要电影；马克思主义与女性主义批评：《泰坦尼克号》综合了两种观点；心理分析方法：从辛普森到萨乌斯·帕克的成人动画电视连续剧；神话批评：一个创造媒介事实的常用方法；符号学与电影：从《公民凯恩》到《辛德勒的名单》；个性化导演与类型化：要么放弃风格要么适应复杂的、电脑化的社会以及接受批评与超社会互动之比较等。这里几乎涵盖了所有媒介批评已有的宏观理论框架，并且明确地将媒介批评与新闻评论做了区分，但课程重点集中于电影电视研究。

总体来看，美国高校的"媒介批评"课程的内容安排，重点集中于媒介批评的宏观理论，继承了批判学派的基本方法和路径。其体现出的基本特征，在于将媒介批评置于社会、文化的背景之中加以考察，从而具有宽阔的理论视野。同时，这也是对美国传播学研究中的经验学派的补正，随着将社会学、文化研究以及美学艺术理论引入到媒介批评中，美国媒介传播批判研究也逐步定型。

总之，综观媒介批评发展的路径，其发展过程中表现出来的显著特点有以下几点。

第一，由媒介制度、伦理到媒介内容的批评。早期的媒介批评的重点，主要集中于与媒介所有制有关的媒介制度以及在商业化背景下的媒介伦理问题。其后，随着大众媒介的产生与发展，媒介批评则更关注媒介所呈现的事实与人们所处的社会、文化之间的关系问题。

第二，由报纸扩展到电影、电视、广播以及新兴媒体等各类媒介形态。早期的媒介批评主要是针对报纸的批评，但随着传播技术的发展，大众传播媒介形态不断革新，因此，媒介批评也由单一的报刊批评转为影视媒介、广播、新兴媒介等各类媒介形态的批评。由于媒介形态的差异，媒介批评的理论内涵也发生了根本的转变。

第三，由文学批评到文化、社会批判。在媒介批评理论产生之初，对"批评"的内涵的诠释由于受早期"文学批评"的影响，批评理论的重点在于审美性等文学特征的考察。其后随着大众传播媒介与人们生活的联系日益密切，媒介批评的重点则由文学批评转移到文化、社会批判，理论视野更加宽阔。

第四，由感悟、观察式批评到学理性分析批评。早期的媒介批评着重于对媒介实践的感悟和观察，以感性形式的批评居多。但随着研究的不断深入，学理性批评逐渐取代了观察感悟式批评。

四、中国媒介批评的发展

中国媒介批评理论的产生和兴起，与近代以报纸为主体的大众传播媒介的发展紧密相关。新闻史学者卓南生把"邸报—京报"称为中国的"古代报纸"，把欧美人士以东南亚及中国沿海港口为据点定期出版的华文报纸，称为"近代型中文报纸"。① 中国的近代报纸应与西方近代定期报刊相似，具有大众报刊的基本特征。中国近代报纸"自 1615 年起，创于德国之政府报，而踬行于欧美各国。后二百年基督新教教士东来，师其成法，于 1815 年发行华文月刊，刊名《察世俗每月统记传》，是为我国有正式报纸之始"。② 可见，自 1815 年的《察世俗每月统记传》诞生起，直至维新运动前后中国出现国人办报的高潮，标志着中国近代报刊的兴起与发展。由此，中国媒介批评实践和理论的发展亦与报刊的发展同步，初期的媒介批评主要是针对报纸的批评，其重点是对于报刊与社会文化的关系的探究。

（一）近代对报刊及其社会功能的认识

自晚明以来，欧洲传教士、商人及外交官不断来到中国，其中传教士最为活跃。传教士带来的不仅是西方的宗教，还有在西方兴起的大众报刊。到清咸同之际，全国"通都大邑报章创刊七十六种，而教会创办者占十之六焉"。③ 晚清以后，传教士在中国的活动更加频繁和深入，连续不断地创办华文报刊，以传播其宗教思想及其他西方观念，并以期影响中国民众。对这些早期的华文报刊，学界也产生了不同立场的讨论，这些讨论可认为是早期的媒介批评。例如，当时华文报刊的创办者标榜报纸的立场是"报道公正"，不仅认为这是报纸的最高原则，同时也是记者的基本信条。"西国新闻纸馆之设，其立论则甚公，其议事则甚当。不避权势，不畏奸豪，如有非理之处，皆得从容而议之。"④还有报纸指出："我外国新闻纸，比中华之吏更直，虽至亲骨肉，也不徇情偏护……一切不公不平之事，俱为载之新闻，以禁后人。"⑤可见，华文报纸在创办之初就已明确地将"公正""无偏无党""揭露不公"作为报业的基本理念。此时的媒介批评已认识到公正对报纸的重要性，但是，如何在具体实践中保证公正的实现，在早期的媒介批评中并没有做过深入的讨论。

由于西方现代技术文明的冲击，近代中国以学习西方科学技术为核心内

① 卓南生：《中国近代报业发展史（1815—1874）》，序言，北京，中国社会科学出版社，2002。
② 戈公振：《中国报纸进化之概观》，见《中国近代报刊史参考资料》（上册），1 页，北京，中国人民大学新闻系校内资料，1982。
③ 赖光临：《中国近代报人与报业》（上册），14 页，台北，台湾商务印书馆，1979。
④ 花之安：《新闻纸论》，见方汉奇：《中国新闻事业史通论》，383 页，北京，中国人民大学出版社，1996。
⑤ 载《上海新报》，1863-12-12。

容的洋务运动也随之兴起。由初期的翻译西方报
纸，发展到近代中国人自办报纸，我国报业的发
端也因洋务运动而起。基于当时有识之士力图急
于改变中国的社会文化，以期与西方看齐，洋务
派人士对报纸的社会功能寄予厚望。例如，中国
近代著名的报人王韬就认为，报纸是政府"博采舆
论"、下情上达、教化民众的重要工具，报纸是实
现强中攘外的重要手段。因此，报纸可以议论时
政，提升民众的素养。同时，报纸还具有信息功
能，是了解各国情报的工具，也可以向外国人宣
传本国的主张，抵御外侮"非自设西字日报不为
功"。① 同期的另一位思想家郑观应也提出："日

图 2-2 王 韬

报与议院，公论如秉烛"，"欲通之达之，则莫如广设日报矣。"②他把报纸与
议院相提并论，认为是通达民意的最佳途径，主张自由办报；同时，他认
为，报纸是中国变法自强的重要手段，建议政府应努力发展新闻事业，以带
动社会发展。王韬(图 2-2)、郑观应等开明士人所倡导的报纸的社会功能的
观点和看法，主要是由于近代中国社会内部各阶层的矛盾冲突日益加剧，加
之西方工业文明的巨大冲击，社会发展处于急剧变革的时代。为了顺应时代
变迁，有识之士竭力探究救亡图存之道，认为重点在于开启民智，因此，西
学和乃至有关的新知识传播则成为当时社会的潮流。报刊也就自然被赋予了
文化传播的重要责任，具有了巨大的推动社会变革的功能。这也是早期中国
媒介批评对报纸媒介和社会关系认识的鲜明特征。

以康有为、梁启超和谭嗣同等为代表的晚清维新派人士认为，中国社会
富强的途径是改革，改革的先导是兴办报业。由此，他们把报纸的社会作用
和社会意义提高到了前所未有的重要地位。为了使更多的人了解报纸、重视
报纸，他们广泛宣传报纸的社会作用，将报纸视为广见闻、通时务的渠道，
通过兴办报纸，借助报纸这种新兴媒介，传递更多更新的信息，从而影响国
人，以适应社会变革。例如，梁启超就认为，报纸分别是国君和臣民的"耳

---

① 王韬：《论中国设西文日报之利》，见《弢园文录外编》，36 页，上海，上海书店
出版社，2002。

② 郑观应：《盛世危言·日报篇上》，见《郑观应集》，345 页，上海，上海人民出版社，
1988。

目喉舌"，报纸是贵族、教会、平民三大种族外的"第四种族"。其后，他又从舆论的角度认识和评价报纸和新闻报道，并强调舆论与社会发展的重要关系。维新派人士基于中国社会改革的背景，对报纸的认识也最大限度地肯定了其"舆论引导"的功能。这些对报纸作用的观点和看法，一方面来自于西方近代报刊观念的影响，另一方面，主要体现的是中国先进的知识阶层试图充分利用报纸媒介，以推进中国现代化的发展。由此可见，早期中国媒介批评的重点，集中讨论大众传播媒介（主要是报刊）的社会功用，而鲜有涉及其他内容。这也可以看出，与中国的传统知识分子相同，他们始终秉持"文以载道"的文化传统，即便是现代意义上的大众报刊，在他们特定的社会背景和思想观念中，依然把"教化"社会、"引导"舆论作为其存在的根本价值和肩负的主要社会功能。

总之，就中国媒介批评的源起和发生而言，由于中国近代处于文明转型和现代变革的社会阶段，思想进步的士人意识到报纸媒介对推动社会变革的重要作用，因此，基于对媒介的社会作用和社会功能的认识，舆论引导就成为中国近代媒介批评的显著特征。

（二）五四新文化运动与新闻自由

1911 年爆发的辛亥革命不仅推翻了专制制度，同时也广泛地传播了民主、自由等现代思想观念，倡导社会进步、反对专制成为时代的潮流，民主共和的观念亦深入人心。快速的社会变革为新文化运动时期的报刊发展提供了良好的社会政治环境。

新文化运动使中国的报刊事业发生了重大变化，一批以反对封建专制思想、宣传新思潮为中心内容的报刊开始出现。其中最有代表性的是 1915 年在上海创办的《青年杂志》（后改名《新青年》），它明确提出"民主"和"科学"的口号，发起对孔子思想的批判，倡导文学革命，推动了新文化运动的开展。1918 年 12 月，《新青年》的主持人陈独秀和李大钊等又在北京创办《每周评论》。接着，北京国民社、新潮社也分别出版《国民》杂志和《新潮》月刊，与《新青年》相配合。北京《晨报》《国民公报》、上海《时事新报》《民国日报》（上海）等，也出版了支持新文化运动的副刊，在中国形成了以报刊界为主体的反封建的思想斗争热潮。但同时，北京的《国故月刊》《公言报》和上海的《新申报》等报刊，则发表文章攻击新文化运动。于是，各种新旧思潮以大众报刊为阵地，展开了激烈的思想交锋。

五四运动促进了中国现代报刊业的迅猛发展，短时间内即涌现 500 种左右的报刊。① 其中，最为活跃的是学生报刊。在五四爱国运动中，很多省、市都成立了学生联合会，各联合会纷纷出版报刊。著名的有《湘江评论》《天津学生联合会报》《五七》日刊(北京)、《上海学生联合会日报》和《学生周刊》(武汉)等。有很多大中学校甚至小学也创办报刊，如《新生活》《新湖南》《浙江新潮》等。各地其他青年知识分子也积极组织学会和社团，开展办报活动。少年中国学会在北京、南京、成都等城市分别创办《少年中国》《少年世界》和《星期日》等。天津觉悟社出版《觉悟》，武汉互助社出版《互助》，瞿秋白等在北京创办《新社会》。这些报刊大多积极介绍马克思主义，注意将思想宣传和群众政治斗争相结合，并采用白话文。在新文化运动和五四运动的影响下，一些政治组织和代表人物也创办新的报刊，以适应新的思想潮流。孙中山领导的革命党人在上海出版了《建设》杂志和《星期评论》。梁启超、张君劢等组织的新学会出版了《解放与改造》。除此之外，还有无政府主义者创办的《进化》《奋斗》等报刊。② 各类思潮云集，充分彰显了当时思想革新、新闻自由的社会现状。

就媒介批评而言，新文化运动时期对报刊的认识和实践表现出非常明显的不同于近代报刊的特征。

第一，明确提出为民众办报的主张，保障言论自由成为大众报刊的基本理念。能否体现思想自由和言论自由，则成为新文化运动时期报刊媒介批评的基本标准。例如，新文化运动的先驱陈独秀就认为："言论思想自由，是文明进化的第一重要条件。"③他主张大众报刊本身就有讨论言论自由的权利，在报刊上"讨论学理之自由，乃神圣之自由也"。④ 可见，陈独秀的观点深受西方近代弥尔顿出版自由思想的影响，坚持认为言论自由具有非常重要的社会意义和作用。另一位先驱李大钊也对"思想自由""新闻自由"进行了深入研究。他提出，思想自由主要有三种表现形态："一出版自由，一信仰自由，一教授自由也。"⑤他同时主张，无论表达信仰还是传授思想，只有通过出版

---

① 黄瑚：《中国新闻事业发展史》，129 页，上海，复旦大学出版社，2001。

② 方汉奇、陈业劭、张之华：《中国新闻事业简史》，北京，中国人民大学出版社，1983。

③ 陈独秀：《旧党的罪恶》，见《陈独秀文章选编》，359 页，北京，生活·读书·新知三联书店，1984。

④ 陈独秀：《陈独秀文章选编》(上)，267 页，北京，生活·读书·新知三联书店，1984。

⑤ 李大钊：《李大钊文集》(上)，247 页，北京，人民出版社，1984。

报刊、书籍的途径，才能让社会广为知道，由此，出版自由是思想自由的实现形式。可见，当时传播自由思想的先驱们所主张坚持的言论自由以及如何保障新闻自由实现的理念，都对当时的社会发展和文化变迁产生巨大的影响，也为其后中国文化的现代化转型奠定了基础。

第二，媒介批评探讨提升报纸副刊的作用，此时的报纸副刊成为介绍新知识，传播新思想的重要园地。例如，当时就出现了诸如《晨报》副刊、《民国日报》的"觉悟"副刊、《时事新报》的"学灯"副刊、《京报》副刊等非常有影响的报纸副刊。这些副刊的出现，对报纸的知识化、专业化导向产生了巨大影响。

第三，新文化运动时期的媒介批评还探究了诸如如何发扬中国报刊重视政论的传统，发挥政论的战斗作用以及提倡白话文，确立了白话文在报刊上的主导地位，随感录、新闻述评等报刊问题的创新，包括在语言上对于新式标点符号使用的倡导等。这些具体的媒介批评实践都促成了当时大众报刊的快速发展。

(三)当代媒介批评研究的新发展

正如学者所指出的，我国在新文化运动时期开始出现媒介批评理论的萌芽，但直接使用"媒介批评"这个学术化的概念，并对媒介批评进行系统的理论研究，却是在 20 世纪后期。① 自 20 世纪 90 年代以后，中国大众传媒业不断实施市场化改革，并不断加快市场化改革的步伐，大众传媒业也随之进入了快速发展期。但同时，传媒市场化的发展不但凸显了传媒业本身的诸多弊端，因大众传媒业的快速发展，对社会、文化产生的负面效应也日益突出。更为重要的是，大众传播业的发展对中国当代大众文化的深层次影响也不断凸显。面对传播媒介实践的快速发展，如何保障大众媒介自身的发展以及媒介与社会、文化的良性互动，从而为中国社会的发展建构自由和谐的环境，媒介批评的理论和实践便引起了媒介研究学者的普遍关注。

传播学研究中的"批判学派"及其相关理论对中国当代媒介批评研究的发展产生了直接影响，并奠定了学理性基础。批判学派形成于 20 世纪 60 年代的欧洲，70 年代开始兴盛，至 80 年代则成为传播学研究中的主流范式。其后不同于美国实证分析、经验研究立场，坚持以批判理论和方法进行传播研究的学派，主要有法兰克福学派、传播政治经济学派、意识形态学派、社会文化学派、女权主义学派、精神分析学派等。研究重点包括传播与意识形态

① 雷跃捷：《媒介批评》，223 页，北京，北京大学出版社，2007。

研究、传播与垄断控制研究、传播与大众文化研究、传播与性别研究等。

　　自 20 世纪 80 年代以来，媒介批评理论著述不断被介绍到中国，其中的社会批判理论和大众文化批评理论著述，引起了传播学界的重点关注，触发了中国新闻传播学对批判学派理论和实践的探究。法兰克福批判学派代表人物霍克海姆、阿多诺、马尔库塞、本雅明及哈贝马斯等人的著述和观点，不断被加以介绍和研究，直接影响到了国内学者的研究取向。此外，英国文化研究学派关于大众文化研究的理论与方法也不断得到译介和研究。当时中国学界对批判学派和文化研究学派的研究，主要集中在哲学、社会学、文学和文化研究等领域，在新闻传播学界并未引起特别的关注。特别需要提出的是，我国台湾地区传播学学者撰写和译介的有关批判理论和媒介批评的著述，为大陆学界研究媒介批评问题提供了重要的参照。这其中具有重要影响的著作，主要有张锦华的《传播批判理论》(1994)，该著作就对传播批判学派做了系统介绍，有助于初步了解批判学派的基本流派和主张。黄新生的《媒介批评：理论与方法》(1992)对媒介批评的基本方法和基础理论进行了总结，但其重点仍立足于传播批判学派的理论，借以分析媒介批评理论与方法。同时，阿瑟·伯格的《媒介分析方法》(黄新生译，1992)和罗伯特.G.艾伦的《电视与当代批评理论》(李天铎译，1993)等有关媒介批评的著作也被译成了汉语。

　　1995 年，"媒介批评"作为规范的学术概念进入中国新闻传播学者的视野。朱光烈针对此时中国大众媒介发展现实中的价值观错乱现象，发表文章呼吁对"媒介"本身进行批评，朱文首次对"媒介批评"的概念做了定义性的解释，认为"媒介批评应是以媒介为研究对象的批评"。[①] 其后，吴迪发表文章《媒介批评：特性与职责》，对媒介批评的特性、取向、范围、对象、角度、职责等方面做了介绍和研究。[②] 吴文首次从学理的角度，对媒介批评的理论问题做了系统的介绍，对中国媒介批评理论的确立具有重要的意义。如果将"媒介批评"概念的正式提出作为分界点，可以说此后中国的媒介批评理论研究和实践开始发展并渐趋成熟。尤其是进入 21 世纪以来，无论是出版专著、发表论文、举办研讨会等探讨学理的学术性研究，还是如新闻专业期刊开辟"媒介批评"专栏等专业实践，媒介批评日趋自觉化。

　　这些论文和论著充分体现了中国媒介批评研究发展的多元化和理论深度，建构起媒介批评学科的理论基础和体系，针对中国问题的媒介批评理

---

① 朱光烈：《批评，从我开始》，载《北京广播学院学报》，1995(4)。

② 吴迪：《媒介批评：特性与职责》，载《北京广播学院学报》，1995(5)。

论，也针对国外媒介批评理论及其发展进行研究，同时还结合理论来探讨媒介批评的现实性问题。较早的具有学科开创意义的研究著作有《媒介批评通论》（刘建明，2001）和《媒介批评：起源·标准·方法》（王君超，2001）。这两部著述的问世，对中国媒介批评理论的影响十分重大。一方面，有关媒介批评的理论研究在中国展开；另一方面，为媒介批评的理论研究确定了基本路径和方法。

此后，其他著作逐渐问世，如《传媒批评：揭开公正中立的面纱》（肖晓穗，2002）、《传媒批判理论》（潘知常、林炜，2002）、《媒介批评》（雷跃捷，2003）、《媒介批评论》（陈龙，2005）、《媒介批评：立场·范畴·命题·方式》（李岩，2005）、《女性主义视野下的媒介批评》（张艳红，2009）、《媒介批评：理论与例证》（曾娅妮，2010）等。其他专门研究媒介批评历史发展的著作还有《建构权威·协商规范：美国新闻媒介批评解读》（谢静，2003）、《美国的新闻媒介批评》（谢静，2009）、《西方媒介批评史》（刘建明，2007）、《中国现代媒介批评研究》（胡正强，2010）、《中国电视批评史》（欧阳宏生、杨状振，2010）等。专门就媒介批评的实践进行专业性研究和分析的论著有《报刊审读初探》（薛耀晗，2000）、《报刊审读》（王首程，2008）、《新闻评析》（夏琼，2003）、《新闻阅评学》（刘祖禹、胡文龙，2010）、《电视批评论》（欧阳宏生，2000）、《电视批评学》（欧阳宏生，2006）、《电视批评：理论·方法·实践》（欧阳宏生，2007）、《电视批评理论研究》（时统宇，2003）等。关于媒介批评研究的论文集有《大众立场——李幸电视批评文集》（李幸，2005）和《第三只眼看传媒：媒介批评热点文选》（王君超，2009）等。

此外，为了更有利于展开媒介批评的研究和实践，在学者的倡导下，有关专门进行媒介批评研究的辑刊也成为重要的媒介批评研究的平台。例如，蒋原伦、张柠主编的《媒介批评》（目前已出版 4 辑）和董天策主编的《中外媒介批评》（目前出版 2 辑），这些研究成果的问世都充分显示出中国媒介批评研究的快速发展与内在活力。①

总体来看，中国当代媒介批评理论与实践的形成及发展，呈现出如下特点。

第一，媒介批评的理论体系由早期的文学、文化批评转向媒介批评，并逐步形成以大众传播媒介为对象的媒介批评理论。

中国早期的媒介批评理论更多地借鉴了文学批评的方法，以传统的文学

---

① 董天策、胡丹：《中国内地媒介批评论著十年扫描》，载《山西大学学报》，2011（2）。

批评作为媒介批评理论的出发点，侧重于微观层面的新闻媒介语言、问题结构，乃至新闻的社会道德意义等问题，对这些方面进行了更多的探究，由此，也导致了对新闻媒介文本作为一种特殊的文体形式的特征、功能和意义的关注。

就文学和文化批评发展路径而言，20世纪初期，随着俄国形式主义、英美新批评理论①和法国结构主义等理论流派的出现，西方的文学美学批评开始了"语言学"转向，这些批评理论关注的是文学的"内部结构"，强调文学批评应回到文学本身。但是，随着大众媒介的迅速发展和大众文化的普及，脱离现实情境的对文学艺术的语言形式的批评显然存在着局限，已经不合时宜了。于是，20世纪中后期，英国的文化研究学派和美国的新历史主义②等流派出现，文学批评开始转向"文化研究"，即仍旧回归到历史主义、社会学、作家经历等社会文化背景的研究。

"文化转向"对中国文学研究也产生了鲜明的影响，传统的文学研究应着眼于文学本身的观念发生了变化，随后，中国的文学批评理论与实践也介入到更广泛的文化批评中来。文学批评开始关注由于大众传播媒介的发展而形成的当代大众文化，如媒介文学、媒介文化、大众流行文化、网络文化、性别与时尚文化、少数族裔文化、青年亚文化等领域，成为文化研究的重要对象。

文化研究对大众媒介文化的反思和批判，为媒介批评提供了直接的学理基础。文化研究涉及文化工业、消费文化、影视艺术文化、文化全球化等方面，自然这些理论成为媒介批评的基础理论。此外，文化研究还为媒介批评研究提供了新的研究方法和视角，如语言学、哲学、心理学、人类文化学、政治学、社会学和文艺批评等，都成为媒介批评可以借鉴和应用的方法基础。

显然，这种所谓的文学批评的"文化转向"，其实是针对大众媒介的媒介批评，由于文学批评研究的介入，许多关于大众文化研究的理论则自然而然

---

① "新批评"是欧美形式主义文论派别，20世纪初发端于英国，后在美国产生巨大影响。其主要代表人物是 T. S. 艾略特和 I. A. 瑞恰慈，该流派主张对诗歌的语言和结构进行"细读式"批评的方法。

② 新历史主义是自20世纪70年代以后在欧美发展起来的文化诗学批评流派。该流派立足于以政治化方式进行文化批评，关注文化的经济、历史语境，并借鉴西方马克思主义理论、福柯的哲学和女权主义理论等，将文学作品还原为发展的历史过程，并由此展开对文学作品的文化、社会、政治、经济层面的具体分析。

地被引入到媒介批评中来，使得媒介批评一开始就有了自身比较确定的理论基础。当然，文化批评毕竟与媒介批评不同，用文化批评的理论来建构媒介批评的理论基础，还存在着一定的缺陷和不足。

第二，作为独立学科的媒介批评的基本理论体系逐步形成。

从传统意义上看，媒介批评理论隶属于大众传播理论，仅仅是媒介研究的部分领域。但是，在中国当代媒介批评理论的发展中，学者们力图要建立起独立于大众传播学科的"媒介批评学"。自20世纪90年代以来，建立"传媒评论学""媒介批评学""报刊审读学""电视批评学"等学术观点被不断提出。由此，研究者也从不同角度出发，论述其可能性和必要性，并通过作为独立学科的特征要求，努力建构不同层面的"媒介批评学"。这些研究针对媒介批评的学科体系与知识框架，从媒介批评的基本理念入手，围绕媒介批评内涵与任务、对象与主体、规范与标准、方式和内容、思维方法、文本理论等方面，深入展开论述，同时结合新闻传播实践和媒介文本进行分析，力图结合中国媒介实践，形成具有突出中国特色的媒介批评理论。

对于作为独立学科的"媒介批评学"的认识，研究者重点围绕媒介批评的本质、起源、理论、标准与方法以及对媒介批评的批判性立场、范畴、命题、方式等深入分析，通过剖析西方媒介批评理论和中国本土化的媒介批评实践，对当代批评理论的系统梳理来阐释媒介批评的立场与范畴，进而阐述媒介批评的对象与批评活动、批评工具与操作方式，梳理媒介批评的历史实践与现状发展，深入论述媒介批评的特性、伦理原则、衡量尺度、类型范式、对象标准等。这些涉及的理论和方法，都为系统建构独立的"媒介批评学"建立了全面系统的理论和方法基础。

第三，针对中国媒介现实发展的媒介批评理论和方法的探索。

当代中国媒介批评理论发展的突出特色，还体现在针对"中国问题"的研究上。作为重要的学科理论，媒介批评必须要关注现实的问题，关注中国媒介实践的发展，以期形成中国媒介批评话语。作为中国问题的话语实践的媒介批评，是批评者对媒介生产、媒介文本、媒介行为、媒介现象乃至媒介体制、媒介文化的评价与判断。例如，王君超的《第三只眼看传媒：媒介批评热点文选》(王君超，2009)收录了作者对媒介热点、媒介现象、媒介事件的解析、反思，反映出作者基于媒介批评实践的学术思考和分析。其他涉及电影、电视、报纸、网络等领域的媒介批评实践的具体讨论，都提出了现实操作性很强的媒介批评实例，对于基于中国媒介发展问题的媒介批评的实践活动具有重要的现实意义。

总之，作为独立学科的媒介批评学体系探讨等方面，还是在媒介批评理论的历史发展描述，媒介批评的现实问题分析等方面，中国当代媒介批评的理论研究和话语实践都已进行了深入的思考和探究，具备了学科发展的基础。

思考与练习

一、名词解释

1. 定期报刊

2. 大众报刊

3. 文化工业

4. 信息自由

5. 社会责任

二、简述题

1. 简述媒介批评的兴起与大众传播媒介的关系。

2. 简述媒介批评的发展。

3. 简述媒介批评的理论体系。

4. 简述中国当代媒介批评的发展。

第三章　媒介批评的特征与类型

本章内容要点

- 媒介批评作为具有独立价值的媒介研究理论和方法，具有不同的特征，具体包括明确的价值导向、批判精神、反思性和现代性等特征。其中价值导向和批判精神为其核心的特征，是有别于其他大众媒介研究方法的最根本之处。

- 媒介批评的基本类型，根据不同的层次，形成了不同的划分。就宏观层面而言，媒介批评可分为媒介规制批评、媒介历史批评、媒介文化批评、媒介行为批评、媒介技术批评。就微观层面而言，媒介批评可分为媒介组织形态批评、媒介文本构成批评、媒介内容批评、媒介信息传受批评。就中观层面而言，媒介批评可分为媒介意义生产批评、媒介意义传播批评、媒介意义解读批评、媒介意义语境批评等不同类型。

就文化批评和社会批判以及广义的大众传播研究而言，媒介批评理论因其研究的立场、视角和范畴的不同，形成了自身独特的理论和研究方法。作为独立的大众传播研究学科，媒介批评形成了属于自身的基本特征，也具有不同的类型。法国哲学家让-弗朗索瓦·利奥塔在《后现代状况：关于知识的报告》中，着重研究知识在社会中所处的位置，以此判定知识的功能。他首先向我们说明了知识的社会性，他认为对一个社会的建构来自于知识，对一个社会的反思也来自于知识。"如果我们对知识所处的社会一无所知，我们就无法知道什么是知识，即无法知道它的发展和传播今天遇到了什么问题。我们只有判定社会是一台大机器，才能判定知识的主要角色是充当社会运转不可缺少的因素，才能在知识问题上采取相应的行动。"利奥塔接着阐释了知识的两种功能："一种是实证主义的知识，它很容易应用在有关人和材料的技术中，很适合成为系统不可缺少的生产力；另一种是批评的、反思的或者阐释的知识，它直接或间接地审视价值与目标，抵制任何'回收'"。① 相对于实证主义知识的应用性而言，批判的知识是整体性的、涉及思想、观念、价值和认识方式的知识。

---

① ［法］让-弗朗索瓦·利奥塔：《后现代状况——关于知识的报告》，车槿山译，20～30页，北京，生活·读书·新知三联书店，1997。

究其本质而言，媒介批评作为社会的知识生产，总体上属于批判的知识的范畴。媒介批评的社会文化意义也就在于它的揭示性与反思性，促使媒介社会中的社会公民都能够正视媒介、反思媒介，从而推进媒介乃至整个社会文化的良性发展，这也正是媒介批评所追求的根本目的。

第一节　媒介批评的基本特征

媒介批评理论和实践研究的本质，在于为媒介"立法"，建构媒介话语生产的知识体系。同时也基于现代意义上的社会发展和文化形态的要求，形成媒介规制。其重点在于探索在特定的社会发展背景下，媒介发展所应该坚持的基本的价值立场和社会功能取向。由此，媒介批评理论通过特定的理论和方法对媒介本身、媒介与社会、媒介与文化的关系进行反思性批判，从而发现其现代性内涵。正是在此意义上，美国传播学者詹姆斯·凯瑞就指出，社会生活的内容不仅只有权力与职业，它也包括美学经验、宗教思想、个人价值体系和情感及知识见解的共享的仪式化系统，因此，传播是"现实被生产、保留、纠正和转移的抽象过程"。[①] 在他看来，媒介研究的核心是文化批评，即以媒介为中心的传播活动是人类社会文化的主要构成，因此，所谓的媒介研究也要遵循文化研究的基本要求。就此意义而言，媒介批评显然也就具有文化批评的基本特征。

随着中国社会经济的快速发展，"媒介化社会"逐步形成，大众传播媒介无论在政治和经济方面，还是作为社会的第三种力量，都已发挥着重要作用，甚至是支配性的作用。因为媒介的发展所引发的传播与社会、文化的关系等问题，都已远远超出了对信息传播的单纯物理意义上的理解。媒介批评作为媒介研究的基本理论与方法，如前所述，其基本目的在于为中国当代社会媒介文化的发展建立规范，由此也就形成了如下基本特征。

一、价值导向

媒介批评理论在产生、形成和发展的过程中，形成了其基本的价值取向。媒介批评理论的发展，客观上都为建构媒介批评的价值体系做出努力和贡献。媒介批评观念的变革，也都是对媒介批评理论和实践的丰富和完善。

---

① ［英］麦奎尔：《麦奎尔大众传播理论》，崔保国、李琨译，78页，北京，清华大学出版社，2006。

因此，媒介批评理论和实践的根本目标就在于为大众传播媒介发展"立法"，从而建构和完善媒介发展的价值规范和标杆，故而，就此意义看，明确的价值立场导向是媒介批评的本质性特征。

作为大众传播媒介发展的监督者或导航者，媒介批评本身就具有一种"裁判员"的职能，而"批评"该词希腊语为"krités"，指的就是"裁判"的意思，无疑任何评判都会涉及价值的判断。

从媒介批评理论形成和发展的历史来看，媒介批评所坚持的核心价值立场始终反映着大众传播媒介与文化和社会之间的关系。从上述对媒介批评发展历史的回顾可以看出，早期的媒介批评理论的立场在于对于"言论自由"的肯定，表达自由、自由地获取信息，是早期媒介批评所宣扬的基本立场。而正是这一价值立场，推动了大众传播媒介的发展。但是，随着媒介的普及和商业化的竞争，媒介信息内容的真实性又成为核心问题。因此，媒介批评的价值立场又转向了对真实性、客观性问题的探讨。但是，尽管如此，美国新闻学者舒德森写道："新闻业对客观性的信念不仅关乎我们应信赖何种知识，同时也是一种道德观，关乎我们在进行道德判断时应遵从何种标准。它同时还是一种政治承诺，指导人们应该选择哪些人来评判我们的言行。"[1]正如舒德森所认为的，对客观性的要求其实只是一种价值立场和对新闻业的基本信仰。真实性、客观性等特征并不是新闻内容本身具有的天然属性，只不过是媒介批评确立的价值标准而已。但是，人们在实践中发现，新闻真实性本身是难以实现的一个命题，由此，媒介批评的重点又转移到对新闻专业主义的强调上来。

特别是随着现代社会的发展，媒介不可避免地成为现代工业社会的有机组成部分，它同样遵循市场的规律，大众传播媒介成为"文化工业"，追逐利润成为它首要的目标。媒介随时面临着被政治、经济利益集团所控制，从而成为利益集团的工具的危险。那么，媒介的社会责任、社会道德、社会关怀的价值立场意义又如何保障呢？显然，这些问题又成为当代媒介批评所面对的价值立场和选择。如何去商业化和政治化，成为当代媒介批评的价值导向。正如有研究者提出的，就狭义的"媒介批评"而言，"新闻阅评""新闻审读"等来自政府对媒介的控制，必须在概念上与"媒介批评"加以严格区分。媒介批评在其本质上并非一种形式上简单的"批评"形态，而是一种严格意义

---

① ［美］迈克尔·舒德森：《发掘新闻：美国报业的社会史》，陈昌凤、常江译，5页，北京，北京大学出版社，2009。

上的价值判断和理论鉴别。同时，"媒介批评"必须追求理性的客观公正和价值独立。因此，它在形式上更应该表现为一种"边缘对主流的批判"。① 这里所谓的边缘对主流的批判，就包含着对媒介批评的基本价值立场的解读。

　　但是，价值立场与社会实践密切相关，媒介批评的价值导向并非是非此即彼的简单选择，它渗透着复杂的社会和文化的影响。现代社会人们对媒介的价值立场与人们对"知情权"的诉求密切相关。但是，事实上，"知情权"是对一种理想状态的诉求。对信息传播者而言，报告全部"情"的成本是无法承担的。对于社会公众来说，了解全部"情"没有必要，也没有可能。这样，在现实中，"知情权"实际上转化成为一个新闻选择标准的问题。选择什么样的"情"才是问题的关键。那么，政治体制、市场需求、价值观念、经济利益、媒体所有制、职业道德等，乃至从进化过程衍生出来的人类对不同信息类型的偏好程度都会对新闻选择产生不同的影响。而不同利益群体之间的利益和价值博弈，是解释新闻选择标准最常见的角度。因此，媒介批评应该坚持价值导向的基本要求，但是，在现实中选择什么样的价值导向，显然又是一个极其复杂的问题。

二、批判精神

　　为了使得媒介批评具有明确的价值导向，媒介批评首先就要具备基本的批判精神，以批判为导向，媒介批评的价值才能够充分体现。就其本质看，媒介批评不是对媒介文本的表达技巧等文本的质量高低进行经验式的分析和阐释，显然，它是立足于揭示性、自我反省式的批判导向的媒介研究的形式。

　　以媒介为中心的大众文化研究的批判精神，在早期的文化研究中已露出端倪。20世纪30年代，英国的F. R.利维斯开创了文学批评和大众文化批判中的"利维斯主义"，该学派开启了立足于传统精英文化立场的对大众文化进行分析的批判传统。此后，批判作为一种文化研究的立场，产生了极大的影响，英国文化研究的后继者理查德·霍加特、雷蒙·威廉斯、斯图亚特·霍尔(图3-1)等学者创立了著名的"伯明翰文化研究中心"，重点对大众文化进行批判性研究，从而使得对大众文化或通俗文化的批判日臻成熟，并最终达到高峰。其批判精神的核心在于，认为造成大众文化品质"低劣"的根源在于文化的商业化。

---

　　① 刘晓程：《论"新闻阅读"之不同于"媒介批评"：兼谈媒介批评的内涵与本质》，载《今传媒》，2005(4)。

"法兰克福学派"的社会文化研究秉持了批判的立场，着重于社会文化的批判，该学派的主要代表有人物马克斯·霍克海姆、西奥多·阿多诺，其他还有利奥·洛文塔尔、赫伯特·马尔库塞、沃尔特·本雅明等学者，以马克思的社会批判理论为基础，立足于人的全面发展的价值关怀立场，重点围绕"意识形态"批判概念，就资本主义制度主导下商品生产与作为上层建筑的文化之间的影响关系做了深层次的剖析，确立了社会批判的传统。在他们看来，艺术和文化越商品化，就越容易失去批判力，其内在的价值特性就被市场成本和需求的法则所替

图 3-1　斯图亚特·霍尔

代或相等同。法兰克福学派提出了富有影响的批判理论，如"文化工业""文化霸权"等概念，提出了"机器复制时代的艺术""单向度"的社会等论题。他们坚持批判的立场，抨击大众文化千篇一律、技术崇拜、单调、逃避主义、创造虚假需求以及将个体降格为消费者，并且剥夺了所有的意识形态选择，他们对现代工业文明导致文化的工业化问题进行了深层次批判。

以往媒介批判理论的重要理论意义，在于开创了媒介研究的批判立场。这不但确立了媒介研究中传播批判学派的重要影响，而且对于更进一步地研究传播活动中的信息"意义"的建构，开拓了从政治、经济、文化和社会等不同视角研究的途径。特别是对于大众文化影响下的对媒介的"商品化"的批判，在当前的中国社会，更具有积极的社会意义。

由此而言，媒介批评的所谓批判精神，其重点在于，立足于人类发展的根本价值立场，就媒介与社会、文化的关系做出深入的反省性解释。社会批判的形成是在科学发展和工业化的进程中产生的，在媒介发展中，批判精神的核心是什么是媒介的自由和责任？反思性的思想能对社会发展起到何等作用？因此，批评的精神包含着深刻的人文内涵。

批判精神的着眼点在于对媒介"意义"的考察。媒介不但传播各类信息，传播本身也生产"意义"。这些意义附着在信息中，与信息共同建构人们的日常生活和社会文化空间，建构我们对社会的认知话语，安排我们的生活。而这些"意义"建构的现实，只有在批判精神的审视下才能被揭示和分析。显而易见，作为主流研究的实证主义传播研究的传统，并没有给我们提供揭示意义建构现实的思路。经典传播学理论把传播视为自足的信息传递过程，将其从其他社会、文化活动中剥离出来，从而形成自己的研究体系。实证研究脱

离了价值导向，自然缺乏批判精神。这种功利主义取向的传播研究突出体现
了工具理性特征，以维护现有的社会文化秩序为圭臬，服务于特定的政治经
济利益集团，如此已很难提供体现学术独立性的思考和反思精神了。

三、反思性

价值导向和批判精神是媒介批评的基本特征，在价值导向和批判精神的
基础上，与之相联系，媒介批评的特征则集中体现为反思性。

(一)反思性的发展

"反思性"是人类基本的文化活动，是对所有人类活动特征的界定。从其
本质看，人类所有的活动都包含着反思性。人类活动本身就是一个连续不断
的、从不放松的对自己的行为及其情境的监测过程，人们总是对自身的行为
及其生活情境进行监测。因此，英国社会学家吉登斯认为，西方近代启蒙运
动主张的"理性"精神，就是一种以怀疑和批判精神为中心的反思性思想体
系。但是，理性主义的反思性并不是现代意义上的反思，但它却构成了现代
性反思的基础。

真正现代意义上的"反思性"的形成，是现代
主义发展起来以后的事情。在人文社会科学研究
中，就有不少学者主张反思性的社会科学研究。
英国社会学家吉登斯就认为，"随着现代性的出
现，反思性具有了不同的特征。它被引入系统的
再生产的每一基础之内，致使思想和行动总是处
在连续不断地彼此相互反映的过程之中。"①他所指
的反思性概念包含行动、科学和社会三个指涉范
围。他认为，如果主体是一种观念性的动物，拥
有反过来针对自己并控制其行动的能力，那么就可
以说他们是反思性的。布尔迪厄(图 3-2)所主张的
"反思性"的范围则更加广阔，他不仅关注对进行

图 3-2　皮埃尔·布尔迪厄

分析的个别研究者本身的反思，而且还关注那些作为研究者工作的一部分的
各种行为和操作之间的联系以及体现在这些研究工作中的集体无意识，更关
注对研究者与被研究者之间的联系、对社会历史条件和社会科学构建研究对

① ［英］安东尼·吉登斯：《现代性的后果》，田禾译，33 页，南京，译林出版社，
2000。

象的过程的反思。①

在这些当代思想家的主张中，反思性作为人类的文化活动，虽然伴随着人类活动而始终存在。但是，"现代性"的发展才使得人类活动的"反思性"成为真正的人的活动，人类社会才进入真正的反思性的社会。而这种反思性社会的特征，是人类不断根据新的知识和信息，随时对人在不同的社会发展阶段的活动及其与自然、社会的关系做出修正和调整。

(二)反思性的含义

总体来看，在现代性理论中强调的反思性具有三个层面的含义。②

第一，行动中的反思性，指对于现代化过程及现代化理论的批评性审视，如法兰克福学派的批判理论和后现代理论等。

第二，双向互动，指思想和行动总是处在连续不断地彼此相互反映和作用的过程之中，社会实践总是不断地受到关于这些实践本身的新认识的检验和改造，从而在结构上改变着自己的特征，吉登斯称之为制度性反思。

第三，自反性，自反性是指自我对抗，指由工业社会的发展导致的向全球化时代的转化，德国社会学家乌尔里希·贝克称之为自反性现代化。

就上述意义而言，媒介批评作为人类文化批评的构成，就是人们针对媒介与社会的"反思性"活动。其基本思维包含着现代意义的反思性的基本内涵。媒介批评的反思性就是指将有关媒介研究、媒介实践活动置于批判的视野中，其重点在于，从理论和实践上，深入探究媒介实践的自我反省、自我意识、媒介文本和媒介实践等要素间的深层次的影响关系。因此，要进行科学的媒介批评研究，就必须反思性地考察媒介批评的对象以及从事媒介批评的研究者，考察在媒介实践活动和媒介理论探究中的主体与客体之间的关系。显然，缺乏反思性的媒介批评研究，无论是采用客观主义的定量方法，还是采用所谓的质化的研究分析，都同样不能理解媒介实践活动的本质特征。

(三)媒介的反思性特征

对媒介批评的反思性特征的突出分析，其目的在于扩展媒介研究的方法视角和视野，增强媒介批评的科学性、客观性和可靠性。媒介批评的反思性能够引导人们以不同的方式建构媒介研究的对象，从而使得媒介研究能够全

---

① 张广利：《关于布迪厄反思性的几个问题》，载《湖南大学学报》(社会科学版)，2000(3)。

② 李庆霞：《现代性的反思性与自反性的现代化》，载《求是学刊》，2011(6)。

面关注人们在媒介实践中的各个方面，特别是通过对"常识"的怀疑，确立媒介研究的基本逻辑，对媒介活动实践、社会及文化的内在关系做出有效的阐释。

更进一步而言，反思性亦有助于媒介批评研究者在确立媒介批评的客观对象和立场时，可超越批评者自身与批评对象的投射关系，即媒介批评者本身因其所具有的社会出身，社会性标志（如阶级、性别、种族等）及批评者在"学术话语场域"和"权力场域"中所处的地位等背景的差异，由此影响到媒介批评的实践之中。因此，媒介批评的反思性也就能避免因个体批评者本身价值立场的偏见而导致的媒介批评的偏差。

四、现代性

就媒介批评理论逻辑看，"反思性"特征是媒介批评"现代性"的集中体现。那么，何谓现代性？概而言之，媒介批评的现代性是指媒介批评所持有的现代思维方式或现代观念以及媒介批评对当下社会现实问题的关注和当代的价值立场。媒介批评的现代性特征，一方面表现为媒介批评所持的观念形态，即媒介批评的价值立场的现代观念；另一方面表现为理性化的、规范的媒介批评方法的应用。

（一）现代性的内涵

就批评的广泛意义而言，作为学术思想意义上的"现代性"概念，最早是由著名诗人波德莱尔所使用的。作为诗人的波德莱尔所指的"现代性"的含义其实十分明确，他说道："现代性就是过渡、短暂、偶然，就是艺术的一半，艺术的另一半则是永恒性和不变性。对于每一位过去的画家都存在过一种形式的现代性。"[1]按此意义理解，概而言之，"现代性"永远是在不断消失的同时又不断再生，是每一个"新"事物或"新"时代所具有的特性。[2] 在 17 世纪以后的西方社会，各种"现代"事物所具有的这种"现代性"较之先前则更加显著，可以更加深刻地加以体验。"现代性"也正是在这样的历史情境中产生，当然也主要反映了这个时期人们的思想观念。

因此，"现代性"的内涵主要是指称某种特定的"现代"时期或者该时期人与事物在社会发展进程中所形成的性质或状态，如人的观念、行为等的变化。现代性主要指的是大约自 17 世纪开始以来的历史演变时期或该时期的人与事物所具有的性质或状态。吉登斯在他的《现代性的后果》中指出："现

①　郭宏安译：《波德莱尔美学论文选》，485 页，北京，人民文学出版社，1987。
②　郭宏安译：《波德莱尔美学论文选》，485 页，北京，人民文学出版社，1987。

代性是指大约从 17 世纪的欧洲起源，之后或多或少地影响到全球的一种社会生活或组织的模式。"①进一步看，它在制度或结构上包括资本主义、工业化、各种现代监督系统和由国家统一掌握的军事力量四个基本的维度。David Lyon 在《后现代性》中也说："什么是现代性？这是一个用来指涉自启蒙运动之后而产生的那种社会秩序的概念。"②它在内容上包括结构分化、理性化、城市化、纪律化、世俗化、均质化或标准化等方面。国内学者宋林飞也认为："现代性是一个历史断代的术语，是指接踵中世纪或封建制度而来的新纪元，涉及各种经济的、政治的、社会的以及文化的转型。"③其核心在于现代性属于社会文化发展的不同的阶段以及明确的内部特征。

(二)哈贝马斯的现代性理论

当代著名思想家哈贝马斯的《现代性的哲学话语》《现代性：一项未完成的方案》④等著述、现代性研究学者卡林内斯库的《现代性的五副面孔》⑤等著作以及其他思想家都对"现代性"问题做了充分的阐明。关于现代性理论，哈贝马斯有如下认识。⑥

其一，现代性是对现代意识的觉悟，既包含着对历史事实的陈述，又具有价值诉求和规范的含义，现代性首先表现为一种时代意识，这种时代意识将自身规定为不同于过去的时代特征。

其二，现代性形成了一种注重"现在"的精神气质。一方面，它是一种新的价值观；另一方面，它也关系到人的心灵秩序。除了注重当下的心态或精神气质外，现代性还企图从"流行中提取出诗意的东西，从飞逝中抽出永恒"（波德莱尔语）。也就是在飞速变幻的生活状态中，寻求永恒的意义。该特点

---

① ［英］安东尼·吉登斯：《现代性的后果》，田禾译，1 页，南京，译林出版社，2000。

② David Lyon, *Postmodernity*, Buckingham: Open University Press, 1994, p. 19.

③ 宋林飞：《西方社会学理论》，468 页，南京，南京大学出版社，1997。

④ Habermas, *Modernity-An Incomplete Project*, *Interpretive Social Science: A Second Look*, edited by Paul Rabinow and William M. Sullivan, California: University of California Press, 1979.

⑤ Calinescu, *Five Faces of Modernity*, North Carolina: Duke University Press, 1987.

⑥ 谢立中：《现代性及其相关概念词义辨析》，载《北京大学学报》(哲学社会科学版)，2001(5)。

主要表现为一种现代性的审美精神。

其三，现代性还表现为理性化与制度化的安排。关于现代性的历史——社会学的解释，韦伯的解释范式是最有影响的。韦伯认为，人类历史是一个不断理性化的、"祛魅"的过程，在某种意义上现代性就是理性化。作为现代性主流的意识形态，理性通过一系列的制度安排建构起现代社会的政治、经济结构。

其四，进步的观念。进步的观念也是现代性的意识形态。现代性的进步观念，一方面，建立在历史进化论的基础之上；另一方面，与启蒙主义所坚持的理性精神密切联系。重点强调了进步和发展对人类社会的意义。

但是，哈贝马斯同时将现代性视为"一项未完成的方案"。针对现代性的问题，他指出："现代性的话语，虽自18世纪以来名称一直不断翻新，但却有一个主题，即社会整合力量的衰退、个体化与断裂。简言之，就是片面合理化的日常实践的畸形化，这种畸形化突出了对宗教统一力量的替代物的追求。"①基于这样的理解，他提出了"交往理性"的观点，坚持认为只有通过"交往理性"，现代性才能得以完整实现。他指出，人是"理性的动物"，更是"交往的动物"，因此，只有在对现代理性的整体性强调的基础上，通过"交往理性"才是解决现代性存在的问题的基本方案。

(三)现代大众传媒的特征

就上述"现代性"内涵特征的介绍，可以看出，所谓社会文化思想研究中的现代性特征，在大众传播媒介中也得以集中体现。对此问题，剑桥大学社会学系学者约翰.B.汤普森通过对大众传播媒介的研究认为，现代大众传媒拥有以下特征。

第一，科技和专业机构在媒体生产发行销售中的作用。现代大众传媒的发展与科技进步和媒体的商业化运作是分不开的。最初，大规模地运用现代的大众传播手段(电报、电话等)是为了构筑常规的信息网络，这离不开资本的直接需要。传播手段的发展动力演绎了资本主义生产方式所推动的现代社会的形成过程。

第二，符号的商品化。信息本来只有符号价值，但是在现代社会中又融入了商品价值。当今世界上，越是发达的国家，文化产业占GDP的比重越大。

第三，接受者与生产者的"断裂"。在符号交流的过程中，生产者和受众

---

① 见艾四林：《哈贝马斯》，221～222页，长沙，湖南教育出版社，1999。

不在同一时间和地点进行互动，受众的反馈也不能及时到达生产者那里。报纸、广播、电视等大众传媒基本上都是采用一对多的传播模式，观众的意见不可能全部反馈给新闻机构。

第四，符号产品可以跨时空进行传播。大众传播产品在时间上可以保存，在地域上可以通过卫星信号等方式传播给无数的潜在受众，这种革命式的传播方式会给人类社会带来意义深远的影响。

第五，符号产品在受众中可进行再复制和循环。在互联网时代，这一特征尤为明显，各种符号产品，如文本、音乐、视频等都可以在受众之间进行再复制、再流通，传播的广度和深度都会加剧。[①]

大众传播媒介所表现出的这些特征，无不与社会发展的"现代性"特征密切关联，大众传播媒介同时也是现代的产物，体现着现代性的基本特征。一方面，既是现代性的产物；另一方面，又是现代性的工具。因此，媒介批评的任务，就是要立足于"现代性"这一特定的社会文化背景，探索当代大众媒介文化的现代性因素和对当代社会发展的意义。

就大众传播媒介的现代性制度特征而言，正如汤普森所指出的，现代大众传播媒介体现出两个主要特征，即媒介的组织化与商品化。大众媒介是现代社会组织发展的产物，同时也是有组织地、有目标和自身利益地、专门化地从事信息生产和传播的机构。由政府等利益集团控制的大众传播机构都有各自不同的目标和实施目标的方式、手段，信息传播也就具有了商业利益价值，大众传播的内容也随之商品化。商品化了的信息传播，其目的在于如何实现利益控制集团的诉求，由此，政治、经济的权力要素成为现代传播媒介的核心问题。相反，社会公众的利益诉求仅仅是为了维持其公信力的基本层面，并非主导性因素。

总之，媒介批评的现代性特征，重点在于逻辑和思辨地探究大众传播媒介在现代社会文化发展背景下媒介的基本特征。

第二节　媒介批评的类型

对于媒介批评本身的分类研究，基于对"媒介批评"内涵的不同理解，不同的研究者也提出了不同的看法，各种关于媒介批评的分类表现得众说纷

---

① 薛强、陈李君：《传媒与现代性：浅论约翰.B.汤普森的传播思想》，载《广西大学学报》(哲学社会科学版)，2011(6)。

坛。显而易见，学科本身的分类都是研究者特定的分析视角和研究立场的体现，并没有完整统一的标准。理论研究的分类标准及分类方法主要体现研究者对研究对象的理解以及在此基础上对所研究的重点的强调。因立足于不同的视角或采取不同的研究方法，研究者会产生相应的分类方法。媒介批评的研究同样如此，因其涉及对批评视角、主体、内涵、特征，乃至文体形态等的不同理解，媒介批评的分类也千差万别。

一、不同的媒介批评分类研究

关于媒介批评的分类研究，观点各异。法国阿尔贝·蒂博代将批评分为三种：第一，自发的批评。这是一种来自于读者的、诉诸口头的批评；第二，大师的批评，出自作家、大师们之口的批评；第三，职业的批评。学者和新闻记者们从剖析现实的角度形成的批评。这种分类基于批评的来源做出划分，但范围界定和划分方法都不够谨严。美国学者 E. E. 丹尼斯将媒介批评的类型分为大众标准或社会责任式的批评、科学式批评及文化批判三种模式。这种分类模式也存在界限、范围、标准的模糊性。在上述分类中，三者间的关系界限不明晰，并且依据文体形式和写作者进行分类，其实这些要素并不是媒介批评的重点所在。

(一)哲学、报章和学术批评

黄新生在其《媒介批评：理论与方法》中认为，媒介批评应该包括三个类别：第一，哲学的批评，指的是知识分子根据个人的观察和本身的倾向对大众媒介的批评，其特征是不做具体的内容分析，流于空洞的泛论。第二，报章的批评，指的是报社记者或专栏作家的批评，对象通常是电视媒介，一般影响深远，很受报社和读者的重视。第三，学术的批评，指的是主要由学院派学者撰写，并发表在学术期刊上或以教科书形式出版的理论，通常不为一般大众所注意的批评。显然，这种类的模糊性不言而喻，"哲学的批评"和"学术的批评"差异何在？是否有重合？"报章的批评"所指是否又过于微观，难以涵盖广播、电视、网络、手机等媒体？

(二)本体、现象和文化批评

刘建明认为，媒介批评是对大众传媒得失利弊的分析和指陈，对媒体制度、媒介行为、媒介传播内容、媒介产品的销售及影响进行评价；在形式上包括理论批评、文本分析和量化研究；在范围上可分为报刊批评、影视批评、出版和网络批评。展江也认为，广义的媒介批评是对一切与大众传媒有关的问题的分析和评判。它至少涉及以下三个层面的问题：第一，本体层面：作为大众传播学和媒介评论学的基本内容，它们包括大众传播的五大部类。第二，现象层面：指大众传媒制作的产品，即提供给受众的新闻、娱乐、广告等。第三，文化层面：主要指大众传媒与社会环境的关系。雷跃捷在其有关"媒介批评"的著作中，也提出完全相同的看法。当然，展江的分类立足于宏观视野，从哲学本体和现象的视角进行分类，逻辑是严谨的。但就文化层面而言，他认为，其重点在于大众传媒与社会环境的关系，就此意义看，是否也包含着本体和现象的意义呢？"文化"与"本体"和"现象"显然不是一个层面上的范畴。

（三）对象、内容和主体分类批评

　　媒介批评研究学者王君超对媒介批评的类型做过更为系统的总结性研究。他认为，媒介批评从层次上分，包括宏观层次的媒介批评、中观层次的媒介批评和微观层次的媒介批评三类；从批评对象上分，新闻媒介批评可分为纸质媒介批评和电子媒介批评两类；从批评内容上分，包括社会责任批评、媒介道德规范批评、媒介权力批评、媒介法制批评、传播科技批评和媒介传播人批评六类；从批评主体上分，包括专家的批评、媒介管理者的批评、受众的批评、媒介从业人员的自我批评四类。从逻辑上看，该分类采用多角度分析方法，试图从不同的视角，穷举媒介批评的各类层次和形态，但遗憾的是，复杂万变的人类媒介活动和大众传播现象难以穷尽，只要设立新的视角，不同的分类层次就会产生。更何况过于细致微观的分类往往容易挂一漏万。例如，就批评内容而言，恐怕不仅仅包括社会责任、道德规范、媒介权力、媒介法规、传播科技和传播人等六类，况且这六种分类又有互相包容的情形。由此，就学科研究的分类而言，过于微观的分类其实并不可取。

（四）学术、感想和观察批评

　　此外，新闻传播学者谭舒和董天策认为，媒介批评的对象应包括宏观的批评（如媒介性质与作用的批评）、中观的批评（如媒介现象和媒介行为的批评）和微观的批评（如具体媒介产品的批评）三种；而媒介批评的形态则有基于学术层面的批评（以论文的形式出现），基于感想层面的批评（以随笔、杂谈的形式出现）和基于观察层面的批评（以媒体观察的形式出现，兼有以上两种形式）三种。此种分类方法也延续了王君超的分类思路，宏观层面和中观层面的界定尚有逻辑关系，但是微观层面的"媒介产品"和媒介现象、传播行为的差异又在哪里？此外，仅仅从媒介批评的文体形态进行分类，也会掩盖媒介批评的本质问题。文体分类涉及的恐怕主要是写作方法的问题，显而易见，媒介批评关注的重点，肯定不是写作技巧和文体形态。

（五）政府、媒介和公众批评

还有新闻传播学者从新闻传播的现实主体角度出发，提出媒介批评的实施主体，试图为媒介批评进行分类。新闻传播学学者刘晓程认为，从新闻事业本身的情况来看，新闻传播活动在大的范围上应该主要涉及政府（包括政党），新闻界自身和公众三类主体利益元素。因此，就媒介批评的主体而言，它也无外乎上述三类情形，研究者为了证明其分类的可靠性，引用哈钦斯委员会关于新闻的观点，倾向于将新闻活动涉及的"源头"概括为以上三类。因此，媒介批评的类别应该包括政府的批评（管制的批评）、媒介的批评（自律的批评）和公众的批评（监督的批评）三种形态。[①] 显然，从媒介批评的现实的实践主体看，该分类并没有纰漏。但就媒介批评的核心问题而言，媒介批评的现实实践主体决定媒介批评的价值立场，固然很重要。但是，仅仅把媒介批评视为实践主体，其实也就在很大程度上忽视了媒介批评更为核心和本质的内容。就此，陈信凌的研究更为宏观，认为媒介批评由"学理批评"和"非学理批评"构成。[②] 但是，学理和非学理的界限实在过于模糊，何种情况下遵循的是"学理"，何种情形下又是"非学理"，确定其明确的标准，其实十分困难。

与上述观点不同，有些研究者已充分认识到，媒介与社会现实的关系问题是媒介批评存在的关键问题，也是媒介批评的理论"场域"。因此，媒介批评不能用非人性化的、简单归类的方法来分析，应该立足于价值判断，揭示大众传播媒介所创造的价值与人们生活的关系，揭示如何为社会公众建构价值坐标和阐释生活的内在意义。基于此，媒介批评可分为三个层面：第一，作为表层结构的媒介内容的评价；第二，媒介经营与管理的批评和政策阐释；第三，媒介文化批判。[③] 该研究思路认识到媒介意义构成的复杂性，但试图将内容生产、经营管理与文化结合在一起的分类研究，似乎亦存在不可避免的内在矛盾。

总体来看，上述各种不同视角、立场和方法的媒介批评分类充分体现了媒介批评理论的多语境、多领域的交叉性学科的特征。但是，如果媒介批评的分类不明晰，不但难以廓清媒介批评的类别，而且容易导致"媒介批评"与

---

① 刘晓程：《论"媒介批评"研究的三种语境》，见董天策主编：《中外媒介批评》，二辑，42 页，广州，暨南大学出版社，2010。

② 陈信凌：《媒介批评刍议》，载《南昌大学学报》（哲学社会科学版），1998(3)。

③ 陈龙：《媒介批评论》，133～136 页，苏州，苏州大学出版社，2005。

"媒介研究"、"媒介批评理论"与"传播批判理论"、"新闻批评"与"新闻评论"等学科边界的模糊。就此来看，学科分类研究的重点在于厘清该学科的本质，由此廓清本学科的理论内涵和边界。

二、立足于媒介与社会、文化关系的媒介批评

就媒介批评理论的发展来看，媒介批评形成了丰富的理论范畴和学术阐释框架。这些理论主要包括以"文化工业"和"大众文化"等概念为核心的社会批判理论、大众文化批评思潮、媒介意识形态分析、传播政治经济学批判、媒介技术主义批判、自由主义与社会责任理论，在结构主义和解释学影响下的媒介符号学、媒介叙事学、结构主义和解构主义、阐释学与读者反映理论等文本批评方法以及以精神分析为背景的女性主义媒介批评，此外，还有媒介与权力、媒介与身份认同、媒介与暴力批评等，加之因当代世界经济发展水平的差异，对信息传播的不平衡、信息鸿沟、媒介话语权力失衡等现象的批判等。

这些媒介批评理论与实践的探索，从多维视角建立了媒介批评理论和方法，其中包含着研究者不同的批评立场、核心问题和话语体系，为系统研究媒介批评的构成建立了理论基础。

(一)立足于"意义建构"的媒介批评

根据上述媒介批评研究理论，对于不同视角和层面的媒介批评分类研究，其实都可以归纳出这些理论的共有属性。所谓共有的属性，指的就是"媒介"的本质属性。马克思在批判黑格尔的《法哲学》时曾说过，理论要有说服力的话，就要彻底。"所谓彻底，就是要抓住事物的根本。但人的根本就是人本身。"就此意义而言，所谓媒介批评的"根本"，就是作为社会、文化意义的实践而存在的人及其与媒介的关系。因此，就其本质的属性看，媒介是人类文化和社会意义层面上人的基本活动。作为人的大众传播活动，其"根本"也就在于人类社会文化"意义"的建构。由此，作为人类社会文化实践的大众传播活动所表现出来的最基本特征，是"意义"的生成、传播和阐释的建构性实践活动。由此，本书采取从"意义"建构理论的立场出发，进而分析媒介批评的不同类型。

从"意义生产"角度出发的媒介批评，探究社会文化背景下的媒介的特征，诸如大众传播媒介的意义是如何被生产出来的？媒介意义生产具有何等的权力？传媒政策、传媒机制作为意义的生产者，具有什么样的特征？人类所有传播行为都会产生各种意义，其内在机理是什么？媒介的意义建构与人们的社会文化的权力构成紧密关联，那么，人们使用这些意义的方式是什

么？反过来看，也正是"意义"的建构，大众传播媒介塑造了各种社会关系，并对社会文化产生影响，从而建构了人们的社会现实，乃至于人们的心理和社会行为。毋庸置疑，这些问题都与大众传播媒介的"意义"问题有关。

（二）媒介批评的类型

基于媒介"意义生产"的视角，本书从宏观、微观和中观三个层面来分析媒介批评的类型，具体包括如下几个方面。

1. 宏观层面的媒介批评

宏观层面的媒介批评，是指以人类的"媒介活动"为逻辑起点，对媒介活动的全部过程进行批判性考察。按照传统的人文学科研究的方法论特征，宏观层面的媒介批评，即所谓媒介批评理论的"宏大叙事"，是以宏大的理论建构表现宏大的历史和现实媒介的发展，由此确认人类媒介活动的历史与现实存在的形式和内在意义。从理论特征来看，宏观批评往往强调总体性和普遍性，其特点是完整性和目的性；从方法看，主要以人文学科的演绎和阐释的方法为主，试图构建宏观媒介批评理论体系。

具体而言，媒介批评的宏观视角是指立足于特定的媒介活动的目标，从媒介观念、媒介发展历史、媒介与社会、文化、技术的关系等视角考察。在应用实践中，宏观层面的媒介批评具体包括如下几个方面。

第一，媒介规制批评。主要指的是对媒介的制度构成形态进行分析和批评，从而勾勒出媒介与权力的特征，其核心集中于媒介的"自由"与"责任"问题。例如，施拉姆（图 3-3）等人的《报刊的四种理论》就是对媒介制度形成的总结，媒介制度的本质是媒介权力的分配问题，即媒介话语权的批评。新兴的传播政治经济学批评也属于这一批评类型。

图 3-3　威尔伯·施拉姆

第二，媒介历史批评。主要指的是对人类媒介发展变迁，特别是现代大众传播媒介发展的历史进行考察，从中抽绎出媒介的历史与人类社会发展的关系。

第三，媒介文化批评。主要指的是从文化理论的角度对媒介与人的关系进行剖析，试图解析媒介的文化环境构成，由此探究媒介与人的"控制"与"反控制"的逻辑关系。

第四，媒介行为批评。主要指的是人类媒介活动的社会行为所表现的特征，并由此探究媒介与人的社会行为的互动关系的内在机理。

第五，媒介技术批评。主要指的是对于媒介与新技术之间的相互促进的关系批评，从而探究媒介技术变迁的社会文化意义。

2. 微观层面的媒介批评

微观层面的媒介批评，是指从媒介本身的微观构成形式出发，对媒介构成形态以及与此相关的媒介行为的批评活动。主要包括对媒介形式、媒介现象、媒介内容生产和消费及媒介文本等的批评。微观层面的媒介批评，其基本思想是基于现象归纳分析的批评性研究，主要采用的是经验归纳的研究方法，具体包括如下几个方面。

第一，媒介组织批评。主要指对媒介组织机构的体制、机制以及内部运作和组织模式的批评，由此探究作为公共空间的媒介组织如何保证社会公众的话语权，从而实现社会公众利益最大化。

第二，媒介文本批评。主要指的是对媒介文本的意义、话语、叙事，乃至语言、结构、类型等特征的批评，媒介文本批评的重点在于考察媒介意义是如何建构的。

第三，媒介内容批评。主要指的是对媒介内容的内在含义进行分析，由此考察媒介内容包含的社会文化意义以及媒介内容的选择和形成的不同的解读。

第四，媒介传受批评。主要指的是对具体的大众传播活动中的传受关系的描述和分析，由此探究传播活动构成的基本模式。

3. 中观层面的媒介批评

所谓"中观层面"的媒介批评，是指以传播学以及相关学科的宏观理论为背景，着眼于微观层面的大众传播实践活动和具体的媒介现象，以"媒介—意义—人"的三重关系为逻辑分析框架，从而对媒介活动进行探究分析的批评形式。中观层面媒介批评的核心，在于立足于语言学转向的"意义"理论，以受众为媒介文本为核心的"意义建构"问题的探究为圭臬。通过对媒介"意义建构"的全面分析，由此也将媒介批评理论区别于一般意义上的媒介研究，具体类型包括如下几个方面。

第一，媒介意义生产批评。主要指的是考察媒介意义生产的机制、权力话语的形成，从而探究社会规制下媒介意义形成的权力话语的内在逻辑。

第二，媒介意义传播批评。主要指的是对媒介在意义建构中的传播特征、信息存在的方式、信息的增损等的考察，从而探究传播活动对意义建构的影响。

第三，媒介意义解读批评。主要指的是受众立足于自身的语境，如何建构起来媒介的意义，探究建构意义中隐含的各种社会文化关系，从而揭示媒介意义形成的历史文化心理结构。

第四，媒介意义语境批评。主要指的是通过对媒介意义建构的历史、社会以及文化因素的考察，从而探究外在的历史文化社会等语境如何作用于媒介意义的建构。

中观层面的媒介批评，其理论借助于"中层理论"的研究逻辑，从而为媒介批评建立清晰的理论、方法边界及研究范围。当然，本教材立足于中层理论提出的"意义建构"论能否成为媒介批评的中心概念，尚需进一步的理论研究和实践探索，以求不断发展和完善。

思考与练习

一、名词解释

1. 价值导向

2. 批判精神

3. 反思性

4. 现代性

5. 中层理论

二、简述题

1. 简述不同研究者对媒介批评类型的划分。

2. 简述媒介批评的基本类型。

3. 简述立足于现代性的媒介批评的发展。

三、课堂练习

请选择一则电视广告片，分析其在表达形式和内在意义之间的关系，并使用"符号学"理论，解释其背后隐含的社会文化意义。完成不超过 100 字的说明，由专人负责综合同学的观点，并阐述其异同。

第四章　媒介批评的问题与方法

本章内容要点

• 本章重点介绍的媒介批评的基本理论问题与研究方法并不是关于媒介批评实践所指向的问题和批评方法，而是指媒介批评作为一门独立于大众传播研究的学科所要关注的基本问题和研究方法，即"媒介批评学"的基本研究问题与研究方法。

• 作为独立学科的媒介批评学的基本问题，主要包括对传播活动中的人与媒介的基本关系，基于媒介的信息传递与意义建构，传播形态与媒介现实，传播网络与媒介组织，媒介素养与媒介教育等问题的批评。媒介批评理论必须要对这些基本问题进行剖析、反思和批判性考察。

• 媒介批评学的研究方法以人文学科的"批判研究"方法为基础，具体包括批判研究、质化研究和量化研究的各类方法，涉及人文学科和社会科学的基本研究方法，在媒介批评理论中，量化研究是质化研究和批判研究的基础，主要为媒介批评提供基本的事实资料。

媒介批评的问题和方法，重点要讨论的是作为独立学科的媒介批评，即"媒介批评学"的研究问题和研究方法。从逻辑上看，作为学科的"媒介批评学"和作为理论与方法应用的"媒介批评"，无论是就其关注的问题、对象和范围，还是研究方法而言，都有所不同。因此，在具体进入媒介批评的理论学习之前，有必要对媒介批评学的基本问题进行理论的界定，这样有助于把握媒介批评的基本问题和研究领域，形成相应的研究方法。由此，本章将重点介绍"媒介批评学"的基本问题和研究方法。

第一节　媒介批评的基本问题

作为大众传播媒介研究理论的重要构成部分，"媒介批评"同样具有大众传播理论研究的基本特点。但是，作为一门独立于大众传播学研究的学科，必须要具备自身的基本特征。

作为独立学科的特征，具体表现在：第一，要有专门的研究问题。第二，要有独立的不同层次的学科体系构成。第三，要有专业化的实践范畴。比较而言，在研究问题、研究立场、研究范畴、研究方法等方面，媒介批评所关注的领域与传统的大众传播研究都有所区别。媒介批评主要指的是基于人的传播活动对媒介现象所进行的价值评判和反思性活动。因此，要对理解媒介批评理论有深入的了解，就必须要在逻辑上厘清媒介批评学的基础问题，这样才能明晰媒介批评学科所以成立的核心理论范畴，才能明确界定学科研究的内涵和边界，从而确立学科本身的基本特征和独立性。下面就从人与媒介的关系出发，以人类传播活动作为逻辑起点，探究媒介批评理论的基本问题。

一、人和媒介的关系与传播活动

媒介批评学研究应该确立理论的逻辑起点，逻辑起点确定了学科的研究方向、研究重点、研究思路及研究方法。与其他任何科学研究相同，如果没有逻辑起点，媒介批评的研究问题将无从谈起。人们所有基于传播媒介的各种形态的传播活动，是媒介批评理论研究的逻辑起点。人和媒介的关系，是媒介批评研究的首要问题。

所谓传播活动，就是人类使用媒介进行信息传播过程中的所有活动。在传播活动过程中，通过"意义建构"，人和媒介的关系得以确立并不断调适。传播是人类的基本活动，这无可争议。但是，对于传播本身的所指，却鲜有令人满意的定义。窃窃私语是传播，电视电影是传播，传言扩散是传播，对于文学、影视艺术作品的评论也是传播，甚至发型着装也无不是传播，诸如此类，不胜枚举。但是，毋庸置疑的是，人类通过媒介建立了属于自己的"符号表征系统"，并借此建立起来了各种各样的社会关系。媒介成为人类社会文化的中心；没有媒介，任何文化也就不复存在。因此，探究媒介，就必须要研究媒介的文化以及由媒介和文化构成的社会现实。

传统媒介理论把大众传播媒介的物质存在作为理论探究的逻辑起点，由此，重点分析媒介发展对社会变迁的作用，媒介管理及媒介产业，媒介对社会文化的意义等问题。显而易见，传统媒介研究重点分析和考察的媒介，更多的是指作为现实中以物质形态存在的媒介。传统大众传播理论所指的"媒介"，具体是指信息传播的物质载体，如报纸、电视、广播、杂志、网络、手机等，或是指具体的媒介文本，如新闻作品、影视作品、网络视频等。

就物质形态而言，媒介技术的发展对人类社会文化产生了深远的影响。特别是随着互联网的发展，媒介给人类带来的各种现实的利益也是推动社会变迁的动力。但新媒体技术在给人们带来各种有利因素的同时，其负面影响也是不言而喻的。如何保护互联网的个人信息，如何维护隐私权，保护知识产权，如何控制各种充满诋毁性的和歧视性的媒介内容的传播，如何保护未成年人免受不良信息的影响等问题不断出现。出于商业利益的目的，新媒体技术的支持者不遗余力地鼓吹新媒体技术的优点，如新媒体拓展人们的文化视野，强化社会联系，促进社会群体间的交流，从而使社会更加趋于民主，可以构建理想的社会秩序等。但是，与此相反的观点则认为，新媒体技术在促进文化交流的同时，人为地制造了更多的文化不平等。可见，此类与媒介技术发展与社会文化变迁有关的问题，其实都是媒介批评研究所应关注的现实问题。也正是通过对媒介与现实发展的理论思辨性批判和理论的抽象化，媒介批评理论才能对现实问题做出自己的回答和阐释，并能够对现实产生实际的影响，从而达到媒介影响并改变社会的目的。

媒介批评理论要做到关怀现实，观察和思考现实问题，其前提和基础是必须要对"媒介"本身有深入和全面的认识，那么，就必须要对"媒介为何"的问题做出回答，即不能仅停留在传统媒介理论研究的观点层面，仅把考察作为物质形态存在的媒介研究作为重点，这样的结果就是把媒介独立于人的社会文化活动之外。媒介批评理论所关注的重点和研究对象同样是"媒介"，但是，媒介批评重点考察的是媒介与人、媒介与社会及文化间的关系。由此，"人和媒介的关系"自然就成为媒介批评理论的基础问题和关键问题。

从现实的媒介技术发展演变的角度看，各类新兴媒体不断出现，并不断地更新、补充和颠覆传统媒体，但仅仅从技术层面上的媒介变迁认识媒介显然是不够的。由此，媒介批评理论必须要将媒介置于人类社会和文化背景下，将媒介发展视为一个连续性的整体进行探究。也就是说，媒介批评对传播媒介的考察，是将处于传播活动中的媒介从人际传播到大众传播整合为一体，作为一个连续性的整体来考察。无论是口耳相传，还是新兴媒介的使用，都体现出人对媒介的不同的参与和控制的程度以及在此参与和控制中改变的程度。根据人们在传播过程中的不同活动形态，如参与媒介和控制媒介的程度等，并由此来定位和分析不同的媒介形式及其内涵。这一分析路径明确体现的是人与媒介的内在关系问题，而不是单一的媒介的技术形态。

例如，在电影院看电影和在家庭观看网络视频电影就有差异。网络视频使得观众可以按照自己的想法"重新编辑"电影的顺序，而且还可以插入其他的结尾。更为极端的是，通过使用网络视频编辑软件，观众还可以对影片进行全方位的再制作。显然，与传统的电影等视觉媒介形式比较，网络视频使得个体受众可以对整个传播过程，乃至传播结果有更多的参与和控制的能力。由此可见，技术形态的变迁极大地改变了观众和媒介之间、观众和媒介内容之间的关系结构。

从人和媒介的关系角度看，传播活动是人类活动的构成部分，媒介批评理论也正是建立在人类传播活动的基础之上。将传播活动确立为媒介批评理论研究的逻辑起点，也就强调了人和媒介关系的重要性。由于媒介技术的不断变化，人和传播形态之间以及媒介内容之间的关系，不再是彼此对立的反映和被反映的静态关系，而是相互融合的互动性影响关系。进而言之，文化和社会意义也深深地植入这种关系之中。

就传播现象看，传播活动就是人们相互沟通、传达资讯、享受娱乐、展开讨论、获取信息的日常社会行为，对社会中存在的传播现象的任何层面进行考察，无论把它理解为由"发出"到"接收"的线性信息传递过程，或是这个过程中各因素之间的关系，或是这些关系的复杂构成以及这些构成的不同模式，直至影响这些模式的社会文化构成。通过传播活动建立起来的"人和媒介的关系"的核心是"意义建构"，媒介的"意义建构"的本质就是人的文化、社会活动的符号化表征。这种基于传播活动的人和媒介关系的符号化表征，也是人类社会赖以建立的基础。

因此，媒介批评理论所要探究的核心问题，是基于传播活动的"人和媒介的关系"问题。而人和媒介的关系也正是隐含在人类传播活动中的社会和文化的问题。简言之，在此意义上，媒介批评理论也就是立足于以"人为目的"的价值立场的关于媒介的社会、文化意义的批判。

二、信息传递与意义建构

对传播活动以及人和媒介关系的认识，以往的传播研究理论基本形成了"信息传递"理论和"意义建构"理论两种不同的观点。

首先，"信息传递"论认为，传播活动是人类社会的信息交流和传递活动。例如，有研究者认为，"所谓传播，即传受信息的行为（或过程）"①，也有学者认为，"所谓传播，即社会信息的传递或社会信息系统的运行"。② "信息传递"说认为传播活动是一种"信息交流"，该观点关注的是信息的发出者和接收者如何对信息进行编码和解码，如何通过传播渠道和媒介进行传播以及考察传播效果的准确性和有效性。显然，"传递说"将传播活动理解为一个过程，并认为在这个过程中，传播者会影响接收者的思想和行动，通过传播效果的实现与否来考察检验传播活动的最终实现。对于信息的理解，"传递说"认为信息是由传播者发出，而传播过程的完成，最终决定于信息是否到

① 张国良：《传播学原理》，6页，上海，复旦大学出版社，1995。
② 郭庆光：《传播学教程》，5页，北京，中国人民大学出版社，1999。

达接收者那里。这里，信息的发出者始终占据着主导地位。

其次，与此不同的是"意义建构"论。立足于"意义构建"理论对传播活动做出解释。理查德·韦斯特和林恩．H．特纳对"传播"的概念就做了如下的定义：所谓"传播，就是个体使用象征符号，确定和解释环境意义的社会过程"。① 从他们的定义中可以看出，信息交流活动是在社会、文化中发生的活动，是人们的"社会化"的活动。传播"意义建构"论将传播活动视为"意义"的生产与交换，认为媒介信息与人发生互动关系从而生成意义，重点强调的是媒介文本在文化与社会中的作用和意义。

传播的"意义建构"论认为，传播中的信息是一种符号化了的结构，通过与接收者互动而产生意义。在信息的生成方面，与传统传播理论重视传播者的作用不同，建构论则认为传播者在传播活动中不具有决定性作用，研究关注的重点转向了文本及受众对文本的解读，并认为受众解读是一个"建构意义"的过程。当信息接收者将自身的社会、文化背景因素加之于文本的解读，从而建构符号形态时，就出现了所谓意义的"协商性"建构，当这种"协商"达成一致时，意义建构就转换成了"意义的共享"，亦即传播者、接收者乃至其他社会因素共同作用下的"意义交集"。"意义建构"论的重点，是接收者的立场决定了信息的传播结构和传播过程，并非由信息或传播者本身来决定。因此，信息传播并非是由此及彼的线性关系构成，而成为某种特定的结构关系中的构成要素。信息与传播者、接收者以及其他要素一起，共同构成了一个动态的而非静态的传播结构模式（图 4-1）。在该图式中，信息"意义"居于核心地位，在此层面看，传播者和接收者都成为信息意义生产的参与者。他们依托于媒介文本，对媒介文本的文化符号进行建构以及不断地再建构的过程，形成了媒介文本的"意义"。基于各种不同的要素的影响，意义的生成集中体现在对"文化符号"的形成层面，不同的文化符号表征着意义的差异。显然，媒介批评理论对"意义建构"的关注，是自身作为以批判性研究方法为主导的学科的突出特征。由此来看，立足于"共享意义"的立场，以媒介文本为载体，对媒介的文化符号的意义的解读，是媒介批评的核心问题。

作为人和媒介间关系的意义建构，以传播形态存在的传播活动是一种人类精神交往的活动，而精神交往的本质，就是人的社会、文化层面的意义生产。作为人和世界关系的中介，"意义"世界通过象征性文化符号系统，建立

---

① ［美］理查德·韦斯特、林恩．H．特纳：《传播理论导引：分析与应用》，刘海龙译，7 页，北京，中国人民大学出版社，2007。

特定的话语系统，从而描述和构建人类社会的情境。因此，传播媒介作为人和世界的意义关系构成的基本形态，就其外在形态看，它是意义建构的负载和中介，而就其内在含义看，媒介的本质则是"意义"本身。

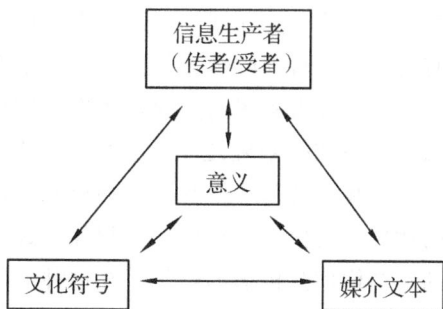

图 4-1　信息与意义建构的关系

就此看，传播活动中的意义是构成性的，传播的意义构建是多元化的活动。就信息传递过程来考察传播活动，传播往往被简化为信息的线性传递关系。但其实，这种线性传递的深层，就包含着传播的社会文化和历史意义等内容。媒介不但传播各种信息，传播活动本身也制造新的意义。这些意义附着于信息本身，与信息一起游走在社会的空间，留下记忆，变成知识，指导消费，形成习惯，建构对社会的认知话语，重组我们的生活。这些现实都会在批评理论的审视下被揭示和分析。由此，媒介批评理论是一种批判性的、揭示的、反思的、自我反省的，它不对媒介文本的质量高低或者提高质量的要素进行经验式的阐述。①

但是，长期以来，传播学研究领域对传播问题的认识，就具体的传播现象的构成研究较多，而对深层意义构建关注较少。对此，美国传播学者詹姆斯 . W. 凯瑞把 19 世纪以来美国对传播观念的认识总结为传播的"传递观"和传播的"仪式观"两大主要倾向。他认为，相较而言，传递观的研究占据着明显的主导地位。所谓传播的"传递观"，即把传播活动理解为"传递"这一认识，认为传播是一个信息得以在空间传递和发布的过程，以达到对距离和人的控制。而传播的"仪式观"则认为，传播的起源及最高境界，并不是指智力信息的传递，而是建构并维系一个有秩序、有意义、能够用来支配和容纳人类行为的文化世界。在对这两种传播观进行考察后，他指出："传播是一种现实得以生产、维系、修正和转变的符号过程。"显然，他在这里很明确地指出了传播的两种属性，即作为信息"传递"的载体和作为"意义建构"的本质，他所说的"仪式观"，也就是本书所指的"意义建构"。

既然传播活动包含着"传递"和"建构"两种属性，那么，对传播活动的研

_____

① 李岩：《媒介批评——立场、范畴、命题、方式》，序言，3 页，杭州，浙江大学出版社，2005。

究也应从这两方面展开，即基本的信息传播模式研究和传播的社会文化意义研究，媒介批评则依据传播模式，重点考察传播意义建构。但就目前的研究来看，展开得更多的是对传播作为信息传递的基本模式的研究，而对建于信息的动态结构基础之上，以意义研究为核心的文化生产活动关注较少。但是，忽视了的部分恰是传播的核心问题。因为，就人的世界的意义看，信息的物理运动仅仅是传播的过程和形式，并不是传播的核心，而信息"意义"的动态结构才是传播的载体。在这种动态结构中，意义不断生成和交换，这就是传播活动的本质。由此，媒介批评理论对人类传播活动的分析，应该在语义学、结构主义、符号学等理论发展的基础上，通过对"意义表征"的分析，准确描述传播媒介"意义建构"的基本情状，从而明确描述传播活动中信息"意义"的实质。

三、传播形态与媒介现实

媒介批评理论不仅考察传播活动中的信息传递，同时还研究信息的意义建构。基于"意义建构"的传播活动的另一特征，就是借助于传播形态建立"媒介现实"。传播形态和媒介现实是媒介批评理论研究的直接对象。

柏拉图（图4-2）在其著作中，基于对人类知识的想象性理解，提出了著名的"洞穴之喻"。洞穴隐喻同时也可以看成是对传播形态与媒介现实问题的阐释。通过洞穴隐喻，柏拉图描述了人的认识世界与真实世界的内在关系。洞穴中捆绑着一批囚徒，他们丝毫不能动弹，眼睛只能看到来自自己身后而映射在他们面前洞壁上的影子，就像人们观看电影屏幕一样。因此，他们很自然地认为"影子"就是真实的事物。但是当他们走出洞穴，看到物体在太阳的照射下形成的"影子"时，才真正意识到"影子"并不是真实事物本身，而是太阳光对真实事物的反射。柏拉图关于"洞穴"的比喻，所解释的情形和传

图4-2　柏拉图

播形态与媒介现实的关系非常类似。媒介的使用者就像是洞穴中的"囚徒"，代表着人类使用媒介的基本状态；而洞口映在墙壁上的物体的"影子"就是传播形态，洞穴中的囚徒把"影子"当成真实世界的存在，就好像人们把"媒介现实"当成"真实现实"。因此，就人和媒介的关系而言，传播主体与媒介现实之间的关系，就是"囚徒"与"影子"的关系，"囚徒"只有走出"洞穴"，才能认识到真实世界的存在状态。也就是说，人们处于媒介现实之中，久而久

之，自然而然认为"媒介就是真实的现实的反映"。但是，只有当人们走出"媒介现实"时，才能认识到真实事物本身。

关于媒介对传播主体的观念形态及内容的影响，相关研究者早就做过深入探究。许多早期的大众传播学理论都试图解释媒介现实和真实现实的内在关系，比如，作为传播学研究源头的"芝加哥学派"就提出"符号互动论"，李普曼提出媒介的"拟态环境"和"刻板印象"等观点及麦考姆斯的"议程设置"理论、"涵化理论"、"框架理论"、"第三人效果"等传播学理论，都已涉及"媒介现实"与"真实现实"间的关系问题。甘斯与吉特林将此概括为五种观点，具体包括：第一，媒介内容反映了社会真实，即大众传播媒介是社会的镜子；第二，媒介内容受媒介工作者的社会身份与态度的影响，即传播中心论；第三，媒介内容受到媒介组织的影响；第四，媒介内容受到社会机制和社会力量的影响；第五，媒介内容是意识形态立场的工具，目的是要维持现状。

显然，基于媒介批评理论基础的"意义建构"视角，对传播形态及媒介现实与受众内在关系的全面的结构化分析尚未完全深入展开。那么，媒介批评理论从传播形态和媒介现实的分析入手，剖析传播形态中隐含的政治、历史、社会、文化、技术等文化意义，剖析媒介如何构建属于自己的现实，从而认识真实现实的存在状态。对这些问题的考察成为媒介批评理论的基本研究导向。

从一般意义上看，媒介建构了人们生活的现实，由此，媒介环境与社会环境之间具有内在的张力。媒介环境是基于社会环境的建构，而社会环境又推动或抑制媒介环境的变迁；相反，媒介环境对社会环境又有直接的"净化"或"污染"作用，正如大众传播研究"涵化理论"所理解的那样，儿童长时间接触电视，电视中的暴力镜头也许会强化他们在日常生活中的暴力倾向。但是，媒介环境和社会环境二者的关系具体又表现得非常复杂。这种内在关系的重点就体现在传播形态与媒介现实的问题上。因此，媒介批评理论则必须通过对传播形态的内在结构的考察，从而剖析媒介现实与社会现实之间的关系。

传播形态主要是指在具体传播活动中传播媒介的具体表现形式，而媒介现实则主要指通过传播形态建构起来的社会文化意义。正如柏拉图的洞穴之喻，传播活动是人类建立自身"表征世界"的基础和动因。对此，英国文化研究学者斯图亚特·霍尔认为，人类传播通过意义的建构，从而建立了人和世界的"意义表征"关系。他认为"表征是通过语言生产意义"。① 因此，霍尔主张，"表征"是在我们头脑中通过语言对各种概念的意义的生产，它就是各种概念与语言之间的联系，这种联系是我们既能指称"真实"的物、人、事的世界，又是能指称想象虚构的世界。意义表征不仅反映描摹真实的"现实"，而且还能够确立人们通过想象建立的世界。事实上，人们通过传播媒介建立的意义世界，无法准确、真实、本真地反映现实，它只是基于媒介的意义建构。对此，霍尔分析，"意义表征"包含两个系统：第一，概念或表象系统；第二，语言（媒介）系统。因此，人类的意义建构，首先必须具有共享的概念系统，同时还必须拥有作为进入概念系统的通道的语言（媒介）系统，两者共同完成人类文化意义的构成。霍尔的理论观点充分指出了传播形态和媒介现实的"意义建构"的本质性问题。

在对传播形态、媒介现实与真实现实的关系问题的讨论中，研究者就"媒介现实"与"真实现实"之间是否对等的问题展开了激烈的争论。一种观点认为"媒介现实"等同于"真实现实"。二者之间就是反映和被反映的关系，所谓主客体是统一和符合的，即"主体"（作为具有认知能力的人建立的媒介现实）与"客体"（作为独立于人之外的真实现实）之间具有完全的对等性。另一种观点则认为，"媒介现实"是"真实现实"的建构。二者之间的关系并不是完全对等的，媒介现实无法全部呈现真实现实，而仅仅是对现实的意义建构。该观点坚持的基本论点，认为传播研究主要在于对媒介的"表征意义"的内在结构进行探究。显然，"媒介现实"与"真实现实"完全符合和对等的反映论观点，其实在理论上具有很大的误导性，也存在解释逻辑的误区。试想，如果"媒介现实"真的能够全面呈现"真实现实"，那么，由谁并凭什么能够准确无误地判断出它们之间确乎是完全符合统一的？在具体的传播实践中，又怎么能够达到"主观"和"客观"的统一？其标准又何在？进而言之，究竟什么是"媒介现实"所呈现出的真正的"事实"？真正的"事实"又在哪里？对于这些问题，如果深入到"媒介现实"对"真实现实"的意义建构的视角，就会发现，作为对媒介现实和真实现实之间关系的简单化描述，"反映论"或"符合论"很难确切地阐明上述问题。因此，陈卫星认为，"从社会现实建构的角度来讲，'现实'分为三种：第一种是真正的现实，第二种是媒介所建构的象征的或表现的'现实'，第三种是受众从媒介上理解的'现实'……对新闻的阐释应该是

---

① ［英］斯图亚特·霍尔编：《表征：文化表象与意指实践》，徐亮、陆兴华译，16页，北京，商务印书馆，2003。

在有关因素组成的网络中的一种一致性的结构，既有暗示的，也有解释性的。"①

因此，关于媒介现实与真实现实的争论，首先，必须要明确的是，在所谓传播活动中的信息意义上所指的"客观事实"，本身就属于不可知的范畴；也就是说，人们从来就无法全面而彻底地把握"真实现实"，传播形态只能对真实事实的部分进行描述。其次，这种描述本身就构成了意义世界，即"媒介现实"。因此，所谓媒介现实指的仅仅是"意义建构"层面的"真实性"。最后，"意义建构"本身就是一种选择、理解和认识的解释过程，是一种意义的不断阐释和生成的动态过程。媒介现实建构意义和受众对媒介的阐释是另一层面的意义建构。就真实现实而言，在不断的阐释的社会规范化过程中，媒介建构了现实社会的存在意义。因此，媒介现实和真实现实的关系的本质也就是建构和被建构的关系。

从"媒介现实"和"真实现实"的关系角度看，传播形态中包含真实现实、媒介现实和受众现实三个层面。持"信息传递"论观点者理解的事实和媒介的关系，具体呈现为事件经由媒介到受众的线性传递过程。但是，持"意义建构"论观点者认为，对"媒介现实"的理解应从事件、媒介、传播主体三者的"意义共享"关系中去探寻。基于此，对传播形态的分析就可以从上述三个分析层面展开，这三个层面就构成了传播形态的现实存在性、可能性和解释性。

首先是真实现实，是在人们日常现实生活中发生的和正在发生的所有事件，它构成媒介真实的本源性文本。真实事件存在于媒介现实的表述之外，所谓事件真实，也就是说确乎存在着那样的事实。没有事件，媒介现实无法建构意义，意义也无从谈起。真实现实说明传播形态的现实性，这是媒介现实的可能性前提。但是，媒介呈现的事件，也就是经过传播主体描述的事件，其实仅仅是某真实事件构成的某个部分。霍尔就指出："我们能知道的和能言说的，必须在话语中并通过话语产生。话语'知识'并非对'真实事物'的语言形式的透明表现的产物，而是语言对实存的关系和语境的表述产物。"因此，他就直接指出话语实践对真实事件的建构性，"自然主义和'现实主义'——一对被表述的事物和概念的显然的忠实性——是语言对'现实'某种

---

① 陈卫星：《传播的观念》，320 页，北京，人民出版社，2004。

特定表达的产物，亦即效果。它是话语实践的产物"。① 就传播活动所呈现的事件而言，现实性就是事件的存有性的特征，也就是确乎存在着这样一个事件，媒介现实就是对这种存在的所有可能性的描述。然而，仅有事件并不能构成媒介现实，媒介现实还应该包含事件以及事件之外的全部可能性，即已经成为事件的和可能成为事件的所有内容。只有放在全部可能出现或可能成为现实的背景之中，才能理解媒介现实的本质。

其次是媒介现实。建基于可能性基础上的媒介现实包含着对真实现实的不同认知和阐释。例如，在对同样的事件的报道中，不同的媒介可以呈现完全不同的事实，在传播形态中，事实可能是这样的，也可能是那样的。所以，只有认识到全部的可能性，才能全面理解媒介现实。这种描述和阐释的无限可能性中，构成了媒介现实。所谓媒介现实，就是真实现实的在传播形态层面中的可能性，是现实事件的"意义"在传播形态层面存在的可能性。现实事件经由媒介的建构和加工，就建立了媒介现实。媒介现实的生成和建构，完全是在社会文化意义影响下的产物，也就是说，媒介现实其实是整个社会关系的体现。正如霍尔所认为的"具有社会事业性质的电视广播机构，包括这些机构的实践和生产的网络，其有组织的关系和技术基础，是用来制作节目的。如果用《资本论》来类比，这是一种话语方式的'劳动过程'。在这里，生产就是构建信息。"②显然，媒介现实的建构并非由传播者独立完成的，也不是完全封闭的。它包含着信息生产者对现实事件的描述、编辑以及事件意义的选择，社会的传播制度对事件意义的约束，乃至社会利益集团对事件意义的控制等各类深层次的影响因素。可见，媒介现实的建构始终处于社会文化环境中，也就是始终处于社会政治、经济、文化等结构性关系中。因此，所谓"用事实说话"的媒介立场，在媒介现实的建构意义上看，一旦脱离了具体的经济关系和政治结构等社会环境，任何意欲建构没有价值立场的纯粹媒介现实的企图，是根本不可能达成的。虽然，以往的新闻传播理论将"客观性"和"价值中立"作为圭臬，但要实现所谓的媒介现实的"客观性"，应该说仅仅是一种理想的诉求。

最后是受众现实。媒介现实的建构是信息的组织化过程，亦即信息的社

---

① ［英］斯图亚特·霍尔：《编码/译码》，见张国良主编：《20世纪传播学经典文本》，428页，上海，复旦大学出版社，2003。

② ［英］斯图亚特·霍尔：《编码/译码》，见张国良主编：《20世纪传播学经典文本》，425页，上海，复旦大学出版社，2003。

会规范化的过程，对信息的组织和规范本身就是一种意义的结构化过程。如前所述，媒介现实与真实现实之间并非是完全符合和反映的对应关系，而是意义建构的结构性的关系。"在现代性的条件下，媒体并不反映现实，反而在某些方面塑造现实。"①对此，鲍德里亚（图4-3）表述得更为明确，"传播不是说话，而是使人说话；信息不是知晓，而是使人得知；助动词'使'表明这其中涉及一种操作，而不仅仅是一种行动。"②他们所强调的重点，正是媒介现实对真实现实的建构意义。在此过程中，受众也参与了媒介现实的建构。所谓受众现实，是对真实现实和媒介现实的再建构，受众基于自身的"视域"，直接参与了媒介现实的意义生产。因此，在传播建构论看来，传播活动中的受众不是被动的接受者，而是主动的建构者。同样，传播过程中的信息也不再是对真实现实的完全复原，而是意义的再生产。斯图亚特·霍尔所谓的受众的"解码"过程，就是意义的再建构活动。受

图 4-3　让·鲍德里亚

众在理解媒介呈现的事实时，有意识地选择、理解和再生产。信息的传播就是信息的增减，有人称之为"传播的自反性"。③ 受众参与媒介现实的再建构本源于受众的意义视域。那么，是哪些因素决定受众的意义再建构呢？其实，这也是心理学、认知神经科学、行为科学、社会学、文化研究，乃至人在进化中形成的信息偏好等更为广泛的学科研究领域所关注的问题。

　　解释学立足于对文本的解释和理解，提出对文本意义构成的接受者的理解问题，那么这种理解也就是意义的再建构的过程。伽达默尔则认为，理解文本"并不是人与人之间关系的问题——例如，读者和作者之间的关系（作者也许是完全不为读者所知的）——而是参加到文本与我们所做的交往之中的问题。"④伽达默尔进而提出"视界融合"的核心思想，他认为，正是通过视界"融合"，意义理解的主观性和历史性得到统一，个体的意义和社会的意义得以统一。所以，所谓"正确"的理解必须消除成见，放弃自己的视域而进入他

---

　　① ［英］安东尼·吉登斯：《现代性与自我认同》，赵旭东等译，29页，上海，上海三联书店，1998。

　　② 陈卫星：《传播的观念》，360页，北京，人民出版社，2004。

　　③ 陈卫星：《传播的观念》，321页，北京，人民出版社，2004。

　　④ ［德］伽达默尔：《哲学解释学》，夏镇平译，11页，上海，上海译文出版社，1994。

人的视域，而理解只能在"成见"（即社会意义）的基础上进行。这样，理解和解释就体现为个体的视域与文本的视域相互融合的问题，通过这种融合获得新的视域。这种融合在交流与对话中建构起来，变动不居。因此，媒介现实就是传播主体立足于各自的"成见"——包含社会情境和历史视域的文化环境、个体特征等——的视域融合，这也就是媒介现实的意义建构。

媒介环境是影响媒介现实的意义建构的现实条件。媒介环境不同于物质意义上的地理环境和物理环境。媒介环境包括信息存在的各类社会环境及个体环境。媒介环境的特点有三个：第一，它的核心是信息以及信息的"意义"。它的构成形态是抽象的、精神层面的意义。第二，它是观念形态的存在。因此，它如同空气一样，人们生活在其中，却不会有意识感知它的存在。第三，它主要体现为制度环境。媒介所处的社会机制决定了媒介本身在社会中的作用和地位。因此，它是动态发展的，会随着信息的传播、技术的发展和传播活动的变迁而发生变化。但总体而言，媒介环境是社会环境的组成部分，受整个社会的发展和变迁的影响。

四、传播网络与媒介组织

人类的传播活动本身是社会化的活动，不过在不同的历史发展时期，传播活动的社会化水平各有差异。随着大众传播时代的来临，人类传播活动发生了质的变化。社会化程度达到了前所未有的发展阶段，通过互联网、智能手机等，人们构建了庞大的传播网络，从而使得人类彻底进入"媒介化社会"的生存方式。传播活动的社会化主要是以传播网络的建构为基础的媒介信息的组织化、标准化、集约化的生产方式。因此，对于传播网络与媒介组织的研究，是媒介批评学的实践范畴中重点关注的问题。

从传播活动的意义建构层面上看，所谓传播网络，就是以人类社会共享意义的生产、流通和交换为核心的多层面的、动态的信息交流的结构形态。传播网络不但是一个多维度的立体结构，也是一个不断变化的动态结构，传播网络中结构的维度、层面和结构形式的动态变化影响着结构的性质，从而也就直接作用于传播整合。处于社会中的公众，通过传播活动，不断在建构和使用传播网络，因而，传播网络的建构、组织和使用的能力，也就体现了社会整合的能力以及拥有文化资本、社会资本的能力，概言之，体现了总体社会化程度的高低。

大众传播理论对传播网络问题也进行过深入研究。① 研究者认为，传播

---

① 吴飞：《一种新的视野：社会传播网络分析》，见张国良主编：《中国传播学评论》，2辑，上海，复旦大学出版社，2007。

网络是指人类利用符号手段所编织的交换讯息和思想的一种动态交换结构，基于这样的网络，个人完成自己的社会化过程，并将自己的生活编织进更大的网络之中，从而使自己成为更为复杂的社会系统中的一分子。从某种意义上说，人的社会化程度是与其编织传播网络和利用已有的传播网络的能力成正比的。同样，要揭示一个社会独特的品质，需要从揭示这一社区的传播网络入手。正是因为借助于各种不同的传播网络，同一社区的人才能形成共有的意义，而又正是基于共有意义的基础上，这一社区才能成为一个相对紧密的结构。

人类自我组织成为团体的方式，不仅体现在社会的可见的物理组织形式上，如社会学研究惯常使用的阶层、职业、社团等不同的组织分类形式，此外，还包括文化研究所提到的价值、观念、文化等层面上的组织和认同，这也就是所谓的"意义建构"层面上的文化认同。这其中有联系紧密的利益共生团体，也有看似松散实则紧密的价值认同团体，不管是何种层面的组织结构形式，团体之间的构成主体都需要通过传播活动联系起来。这样，在社会团体之间就形成了一些共享意义的交汇的"节点"，通过这些意义之"节"，将整个社会群体连接起来，从而构成了社会传播网络。

"创新扩散"理论的提出者罗杰斯曾使用过"传播网络"的概念，罗杰斯在《创新的扩散》中指出，传播网络由一些内部相互关联的个体组成，这些个体之间有着一定的信息流动模式。网络具有一定的结构和稳定性。正因为网络具有一定的模式，网络内个体的行为具有可预测性。对网络的研究有助于了解传播结构，也就是系统内模式化传播信息流入过程中各种不同的构成元素。传播结构非常复杂，哪怕是在一个极其小的系统内，即使是身为系统一分子的系统成员也不能完全了解他们所在系统的传播结构。因为系统内可能存在着多种网络链，如果个体试图去了解所在系统内的传播结构，他可能会被信息过量的问题困扰。罗杰斯认为，在一个具有 200 个成员的社会系统内，就有可能存在 19900 个网络链，而在一个有 1000 个成员的系统内，就存在着近 50 万个网络链。因此，传播网络分析实际上就是以网络中的人际沟通关系为分析单位，分析网络中有关传播信息流的资料，从而明确系统传播结构的一种分析方法。这一方法需要根据个体在网络链中的沟通相近度，将个体分为多个源系。因此，那些关系甚近的个体归属为同一个源系。沟通相近度是指网络中有关联的两个个体的个人沟通网络在多大程度上叠加。①

---

① 吴飞：《一种新的视野：社会传播网络分析》，见张国良主编：《中国传播学评论》，2 辑，上海，复旦大学出版社，2007。

　　麦奎尔也提到"传播网络"的观点。① 麦奎尔所说的传播网络，既指传播和交流的工具，又是大多数或所有人积极参与传播的信息流程，支持全社会性联络的、另类的（非大众传媒的）技术，但这些技术通常缺乏社会性因素，没有大众传播所拥有的社会作用。麦奎尔认为，随着传播技术的发展，学界对传播领域的界定和简单的线性研究方式，已无法把握新技术条件下传播的全部内容，技术已模糊了公共传播与私人传播以及大众传播与人际传播之间的界限，传播研究已涉及经济、法律、政治、伦理与文化等领域，因此，传播科学应该扩大自己研究的视野。他认为，一个整合协调的现代社会，存在着一个公共的"传播网络"，这一传播网络拥有传送和交互的方法及信息的流动，相关的大多数人主动参与其中，还需要维持一个社会网络的技术存在（运输、电信、邮政等网络）。可见，社会全体公众都处于一个宏大的传播网络之中。此外，还有一些第一层次的不同类别的传播网络，主要包括在地区、城市、乡镇建立的类似的传媒机构，公司或行业组织的传播，通过政府、教育、司法、宗教等机构的传播网络。这些构成了与全社会不同的次一级传播网络。此外，还有更多的传播网络，这些网络建立在共同生活的基础之上，包括依附于身份认同、合作与规范的形式等。这些从国家到区域到个人的复杂的网络构成，涉及人们社会生活的各个层次，也涉及社会的政治、经济、文化、教育等层面，人们对于不同的文化讯息的传播更为广泛。麦奎尔在这里勾勒的其实是现代社会中传播网络的具体层面，当然他在这里也涉及传播网络中包含的意义和文化构建的内涵。

　　传播网络的研究实际和社会网络的研究密切相关。"社会网络"理论以不同的观点看待社会结构，视社会结构为一张人际社会网结构，其中"节点"代表一个人或一群人组成的小团体，"线段"代表人与人之间的关系，以社会网分析方法分析社会结构的特性。在社会网络研究中，"嵌入性"观点是一个重要的概念。其研究重点就是在一个网络之中的个人如何通过关系，在动态的互动过程中相互影响，不但影响了个体的行动，也改变了相互的关系，从而影响整体社会结构。在社会网的分析中，可以探究个人行动如何改变社会结构，微观的分析可以解释宏观的现象。同时，社会网络被视为一种新的分析工具，是因为这一概念的实用性和可操作性。作为一种新的研究范式，网络分析包含五个基本的原则：第一，结构化的社会关系较之社会成员的特点是

————————

　　① ［英］丹尼斯·麦奎尔：《麦奎尔大众传播理论》（第四版），崔保国、李琨译，北京，清华大学出版社，2006。

社会学解释得更有力的源头；第二，规则源于社会关系结构体系中的位置；第三，社会结构决定二人关系的运作；第四，世界是由网络组成，而不是由群体组成的；第五，结构方法替代和补充个体方法。此外，社会学家格兰诺维特提出以"弱关系"作为传递信息的有效的桥梁，从互动的频率、情感强度、亲密关系和互惠交换四个维度来测量关系的强弱，而"桥"理论则是在信息的传播过程中，不同群体间信息流通的关键理论。美国社会学家罗纳德·伯特也提出了"结构洞"理论，认为社会网络中最有可能给参与者带来竞争优势的位置是处于关系稠密地带之间，而不是之内，从社会网络整体来看，这种无直接联系或关系间断的现象，就如网络结构中出现了洞穴，因而被称为"结构洞"。① 就社会网络理论分析而言，"传播网络"是社会网络的重要组成部分。同时，作为一种新兴的社会研究方法，社会网络研究也为媒介批评探究人类传播活动提供了很有价值的分析手段。

媒介批评理论基于传播网络分析的视角，审视专业化的媒介组织在整个社会传播活动中的作用和意义。作为传播网络的基础的媒介组织，是社会网络建构的重要影响因素，对社会传播活动具有决定性的意义。具体而言，媒介组织首先应该是公共事业单位。其次，媒介组织是一种信息产业机构。最后，媒介组织还是社会机构。因此，作为社会网络建构的基础，媒介组织一方面具有公共性，即给社会公众提供公共产品；另一方面，又具有产业化的特征，要按照市场需求的变化生产，同时，又受制于社会环境，必须在社会系统的环境中运行。因此，只有在了解媒介组织自身运行的特征及其与社会环境之间的关系的基础上，才能理解社会文化和媒介两者之间是如何相互影响的。

有研究者认为，大众传播媒介有组织化与商品化两个主要特征。大众媒介作为有组织、有目标和自身利益的、专门化的从事信息传播的机构，其传播的"产品"包含"纯"信息和实现机构的目标与利益两个部分。从理论上讲，纯信息部分是无条件满足大众获取信息的自由。但是，无条件满足只能是一种理想，或者说是衡量媒介行为的标尺。机构的目标和利益往往是隐藏在信息选择、编辑和传播方式中的。政府控制的传播机构、商业传播机构、团体和公共传播机构等，它们都有各自不同的目标和实现目标的方式、手段，其信息也有附加值；商品化对传播内容的支配也表现在两级传播目标方面，即

---

① 林南：《社会资本——关于社会结构与行动的理论》，68～69页，上海，上海人民出版社，2005。

传播信息，通过信息传播制造受众。受众一旦被视为大众市场的消费群体，传播文化产品——消费文化立即受到商业的支配，大众被当作一种"市场份额"成为理所当然的事情。商品化还包括媒介自身的商业利益，媒介影响大众生活的方式的特点是日常性、随意性和反复性，媒介在反映大众意见的同时充分发挥其特点，也把自己的意见放置其中一同传播，影响大众的观念。[①]

因此，作为传播网络构成的基础，媒介组织与整个社会现实的发展紧密相连，是各种社会现象和社会问题及社会价值的呈现者。那么，这就涉及媒介组织的目标，一方面以市场利益最大化为目标，同时要满足社会大众的信息需求，更为重要的是，不能偏离社会价值的标准。媒介组织是专门化的媒介产品生产机构，如报纸、杂志、广播、电视、网络等，其主要功能是给大众提供信息产品和信息服务。因此，由媒介组织生产的媒介产品，不但要根据市场需求，生产能满足媒介消费者需求的产品和服务。同时，还要坚守社会的价值底线。媒介产品是一种特殊的精神性产品。广义的媒介产品包括新闻版面、文字版面和广告版面、节目和广告时段。狭义的媒介产品指报纸、电视节目、广播节目。报纸、电视节目、广播节目为受众提供新闻信息服务、娱乐服务及各门类知识，受众付出时间和注意力来获得读报、收看节目。媒介产品作为产品，首先是一种处于市场环境背景下的商品，具有使用价值和价值，其价值是通过满足受众的需求来实现的，这是媒介产品的自身要素。但是，与其他产品截然不同的是，媒介产品是一种负载着社会"意义"的产品，它不仅使人们获得物质方面满足的体验，更为重要的是，还给人们以精神上的满足和实现。如何通过媒介组织生产出既符合社会公共利益，又能满足人们需求的媒介产品，这又是媒介批评理论需要探究的关键问题。

五、媒介素养与媒介教育

基于拉斯韦尔等提出的线性传播模式，传播学理论形成了以传播者、传播媒介、传播内容、传播效果和受众分析等为核心的研究领域。其中，受众研究是大众传播理论探究的重点领域。但是，对于受众的概念，在习惯性的使用之外，目前仍然是需要进一步探究的问题。

大众传播理论认为，受众具有规模巨大、分散性和异质性、匿名性和流动性及无组织性等基本特征。这一受众观主要基于社会学中"大众社会理论"对"大众"的界定。传播学者麦奎尔认为，受众是在一定社会环境下（共同的

[①] 李岩：《媒介批评——立场、范畴、命题、方式》，序言，3页，杭州，浙江大学出版社，2005。

文化兴趣、理解和信息需求）的产物，同时也是对特定形式媒介供应物的一种反应。受众通常是同时存在的，当一个媒体开始对某一范畴的成员或者某一特定地区的居民产生诉求时，受众便开始存在。媒介的使用也同时反映出广泛的"时间使用、可获得有效性、生活方式与日常事务"等运用模式。①

大众传播研究对受众进行了不同层次的理论描述。例如，"使用与满足理论"认为受众是积极的，但自身未必是具有绝对控制力的；批判理论认为受众的信息需求、获得机会与信息选择等受到某种程度的限制；社会认知理论和符号学理论则认为信息内容能够建构人们的社会行动；文化研究认为，人们必须实际地估测出他们与媒介文本的互动会对他们所处环境中的功能产生什么样的影响；认知与行为科学则认为人类有着不同程度的认知处理能力。基于社会文化的受众研究传统，重点考察的是受众在特定的社会文化环境下的意义建构，阐释受众内容接受的意义及其在语境中的使用。媒介批评通过对受众的深层次分析认为，作为信息接收者的受众，各种不同的因素影响着其对信息的认知、选择和阐释。因此，要使得媒介能够实现其影响社会受众的良性功能，最好的方法是提高人们使用媒介的能力，也就是提高人们的媒介素养。

对媒介素养内涵的认识，主要从能力模式、知识模式和理解模式三个不同层面界定。就能力模式而言，媒介素养指公民所具有的获取、分析、评价和传播各种形式信息的能力，重点是对信息的认知过程。知识模式观点认为，媒介素养就是关于媒介如何对社会产生功能的知识体系，其重点是信息如何在社会中传播。理解模式观点认为，所谓媒介素养就是理解文化、经济、政治和技术等因素在信息制造、生产和传递过程中的制约作用，其重点是受众对信息的判断和理解能力。

美国传播学者鲁宾则认为，所有关于媒介素养的定义都强调特定的知识、意识与理性，即信息的认知过程。多数定义着重于对信息的批判性考察，另一些定义也包含信息的传播。如此看来，媒介素养也就是对传播的信息来源和技术、所用的符码、所生产出来的信息以及这些信息的选择、解读和影响的理解。② 概括起来看，所谓媒介素养就是指正确地、建设性地使用

---

① ［英］麦奎尔：《麦奎尔大众传播理论》（第四版），崔保国、李琨译，308 页，北京，清华大学出版社，2006。

② ［美］斯坦利·巴兰、丹尼斯·戴维斯：《大众传播理论：基础、争鸣与未来》（第三版），曹书乐译，368 页，北京，清华大学出版社，2004。

大众传播资源的能力，并能够充分利用媒介完善自我，共同参与并推进社会进步。具体则包括社会大众使用媒介的动机及需求，使用媒介的方式、方法与态度，使用媒介的有效程度以及对媒介的批判能力等。有学者则认为，"媒介素养就是指人们正确地判断和估计媒介信息的意义和作用，有效地创造和传播信息的素养。"

媒介素养的具体内容包括：第一，认识媒介对于个体及社会的影响；第二，认识大众传播的基本过程和构成要素；第三，了解和掌握基础的媒介知识以及如何使用媒介；第四，学习判断媒介信息的意义和价值；第五，学习创造和传播信息的知识和技巧；第六，对媒介的深度了解，明确如何利用大众传播媒介使自身得以发展。显然，媒介素养不仅包括接受媒介产品的能力，而且还包括应用独立的批判立场分析大众传播媒介的内容以及建设性地利用媒介的能力。媒介素养不仅是媒介使用媒介的需要，还是现代社会公民素质构成的重要部分。美国传播学者波特提出媒介素养的四个维度，分别是：第一，认知领域，指对媒介信息的认知活动和思考能力；第二，情感领域，指从情感维度对媒介的理解能力；第三，审美领域，指从艺术审美的角度理解和欣赏媒介内容的能力；第四，道德领域，指对信息传播中道德价值内涵的判断。因此，他认为所有的信息都是解读性建构，故而媒介素养的根本问题，在于提高人们对媒介的权力控制的分析，其关键在于使得人们不要陷入对真实或客观信息的不可能的探索中去。[①] 媒介批评理论立足于文化批判立场，从不同的层面和纬度探究媒介与受众的媒介素养的内在关系。

媒介素养的实现要通过媒介教育，媒介教育的过程，就是培养公众了解媒介信息多面性的特征，提升公众对所接触的信息的思辨能力。由此，20 世纪下半叶，以媒介素养的提升为基础的媒介教育，在欧美、亚洲部分地区逐渐兴起。其重点在于立足于媒介化社会的现实背景，针对媒介使用对公众的影响而提出的一种教育思想和方法。媒介教育以培养人的媒介素养为核心，使人们具备正确使用和有效利用媒介的能力，并形成能够理解媒介所传播的信息的意义以及独立判断其价值的认知结构。同时，媒介教育还力图使未来媒介化社会的公众具备创造和传播信息的能力。针对媒介素养教育的途径和标准，媒介批评理论就应该深入探讨。

美国传播学会基于知识、行为和态度三个基本概念，详细提出媒介素养

---

① ［美］斯坦利·巴兰、丹尼斯·戴维斯：《大众传播理论：基础、争鸣与未来》（第三版），曹书乐译，369 页，北京，清华大学出版社，2004。

教育所应遵循的五个标准。这些标准具体包括：第一，培养理解人们在私人空间与公共空间使用媒介的能力；第二，培养理解受众与媒介内容之间的复杂关系的能力；第三，培养理解媒介内容是社会与文化的产物的能力；第四，培养理解媒介的商业化本质的能力；第五，培养使用媒介与特殊对象沟通的能力。同时，美国传播学会还详细列出了衡量每个标准的具体指标。①媒介素养教育的基础性概念和标准，如何在现实媒介教育中实施，也是媒介批评需要考察的基本问题。

媒介批评对媒介素养及媒介教育的研究，成为媒介实践范畴的重要问题。媒介素养教育立足于人类发展的目标，通过对媒介文本以及影响媒介文本生产的社会文化各种因素的考察，从而提升人们认知和揭示传播活动中的科学、审美、道德等范畴的具体体现。由此，媒介批评对媒介素养研究的核心，是为社会公众提供对媒介的理性认识和反思性批判。作为一种知识和技能，媒介素养教育是为了使所有与媒介发生联系的人们，能够反思性地审视对人们日常生活和社会产生巨大影响的媒介，理解和提升人们如何使用媒介的能力，认识了解媒介如何改变人们的日常生活。因此，媒介批评本身也是媒介素养教育的主要途径。

随着媒介技术的发展，传播媒介在政治、经济、文化等领域都产生了非常重要的影响，有时甚至成为起支配性作用的社会力量。显然，媒介技术的变迁所引发的传播媒介与社会的关系问题，已经远远超出了简单的信息传递的解释范畴，技术发展使得媒介本身的价值观以及为特定利益或权力服务的立场变得更加隐蔽。媒介素养教育的目的在于培养受众对媒介信息批判的能力，为了保证社会公平合理地良性发展，对媒介素养教育的探究就显得十分必要。

第二节　媒介批评的研究方法

作为独立的学科，确立其基本的研究方法是该学科赖以成立的基本条件。任何学科研究方法的确立，都与本学科的基本属性相关。由此，对于媒介批评学科研究方法的探究，首先要明晰其学科的基本属性。如前所述，媒介批评理论以人类的传播活动为研究的逻辑起点，以对媒介与文化、社会的

---

① 鲁曙明、洪俊浩主编：《传播学》，198 页，北京，中国人民大学出版社，2007。

内在关系的探究为核心问题，重点关注的是在一定的社会文化背景下的媒介现象和媒介活动。

从学科的基本属性看，一方面，媒介批评本身因其具有明确的价值导向，从而不可避免地使得媒介批评理论也具有价值导向性。就此意义看，其显然属于人文学科领域范畴的研究；另一方面，媒介批评的研究对象为媒介与社会文化的关系，探究具体的社会行为的媒介活动又具有社会科学的特征。媒介批评理论的研究，既具有人文社会学科的特征，又具有社会科学研究的要求，所以应该属于人文学科和社会科学的交叉领域，既有人文学科的特征，又不能脱离社会科学的方法。就方法论本身而言，媒介批评理论既涉及批判方法、质化研究，又包括量化研究方法。从方法论的本质看，批判理论方法追求自由和解放，质化的阐释理论方法试图理解社会中的人如何理解媒介，而社会科学量化研究在探求人们的媒介活动中实现预测和控制的功能。不同的方法取向在媒介批评理论中都会有所涉及，但相较而言，批判和阐释研究是媒介批评理论研究的主要方法，特别是批判的研究，更是媒介批评理论研究方法的基础。

一、研究取向

媒介批评学科的研究取向，指的是媒介批评学科理论探究所形成的基本研究导向或范式。"范式"是科学理论研究经常提到的概念，其基本含义是指对理论和研究方法所持的基本取向。一般而言，科学理论的转变首先源于范式的转型，即从某一种系统的理论视角向另一种视角的转变。托马斯·库恩在其影响深远的《科学革命的结构》中，通过对科学思想发展史的考察，提出科学发展历史阶段论的观点，认为每一科学发展阶段都有特殊的内在结构，而体现这种结构的模型即"范式"。范式以具体的科学理论为范例，体现出某一科学发展阶段的基本模式，如亚里士多德的物理学之于古代科学，托勒密天文学之于中世纪科学，伽利略的动力学之于近代科学的初级阶段，爱因斯坦的相对论之于当代科学等。

就大众传播学理论发展而言，由于拉扎斯菲尔德、霍夫兰、拉斯韦尔等人的努力，早期的大众传播理论使得建基于经验主义研究方法之上的实证研究成为大众传播学的主流范式。人们认为，实验和调查等研究方法可以观测媒介使用的效果，并能得出精确的结论，以建构新的理论解释框架。这种经验主义的实证研究方法得到了广泛的认可，并成为大众传播学研究中最为科学的主流方法。但是，由于过于关注微观层面的媒介使用效果，经验研究忽略了更为宏观的问题的解答，如媒介如何影响政治、经济，又如何影响社会变迁，参与社会发展的进程等，微观的经验研究范式显然无法回答此类问题。于是，以社会研究、文化研究以及政治经济学研究为基础的批判理论——大众传播学研究的另一具有重要影响的研究范式得以建立。媒介批评学科立足于批判研究范式，但又不脱离传统的经验研究和阐释研究的取向。具体而言，媒介批评的研究取向主要有批判研究、诠释研究和实证研究。下面分别加以阐释。

(一)批判研究

所谓批判研究，是指建立在特定的价值立场上，并立足于该价值立场来观察、评价和批评现实的理论范式，批判研究提供了其他媒介研究的理论视角。批判研究强调在明确的价值立场指导下的强烈的现实社会批判意识，强调知识的反思性及指导现实行动的意义，坚持认为事物的本质存在于对现实的否定之中。就传播学研究而言，批判研究方法把传播活动视为权利和控制的社会化方式，重点探究媒介活动中的意识形态、权力和社会控制等问题，其基本概念包括意识形态、文化霸权、媒介控制及意识形态的唤起、抵制和解放等。媒介与现实的关系，强调的是权力的自我维系、自由平等的价值以及在充分的前提下协商和讨论的重要性。在具体的研究方法方面，多采用历史—社会的分析方法，其中以马克思的历史唯物主义、辩证唯物主义为基础，其后形成以法兰克福学派、文化研究等为主的媒介研究导向。对于批判研究取向，具体而言，有如下特点(表4.1)。

第一，明确的价值立场。作为批判研究取向，其最基本的特点是具有明确的价值立场，并以此为逻辑起点，进而对社会现实进行观察、分析和评判，并且明确提出以此为社会行动的基本原则。因此，批判研究具有强烈的社会道德感，进而反对实证方法主张的价值中立，要求所有的理论探究都必须要服从特定的价值立场和道德意识。在价值立场上，批判研究方法的主张者认为只有某种观点是正确的，其他观点都是对人们的误导。显然，批判研究具有某种精英主义的立场。

第二，以现实问题为中心。作为人文学科研究方法，批判研究取向能够立足于当下现实社会的主导性问题，形成以现实问题为中心的研究重点。因此，批判研究关注社会发展中的政治、经济、文化等在现实中的具体形态，重点分析隐藏在这些要素背后的社会权力结构，并对其进行价值的批判。对此，批判研究要求具有"社会学的想象力"，即要能够通过这种想象力来找到社会时代发展的问题所在，然后进一步加以具体的分析，并提出切实可行的解决方案。这样，批判研究就超越了抽象地"套用"甚至"例证"理论的不足，避免从形而上的抽象的道德、审美、认知等层面思考问题。

第三，具有公共立场。批评研究取向还具有强烈的"公共领域"的意识与实践分析。"公共领域"是交往的具体的空间，甚至是一种制度性保障的表征。在哈贝马斯看来，所谓公共领域，指的是在市民社会中介于日常生活的私人利益与国家权力领域之间的机构空间和时间，其中个体公民聚集在一起，共同讨论他们所关注的公共事务，从而形成某种接近于公众舆论的一致意见，并组织对抗专断的、压迫性的国家与公共权力形式，从而维护社会公众的总体利益和公共福利。公共领域存在的基本前提是具有普遍的接近性、讨论的公共议题、体制化的空间和法律保障、展开公共辩论的空间以及理性的和非支配性的讨论等。公共舆论几乎成为现代社会的基本特征，因为整个社会只有通过公共领域和公共性意识，才能使人们意识到"你我都是人"，才能意识到社会的公共性意见，其目的是要达成"意见式真理"，这样，社会才会形成反思意识，形成阐释者的认同。显然，以价值导向为核心的研究取向，批判研究的议题和价值的出发点必须紧紧围绕"公共性"立场展开。

第四，强烈的反思性。批判研究导向坚持通过社会批判的途径，理论可以对现实起到积极的解放意义。因此，批判研究取向的反思性角度，则是指导人们从权力的控制中获得自我解放的重要手段。在哈贝马斯看来，批评取向的研究理论具有解放性。因此，从本质上看，权力的理性在于自我反思，而批判理论要探讨的正是此问题。通过反思性批判，社会公众认识到意识形态对社会的控制意义，从而通过自身反思性行为去改造社会。批判研究取向不断分析社会结构、文化霸权、政治经济的发展，并对其进行深层次的反思，从而探究内在的价值取向。在批判研究看来，社会中的各种权力结构不可避免地控制着人们的自由本质，而批判研究的任务，就是通过反思性探究，从而使人们从权力控制中得到解放。这也是批判研究导向基于基本的价值立场，从而直接参与社会现实变革，并对社会现实进行有效参与的主要方式。

表 4.1　批判研究的特点

优　点	不　足
1. 具有明确的价值立场，是行动的导向	1. 价值立场明显，过于主观化
2. 通过理论和研究改变现实世界	2. 缺乏科学观察和证明，理论建立在主观化观察的基础上
3. 提出关于媒介政治、经济、文化控制的重大问题	3. 对理论进行科学化证明时，经常使用具有创造性但有争议的方法

(二)诠释研究

诠释研究取向的核心概念是"意义",即探究事物背后隐含的真实的本义。诠释学研究多见于哲学、艺术、历史、宗教、语言学和文学评论等人文学科。诠释研究强调详细的阅读或检验文本,文本可以是对话、书面文字或图片等,研究者通过对文本的"阅读",从而揭示文本中包含的"意义"。

诠释研究取向认为,在人们的意识之外存在着一个既定的、有待于去认知的、客观的研究对象,人们的认识是对这个既定的、客观的研究对象的呈现、表现或再现。同时,每位文本的"阅读者"都可能把自己的主观经验带进文本之中。当研究文本时,研究者或读者开始是吸收或进入文本中所提出的观点,然后形成对各部分与整体的相关性的深刻理解。换言之,文本的真正的意义很少直接呈现出来,必须通过详尽地研究文本,深入探究它所表现出来的各种信息,并发现各个部分之间的相关性,才能获得文本的意义。显然,诠释研究是研究人类社会行为理想的一套方法程序,试图能够准确地再现文本的真实的本质意义,即赋予其确定意义,因此,在诠释学派看来,错误的理解是一种谬误,只有在不断诠释的过程中,正确、真实的理解才能被发现和接受。

诠释研究取向主张,社会生活是建立在社会互动与社会建构的意义体系之上的,社会现实是由人的有意义的社会行为建构的,由此,社会现实建立在人们对它所下的定义的基础上。例如,人们在定义上建立了"母亲"应该是什么,那么,在现实中人们就会按照关于"母亲"的定义要求作为母亲角色的社会行为。因此,社会现实在很大程度上是人们所感知到的形象,社会生活的存在是因为人们经验到它并且赋予它以意义。由此,诠释研究取向认为,每个人可能是以相同的方式体验社会或自然现实,也可能是以不同的方式体验它。总之,诠释的研究取向把社会现实视为在日常社会互动中建构意义与创造解释的人们所组成的实体。

诠释研究取向有解释学、建构主义、社会行动理论、符号互动理论、认知社会学、现象学社会学、日常生活方法论等不同的研究类型。主要代表人物有狄尔泰(精神科学)、韦伯(理解社会学)、舒茨(现象学社会学)等、伽达默尔(解释学)、德里达(解构主义)等。此外,诠释研究还经常使用参与观察与实地研究,如传播学研究中的民族志研究,通过田野观察,对人们的语言、行动、价值等做出解释。

狄尔泰的名言"自然需要说明,而人需要理解"是诠释学的经典注脚。狄尔泰诠释理论的一个方面是重视"移情"的作用，即将理解看成人的心灵生活的重建；另一个方面是他指出解释者要解读一个历史文本，就应放弃已有的观念或偏见，以便进入作品，了解作者的原意。韦伯是诠释社会学的奠基人，他在狄尔泰"精神科学"的基础上发展了社会研究的诠释学。韦伯强调，社会学的意图在于对社会行动进行诠释性的理解，从而对社会行动的过程及其结果予以因果性的解释。"解释"意味着能够掌握到根据行动者自己的主观意义，他的行动所系属其中的意义关联。"理解"意味着对几种意义的诠释性掌握：在历史探究中，对具体个别行动的真正意向的意义，或在社会学大量观察中，平均或近似于实际行动的真正意向的意义，经常出现的现象的纯粹类型（理念型），亦即以科学方法建构的（理念型的）意义或意义关联。基于这样的方法，韦伯认为，我们可以完成某些在自然科学中永远无法达成的东西，即对参与其中的个人能够理解其行动的主观意义。通过理性的或拟情式再体验的方式，人们可以获得对行动之主观意义的"清楚的确认"。但是，舒茨的研究对韦伯的"清楚的确认"提出了质疑，并为诠释社会学做了更为深入的开掘。舒茨认为韦伯未能明确区分"自己行动的意义"与"他人行动的意义"、"自己的经验"与"他人的经验"、"自我了解"与"了解他人"等概念之间的差异。换言之，由于自己与他人在背景知识、人生经历、性情旨趣、行动情境等诸多方面的差异，在了解他人主观意义的过程中会遇到一些难以逾越的障碍，进而阻止我们对他人的客观性理解。不过，在一定程度上理解他人是可能的。诠释学具有共同特征，如追求诠释的客观性和理解的可靠性，舒茨认为理解自己和理解他人有别，我们只能达成对他人的近似理解。质性研究最初建构自身的合法性，质疑量化方法的科学性，其论据就是诠释学宣称的"客观性理解"。后现代诠释学的代表人物有伽达默尔和德里达等。伽达默尔是哲学诠释学的集大成者，哲学诠释学由此被广泛运用于质性研究范式中。伽达默尔的解释学提出了"视界融合"的概念，认为人们对于意义的创造或建构并非接受者随心所欲的结果，而是一种"视域融合"的产物。"理解"文本的过程实际上是文本的"视域"与理解者的"视域"二者相互融合的过程，文本的意义正是这样一种"视域融合"的结果。就文本而言，文本并非创作者本身的意义表达，其意义脱离于作者但依赖于读者的创造性理解，十个读者会有十种不同的解读，不存在唯一的"客观性理解"（表4.2）。

表 4.2　诠释研究的特点

优　点	不　足
1. 关注个体如何对社会事件形成理解	1. 缺乏宏观层面的阐释
2. 就文本的意义进行探究	2. 过于关注个体经验层面的理解
3. 重点在于受众对现实建构的研究	3. 缺乏科学方法的验证，结论建立在主观观察的基础之上

（三）实证研究

实证研究是基于自然科学方法的社会研究取向，具体指研究者通过收集观察资料，为提出理论假设或检验理论假设而展开的研究方法。实证研究取向具有鲜明的直接经验特征，其方法首先以"存在一个客观世界"的观念为前提，坚信存在一个客观世界，而实证的研究就是不断通过研究，接近这个客观的世界。因此，实证研究以准确把握和认识客观现象，从而向人们提供确定性、精确性和普遍性的知识的研究方法，揭示研究对象本身"是什么"的问题。同时，实证研究取向试图超越或排斥价值判断，重点揭示客观现象的内在构成因素及普遍联系，归纳概括现象的本质及其运行规律。

实证研究的基本原则是立足于科学理念，注重研究结论的客观性和普遍性，从而强调人们的知识必须建立在观察和实验的经验事实上，并通过经验观察的数据和实验研究的手段来揭示一般性规律，并且研究结论具有可证性。由此，实证性研究可以看成是通过对研究对象大量的观察、实验和调查，获取客观材料，从个别到一般，归纳出事物的本质属性和规律的研究方法取向。

实证研究取向有狭义和广义之分。狭义的实证研究是指利用数量分析技术，探究和确定相关变量间相互影响的作用方式及数量关系。狭义的实证研究方法探究复杂环境下事物间的相互联系，并要求研究结论具有一定程度的普遍性。广义的实证研究是指以实践为研究的逻辑起点，认为经验是科学的基础，包括所有以经验为基础的研究方法，如问卷调查法、内容分析法、个案研究法、实地访问法、控制实验法等。广义的实证研究注重对原始资料的获取，但也并不完全探究带有绝对普遍意义的结论。因此，在研究方法上具有具体问题具体分析的特点，对于研究结论，仅作为经验知识的积累（表4.3）。

表 4.3　实证研究的特点

优　点	不　足
1. 获取关于可观察的现实的直接资料	1. 缺乏对宏观理论的抽象和阐释
2. 对观察的事实间的逻辑关系进行探究	2. 过于关注微观层面事件之间的影响关系
3. 重点在于发现普遍性的结论	3. 缺乏价值关怀，建立在超越现实价值的立场之上

二、研究维度

　　大众传播学是一门应用性学科，涉及人文学科、社会科学、自然科学等众多领域，这就决定了大众传播学具有交叉学科的特征和研究方法的跨学科特点。因此，大众传播学理论与社会学、心理学、文化研究、语言学、政治学、行为科学等都有直接的关系，这些学科形成的成熟的研究方法，可直接应用到大众传播学研究中来。同样，作为大众传播学分支学科的媒介批评理论也具备这些基本特征，这些研究方法同样可资应用。

　　第一，社会学方法。社会学方法是应用社会学的原理和方法，以解决社会问题改进社会发展的学科方法。基于社会学研究方法，媒介批评理论可以从社会发展的宏观视野研究媒介对人类社会的影响，具体探究媒介对人的影响及对群体、阶层、国家的影响等；同时，通过对媒介的社会功能的批评，反思媒介对社会的作用和意义，从而总结媒介与社会的发展趋向。总之，媒介批评通过社会学方法，可以探究媒介与人、社会的各种内在关系。

　　第二，心理学方法。大众传播学理论形成之初，就与心理学研究结下不解之缘。拉扎斯菲尔德、霍夫兰等人的大众传播研究理论，就是基于社会心理学视角和方法，从而探究人们媒介使用的特点。就媒介批评理论而言，从社会心理学分析方法出发，探究媒介如何影响人们的认知、态度和行为以及他们之间的互动关系，并在不同的社会环境下，个体如何理解信息并把它们组织成系统知识，人们通过使用媒介，如何建立社会文化的认同等问题，都与社会心理学方法密切相关，这也是媒介批评必须要关注的问题。

　　第三，文化研究。媒介文化作为当代大众文化的主要组成部分，对整个社会文化形成的重要作用和意义不言而喻。在以往的研究中，英国文化研究学派为媒介批评研究提供了重要的理论和方法基础，除法兰克福社会批判理论之外，文化研究是媒介批评的另一主导性方法。文化研究方法借助于文化社会学、文化人类学、美学、经济学等理论，探究和评价媒介在人类社会的文化形成和发展中的地位与作用，考察媒介对人类文化的传播、继承和延续以及媒介对人们社会化的影响等问题。

第四，语言学方法。大众传播学理论与语言学研究密切相关，作为人类重要的传播手段和思维工具，作为人类交际工具，语言是现实事物的符号化表征。符号和事物之间是一种"表征"关系，就此意义看，媒介也是事物的表征形式。由此，借助于语言学分析方法，媒介批评探究语言与媒介的关系，媒介语言符号的"能指"和"所指"及与使用者之间的关系，作为媒介的语言符号对传播信息的结构、过程以及效果等的影响。使用以语言学为基础的媒介符号学研究方法，是媒介批评研究的重要理论维度。

第五，政治学方法。就媒介本身的社会意义而言，它与社会政治的关系最为密切，媒介无时无刻不受到政治的制约和干预，现实的媒介制度必定受制于政治制度的约束。拉斯韦尔等早期大众传播研究者就已关注媒介使用与政治的关系问题，在此基础上提出了著名的"5W"模式。媒介批评理论中的媒介的自由与自律问题，媒介发展与现实政治的互动性关系问题，媒介对政治经济的依赖性等问题，都是从政治学方法出发的媒介批评研究。

三、研究方法

这里所指的媒介批评的研究方法，主要指的是基于媒介批评理论并具有媒介批评学科特点的微观层面的研究手段和途径。媒介批评理论一方面属于大众传播学理论的主要构成，具有大众传播理论的总体特征；另一方面，作为独立的学科则具有自身的学科特点。因此，就微观层面而言，其研究方法也具有独特性。因而，对于作为学科的媒介批评学的研究方法的探究，不能完全脱离大众传播学科已形成的规范的科学方法。在此基础上，结合媒介批评理论自身的特点，建立属于本学科的方法论体系。本节内容所涉及的研究方法，在全面介绍大众传播学的基本研究方法的基础上，结合媒介批评本身的特点，试图有重点地总结媒介批评的研究方法的特点和具体应用。

（一）定量研究

作为以批判和诠释研究取向为主体的媒介批评理论，就其具体学科研究方法而言，也需要进行定量研究，这样不但有助于研究者在进行媒介批评实践时能够获得直接的数据和资料，同时也能发现和总结媒介本身发展的内在逻辑。对于媒介批评实践而言，为了有效精确并有说服力地进行有理有据的媒介批评，定量研究作为前期获取基础实施资料的方法，则显得更有必要，是媒介批评研究必须要掌握的基本研究手段。一般而言，媒介批评涉及的定量研究方法主要有问卷调查、内容分析、实地访问、控制实验等，其主要目的在于为媒介批评提供前期的事实数据资料。

1. 问卷调查

问卷调查是传播学研究最常用的资料搜集的方法，也是媒介批评研究获取资料不可或缺的常用方法。问卷调查立足于客观立场和应用科学方法，在确定的范围内进行实地调查，收集大量资料并进行统计分析，从而揭示和解释媒介现象，为媒介批评提供第一手的研究资料和数据。在具体操作中，问卷调查包括问题设计、抽样、访问、数据整理与分析、结论讨论等环节。其中问题设计和抽样是研究的基础。

问卷调查的目的不仅在于发现事实，还在于将研究的问题经过系统设计和理论探讨，形成理论假设，通过对假设的推论和验证，从而形成具有相对说服力的假说和推论。因此，在特定价值立场的前提下，要使媒介批评理论研究的理论更具有说服力，必须要充分了解现实，并使用严谨的方法，才能使自己的批评更具有力量。否则，罔顾事实的任何批评都缺乏深厚的内涵和现实基础而显得苍白无力。

2. 内容分析

内容分析是指大众传播研究中对媒介文本信息的全面分析，是对媒介文本客观的、系统的量化研究。在媒介批评理论中，内容分析的目的在于通过对文本的观察，为文本批评建立事实基础。内容分析法不仅指对传统的报纸、电视、杂志等媒介进行分析，而且几乎对所有形式的媒介文本的内容都可进行量化分析。

媒介批评中使用内容分析方法的目的，主要在于为批评分析提供事实依据和基础，因此，内容分析务必做到客观和系统，能够准确描述和呈现媒介文本内容的全貌，以便为进一步批评提供有理有据的素材。就具体操作过程而言，内容分析包括提出问题和假设、确定研究范围、选择样本、确定分析单位、建立内容分析类目、建立量化系统以及对分析内容进行编码、分析资料、提出结论和解释，从而立足于特定的立场，对其进行批评性分析。

3. 实地访问

实地访问与问卷调查都同属于实地调查研究方法，是指研究者直接参与到社会事件活动中，通过对社会事件的主体、事件发生过程、事件影响等进行直观的观察、感受和记录，从而获取关于社会现实的直观研究资料，并由此依据媒介批评理论，对社会事件的特征、内在结构、社会影响等做出深入分析。

实地访问包括结构性访问和主题性访问。结构性访问主要以调查问卷的方式展开，具体如前所述；主题性访问是按照事先设计好的访问大纲进行，访问的内容有明确的规定性，但可以根据现场的具体情形随时进行调整。实地访问的优点是能够对研究对象深入观察，并能够不断深入到实践内部，不断发现事先未知的信息资料。就媒介批评而言，通过实地访问法，可直接参与到大众传播媒介活动中去，如进行报纸评论、电视评论、网络评论等，并与媒介产业机构、媒介管理部门进行交流，从而反馈批评结果，起到参与影响现实的作用。

要做好实地访问研究，前期的资料准备非常关键，包括设计详细的访问提纲，拟定访问计划，做好访问社会事件的有关文献资料以及具体的访问工具等。实地访问的具体过程包括访问前的准备、访问实施、控制访问以及核实资料，最后进行资料整理和分析，作为后期媒介批评研究之用。

4. 控制实验

控制实验是为了观察事物之间的因果关系，从而人为设计特定条件的非自然状态的环境，在研究者的控制下进行测量和观察的研究方法。控制实验的真正目的在于通过对其他影响事件变量的因素加以控制或取消，仅保留经选择后的自变量，进而测试对事件因变量的影响，结果回答事件之间互相影响的因果关系。

作为内涵丰富的社会现象，传播活动相关因素的关系表现得非常复杂，因此难以对其做出整体的观察和全面系统的分析。控制实验方法采用简化步骤，选择事件的主要影响因素，并在研究者的控制下进行实验测量，研究发现大众传播的特点。对于媒介批评而言，通过控制实验方法可以明确地了解媒介事件之所以发生变化的主导性因素，可以使媒介批评做到有的放矢，从而减少不确定性和主观臆测。其核心在于探究媒介信息刺激符号与受众反应之间的内在因果关系。由此，媒介批评理论通过价值立场和逻辑分析，提出理论批评的假设，进而借助于实验研究加以推论和证明。控制实验方法对于媒介批评的意义，主要在于进一步证实或证伪媒介批评所提出的理论。

控制实验包括实验环境的选择、实验设计、定义变量、确定操纵自变量的方法、选择测试对象、前测、观测工具和程度的设定以及数据分析与结果报告等主要环节。其中实验设计和定义变量是控制实验具体实施过程的关键步骤。

(二)定性研究

定性研究也称之为质化研究或质性研究，邓津与林肯主编的《质性研究概览》对定性研究(质性研究)做了如下界定："质性研究使用符号学、叙事学、内容分析、话语分析、档案分析、因素分析，甚至统计、图表与数字等手段。研究者同时也借鉴与使用民族方法学、现象学、解释学、女性主义、解构主义、扎根理论、民族志研究、个案访谈、精神分析、文化研究、问卷调查以及参与者观察等的研究视角、方法与技巧。"媒介批评的根本目的，在于发现媒介中所蕴含的不同意义，这些不同意义包含着人和现实社会的关系。现实事物对不同的人具有不同的意义，这也是定性研究的基本立场。因此，概而言之，定性研究是试图从个人自身角度出发，了解现实事物对人所具有的意义的一种系统化研究。

定性研究的内在逻辑建立在基本假设之上。事物对于人们的意义，影响人们对该事物的反应。意义不是静止的，而是处于不断的诠释和变动之中。当客观环境发生变化，或是作为主体的人发生变化时，意义也会发生变化，随着人们不断地诠释，不断对世界做出有意义的反应。正如"符号互动论"理论家赫伯特·布鲁默所认为的，人们对事物的反应以该事物对他们的意义为基础。这种所谓"意义"层面的事物，是指人们在他们的世界中所注意到的一切。布鲁默认为意义来自于个人与他人的互动，或者通过自我反省而来。因此，意义不是客观对象所具有的特征，也不只是人们心里知觉的简单的东西。相反，意义是在人们对其有关联的事物进行诠释的过程中产生与界说的。所以，意义既是个人的，又是共享的，意义产生于个人与他人的互动之中，同时又受到特定的情境的影响。对于媒介批评而言，媒介意义的产生同样如此，因此，如前所述，基于"意义建构"的定性研究对于媒介批评理论的研究方法就非常重要。

定性研究和定量研究在许多方面都各不相同，但它们又可以互补。定性研究通常采取的是批判的和诠释的研究取向，通过人类自身的洞察力去发现所收集到的资料中的规律和模态。定性研究强调通过对自然状态下的社会现实的考察，通过研究者的分析、解释，从而探究特定历史情境下的媒介现象。定性研究的诠释性和批判性研究取向决定了其研究问题通常具有明确的价值主导性，其目的在于揭露和指出社会现实的内在矛盾，从而消除被研究者的错误观念。因此，定性研究具有超越现实的意义。其根本目的在于通过人类的思辨能力，揭示社会现实中的各种谬误，并将其放置于社会历史发展的情境中去考察，从而促进人类社会本身的良性发展。因此，定性研究在改变社会观念、推进社会思想超越方面意义重大。

因对研究对象的关注重点不同，对于定性研究的分类也有很多不同的标准。例如，按照数据获取的方法，分为个案研究、民族志研究、焦点小组研究等；按照数据分析的方法，分为解释学研究、扎根理论研究以及重构研究等；按照对社会现实及知识性质的认识，又分为后结构主义研究、建构主义研究、批判主义研究等。

作为媒介批评理论的主要方法，诠释和批判取向的定性研究具有特别重要的意义，属于媒介批评理论独特的方法。一方面，媒介批评理论借助于"批判"的手段，重点关注的是作为研究对象的"媒介意义"建构对作为媒介的"行动者主体"的人的发展与解放；另一方面，诠释性和批判性的定性研究，运用具体而又综合的"元理论"作为逻辑分析框架，研究者以此分析数据，能够深入理解媒介活动中的社会事件与主体之间的内在关系。因此，对于媒介批评而言，定量研究是资料获取的途径，而定性研究则是分析和解释资料的手段。媒介批评理论涉及的定性方法主要有个案研究、历史比较研究、民族志研究、文化研究等，下面分述之。

1. 个案研究

个案研究是为了理解特定现实事件，在特定的范围和时间内进行的综合性的诠释性研究。在大众传播学研究中，个案研究主要用于对传播者和媒介事件的观察和分析，其目的在于为后期的媒介批评研究准备基本的分析素材。显然个案研究属于定性研究的范围，但因其具有描述性、特殊性和启发性等特点，可以为后续研究确定研究方向和问题，同时也可以作为媒介批评后期研究的重要原始资料。

在媒介批评研究方法中，以具体的媒介案例分析为主的"媒介批评"，主要依据的是"事件—结构"的逻辑思路，即认为通过特殊事件的分析，试图观察和解释媒介事件包含的内在逻辑。媒介批评通过对媒介呈现的特定事件的探究，通过对这些事例的诠释和分析以及对现实媒介事件的连续观察，及时进行"追踪式"的媒介批评。

2. 历史比较研究

历史比较方法是人文社会科学研究广泛使用的方法，19 世纪早期的古典社会科学家杜尔克姆、马克思、韦伯等使用的就是历史比较方法。历史比较法通过对历史文献和历史事件的观察和描述，从不同的角度提出问题、发现新的证据或采用不同的论证方法，试图解释历史事件的内在逻辑以及影响因素，从而对历史事件提出不同的观点和看法。同样，在社会科学研究中，该方法在社会变迁、社会运动、社会与政治、社会分层等研究中被广泛使用，同时在社会角色、宗教、性别、社会认同等方面也经常被使用。在媒介批评研究中，历史比较方法应用得也十分广泛，是非常重要的定性研究方法。例如，可借助历史比较法考察媒介与社会、文化变迁的关系，如媒介社会学、媒介环境学派等就使用历史比较法研究媒介技术、媒介制度等与社会文化变化的内在逻辑关系。

在媒介批评研究中，借助于历史比较研究可以同时整合媒介与社会文化发展变化的微观层面与宏观层面。媒介批评通过对具体微观的媒介事件（如新闻报道方式、新闻事件呈现方式等）的剖析，进而解释和总结社会与文化的内在结构特征以及变化发展的特点。因此，媒介批评应用历史比较研究，往往集中于某些媒介个案，通过对其全方位的分析，进而探究处于特定时期社会文化情境下的媒介特征，由此对媒介发展做出判断，得出结论。

作为综合的人文社会科学研究方法，历史比较研究的重点是对多个历史或现实事件进行对照、互参式的考察与诠释，因此，媒介批评理论不同于个案研究。探索现实事件中的差异及其所蕴含的基本规律和特点，是历史比较的基本要求，也是历史比较研究与个案研究的根本差别。但历史比较也不能脱离个案研究，以个案研究为基本起点是历史比较研究最根本的规范。同时，历史比较所得出的结论是否具有可靠性，是由对个案研究把握的深度来决定的。没有深入的个案分析，必然导致媒介事件的批评严重失范，其过程与结论也会失去现实意义。历史比较研究的具体步骤包括研究对象的概念化、发现文献资料、组织资料、综合分析资料，提出研究及分析结论。

3. 民族志研究

民族志是由 20 世纪初期文化人类学家创立的一种社会科学研究方法。民族志具体是指研究者通过亲身参与的田野调查方法，深入到某些社会群体的文化中去，试图把握其社会文化的深层特征，提供相关意义和行为的整体描述、分析与解释。著名文化人类学家马林诺夫斯基所创造的"参与观察法"是民族志方法体系的核心内容，其著作《西太平洋的航海者》中对此有所表述。

在具体实施中，民族志主要是对相关社会群体的访问内容的观察与记录，发现特定社会群体内部的关系，从而对社会事件做出解释。民族志学家重点记录可观察的人们的日常生活，但是研究的焦点却在对人类思想和行为的深层形态进行理解和解释。民族志方法强调的是，要尽可能详细地了解研究对象在实际生活中的各个方面，在总体把握的基础上，有重点地进行分析与解释。这就要求研究者必须长期融入研究对象的生活之中，并成为其中的一员，直接观察研究对象的行为，同时做出理性的判断、分析与研究。民族志研究者的目的就是通过深入调查和分析，对研究对象做出诠释，"在较长一段时间中，民族志学者参与人们的生活，观察发生了什么，聆听他们说什么，并提出问题。"①

在媒介批评研究方法中，作为诠释研究取向的主要方法，民族志从纯自然的角度来描述、说明和解释媒介事件和媒介现实，立足于社会及文化语境来理解人类的传播活动。对于媒介批评方法而言，民族志不仅是媒介批评研究搜集原始资料的基本途径，它也是观察和理解媒介活动的角度。特别是在对受众批评研究方面，民族志的应用十分广泛。有媒介研究学者把受众民族志当成一个重要的研究发展阶段。例如，英国传播学者莫利的《全国观众》《家庭电视》等，就是使用民族志方法研究受众，通过对选取的家庭样本的参与式观察与访谈，研究者分析了"客厅政治"对家庭收视的影响以及由此造成的不同家庭成员的收视体验，成为大众传播媒介研究领域中采用民族志方法的经典案例。

文化人类学家科塔克把民族志研究方法归纳为观察与参与观察、共同讨论与访谈、系谱法、重要文化传播人、主位观点与客位观点、问题取向的民族志研究、长期观察、团队研究、调查研究等具体实施方法和研究途径。

4. 文化研究

文化研究以文化作为切入点，探究媒介的特征、意义与作用等问题，是20 世纪 30 年代至五六十年代盛行于英国的学术思潮和知识传统。英国文化研究的代表人物霍尔在其《文化研究：两种范式》中指出，文化研究的方法之争主要是围绕"文化主义"和"结构主义"两种范式，即人文主义方法论与实证主义方法论展开的。显见的是，作为方法论的文化研究范式主要是与实证方法相异的研究方法。文化主义范式由英国文化研究的创始人威廉斯开创，霍尔和费斯克将其发展成为有影响的研究学派。

在理论和方法上，文化研究以社会学、人类学为基础，借助芝加哥学派的民族志方法论来研究日常生活经验，将文化视为产生于人的经验的整体生活方式，强调文化的来源是人的经验和实践活动，注重详细分析文化现象本身之间的相互影响。文化研究的研究对象涉及十分广泛，包括文化研究自身的历史、性别问题、民族性与民族认同问题、殖民主义与后殖民主义、种族问题、大众文化问题、身份政治学、美学政治学、文化机构、文化政策、学科政治学、话语与文本性、重读历史、后现代时期的全球文化等。特别是以

---

① 　Chris Barker, *Culture Studies*：*Theory and Practice*，London：Sage Publication，2000，p. 88.

技术为基础的文化工业，包括大众传媒为主的传媒研究，成为文化研究中的重要领域。媒介批评也正是在文化研究的发展中，成为大众传播理论的重要研究领域。由此，基于文化研究的媒介批评理论包括文化意识形态研究、后现代主义、文化认同、文化全球化以及基于空间、地域和流动的文化研究等方面。

总之，作为媒介批评研究的基本方法，定性研究和定量研究相互之间有差异，但也可互为补充（如表 4.4 所示）。在媒介批评理论研究中，可根据研究对象的不同内容和特征，选择应用最为适合的研究方法，从而全面提升媒介批评理论的抽象概括和逻辑解释的有效性。

表 4.4　定量研究与定性研究的比较

定量研究	定性研究
1. 检验研究者提出的假设	1. 研究者基于对资料的掌握探究解释意义
2. 概念以不同的变量形式出现	2. 概念以主题、宗旨、概括和类型的形式出现
3. 资料收集之前制定标准化的测量体系	3. 测量以特殊化方式进行
4. 资料以精确的数量形式呈现	4. 资料由文献等构成
5. 在很大程度上，理论是因果性和演绎性的	5. 理论以归纳为主
6. 研究程序是标准化的、可重复的	6. 研究程序是特殊的，很少能重复
7. 通过统计数据和图表以及探讨它们与研究假设的关系来进行分析	7. 分析过程通过从例证中抽取主题或概要和组织资料来展现内在的系统性

思考与练习

一、名词解释

1. 问卷调查

2. 内容分析

3. 实地访问

4. 控制实验

5. 个案研究

6. 民族志研究

二、简述题

1. 简述媒介批评理论的基本问题。

2. 简述媒介批评的研究取向。

3. 简述媒介批评的定性研究方法。

4. 简述历史比较研究的内涵。

第二编　基础理论

媒介批评的基础理论，重点通过介绍宏观的媒介、文化与社会批判理论，并结合现实媒介活动实践，总结媒介批评的基础理论范畴，从而为媒介批评研究和批评实践提供理论和方法。本编具体内容主要包括：大众传播媒介与社会、文化的关系，媒介与社会话语建构。媒介批评的宏观理论，重点介绍批判理论的起源，社会批判理论，意识形态批判，大众文化研究，传播政治经济学，精神分析批评理论，结构主义、符号学与叙事学，后现代主义理论等。此外，本编还基于大众传播媒介活动的现实，重点对媒介生产、媒介文本、媒介受众等批评理论的内涵和方法加以介绍。通过本编内容的学习，重点掌握媒介批评的基础理论，掌握媒介批评理论研究和学习的核心范畴，能够深入理解不同层面的媒介批评理论的基本内涵，且能熟练运用媒介批评理论展开现实的媒介批评研究和批判实践。

第五章　媒介、文化与社会

本章内容要点

• 媒介、文化与社会的关系问题是媒介批评理论的基本理论。对三者的关系认识不同，形成了技术主义视角和社会文化立场两种不同的媒介观。与实证主义的研究方法不同，媒介批评立足于"传播即文化"的观点，展开媒介、文化与社会的关系研究。作为媒介批评理论的重要内容和方法，媒介的文化与社会批判拓展了媒介批评的理论领域和方法。

• 媒介批评理论对于媒介与文化关系的认识，其核心在于探究和揭示人、媒介与文化的内在意义的建构关系，即作为文化符号的媒介，通过符号表征建构了人的文化意义存在，依托于媒介符号，人们赋予自身的生活以文化意义。媒介批评的重点是基于媒介文化概念，探究媒介与文化之间的关系，不同的研究者提出了不同的理论，媒介文化具有意识形态性、社会影响、功能性、商业性等特征。

• 媒介批评理论对于媒介与社会关系的认识，其核心在于，一方面媒介本身具有社会系统的基本特点；另一方面媒介与社会系统中的其他政治、经济、文化等要素有密切的关系。媒介批评探究媒介的基本社会功能，传递信息是媒介的基本功能，此外还有监测环境、协调社会、传承社会遗产、调节身心等。在此基础上，以社会学的理论视角和方法建立媒介社会研究的基本框架。

- 媒介批评理论基于文化建构理论，重点探究媒介话语和符号体系的生产本质，探究作为社会化意义层面的话语生产的基本特征。

作为媒介批评理论的重要内容，文化、社会研究为媒介批评开拓了广泛的视角，媒介与社会文化的关系研究构成了媒介批评理论的基本范畴和理论视域。传播媒介建构社会话语、塑造社会生活、影响受众，并形成社会共享的文化符号形态、文化观念和文化价值等。大众传播媒介不仅是社会文化的载体，也是社会文化的生产者和建构者。因此，文化与社会批评是媒介批评的基本理论背景。

伽达默尔对媒介与社会文化的关系做了形象的说明，他认为，"媒介将我们彼此联系起来，但是也像水将鱼连接起来并且携带它们一同前行那样，媒介也携带着我们一同前行。因此，媒介立即就变成了包围着并且携带着汹涌而来的信息的东西，而我们都在其中畅游，好像这些信息就是水一样。"① 特别是随着以互联网、手机等新媒体为主体的"媒介化社会"的到来，人们对媒介的使用和依赖更为显著，"对大众媒介依赖越多，我们的文化构建中媒介的支配性越大"。② 媒介又成为社会文化的支配者和控制者。因此，立足于社会与文化批判视角，对媒介进行全面考察、检视和批判，系统建立媒介批评的理论和方法，成为媒介批评理论研究的重点。

第一节 作为社会文化活动的传播

英国文化研究学者威廉斯指出，大众传播在人类文化中处于非常重要的地位。从技术上看，媒介不断延伸，人们的言论自由空间则不断扩展，从而使得传统的媒体垄断和媒体制度更趋民主化，因此，媒介技术的不断进步是

---

① ［德］伽达默尔：《文化与传播》，载《世界哲学》，2003(4)。

② 李岩：《媒介批评——立场、范畴、命题、方式》，125页，杭州，浙江大学出版社，2005。

建立民主社会的基本前提和条件。同时，大众传播媒介通过特定的文化符号，使得传者与受者之间的信息得以传递、延伸和丰富，从而使人们的认识和观念不断提升。因此，文化研究认为，媒介的意义不仅在于它是一个信息传递的技术平台，同时"媒介是独立自主的个体与其他个体建立交流联系的中介，也是一个建立意义的平台。通过媒介，孤立的个体有了社会、地域、历史。"①由此，媒介体现为社会的、历史的、文化的存在。在不同的历史发展时期，媒介的技术载体表现为不同的形式，如从语言媒介、文字媒介，发展到现代印刷媒介、电子媒介和网络媒介等。因此，对于人类媒介演变发展过程，研究者将其分为"第一媒介时代"和"第二媒介时代"。前者指的是报纸、广播、电视等传统媒体，后者则指的是以互联网为代表的新媒体时代。新媒体的发展不仅催生了各类数字化媒体形态，更为重要的是还形成了全球化的信息社会。正是在此意义上，媒介批评立足于社会文化视角，探究媒介形态与社会、文化间的内在关系。

一、两种媒介观：技术主义视角和社会文化立场

当代大众传播理论研究形成了两种有差异的媒介观，即技术主义的和社会文化的媒介观。技术主义视角的媒介观认为媒介是信息传递的工具，而社会文化立场的媒介观则认为"传播即文化"，媒介是人们社会文化的有效组成部分。媒介批评的任务，主要在于立足于"传播即文化"的观点，从而探究媒介的社会文化意义。

为了阐明"传播即文化"的观点，首先需要对媒介的概念加以梳理。大众传播学之父施拉姆认为，"媒介是传播过程中，用以扩大和传递信息的工具。"②在他看来，所谓媒介就是大众传播流程中的渠道和工具，它起着承载、传递信息的作用。一般而言，媒介，或称"传播媒介""媒体"，从信息学的角度而言，对于媒介概念，有广义和狭义两种理解。从广义的角度分析，任何可以让人与人、人与事物、事物与事物之间产生联系或者发生关系的物质，都可以称为媒介。例如，人们交流的语言、手势、衣着服饰、往来的信件，人们穿行马路时不同颜色的信号灯以及蜜蜂在不同情况下的舞蹈，都是人与人之间、人与事物之间、事物与事物之间交流的媒介，也就是广义上的媒介。从狭义的角度来理解，媒介是人与人以及人与物产生联系或者发生关系

---

① 鲁曙明、洪浚浩：《传播学》，123 页，北京，中国人民大学出版社，2007。

② ［美］威尔伯·施拉姆、威廉·波特：《传播学概论》，陈亮、周立方、李启译，144 页，北京，新华出版社，1984。

的物质，是指传者与受者之间用以传递、延伸、负载、扩大特定符号的物质实体，是信息依附的载体。概括起来看，媒介是指介于信息传播活动中信息发出者与接收者之间的"中介物"，是人与人之间、人与事物之间交流、联系的物质，是承载信息符号的物质载体。显然，不论是从广义的角度，还是从狭义的角度，对"媒介"定义的理解都离不开对它的信息的"物质载体"这类属于技术意义上的属性的界定。

沿着技术主义的视角，媒介便理所当然地指的是具有信息传递功能的物质形态，即大众媒介。由此延伸开去，它还指从事信息采集、加工制作和传播的社会组织，即传媒机构。有研究者认为，"传播媒介有两种含义：第一，它是指传递信息的手段、方式或载体，如语言、文字、报纸、书刊、广播、电视、电话、电报等。第二，它是从事信息采集、加工、制作和传播的社会组织即传媒机构，如报社、出版社、电台、电视台等。在传播学中，传播媒介包括以上两种含义。细分起来，如果是指传播活动的手段、方式或载体，那么一般就用'媒介'这个词；如果是提传播活动的组织、机构或人员，那么一般就用'媒体'这个词。"[①]这里基于汉语语义的差异，将同为 Media 的"媒介"与"媒体"做了区分。显然，这一观点代表着对于"媒介"概念的普遍认识。

对媒介发展历史的研究，基于技术主义立场，将其归纳为媒介的技术形态的演变（见表 5.1）。随着技术本身的发展变化，媒介形态的变化归纳为早期的"新闻媒介"到"大众媒介"，再到"信息媒介"的变化路径。所谓"新闻媒介"是指传统新闻传播领域，以提供新闻信息为主要内容的媒介形态，具体包括传统的新闻性报纸、新闻性杂志、广播、电视等载体。"大众媒介"是指在大众传播时代，以提供更为丰富的信息为内容的各种媒介形态，主要包括报纸、杂志、广播、电视、电影、书籍等载体。"信息媒介"是指在信息化社会中，媒介内容不仅关注新闻、评论、文化、娱乐等传统内容，还关注网络和数字通信等领域，不仅包括传统意义上的媒介形态，还包括数字化的报纸、杂志、广播、电视、电影、书籍、网络、手机等各类媒介形态。从媒介的具体物质存在形态看，媒介的发展过程经历了手势媒介、语言媒介、文字媒介、印刷媒介、电子媒介和数字化新兴媒介等发展阶段。

---

① 李彬：《大众传播学》，170 页，北京，中央广播电视大学出版社，2000。

表 5.1　媒介概念的内涵

新闻媒介	大众媒介	信息媒介
报纸、杂志、广播、电视等	报纸、杂志、广播、电视、电影、书籍（大众化）等	报纸、杂志、广播、电视、电影、书籍、网络、手机等

　　传播学者麦克卢汉基于媒介技术批评的立场，提出了"媒介即信息"、"媒介是人的延伸""冷媒介和热媒介"等有关媒介特征的理论认识。他的研究是基于媒介技术主义视角，对媒介与人的关系特征进行概括。麦克卢汉认为，媒介不仅仅是传递信息的工具，还能告诉人们世界是什么样子，这里他重点强调的是媒介技术对人认识世界能力的提升。麦克卢汉认为，人们在掌握文字前主要使用的是面对面交流的手段，也就是同时使用听觉和视觉，有了印刷文字后，人们便主要依赖报刊和书籍（视觉）。等有了电视，人们又发展为视觉与听觉并用。由此，他认为这样既延长了人们的感官，也恢复了感官的平衡。因此，麦克卢汉进一步扩展"媒介即信息"的观点，认为"媒介是人的延伸"。当然，麦克卢汉媒介理论分析的重点，在于立足媒介技术对人类社会的进步意义的视角，从宏观层面对媒介与人的影响关系进行描述和解释。这种无法在现实中进行具体实证性研究的想象性比喻，可以启发人们对媒介认识的思路，但是的确很难对媒介与人的关系做出客观准确的把握。

　　媒介不仅是人们传递信息、建立传播关系的物质载体，同时，它还是建构意义的平台。通过媒介，人们建立了"共享的意义"，进而使得独立的个体具有了社会、历史和文化上的存在意义。与作为主流的传播实证研究学派不同，关于媒介与社会文化的研究则立足于文化研究与社会批判的理论立场，从而考察媒介的性质、特征、意义与作用。

　　美国文化传播学者詹姆斯·凯瑞指出，美国传播研究中的主流观念是"传递的视角"，即传播是以社会控制为目的而进行的跨空间的信息流动，这种传递观的背后隐含着对媒介的技术主义的界定。与此相反的是，凯瑞提出"传播即文化"的视角，这种观点强调大众传播媒介在现代社会中所起到的"仪式性"的作用。他从文化与社会发展的整合关系入手，考察了媒介研究中文化研究取向的基本思路和见解，同时也对技术和传播的互动关系做了分析。这种"传播即文化"的思想对理解任何媒介与社会文化关系的理论都具有重要意义。

　　媒介批评所坚持的媒介观也是凯瑞在社会文化立场上探究的媒介观。在媒介批评理论中，所谓媒介的内涵，不仅是指信息意义传播的物质和技术载体，更是指人们社会文化生活的重要组成部分。媒介不仅传递信息，同时还生产和建构人们的社会生活的意义，在此意义上看，媒介则具有社会历史和文化的内涵。故而，媒介批评的任务也就在于分析、揭示和阐释与媒介有关的人类社会文化活动的内涵和意义。

二、作为文化的媒介

所谓"文化"就是"人化"，有了人类社会也就有了文化，它指的是人在世界中的一切活动及其所有的创造物。文化有广义和狭义之分。广义的文化是指人类在社会活动中创造的物质和精神产品的总和。一般而言，广义的文化包括物质文化、精神文化、行为文化和制度文化。狭义的文化则专指人类的精神文化及其精神生产的成果。正如梁漱溟所言，"俗尝以文字、文学、思想、教育、出版等为文化，乃狭义的。我今说文化就是吾人生活所依靠之一切，意在指示人们，文化是极其实在的东西。文化之本义，应在经济、政治、乃至一切无所不包。"①他对文化的界定，明确地涵盖了广义的和狭义的文化定义。

中国古代典籍中早有"文化"一词。"文"既指文字、文章、文采，又指礼乐制度、法律条文等。"化"是"教化"和"教行"的意思。"文化"是指以礼乐制度教化百姓。刘向的《说苑》说"凡武之兴，谓不服也，文化不改，然后加诛"。这里的"文化"一词与"武功"相对，含有文化教化之意。南齐王融在《曲水诗序》中说："设神理以景俗，敷文化以柔远"，其"文化"一词也为文治教化之意。西方理论中的"文化"一词源于拉丁文 culture，本义是指农耕和植物培育。15 世纪以后，文化的词义逐渐扩展，后来把对人的品德、能力的培养称为文化。英国文化人类学家泰勒从人类学的角度将文化加以定义，认为"文化或文明是一个复杂的整体，它包括知识、信仰、艺术、伦理道德、法律、风俗和作为一个社会成员的人通过学习而获得的任何其他能力和习惯。"②

媒介与文化之间的关系错综复杂，在人类的传播活动中，媒介与文化密不可分。媒介的传播活动总是体现一定的社会文化，而社会文化的传播也很大程度上依赖媒介。媒介体现文化，文化依附媒介。文化不能脱离媒介而独立存在，同样，任何媒介都在一定程度上体现某种文化信息。文化在传承的

---

① 梁漱溟：《中国文化要义》，1 页，上海，上海人民出版社，2005。
② ［美］克莱德·克鲁克洪：《文化与个人》，高佳等译，3 页，杭州，浙江人民出版社，1986。

过程中要依附于特定的文化符号系统，而媒介不仅是符号系统的载体，同时还是符号系统的组成部分。由此可见，文化是媒介的内容，媒介是文化的形式，两者不可分离。媒介批评则试图探究媒介与文化的内在关系。文化研究则从理论和方法方面为媒介与文化研究提供了基础（见表5.2）。

表 5.2　文化研究理论

优　点	不　足
1. 关注个人对社会的理解	1. 几乎不具备宏观理论层面的阐释力
2. 关注媒介的社会角色	2. 过于狭隘地关注受众的个人效果而不是社会效果
3. 关注受众对媒介内容的接受能力	3. 通常缺乏科学证明，建立在主观观察的基础上

　　文化研究学派的媒介与文化研究理论对"文化"概念有不同的认识。英国文化研究学派的创始人威廉斯将文化界定为"生活的全部方式"，他认为，文化是"感知的结构"，在这种文化人类学的文化概念中，文化不再是传统意义上与"艺术""文明"或"启蒙"相关的概念，而是一个群体共同享有的结构化的生活方式。英国媒介文化研究学者约翰·费斯克说："文化是感觉、意义与意识的社会化生产和再生产。将生产领域（经济）与社会领域（政治）联系起来的意义领域。"就其本身而言，"文化一词属于多重话语，它能在若干不同的话语中游走。这意味着你不能将某个固定定义引入任何文本和所有文本，并指望都能讲得通。你不得不做的，就是识别话语性的文本本身。"[①]媒介与文化研究对于文化内涵的理解，主要集中在文化的符号性和实践性两个方面。"符号性"是指文化是人类创造的所有的意义系统，如语言、文字、图像、观念、价值等，文化成为人类社会群体共享的意义，媒介则是意义的符号化表征。"实践性"指的是文化是人们生活的全部总和，包括人们日常的生活和行为，人们借助于媒介符号系统赋予自己的生活和行为以意义，这就构成了文化。媒介批评理论是以这两个不同的视角理解文化和媒介文化等概念的内涵。

---

　　① ［英］约翰·费斯克等：《关键概念：传播与文化研究辞典》，李彬译，62～63页，北京，新华出版社，2004。

三、媒介与社会的关系

媒介与社会的关系问题始终是大众传播理论探讨的主要问题和重要领域。特别是随着社会发展，媒介形态日趋多元化，媒介与人们的社会生活息息相关，媒介与社会的关系也变得越加复杂。因此，立足于社会学研究的理论和方法，把大众传播媒介置于社会系统之中，一方面探究大众传播媒介作为社会组织形式的基本特征；另一方面探究大众传播媒介与社会系统的内在关系，成为媒介批评学的基础理论。

大众传播学研究很早就关注媒介与社会的问题，以"芝加哥学派"的大众传播研究为代表，从社会学角度对媒介的研究可追溯到 20 世纪初期。第一次世界大战后，大众传播理论的奠基人，拉斯韦尔、勒温、拉扎斯菲尔德、霍夫兰等学者即从政治学、社会心理学和社会学角度探究大众传播问题，并由此奠定了传播学的理论基础。当代传播学者丹尼斯·麦奎尔对媒介与社会问题进行了深入探讨，对媒介社会理论进行了全面的总结。此外，英美传播学者詹姆斯·库兰和米切尔·古尔维奇主编的《大众媒介与社会》立足于阶级、性别、种族媒介与社会研究的基点，关注媒介研究和文化研究之间的联系、新传播技术引发的社会变化以及互联网对传统报业的影响等。其他西方学者关于媒介与社会的研究成果也很多。随着大众传播理论的不断发展，关于媒介与社会的关系问题成为大众传播理论关注的重要议题。媒介批评理论在确立分析视角的基础上，对媒介与社会的关系做出了全面的描述和解释。

随着媒介的不断普及，人们的日常生活与媒介的联系日益密切。媒介成为人们生活的重要构成要素，而人们的社会生活也要依赖于大众传播媒介才能实现，媒介成为当代社会人们日常生活的主导性因素。基于这样的社会背景，研究者提出了"媒介化社会"的概念，用来分析、解释当代社会媒介与人们社会生活之间的内在关系。"媒介化社会"理论的核心观点强调的是，随着媒介的发展和普及，在媒介化社会的形成和发展过程中，媒介不仅具有了社会组织的基本特征，本身也更加社会化。同时，作为独立的社会构成因素，媒介与社会的其他要素的联系更为紧密。由于受到社会系统中的其他相关因素的影响，作为具有"言论自由"的保障等社会功能的大众媒介，在当代社会也面临严重的挑战。因此，在媒介化社会中，媒介批评理论必须深入剖析媒介与社会的现实关系问题，并对这些问题做出解释和回答。

对于文化与社会的关系，结构功能主义社会学家帕森斯认为，社会系统是个体的互动系统，而文化系统则提供了共享的有意义的符号，从而使得社会行动者能够相互沟通。文化系统定义了一个社会角色及其期望的模式化或制度化体系，文化借助于这些价值或规范来引导社会中个体的行动。因此，社会规范或社会秩序是通过个体对社会生活中的正式或非正式的文化价值的接受而形成的。社会学家赫伯特·甘斯则认为，文化除了社会规范价值之外，还与人们的审美趣味密切联系，对价值和趣味文化内容做出相似选择的使用者可以描述为个体趣味文化的公众，或趣味公众，这些公众不是组织起来的，而是非组织化地聚集起来的。那么，显然媒介是不需要通过有目的的组织而能够将公众聚集起来的途径。在这里，媒介、文化与社会的关系联系密切。

现实的媒介批评是在社会化的大众传播过程中实现的，体现了大众传播媒介与社会化系统之间的影响关系以及媒介内部的组织关系，同时也体现了媒介与社会之间错综复杂的关系。因此，媒介批评理论应在"媒介与社会"的宏观框架内探讨媒介与社会系统间的联系，而不应仅仅局限于用传统的社会原理和方法来讨论媒介与社会的关系问题。

第二节　媒介与文化

媒介和文化间的关系研究是媒介批评的基本目的，通过探究媒介与文化的关系，保证大众传播活动的良性发展，建构良性的社会文化价值。媒介与文化之间的关系错综复杂，媒介体现文化，任何媒介都在一定程度上体现某种文化信息；文化依托于媒介，文化不能脱离媒介而独立存在。总的来看，媒介活动总是体现特定的社会文化形态和内涵，而社会文化的传播也在很大程度上依赖于大众传播媒介。如前所述，美国传播学者詹姆斯·凯瑞就直接提出"传播即文化"的观点。由此，对媒介与文化的关系探究成为媒介批评理论的基础。

一、传播即文化

媒介批评理论在媒介与文化的关系认识中，詹姆斯·凯瑞"传播即文化"的观点最为典型。该观点也是媒介批评所坚持的对媒介的基本定位。显然，离开文化价值和立场，任何批判对人而言都没有现实意义。

针对美国主流传播研究坚持传播是"信息传递"这样的观点，凯瑞明确提出传播的"仪式观"。凯瑞认为，人类传播活动并非是"传递观"所认为的单纯是信息在空间的传播和对受传者的控制与影响，而是维系社会在时间上的延续、创造、表达，并更新和改变某个社会群体共同的意义系统和价值信仰

（见表 5.3）。

表 5.3 传递观与仪式观的比较

	传递观	仪式观
基本特征	信息传递	仪式化
参与者角色	传者与受者	参加者
传播的意义	发出和接收	创造与再创造（意义建构）
传播实现的标准	受众完全正确地接收到传者的信息	共同的背景（经验、知识、社群等）
基本作用	跨越空间的传播	跨越时间的社群

文化传播学派认为，传播是符号意义建构的过程，在这个过程中，现实得以生产、维系、修正和转变。第一，文化传播学派坚持"现实的符号生产"的观点。符号学和意义理论认为，传播活动中存在着"真实现实"和"符号现实"的区分。一方面，存在着一个我们可观察的客体、时间与过程的真实世界；另一方面，存在着一种命名真实世界中的这些事件，并或多或少能描述这些事件的语言或符号。我们通常认为，现实是第一位的，语言是第二位的，但是，正是通过媒介传播，通过符号形态的建构、理解与利用才创造了现实，并使现实成为一种存在。第二，作为传播媒介的符号形态具有替代性和生产性等文化特征。媒介批评就是为了考察各种有意义的媒介符号形态如何被创造、理解和使用这一实实在在的社会过程。因此，通过对符号意义的文化内涵的研究，通过对发生在历史中的、可以观察的行为的传播活动的分析，可以发现人们对各种符号系统的文化建构，解释人们如何创造、表达、传播文化、现实的知识以及对现实的态度。这些就包括艺术、科学、新闻、宗教，乃至神话。可见，通过这一概念的界定，文化传播观把对传播的"意义"的深层内涵的分析和探索当作基本的理论基点。这一点是对以"传递观"为主导的大众传播研究的拨正。

凯瑞的研究是在广阔的人类社会活动的背景下探究传播媒介的本质，他始终坚持任何传播活动都与人类的日常活动息息相关，紧密相连。在他看来，传播就是我们的生活方式。传播媒介不仅仅是某种意愿与目的的工具，而且是一种明确的生活方式，是我们的思想、行动和社会关系中的矛盾的真实缩影。凯瑞通过对文化研究的深刻理解和分析，指出了人们对传播技术的过分肯定和依赖的立场，批判了将技术和文化严重对立的立场，分析了技术中隐含的某种政治意识形态的意义，由此，深刻揭示了技术、文化、社会的统一性。他认为，技术也是文化的产物，它所展现的实质就是一种文化性的创造与表达行为。正是在这种独特的文化观和技术观的导引下，凯瑞超越了单纯技术的窠臼，把对媒介的研究深深地植入到人类社会文化与历史的发展的沃土之中，从而探究隐含在人类传播媒介现象深处的社会文化问题。

媒介批评理论坚持把传播的"仪式观"当作媒介研究的重点，总体而言，传播的"仪式观"重视传播活动的社会性、符号表征性、仪式性等特征，并基于这些特征对媒介以及传播活动进行分析，成为媒介批评的重要研究领域和研究重点。

二、媒介文化

以"传播即文化"的传播仪式观为理论起点，媒介批评理论重点关注媒介文化研究。所谓媒介文化，主要指在大众媒介的影响下而产生的文化形态及通过大众传播活动显现出来的社会文化现象。媒介文化的形成与大众媒介的发展和普及及大众社会的出现密切相关。具体而言，媒介文化是指以报纸、杂志、广播、电视、网络、手机等大众传播媒介为载体，借助于语言、文字、图像、声音等多元的符号形态传播而形成的特定的文化形态，有报刊文化、影视文化、网络文化、数字媒体文化等不同的类型。自 20 世纪 60 年代以来，西方学者开始关注大众媒介的影响力及蕴含的文化内涵的问题，由此，媒介文化研究不仅成为当代大众传播学研究的重要领域，也成为其他人文和社会科学关注的重点。借助社会、文化研究视角，媒介文化研究也成为媒介批评对媒介与文化关系探究的具体方式。

从法兰克福学派到英国文化研究理论，特别是以英国文化研究学者雷蒙·威廉斯(图 5-1)、霍尔为代表，还有费斯克和莫多克等学者，都把媒介当作当代社会文化的重要组成部分，开创了媒介文化研究的先河。雷蒙·威廉斯的《文化与社会，1780－1950》《漫长的革命》(1961)、《电视：科技与文化形式》(1974)、《关键词》(1976)等著作都是媒介与文化研究的经典。他们使用西方马克思主义、结构主义、符号学、现象学等现代哲学社会科学的理论和方法，对大众媒介及其所传达的内容以及媒介在现代社会中的作用和意义进行分析、解读、阐释与批判，认为大众媒介不仅为人们提供信息与娱乐，还为人们建构几乎所有的常识，大众媒介如同一只"看不见的手"，时刻影响和控制着人们在精神与物质意义方面的生活。更为重要的是，大众媒介已经成为社会权力结构的重要组成部分。

随着文化研究的盛行，有关"媒介文化"的研究也为学者们所广泛关注，成为媒介批评研究中的重要领域。所谓媒介文化，指的是媒介产品所表征的意义及受众的解读，它包含着从文化产品的生产、文本的呈现到文本的接收、实践应用的过程。媒介文化的本质，是基于文化视域中的大众媒介传播封闭而又开放的循环往复的过程。媒介文化产品的生产与社会政治、经济结构和文化环境密切相关，就其文本而言，媒介文化涉及新闻、广告、影视娱乐等媒介符号产品，就其接收而言，媒介文化涉及受众以及社会、文化的背景和语境等。

图 5-1　雷蒙·威廉斯

美国学者道格拉斯·凯尔纳立足于当代媒介发展的现状，对"媒介文化"做了全面的分析。首先，凯尔纳把媒介文化纳入文化研究的框架内，将媒介文化看成是文化研究的重要构成部分，明确了媒介文化与文化研究的基本关系。其次，将媒介放置在当代社会与历史变迁的语境中进行探究，凯尔纳所说的要将媒介文化"置于当代社会与历史变迁的语境中进行特定研究"，重点关注"媒介文化是怎样同政治和社会斗争叠合在一起，怎样参与塑造日常生活，怎样影响人们的思维和行为方式，影响人们怎样看待自己和他人以及如何形成自身的认同性"等问题，[1] 即重点考察作为文化形态的媒介与人们的日常生活之间的内在关系。凯尔纳将媒介文化的含义概括为三个方面：其一，媒介文化（产品）生产；其二，媒介文本；其三，文化文本的接收和运用。媒介文化产品的生产必然将媒介物质技术形态及体制因素包含在其中，而且也正是后者规定和制约着前者。媒介批评理论在对媒介文化进行研究的同时，也绝对不能忽视"媒介文本"，因为媒介文本是媒介文化最直观的体现形态。凯尔纳认为，媒介文化是图像文化、工业文化、商业文化和高科技文化的结合。

在媒介文化的领域中，不同的社会群体和主流意识形态都在争夺着话语控制权，同时，个人也通过媒介文化的图像、话语、神话和奇观等参与到这

---

① ［美］道格拉斯·凯尔纳：《媒体文化：介于现代与后现代之间的文化研究认同性与政治》，丁宁译，7页、11页，北京，商务印书馆，2004。

种控制权的争夺中。显然，媒介文化建构了我们的日常生活和意识形态，塑造了我们关于自己和他者的身份认同。媒介文化制约着我们的价值观、情感和对世界的理解，它不断地利用新技术，诉求于市场原则和普遍的非个人化的受众。每个社会个体都被媒介文化裹挟其中，都会受到媒介文化的影响，媒介文化成为当代社会人们日常生活的仪式和景观。而这些深层次的影响和联系，正是媒介批评理论需要深入探究的地方。

总之，媒介文化的概念既包含文化工业的产品所具有的性质和形式（即文化），也表明它们的生产和传播的模式（即媒介技术和产业）。媒介文化关注文化生产、传播和消费的构成，便于消除文化、媒介和传播等研究领域间的人为隔离。因此，媒介批评理论对媒介文化的探究使得人们注意到在媒介文化体制中文化与传播媒介之间的相互关联，从而突破"文化"与"传播"的界限。媒介文化研究学者提出了研究的范式与观点，在"媒介产品生产""媒介文本""媒介话语"以及"受众接收"等不同的环节对媒介文化研究进行了深入的探索，为媒介批评理论提供了丰富的可资利用的理论资源。

媒介文化还与大众文化、通俗文化、流行文化等概念有关。这些概念实际上都属于大众文化范畴，主要描述了当代消费社会与媒介化社会中流行文化的风貌，表现出当代文化的通俗化、群体化、量产化与媒介化等突出特征。

三、媒介文化的基本特征

媒介文化具有广泛推行社会价值规范与建构社会价值意识的社会功能，是现代社会总体文化系统中由大众媒介所建构的亚文化系统。从其目前的发展趋势看，也正从边缘文化形态进入当代社会的主流文化体系。媒介文化作为当代社会的一种文化形式，随着科技的进步和社会的发展呈现出独特的个性特征。

（一）媒介文化的意识形态性

媒介文化的意识形态性是指由媒介文化与社会意识形态不可分割的关系而形成的两者之间互相控制、依赖的特征。意识形态包括文化属性和政治属性，马克思认为，文化属性是指意识形态是一种对社会存在的系统解释，在总体上是一类确定的文化，这种文化是对社会存在的反映，受社会存在的制约，个人或集体都要自觉不自觉地受这种文化的影响，它支配着一个人或一个社会群体的精神。价值观是文化属性的核心。政治属性是"一个伴有某种政治倾向和政治选择的思想体系"[1]，是社会经济基础和政治关系的反映，并

---

[1] 吴增基：《现代社会学》，292 页，上海，上海人民出版社，2001。

为特定的经济基础和政治法律制度服务。正因为媒介文化和社会意识形态的关系密不可分，并且媒介文化在塑造社会意识形态方面具有特殊的功能，所以，媒介文化不可避免地含有意识形态的影子，同时，媒介文化的生存和发展也需要社会意识形态的支持和保护。所以，媒介文化和意识形态两者相互依存，互相制约，不可分割，共同发展。

(二)媒介文化的功能性

媒介文化的功能性是指媒介文化在生产、传播和扩散中，对社会产生的影响和渗透，阻碍或者促进社会发展的功能。媒介文化的功能表现在三个方面。

第一，媒介文化的渗透性。媒介文化的渗透性是指媒介文化在传播扩散的过程中，对各种文化的接受和融合具有强大的作用。一方面，媒介文化为各种文化的交流、融合提供了平台。不管是代表主流意识形态的主流文化，还是具有民族特色的小众文化，都在媒介这个载体上传播、扩散，互相影响和渗透。另一方面，媒介文化造成文化趋同，模糊了文化界限。各种文化在传播过程中都要被受众和市场检验，在受众需求和市场规律的调节下，不同类型的文化之间会取长补短，最终会导致媒介文化趋同，同质化现象严重，同时，各种文化之间的界限不再像以前那样泾渭分明。

第二，媒介文化的社会性。媒介文化的社会影响是受众对媒介文化的认同程度，具体表现在媒介文化对个体社会化和对社会进步的推动作用。"所谓社会化，指的是一个人出生后由一个'自然人'成长为'社会人'的过程。个人的学习过程和适应过程以及个人观念的形成是社会化的中心内容"[1]，媒介在个体社会化的过程中具有重要的作用。同时，媒介文化对社会的进步也具有重要的推动作用。社会的发展进步离不开媒介文化。媒介文化可以培养和提高利于社会进步的文化、道德等方面的氛围。主流社会意识形态、消费导向和价值判断标准的形成都离不开媒介文化的参与。

第三，媒介文化的创造性。媒介文化的创造性指媒介文化在传播扩散的过程中衍生的一系列新观点、新文化，可以为媒介文化增值。媒介文化在传播扩散的过程中，不断地吸收各种文化的精髓，补充新的血液，在原有的基础上扩充、壮大。媒介可以促进文化发展，"促使文化增值的诱因很多，无论是文化的传播主体，接受主体还是传播媒介本身，都能使文化在传播与扩

---

① 郭庆光：《传播学教程》，84 页，北京，中国人民大学出版社，2002。

散，交流与融合的过程中得到增值"。① 通过媒介这个得天独厚的工具，各种文化不仅消解了人与人之间的在接受文化上的不平等，还超越了时空限制，克服了文化在传承与创新上的障碍，提高了文化增值的效率。

（三）媒介文化的商业性

媒介文化的商业性是指媒介文化在传播、扩散的过程中的商业化特点，媒介文化的商业性体现在媒介的商业性运作和媒介文化的商品化上。"在市场经济环境下，竞争是铁的纪律，利益的追逐是天经地义的事情。"②媒介也不例外。在市场经济的大潮中，媒介文化同样要遵循市场化、产业化的运作方式，在承担其特殊的文化属性的同时，最大限度地追求经济利益。因此，媒介文化的竞争在市场经济的环境中越来越显著。收视率、发行量、点击率成为媒介生死存亡的重要参考依据。从自身来看，媒介投身市场经济，成为市场竞争的主体，必须在市场规律的指挥下进行运作。故此，媒介文化必然体现着深厚的商业色彩。

媒介文化的商业色彩表现在媒介文化的商品性、文化内容的偏向以及媒介文化的分众化等方面。在市场经济中，媒介文化的内容受众数量巨大，因此，为减少成本，媒介文化的内容往往采用大批量的复制。同时，为了迎合受众，满足受众的需求，媒介不遗余力地讨好受众，因此，媒介文化也在不同程度上呈现出媚俗倾向，表现出浓厚的流行色彩。从内容上分析，娱乐类、服务资讯类、经济类、广告类节目占据主导地位。同时，为了满足不同受众群体的需求，大众媒介逐渐细分节目内容，表现出明显的小众化或分众化趋势。

对于媒介与文化关系的认识，媒介批评理论学派继承了以康德、尼采、马克思、弗洛伊德为代表的哲学传统，认为媒介在很多地方摧毁了传统文化的价值。媒介对文化的影响是不利的。他们关注的焦点是利益核心、权利和统治是怎么通过传播来体现。基于实证主义传统的美国文化研究，更关注媒介如何在人们日常生活中运用、产生影响并创造文化，对媒介和文化的关系持的是积极的肯定的态度，詹姆斯·凯瑞提出的"传播即文化"命题，强调媒介传播在维持现当代社会中所起的"仪式性"作用。总之，媒介批评理论立足于媒介与文化的关系，分析媒介文化在当代的表现形态、特征、内涵以及与社会的关系等问题。

---

① 崔欣、孙瑞祥：《大众文化与传播研究》，62 页，天津，天津人民出版社，2005。
② 吴飞：《传媒批判力》，79 页，北京，中国传媒大学出版社，2005。

第三节　媒介与社会

媒介与社会的关系问题是媒介批评理论所要探究的问题的基础。关于媒介与社会关系的研究，大众传播理论和社会学理论都有所涉及，但在具体的研究中，媒介理论与社会理论是很难区分的，因此，媒介批评理论则需要将二者结合起来分析。从现实存在的意义上看，媒介始终依赖于社会而存在，人们的媒介活动是社会活动的构成部分。但是，媒介批评理论认为，媒介在很大程度上建构起了人们关于社会的认知和内涵的界定，媒介反复不断地告诉人们什么是公共的、共同的社会规范，什么是人们共有的价值立场，由此，媒介成为人们观念价值、日常社会生活的标准、模式和规范的主要来源。从不同的角度和不同的层次探究媒介与社会的问题，就形成了不同的理论认识，因此，媒介批评理论从对媒介的一般社会功能的分析入手，探究媒介化社会和媒介社会批评理论等基本问题。

一、媒介的社会功能

大众传播媒介在其传播过程中具有重要的社会功能，媒介对社会的影响是多方面和复杂的，这种影响可以是正面的也可能是负面的，同时也随着时空的变化而变化。传播活动作为人类社会活动的基本构成，从文化符号学的角度看，媒介是人类信息传播所依赖的中介和载体。因此，媒介批评理论对媒介的社会功能的研究，也是以信息传递为其基本的逻辑起点。

以往理论关于媒介的社会功能的探讨，基本可归结为传递信息、认识社会、建构社会意义、反思和过滤社会现实，形成社会共享的文化意义等。由于所关注的问题不同，也就形成了不同的看法。首先是传递信息的功能，传递人们所需要的社会信息，是媒介最为基本的社会功能。人们依靠媒介不断获取外界信息，并由此应对调整自己的日常生活，基于此，对于社会而言，信息公开具有十分重要的现实意义。由此，在媒介批评理论看来，信息的公开透明涉及的不仅是社会公众的"知情权"的问题，更为重要的是因为信息与人们生活的密切关系，信息公开则是基本的"生存权"的问题。其次是认识社会。对于社会个体而言，媒介的主要作用是了解环境、学习社会规范和各种知识，从而达到认识和了解现实的作用。人们通过媒介感知外在的世界，在知识和经验层面感受世界的变化。再次是建构社会意义的功能。人们通过大众媒介传播活动，借助于媒介的符号意义，建立起来对个人的社会认同和社会意义。最后，媒介还是社会的"反思者"和"把关人"，人们通过媒介反思社会现实，分析社会现实复杂的构成要素，并提出适应性的策略。同时，媒介还能有意识地充当"把关人"的角色，过滤那些与社会价值相背离的信息，从而建构共享的社会文化。因此，反思、把关和建构文化是媒体社会功能的集中体现。

关于媒介的社会功能的研究，拉斯韦尔认为，媒介具有监视环境、协调社会、传承社会文化的功能。他是从"个人""组织""社会"等不同的层面对传播在社会中的基本功能做出概括的。"监视环境"是从"个人"层面对传播功能的概述，"协调社会"则是从"组织"层面对传播功能的概括，"传承社会文化"是从"社会"层面对传播功能的概括。其后，在拉斯韦尔的媒介三功能的基础上，赖特提出了"四功能说"，具体包括：第一，监视环境。大众传播在特定社会的内部和外部收集和传达信息。第二，解释与规定。大众传播并不是单纯的"告知"活动，它在所传达的信息中通常伴随着对事件的解释，并提示人们应该采取什么样的行为反应。第三，社会化功能。大众传播在传播知识、价值以及行为规范方面具有重要的作用，也称之为大众传播的教育功能，与拉斯韦尔的"社会文化传承"功能相对应。第四，提供娱乐。大众传播中的内容并不是务实的，其中一项重要功能是提供娱乐，这在电视媒体中体现得更为突出。

可以看出，他们在关于媒介与社会的研究中，立足于媒介、社会与文化的角度分析人们的大众传播活动，媒介在社会中的功能被突出。传播的基本功能与传播层次和类型之间的关系如表5.4所示。此外，在国际传播问题研究委员会《多种声音，一个世界》(1981)的报告中，也归纳了获得消息情报、社会化、动力、辩论和讨论、教育、发展文化、娱乐和一体化八种传播的主要社会功能。

表 5.4 传播功能的范畴、层次和功能

范　畴		目　的	手　段	内　容
宏观（基本）		生存和发展	传受信息	信息
微观	实用性传播	检测环境	传受新闻性信息	新闻
		协调关系	传受劝服性信息	言论
		传承文化	传受教育性信息	知识
	消遣性传播	调节身心	传受娱乐性信息	文艺

二、媒介化社会与社会化媒介

随着媒介在社会与文化中的作用愈来愈重要，人们对大众媒介的依赖程度也愈来愈深，从而形成了所谓"媒介化社会"的趋势。在此基础上，所谓"社会化媒介"也应运而生。

媒介化社会是社会媒介化的结果，是媒介与社会之间互动关系模式的表述。在人类的传播活动中，传播媒介指用来表达含义的静态或动态的一切物体和物体排列。其中的新闻媒介，专指用于交流、传播新闻信息的工具，包括报纸、期刊、广播、电视、新闻纪录影片和通讯社电稿等传统媒体，也包括在新技术基础上发展起来的互联网、移动网络、新型广播电视及综合媒介等新兴媒介。人们把以互联网为主体的新兴媒介称之为"第四媒体"，而将移动网络（如手机）称之为"第五媒体"。基于此，人们将"第四媒体"和"第五媒体"高度普及的社会称之为"媒介化社会"。① 媒介化社会的形成包括三层逻辑：一是以媒介融合为特征和趋势的媒介技术的发展提供了媒介化社会形成的基础，为社会的不断媒介化提供了可能性基础。二是受众对信息的需求和依赖构成了媒介化社会形成的动力，是媒介化社会形成的必要性前提。三是现代社会信息环境的不断"情景化"显示了媒体巨大的影响力和建构性，是媒介化社会的必然性后果。

早期的大众传播理论研究就已开始探究媒介与社会的关系问题。美国社会学家赖利夫妇的《大众传播与社会结构》(1959)就从社会学的角度对大众传播的模式做了描述。他们将大众传播视为社会复杂系统中的子系统，同时对传播系统和社会系统之间的互动关系进行考察。与此前对大众传播模式的线性关系的描述不同，他们的研究立足于社会系统的宏观视野，将大众传播过程放置于整个社会系统运行的背景下来把握，开启了媒介社会化研究的思路。传播学者德弗勒和鲍尔－洛基奇也将媒介本身看成是社会系统加以考察。他们认为，大众传播媒介机构通常包括受众群体、市场研究、广告部门、生产部门、分配体系、控制集团等组成要素，如果把媒介本身看成是个社会系统，其生产、消费等环节便成为这个系统的"子系统"，而整个人类社会便是其超级系统。媒介系统与超级系统的文化、政治、经济等有着不可分割的关系，彼此互动并保持一定的平衡状态。他们在理论中已经明确地提出了"媒介化社会"和"社会化媒介"的观点。

---

① 童兵：《媒介化社会新闻传媒的使用与管理》，载《新闻爱好者》，2012(11)。

媒介化社会是在媒介融合技术的基础上，在受众的信息需求和依赖主导下，表征媒介对社会环境建构的影响力的一种信息社会形态。从技术角度看，媒介化社会建立在媒介融合的基础之上，是媒介技术不断革新，媒介融合成为现实之后所形成的一种社会特征。在媒介化社会，随着科技的进步，传媒的传播手段和形式也越发呈现出多样化，媒介融合发展迅速，从而推动媒介化进程不断向纵深发展。从受众角度看，媒介化社会是信息传播事业愈加发达之后，受众形成信息依赖而导致的社会特征。在媒介化社会中，传媒日益成为国家发展、社会进步和人类生活的重要工具，人们对传媒已经形成了一种依赖，信息传播成为整个社会不可或缺的组成部分。从结果层面看，媒介化社会体现了媒体的深刻影响力，是媒介传播对社会不断建构与重构之后所表现出来的深刻的媒体印记。在媒介化社会，社会不断被媒介化，媒介的影响深入到社会政治、经济、文化各个领域中，成为人们理解世界和应对社会变化的主要工具。

媒介化社会的发展彻底改变了人们的生活方式和社会发展。在媒介化社会中，媒介构建了人们对世界的整体认识和想象，同时，人们的思维方式和观念等也被打上媒介影响的烙印。人们的日常生活方式发生了革命性的变化，互联网和移动网络的发展改变了人们的媒介使用结构，从而影响了人们的日常生活方式。新兴媒体对人们的政治生活、经济生活和文化社会生活的影响日趋加深。诸如以互联网为主导的信息自由表达的公共空间的形成，以互联网为载体的电子商务的经济运行方式等，同时，网络也使得人们的社会文化网络化、虚拟化，特别是互联网引发的全球化趋势，在很大程度上影响着人类生活的各个方面。

正如麦克卢汉所说："媒介是社会发展的基本动力，也是区分不同社会形态的标志，每一种新媒介的产生与运用，都宣告我们进入了一个新时代。"①媒介化社会的表现形式是"社会化媒介"的出现和广泛应用。"社会化媒介"指的是可以实现"互动"的媒介，它将以往媒介一对多的线性传播方式改变为多对多的"对话"方式，主要是基于互联网技术，人们可以相互分享信息、观点、想法、经验、知识等的媒介平台。通过社会化媒介，人们不仅可以发出信息内容，还可以实现即时分享、评价、讨论、沟通等。目前最为常见的社会化媒介主要有社交网络和内容社区、微博、微信等。微博是目前社

---

① ［美］保罗·莱文森：《数字麦克卢汉——信息化新纪元指南》，何道宽译，265页，北京，社会科学文献出版社，2001。

会化媒介使用最为广泛的形式，它给予传播者极大的参与空间，具有参与、公开、对话、连通性等社会网络化的基本特征。

社会化媒介已成为当代社会人们传受信息的重要途径，它不仅制造了人们社会生活中的议程，也影响了传统媒体的议程设置。同时，社会化媒体彻底改变了传播主体的特征，从而造就了不同于传统媒介使用者的全新的信息传受者。社会化媒介的信息传受者能够利用自身所有能获得信息的传播工具，制造出属于自己的媒介形式，如自媒体、公民媒体、草根媒体等，并随时关注与自身生活有密切联系的议题，使得不受传统媒介所关注的社会阶层拥有话语权，从而发表观点和看法，甚至影响现实行动。显而易见，社会化媒介产生的最为根本的社会影响，是社会话语权力的再分配。

因此，媒介批评理论对媒介化社会和社会化媒介进行深入探究，全面描述其所产生的社会价值、人们的社会行为方式以及社会结构等层面的变化，从而揭示媒介与社会的关系本质。

三、媒介社会批评理论

媒介批评理论对媒介与社会关系的探究，不仅在微观、具体的个案层面上分析媒介的社会功能等问题，更重要的是，在宏观层面全面描述和揭示媒介与社会的相互作用和影响规律，从而在更为深广的意义上探究媒介社会批评。传播学者麦奎尔总结了不同层面的媒介与社会研究的理论。下面主要立足于媒介批评理论立场，对这些理论进行具体归纳和总结。①

第一，大众社会理论。在媒介与社会的关系上，大众社会理论认为，大众传播媒介的主要社会功能，是与其他社会权力机构一起维持和强化现存的社会秩序，并对"大众"实行控制。因此，媒介建构的社会关系中的社会大众，是缺乏个性的、没有自我意识和身份识别能力的盲从的大众，并由此构成了媒介化的大众社会。大众社会理论基于大众传播媒介被政治、经济等权力所垄断和控制的现实，由此来分析媒介形态的特征，从而认为大众社会的媒介使用者是被动的"受众"和"消费者"等。因此，媒介批评理论重点应关注的，是大众社会中媒介与社会公众的话语权力关系构成，从而揭示内在媒介与社会公众的结构性关系。

第二，马克思主义方法。马克思主义媒介批评理论认为，以私有制和垄断为基础的大众传播媒介的本质，在于通过意识形态的生产，从而成为维护

---

① 参阅鲁曙明、洪浚浩：《传播学》，67～73 页，北京，中国人民大学出版社，2007。

统治阶级利益的工具。其后，各种后马克思主义媒介理论则重点探讨媒介意识形态生产如何通过"文化霸权"等隐蔽的方式，使得公众在媒介使用中不自觉地接受了统治阶级的意识形态话语。显然，马克思主义媒介批评理论对深入剖析媒介话语霸权极具现实意义。特别是随着当代社会资本主义全球化的发展，如何通过经典马克思主义的媒介批评方法，深刻解释和批判媒介发展的现状具有重要价值。

第三，功能主义理论。功能主义媒介批评理论的重点，在于以社会和人的需要为出发点来解释人们的社会实践和社会组织行为。对于媒介而言，功能主义将社会视为由包括媒介在内的不同子系统所构成的社会关系网络，系统的每一部分都为社会的秩序和规范起作用。人们有序的社会生活则要求在社会运行和社会环境之间必须具有整体性和一致性，由此，媒介也会对社会的正常运行起作用，并引起社会的变化。此外，有关大众传播的受众效果研究也从另一方面支持了功能主义的观点。立足于功能主义的理论和方法，媒介批评理论应深入剖析媒介对社会结构的深层次影响关系以及在社会变迁中的作用和意义。

第四，批判的政治经济学。该理论的核心是以经典的政治经济学理论为分析框架，使用批判性的方法揭示媒介的政治经济制度，特别是媒介的所有制形式对媒介本身的经营管理以及内容生产和传播的影响。批判的传播政治经济学理论将大众传播机构看作整个社会政治与经济制度的主要构成部分，并认为传播内容的生产最终受到媒介政治经济利益的影响和支配。马克思主义政治经济学是其理论基础，但该学派也从社会学、政治学和经济学吸取了大量的方法和理论。媒介批评理论应针对现实的媒介制度和媒介经营管理形态，分析其中隐含的政治和经济意义。

第五，现代化与发展理论。现代化和发展理论集中体现为"发展传播学"理论，认为大众传播具有促进经济和社会进步的强大功能，如推广各种先进的生产技术和社会革新项目，提高民众的识字水平和传授有用的知识和技能，乃至增强国家的统一意识和凝聚力，鼓励民众的政治参与等。大众传播媒介是推进社会变革的因素，但是社会的现代化和发展还须借助其他更重要的途径。媒介批评理论对大众传播与现代化发展问题的探究，应该着眼于具体现实中媒介推进社会进步的不同情境、不同层次、不同形式等加以分析。

第六，传播技术决定理论。传播技术学派认为，某一社会发展阶段的传播技术对该时代具有决定性的影响，这种影响体现在社会的权力结构、社会一体化进程和社会变革等方面。该理论的代表人物主要是英尼斯和麦克卢汉，他们夸大媒介技术的社会影响，但因他们提出的理论无法在现实中得到验证，从而落入仅有观点而无逻辑的尴尬境地。媒介批评理论需基于技术与媒介的社会关系来进一步探究。

第七，信息社会理论。信息社会理论是传播技术决定论的进一步发展和阐释，该理论提出"信息革命""信息社会"和"新媒体"等概念，认为新的传播技术因其交互性、个人化和非同步性等特征，能够促进社会公众的个性解放和民主政治的实现，特别是促进所谓"草根民主"的发展。但是，新兴媒体在改变社会，带来新的变革的同时，也不可避免地存在着负面影响，而对社会价值观的负面影响等问题，媒介批评理论应该深入分析和探讨。

总之，媒介批评理论对媒介和社会关系问题的认识，或以社会为主导，认为媒介是社会系统构成中的重要因素，因此从社会结构、功能等角度出发，探讨大众传播媒介的特征；或以媒介为主导，认为媒介发展会进一步促进社会的发展，从而就媒介技术、媒介内容、媒介使用等探究媒介对社会的意义。不论从任何角度出发，媒介批评的基本立场都是通过剖析媒介与社会的内在关系来保证社会的良性发展。

第四节　媒介与话语

"话语"译自于英文的"discourse"，该词从拉丁语、古英语和古法语的dicursus、discours 等词演变而来。总体来看，"话语"所包含的词义大致可分为"书面或口头交流或论争；口头或书面对某一主题的正式讨论；相互联系的系列语言表述"①以及"观念的传播和交流、以书面和口语对某一主题的论述以及推理的能力"。②

"话语"最初多用于语言学研究领域。语言学研究理论认为，语言（语言系统或代码）、言语（个人的说话或信息）、话语（单个说话者的连续的信息传递或具有相当完整单位的文本）是三个意义完全不同的概念。因此，语言学领域的话语是指构成一个完整单位的语段，而相关的"话语分析"也是指"对比句子更长的语段落所做的语言分析，旨在找出带有相似语境（对等类别）的

① Judy Pearsall and Patrick Hanks, eds. *The Oxford Dictionary of English*, Oxford：Clarendon Press, 1998.

② David B. Gurlnik, ed. *Webster's New World Dictionary of the American Language*, New York：William Collins Publishers, INC, 1980, p. 402.

话语系列并确定其分布规律"。① 因此，在广义上，一切拥有意义的陈述，不论是口头的还是书面的，均可视为话语。同时，话语也成为意义结构的组成方式。由此，在狭义上，话语亦可是个人或群体在历史阶段中或某一领域中的特定表述。但是在人们日常生活的使用中，"话语"往往等同于"言语"或"语言"。由于"话语"一词的广泛使用，各个学科领域又将不同的内涵附加于它，使其词义不断得到扩充，成为拥有多重含义的中心词。当然，媒介批评理论对话语概念的使用也是针对话语的几个方面的含义来展开的，从而探究媒介及其文本的社会文化意义。

在人们的社会生活中，媒介是社会话语建构的主要方式。在社会发展过程中，媒介传递信息，建构社会话语，影响人们的日常行为。随着技术的发展，尤其是在数字化时代，报纸、广播、电视、网络等媒介已成为社会话语建构的主要途径。但是，由于媒介本身的特点，任何媒介都带有明确的价值立场，从而为特定的权力系统构建话语体系，并在构建过程中形成特定的话语结构和表述体系。社会公众的话语权在很大程度上难以得到有效保障，由此导致社会话语秩序失衡。媒介批评理论探究和认识媒介与社会话语的建构关系，对建构相对公平的社会话语秩序亦具有强烈的现实意义。

一、媒介与社会话语的建构

无论为了何种社会目的，试图达到何种社会功用，大众传播媒介首先是一种社会化的意义生产活动。从媒介与社会的关系层面出发，探究媒介生产的"产品"的核心意义问题以及媒介究竟是在真实呈现现实，还是建构社会现实的问题，实际上构成了对媒介话语的不同理解和阐释。基于话语理论来看，大众传播媒介的生产其实是社会话语的生产，媒介及其相关联的传播活动是社会"意义"的建构过程。

话语不仅能够对所记录的陈述、论述或"文本"进行标准性指涉，而且可以对复杂的概念的无限序列进行详述，或在某种社会体制中对整个实践和交流加以分析。所以，话语并非仅仅是语言学的单位，而且还是人类交流和认知的单位。话语不是一种词语和意义的静态的、理想化的、总体的一致性，而是一种利益、权力冲突的动态领域。显然，话语分析的重点任务在于描述系统性的组织和跨主体性。正如文化理论家埃德加所言："由于各种社会实践和机构(如政治、教育、宗教和法律)既由话语形式组成，同时也是话语形

① ［英］彼得·布鲁克：《文化理论词汇》，王志弘、李根芳译，台北，巨流图书有限公司，2004，参见关于"Discourse"的翻译。

式之内的东西，因而一种话语就成为在社会语境中生产和组成意义的方式。话语构成了一种'论述建构'，即话语使用语言系统构建人类体验社会生活的能指方式，因而也构成了知识范式。"①因此，话语先于个体而存在，而语言的陈述或论述在知识、常识、真理的生产中所起的作用，不仅决定了人们如何观察和识别媒介文本和社会文本，而且决定了人们思考和行动的规定性。话语就隐含着社会与文化的观念及知识与权力的关系。所以，话语的重要意义在于"它是一种思考权力、知识和语言之间关系的方法。"②

媒介批评理论对话语分析方法的应用，其重点是把媒介当作一种文本或话语来分析。媒介话语分析一方面要对媒介文本的构成性因素进行分析，即媒介文本话语的内在结构，显然，通过结构性分析，可以看出媒介文本话语与其他文本话语比较而言的特征。结构性分析包括文本语言分析、叙事结构分析、文体学或修辞学分析等手段。另一方面，媒介话语分析的重点还在于对以文本为中心的媒介信息从生产到消费的过程性分析，也就是对其社会文化因素的考察，对媒介生产、媒介内容、媒介受众等过程的媒介话语意义进行分析和探讨。显然，以媒介文本为载体的信息传播活动不仅表现为信息的简单转移，更为重要的是，它是传播者或接收者的价值立场、语言结构、社会文化语境等因素制约下的意义建构活动。作为媒介意义生产和传播的政治社会环境、媒介文本、媒介受众等，都难以脱离媒介活动的总体语境的制约和影响。因此，媒介话语分析不仅是语言学上的，更是社会文化意义上的媒介研究。

斯图亚特·霍尔借助于话语分析，通过对电视媒介的研究，提出了"编码/解码"理论。该理论认为，电视作为大众传播活动，其本质是一种社会意义的生产、建构、流通和消费的过程。霍尔的媒介理论受马克思的商品生产和消费理论的影响，马克思曾言："商品首先是一个外界的对象，一个靠自己的属性来满足人的某种需要的物。"所以，霍尔首先把新闻传播活动的流程，按照物质产品的生产流程来解读。他认为，电视媒介作为一种商品，它和受众之间构成了一种生产和消费的关系，也遵循一般商品的生产、流通和消费的规律。就新闻生产的本质而言，它是一种具有物质化特征的精神生产

①　Andrew Edgar and Peter Sedgwick, eds. *Key Concepts in Cultural Theory*, London and New York: Routledge, 1999, p. 117.

②　[英]阿雷恩·鲍尔德温等：《文化研究导论》，陶东风译，31～32页，北京，高等教育出版社，2004。

活动。但是，当把媒介当作一种商品生产活动时，即具有物质生产特征的精神生产活动，那么媒介的核心属性究竟是什么？它能够满足人们的是什么样的需要？对此，霍尔的解释是媒介文本的核心属性其实就是所谓"意义"的生产。媒介生产源于人们对信息的需求，所以媒介文本首先满足的是人们对各类不同信息的需求，那么，这种满足信息需求的过程，就包含着"意义"生产的过程。因为，正是处于不同的社会文化语境下的受众，对媒介信息的需求的多样性和差异性构成了媒介意义建构的丰富性。而媒介信息的载体则是具有"意义"内涵的符号系统，同样，它也是人类社会活动的产物。因此，就其本质而言，作为媒介符号的生产活动，其实就是社会意义的话语生产活动。

二、媒介与社会话语的意义

从人类精神活动的角度考察，作为人类精神生产和交往的方式，大众传播媒介产品的本质属性，即产品的本质内涵，就是"意义"的生产和交换以及建构社会文化语境下的"共享意义"的活动。简而言之，媒介产品的内涵就是"意义"，"意义"的生产、交换和消费构成了媒介文本的基本内涵。从话语分析的社会文化的情境考察，影响媒介文本"意义建构"的核心则是社会的价值和权力结构。

对于媒介文本的"意义建构"的核心是价值和权力结构的认识，法国社会学家布尔迪厄提出了"场域"和"文化资本"的概念对其进行阐释。布尔迪厄认为，"场域"是指一个"某种类型的资本的特定分布结构"，是一个围绕特定的资本类型或资本组合而组织的结构化空间。依据这一解释，大众传播媒介引起的资本的介入和组织形式也就构成了一个场域。在布尔迪厄看来，所谓"媒介场域"就是社会的话语生产平台。它容纳并呈现政治、经济、科学、宗教、道德、文学、艺术以及日常生活等各种话语形式，根据自己的意图与模式给予改造，通过转换、移植、扩充、过滤等方式对这些社会话语进行再组织。在这个话语生产场中，市场与商业需要构成了生产的巨大动力，消费主义成为一种新的意识形态，其运行机制则是由政治、经济及文化等规范结构所决定的。

布尔迪厄认为，"媒介场域"的特点一方面受制于商业利益的支配，以节目收视率和广告份额等为标准，已经成为目前衡量大众传播媒介的实力的主要指标。所以，这种掌控媒介的形式也就意味着大众媒介的符号权力具有很大的话语权力。另一方面，媒介场域体现了"文化资本"的特征。媒介场域作为一个现实的关系网络存在，其内部经济资本与象征资本的共生关联与角逐，在客观上造就了媒介本身的权力结构。从布氏的理论可以推绎出，作为意义生产的大众传播媒介主要受制于社会的以各种利益诉求为导向的价值和权力结构。这样，以社会价值和权力的构建为逻辑起点，与传统大众传播理论强调媒介是社会现实的反映不同，"建构主义"媒介观则认为媒介文本通过社会话语建构社会意义。

三、媒介的意义生产与建构主义

媒介建构主义理论认为，所谓媒介意义的生产其实是社会话语的生产，社会话语生产隐含着基于社会文化情境下的人们的社会意识和社会行为的建构。由此，大众媒介是社会话语生产的理论观点构成了当代"建构主义"媒介观的主导倾向。

作为当前媒介理论研究中颇为流行的一种观点，媒介建构主义是在传统的媒介"反映论"的基础上发展形成的。不论是"建构论"，还是"反映论"，其理论的逻辑起点都在于对媒介文本所指涉的事实的客观性认识和理解的问题，也就是对媒介文本的"真实性"问题的解读。媒介建构论则与传统的媒介反映论的观点相左，认为媒介并不能够反映现实，而是通过社会话语生产，建构了人们的社会现实，从而影响人们对世界的认知和行动。媒介反映论则坚持认为，大众传播媒介是社会现实的镜像，媒介的真实性就是要求媒介文本与现实文本之间的高度契合。但是，对此问题，建构主义媒介观则认为，媒介文本仅仅是对来自社会现实的事实经过选择、过滤和提纯之后的表述，是一种话语形态。媒介并非是对现实的完全的反映，媒介现实只不过是客观现实的表述层面，任何经过媒体文本表述的现实，都是媒介文本生产者的话语框架的体现，是媒介生产者在特定价值和认知取向下的选择和表述。作为媒介生产者构建的媒介文本本身带有明确的生产者主观性的倾向。媒介建构论不否认媒介文本的客观真实性的存在意义，但也不承认对客观事实的媒介文本表述与客观实在的事实之间存在着绝对的对应关系，这就是媒介话语理论的核心问题。

媒介话语研究学者梵·迪克使用话语分析的方法，通过对新闻文本生产的微观层面的分析，揭示了新闻制作过程与社会话语生产之间的内在关系。梵·迪克的话语分析理论认为，要探究新闻话语生产的本质，就要先厘清新闻制作过程中的"文本处理"问题。在他看来，新闻制作过程存在两种文本形式：一种是新闻事件的"源文本"，即新闻事件的客观性来源；另一种是"新闻文本"，即新闻记者根据"源文本"对新闻事件的描述和整理。显然，由"源文本"向"新闻文本"的转换过程中，存在着复杂的生产机制和明确的社会影响因素。这些生产机制和影响因素影响了新闻的生产，形成了人们对新闻的认知，进而影响到人们对事实和事实真相的认识。其中就包括，其一，新闻建构了人们的认知世界；其二，新闻话语是一种意识形态话语的生产。也就是说，处于现实世界和人们认识之间的中介的新闻媒介，并不能完全照搬现实，而是给人们建构了社会话语体系，人们通过话语体系来认识社会和现实。显而易见，我们认识的现实是新闻媒介建构起来的媒介现实。

正如梵·迪克指出的，从本质上说，媒体就不是一种中立的、懂常识的或者理性的社会事件协调者，而是帮助重构预先制定的意识形态。他这里所说的媒介的核心意义，就是媒介给人们建构了对世界的认知。因此，媒介文本的核心是社会话语的生产者，而不是反映者。例如，新闻所报道的凶杀案，媒介中再现的是诸如由警察等权威部门提供的对犯罪的界定和看法。再如，在西方种族主义歧视的语境下，凶杀案的主角极有可能被假想为有色族裔的少数群体。因为新闻媒介在报道事件时，社会权力和价值观念始终作用于其中，从而形成了媒介话语的基本价值取向。

认为媒介是社会话语的生产者的建构主义媒介观，同传统媒介观发生一系列的冲突，尤其是关于媒介事实的真实性问题。传统媒介观的所谓真实性就是媒介信息呈现的是与客观事实相符合的观点显然受到了挑战。媒介真实不再是与客观事实相符合的问题，而变成了媒介文本所描述事实的所有可能性的问题。在话语生产的意义上理解媒介真实，就包含了事实意义、媒介意义和受众意义三个层面的问题。这三层意义的媒介生产与现实构成关系，首先是媒介文本的真实性问题将会被主观性彻底淹没。其次，是媒介产品的属性问题。如果把媒介生产纳入到社会话语生产的构建论视野中考察，媒介产品的属性问题也许就成为伪命题。因为，社会话语生产本来就不存在私人性和公共性的问题。话语本身就是社会意识形态的产物，个人总是受制于意识形态的宰制。最后，媒介的受众解读。传统的观点认为媒介受众仅仅是被动地接收信息，媒介信息的传播总是遵循单线的"传—受"过程。那么，作为社会话语生产的观点，媒介则彻底颠覆了这种认识。媒介话语完全是受众的建构行为，媒介文本生产者理所当然地建构信息，而受众对文本的解读更是话语的建构过程。这样，媒介信息传播不再是线性的传和受关系，传者和受者的角色定位和关系结构也面临严重的挑战。

总之，媒介文本作为社会话语的生产方式，无论在任何社会发展阶段，总是为特定的价值体系和权力系统构建自己的话语系统，在这一构建中，就形成了特定的话语结构方式和话语表述符号体系。在所谓的自由、公正、客观的媒介传播观念的背后，其实隐含着意识形态、权力和价值操纵的因素。

思考与练习

一、名词解释

1. 媒介

2. 媒介文化

3. 媒介化社会

4. 社会化媒介

5. 话语

二、简述题

1. 简述媒介的基本社会功能及媒介与社会的关系。

2. 简述媒介社会化和社会化媒介的基本特征。

3. 简述媒介文化的基本特征。

4. 简述媒介与社会研究的基本理论。

5. 简述媒介在社会话语建构中的本质和意义。

第六章　媒介批评的宏观理论(上)

本章内容要点

• 媒介批评的宏观理论包括批判理论的起源、社会批判理论、意识形态批判、大众文化研究、传播政治经济学、精神分析理论、符号学与结构主义及后现代主义理论等。这些基本理论和方法，从宏观上描述和揭示了媒介、文化与社会的内在关系，构成了媒介批评理论的宏观基础。

• 媒介批评的宏观理论的基础是批判性思维。康德的批判哲学所倡导的批判性思维是其哲学基础，马克思主义批判理论为媒介批评奠定了"批判的"研究方法，成为媒介批评理论的基础。法兰克福学派开创的社会批判理论和方法是媒介批评的核心理论和方法。在此基础上，英国文化研究学派和法兰克福学派对以大众传播媒介为主体的大众文化展开批判性探究，形成了大众文化研究理论。

　　大众传播理论是媒介批评学科的理论基础，同时，随着媒介技术、媒介化社会的发展及以大众媒介为主体的大众文化的形成，哲学、文学、心理学、社会学、文化研究等学科理论也普遍关注大众传播媒介，尤其关注媒介文本内容对社会文化的影响问题。基于这些学科领域的媒介研究理论借助于人文社会学科的研究途径和方法，主要立足于"批判性"研究的视角，针对大众传播媒介发展的现实问题，从宏观社会文化背景出发，对大众传播媒介与社会、文化的内在关系进行批判性分析。这些源于哲学、文化研究等学科的文化与社会批判理论，与大众传播研究理论共同构成了媒介批评的理论基础。

　　从哲学、文学、社会学等学科出发的大众传播媒介研究，借助于批判性研究思维，首要探究的是大众传播媒介对大众文化的形成和建构的意义，进而分析"媒介化社会"的大众文化的发展问题、文化意义生产与消费问题、媒介意识形态问题以及媒介发展的政治经济学等研究议题。媒介批评的宏观理论主要包括社会批判理论、意识形态批判、大众文化理论、传播政治经济学、精神分析理论、符号学与结构主义及后现代主义理论等。

第一节 批判理论溯源

"批判"是媒介批评理论与方法的基本特征,与大众传播学对媒介的研究不同,媒介批评重点关注的是在特定的文化与社会语境中媒介传播的信息"意义"是如何生产、传递并建构的。因此,批判性思维是媒介批评的核心范畴,正如杜威所说,哲学的固有属性是批判,批判亦为媒介批评的基本特征。作为媒介批评的宏观理论基础,"批判理论"有必要对批判的起源做简要的回顾。

作为人类认识事物的思维方式,批判性思维在人类思想发展之初即产生,但把它对人类认识能力本身进行反思和批判,并对其重点进行论述,则是从18世纪康德的"批评哲学"开始的。马克思主义立足于社会批判,通过对意识形态、劳动价值、阶级等概念的批判性分析,为媒介批评建立了重要的理论基础。其后的法兰克福学派则全面建立了批判理论的宏观体系,从而为媒介批评系统建立了基本理论基础。

概而言之,狭义的批判理论主要是指作为西方马克思主义流派的法兰克福社会批判理论,以霍克海默、阿多诺、本雅明、马尔库塞、哈贝马斯等为代表。广义的批判理论指的是与社会批判理论相类似的,立足于批判思维对社会现实的研究理论。显然,媒介批评是批判理论在大众传播媒介领域内的实践。因此,通过对批判理论的溯源,可以发现媒介批评的理论本源和基础。

一、康德的批判哲学

作为近代哲学思想的奠基人,康德及其哲学思想产生了深远的影响,特别是他的批判理论,成为具有划时代意义的思想理论和方法,虽然作为人类认识进步途径的"批判性"思维在康德之前就已存在。近代启蒙运动通过对批判精神的倡导,大力弘扬理性精神,借以批判和否定限制人类自由的教权和传统。康德的批判理论则又对理性本身进行批判性考察。

康德批判哲学思想的核心主要表现为对近代崇尚的"理性"进行自我反省式的批判,即理性对自己的含义和本质、活动范围和界限以及不同维度(思辨理性、实践理性和判断力)的解析。这种分析反思构成了康德批判思想的核心。康德说过:"我们的时代是真正的批判时代,一切都必须经受批判。通常,宗教凭借其神圣性,而立法凭借其权威,想要逃脱批判。但这样一来，它们就激起了对自身的正当的怀疑，并无法要求别人不加伪饰的敬重，理性只会把这种敬重给予那经受得住它的自由而公开的检验的事物"①康德所处的时代正是一个将理性作为法则去看待和判断世界万物的时代，但是，康德比其他启蒙思想家更为深刻的地方，在于他对理性本身进行批判性的考察。

因此，康德所倡导的批判精神就产生了深远影响，正如海涅指出的："康德引起这次巨大的精神运动，与其说是通过他的著作的内容，倒不如说是通过在他著作中的那种批判精神，那种现在已经渗入于一切科学之中的批判精神。所有的学科都受到了它的侵袭。"②在康德之后，"批判"这个词成了日常生活和人文社会科学中最频繁地出现的词语之一，对其后的思想产生了巨大的影响。就媒介批评理论而言，马克思主义批判理论和法兰克福社会批判理论都深受康德批判理论的影响。"批判"成为马克思主义的基本理论工具，马克思的主要著作和手稿的正副标题几乎都有"批判"这个词。比如，马克思驳斥青年黑格尔主义者的著作名称是《神圣家族，或对批判的批判所做的批判》，《资本论》的副标题就是"政治经济学批判"。法兰克福学派的理论核心就是"社会批判理论"。康德的批判理论构成了媒介批评的宏观理论的基础。

二、马克思主义社会批判理论

马克思主义的理论对于媒介批评理论的建立和发展具有奠基作用，马克思主义被认为是对批判学派产生直接影响的理论基模。在马克思主义批判理论的直接影响下，法兰克福社会批判理论、意识形态批判、传播政治经济学、媒介与文化研究、媒介帝国主义理论等，都具有开创性意义。无论是法兰克福学派的阿多诺等人的"文化工业"理论，还是葛兰西的"文化霸权"理论，抑或是阿尔都塞的"意识形态批评"等有关媒介与文化及社会研究的理论，都直接起源于马克思主义理论和马克思主义媒介观。

马克思的全部思想是在批判中展开的，批判意识构成了马克思主义学说的灵魂，批判理论构成了马克思主义思想的核心，正如马克思本人所说，要对现存的一切进行无情的批判。在马克思的理论中，批判无处不在，如对德国古典哲学的批判、对宗教的批判、对国民经济学的批判、对物化和异化的

---

① ［德］康德：《纯粹理性批判》，邓晓芒译，序言，3 页，北京，人民出版社，2004。

② 张玉书编选：《海涅选集》，304～305 页，北京，人民文学出版社，1983。

批判、对蒲鲁东的批判、对拉萨尔的批判、对哥达纲领的批判、对各种非科学社会主义思潮的批判、对资本主义社会结构的批判等。可以说，马克思通过批判理论实践地改造社会。马克思主义理论以"批判"为灵魂，对社会进行全方位的解剖，从而实现对社会的全面把握。这种"批判旧世界，创造新世界"的批判精神贯穿于马克思思想发展的始终。

马克思的社会批判理论的内涵，首先是社会批判理论的前提，即物质存在决定精神意识的假设。其次是唯物主义方法论，即事物处于不断生成与灭亡的过程中，事物处于系统联系中。再次是对现实的具体分析，最后是社会批判，认为人类社会通过实践不断改变自己的生存条件，以实现自己的全面发展。同时，人类社会生活不断趋向于普遍的丰富性和多样化。

媒介批评也是马克思社会批判理论的重要构成。关于马克思主义媒介理论的内涵，其一是世界交往理论。在马克思的著作中，经常出现德语"交往"一词，"交往"既指物质意义上的商业贸易和交通运输，也指精神意义上的信息传通。由此，马克思主义对于媒介的社会作用的认识上升到了"世界交往理论"的层面。其二，在媒介技术的发展上，马克思主义媒介批评理论提出"技术决定论"的观点。马克思认为，"依靠了现代的交往方式，依靠了铁路、电报、巨大的工业城市、报刊和有组织的人民集会"，[①] 社会才得以联系起来。马克思看到了媒介技术的迅猛发展，"机车、铁路、电报、走锭精纺机等。它们是人类的手创造出来的人类头脑的器官；是物化的知识力量"，[②] 马克思充分认识到现代交往媒介的实质是科学技术的发展所带来的，是科学技术和知识的力量。在 19 世纪中叶，马克思就预见了未来社会将是一个信息化的社会。

马克思认为，媒介技术所带来的交往革命在个人、民族、世界三个层面上展开，并重点论述了在后两个层面上的交往革命。在马克思看来，人类社会的交往经历了一个从狭隘到广泛、从局部到全球的发展历程。媒介技术首先深刻地改变了人与人之间的交往形式，在交往中，人的力量与角色发生深刻变化，交往中的限制在不断消解、变化在不断发生。技术的发展又深刻地改变了民族层面的交往模式，"历史上的民族交往十分有限，主要通过战争（民族大迁徙和十字军东征等）和贸易两大途径实现。自从现代市场经济逐步形成世界市场以来，民族交往的方式开始转向以物流（贸易）、信息流（现代

---

① 陈力丹：《马克思主义新闻观教程》，17 页，北京，中国人民大学出版社，2010。

② 陈力丹：《马克思主义新闻观教程》，23 页，北京，中国人民大学出版社，2010。

新闻业和其他信息传播渠道)为主"。① 得益于技术的发展，个人和民族层面的交往革命在马克思时代就已开始显现，而世界交往革命则是他们对未来世界的一种设想，这种设想建立在因传播技术带来的世界的紧密联系所需要的"世界思维"基础上。

马克思立足于阶级批判的立场，对资本主义私有制社会制度下的报刊进行了批判。一方面，马克思从人的权利角度出发，指出新闻媒介的使用是人的神圣权利，从而将媒介的使用及其背后的新闻自由视为"解放的手段"，是人类精神的特权，是反抗压迫的斗争武器，还认为"报刊是工人的必要生活资料"。同时，马克思也提出"新闻自由不是万能医生"的观点。另一方面，在具体的传播实践中，马克思总结了新闻的规律与报刊的本质，将媒介置于批判的视域，形成了"报刊是社会舆论的工具""媒体的意识形态性质"的判断。马克思批判了报刊的"欺骗性"，认为反动报刊是"掩盖政治倾向的报刊""伪善的受检查的报刊""伪造社会舆论的报刊""卖身求荣的下流报刊"②。马克思认为，在反动报刊对舆论的错误引导的机制背后，是反动阶级严密的意识形态控制，继而指出人民的报刊具有对专制统治的揭露的使命以及人民报刊的批判精神。马克思主义的批判精神直接影响了其后的法兰克福学派的批判理论。

三、法兰克福社会批判学派

法兰克福学派是自 20 世纪 20 年代以来产生巨大影响的学派，该学派具有深刻的理论和现实意义，是当代西方马克思主义的主要流派，已成为当代人类文化的重要组成部分。法兰克福学派涵盖政治、经济、历史、哲学等，研究领域非常广泛。该学派源于 1923 年成立的法兰克福大学"社会研究所"，几代理论家的共同努力，把马克思主义理论与各种理论思潮相结合，发展出被称为"批判理论"的社会学说，从而影响了人文学科与社会科学的各个领域，使得"法兰克福学派"成为"西方马克思主义"的主要理论基础。该学派的主要代表人物有霍克海默、马尔库塞、阿多诺、本雅明、弗洛姆和哈贝马斯等。

从 1931 年霍克海默担任该所所长开始，法兰克福学派"把研究重心从经验的、具体的政治经济学、工人运动史研究转到了哲学和社会科学研究上

---

① 陈力丹：《马克思主义新闻观教程》，21 页，北京，中国人民大学出版社，2010。
② 刘建明：《马克思主义新闻观基础理论》，164～175 页，北京，清华大学出版社，2010。

来，并把'批判理论'（Critical Theory）作为'研究所'的指导思想。"①霍克海默在题为《社会哲学的现状和社会研究所的任务》的就职演说中指出，社会研究所的任务是建立一种社会哲学，它不满足于对资本主义社会进行经济学和历史学的实证分析，而是以"整个人类的全部物质文化和精神文化"为对象来揭示和阐释"作为社会成员的人的命运"，对整个资本主义社会进行总体性的哲学批判和社会学批判。② 这一研究定位，加上后来加入的具有跨学科、多元视角的核心成员，决定了"他们的意识形态是左派马克思主义的，但也是弗洛伊德主义的、哲学的、文学的、人道主义的和理智的。"③

　　法兰克福学派的发展贯穿于整个 20 世纪，其中经历了现代性向后现代性的转变、马克思主义从兴起到发展及法西斯主义的狂澜和倾覆，见证了西方社会历史的巨大变革。1933 年希特勒在德国上台后，研究所被查封，学派成员大多流亡海外，并于 1934 年在纽约恢复研究所，1949 年后重回联邦德国。

　　法兰克福学派的发展历史可简要划分为三个阶段。第一阶段从 1923 年到 1949 年，为法兰克福学派的创立时期和早期。在此期间，法兰克福学派逐步发展和建立起自己的社会批评理论，开始对发达资本主义社会进行全方位的文化批判。第二阶段从 1950 年至 1960 年年末，为法兰克福学派的鼎盛时期。法兰克福学派在该时期发展了自己的社会批判理论，进一步强调辩证的否定性和革命性，深刻揭示了现代人的异化和现代社会的物化结构，表现了意识形态、技术理性、大众文化、大众传播等异化的力量对人的束缚和统治。第三阶段即解体阶段，从 20 世纪 70 年代起，由于阿多诺、霍克海默和马尔库塞等人的相继去世，加上社会批判理论自身的局限性，尤其是第二代主要代表人物之间存在严重分歧，法兰克福学派不可避免地走向了衰落。④

　　社会批判理论是法兰克福学派的思想理论基础。早在 1931 年，霍克海默就提出要开创一种把哲学理论和经济理论结合起来直接进入社会现实批判的"新型理论"，1937 年正式提出"社会批判理论"的主张，并将其与马克思主义等同起来使用。其核心在于把"批判理论"与所谓的"传统理论"对立起来，

---

① 赵勇：《整合与颠覆：大众文化的辩证法——法兰克福学派的大众文化理论》，1 页，北京，北京大学出版社，2005。

② 潘知常、林玮：《传媒批判理论》，56 页，北京，新华出版社，2002。

③ ［美］罗杰斯：《传播学史——一种传记式的方法》，殷晓蓉译，97 页，上海，上海译文出版社，2005。

④ 潘知常、林玮：《传媒批判理论》，57 页，北京，新华出版社，2002。

从而对传统理论进行反抗，对资本主义现存社会进行全面批判与否定（表6.1）。

表 6.1　批判理论的特点

优　点	缺　点
1. 明确的价值批判立场	1. 过度主观价值化
2. 明确的政治意识导向	2. 泛政治意识化
3. 通过理论研究改变现实世界	3. 理论缺乏科学基础，建立在主观观察的基础之上
4. 提出媒介控制和所有权的问题	4. 用以证明的工具缺乏科学性

第二节　社会批判理论

　　社会批判理论是法兰克福学派的核心理论，也是媒介批评宏观理论的基础。社会批判理论的发展虽然各不相同，学派理论学者的研究取向也各有差异，但"批判性"是其理论的核心范畴。

一、社会批判理论的内涵和特征

　　1937年，霍克海默发表了被称为社会批判理论宣言的《传统理论与批判理论》，同年，他又与马尔库塞发表了《哲学与批判理论》，确立了"批判理论"这个术语的重要意义，并指出了新型的"批判理论"与以往的"传统理论"在思维方法、逻辑结构和社会结构等方面存在的各种不同。

　　法兰克福的社会批判理论是对欧洲自笛卡儿以来的近代科学主义传统的反思和批判。归纳起来看，社会批判理论的核心就是批判以征服和支配自然为出发点，以科学知识万能和技术理性至上主义为特征的工业文明主导的文化精神，而其核心在于马克斯·韦伯所说的工具理性即技术理性。社会批判理论所针对的并强烈加以批判的正是科学主义至上的资产阶级现代性。正如霍克海默所指出的："传统理论，即借助于继承来的概念和判断手段对材料进行的判断性考察，发挥着肯定的作用"，"概念和判断工具不但可能是当代文化总体的一部分，而且也可能是更正当、更分化、更和谐地组织起来的文化总体的一部分"。① 这种"传统理论"正是现代资本主义社会结构与技术发展的产物。因此，批判理论的目的就是对这种"传统理论"进行批判，从而对资本主义的技术理性进行否定。

批判理论的本质特征，首先在于提出理论与行动、主体与客体相互作用的理论形态，有意识的社会批判是社会发展的组成部分，批判理论本质上是一种社会实践。其次，批判理论是批判性的，强调对现存社会的否定与怀疑，与现存社会始终保持着一种对抗性关系。就此而言，社会批判理论与马克思的精神是有内在联系的。再次，批判理论是一种跨学科的理论，它融汇了社会学、人类学、政治经济学、心理学、神学、美学、哲学、法学等诸多学科领域。这些多学科的综合运用不是为了形成一种抽象的理论，而是直指社会问题，对现存的社会进行批判，故而批判理论的实质就是社会批判。最后，批判理论所涉及的批判对象是资本主义社会结构及其意识形态，以期为人类的理想建立理论的依据，为人类合理社会的存在进行严格的理论辨析。

总之，批判理论以其明确的价值立场和批判精神，对资本主义社会的哲学理论、政治社会问题、文化形态以至日常生活等维度进行全方位的反思和批判。法兰克福学派的社会批判理论实践在西方学术界产生了巨大的影响，成为社会文化研究的中心话语之一，并产生了一大批关注社会现实问题的学者。

二、社会批判理论的主要代表人物

法兰克福社会批判学派的核心人物有霍克海默、马尔库塞、阿多诺、本雅明和哈贝马斯等。其中与媒介批评有关的理论，主要有从大众文化理论角度、大众媒介的媒介文化批判理论以及由霍克海默和阿多诺提出的"文化工业"理论。下面对主要人物及其观点加以介绍。

(一)霍克海默

马克斯·霍克海默，法兰克福学派的创始人。他先后在慕尼黑、弗莱堡、法兰克福大学研究哲学，1925 年起在法兰克福大学任教，1931 年出任法兰克福大学社会研究所第二任所长。主要著作有《传统理论和批判理论》(1937)、《启蒙辩证法》(与阿多诺合著，1947)、《工具理性批判》(1967)、《批判的理论》(1968)和《社会哲学研究》(1972)等。霍克海默推崇马克思主义的批判理论，系统提出社会批判理论，与阿多诺共同提出"启蒙辩证法""文

---

① ［德］马克斯·霍克海默：《批判理论》，李小兵等译，183 页，重庆，重庆出版社，1989。

化工业"等概念，从而确立了法兰克福批判学派的基本理论方向。

(二)阿多诺

西奥多·阿多诺(图 6-1)，德国著名哲学家、美学家、社会学家，于 1921 年进入法兰克福大学攻读哲学、心理学和音乐，是法兰克福学派第一代主要代表人物，社会批判理论的奠基者。主要著作有《启蒙辩证法》(1947)、《新音乐哲学》(1949)、《多棱镜：文化批判与社会》(1955)、《否定的辩证法》(1966)和《美学理论》(1970)等。阿多诺深谙现代音乐，他的音乐批判理论在法兰克福学派社会批判理论中最具特色，阿多诺著述丰富，涉猎广泛，主要研究领域为哲学和美学。

图 6-1 西奥多·阿多诺

(三)本雅明

瓦尔特·本雅明(图 6-2)，先后在弗莱堡大学、慕尼黑大学、柏林大学和瑞士伯尔尼大学研究哲学、文学和心理学。在第一次世界大战期间，受当时思潮的影响接受了马克思主义。为了躲避纳粹迫害而长期流亡，最终在法国与西班牙边境处自杀身亡。主要著作有《德国浪漫主义批评的概念》(1920)、《德国悲剧的起源》(1928)、《弗朗茨·卡夫卡》(1934)、《作为生产者的作者》(1934)、《机械复制时代的艺术作品》(1936)、《论波德莱尔的几个问题》(1939)和《发达资本主义时代的抒情诗人》(1973)等。他提出的"机器复制时代的艺术"问题，引发了对大众文化的深刻反思。

图 6-2 瓦尔特·本雅明

(四)马尔库塞

马尔库塞(图 6-3)，1933 年进入法兰克福社会研究所，曾在哥伦比亚、哈佛、加利福尼亚等大学任教。主要著作有《理性与革命》(1941)、《爱欲与文明》(1955)、《单向度的人》(1964)和《文化与社会》(1965)等。马尔库塞的思想深受黑格尔、洛伊德和海德格尔等人的影响，同时也深受马克思早期著作的

图 6-3 赫伯特·马尔库塞

影响。从 20 世纪 50 年代开始，从事对当代资本主义社会的分析和揭露，主张把弗洛伊德主义和马克思主义结合起来。

(五)哈贝马斯

于尔根·哈贝马斯(图 6-4)，先后在德国哥廷根大学、瑞士苏黎世大学和德国伯恩大学学习哲学、历史学、心理学、文学、经济学等，以著作《公共领域的结构转型》获得教授资格，1964 年接替霍克海默担任法兰克福大学哲学系教授，成为法兰克福学派第二代的代表人物。主要著作有《公共领域的结构转型》(1962)、《理论与实践》(1963)、《作为意识形态的技术与科学》(1968)、《晚期资本主义的合法化问题》(1973)、《重建历史唯物主义》(1976)、《交往行为理论》(1981)、《现代性的哲学话语》(1985)、《作为未来的过去》(1991)、《包容

图 6-4　于尔根·哈贝马斯

他者》(1996)和《真理与论证》(1999)等。哈贝马斯的研究范围十分广泛，在哲学、社会学、政治学、传播学等领域均有重要建树，他提出的"公共领域""交往行动理论"等重要概念也产生了深远影响。

三、社会批判学派的主要理论

批判理论的范围十分广泛，其中媒介与文化的批评是其重要的维度。哈贝马斯总结了第一代社会批判理论的主要问题，包括后自由社会的统一形式、家庭社会化和自我发展、大众媒介和大众文化、沉默的抗议的社会心理学、艺术审美理论、实证主义批评和科学批判等。[①] 可见，在批评理论中，文化和媒介批判都占有重要的位置，批判理论关于大众媒介与文化的批判涉及政治、经济、艺术、审美、大众文化等方面。

(一)对现代工业文明的全方位批判，建立批判理论体系

霍克海默和阿多诺的《启蒙辩证法》的核心问题，就是揭示为什么在科学技术进步、工业文明发展似乎可以给人们带来幸福，在理性之光普照世界大

---

① ［德］哈贝马斯：《交往行动理论》，洪佩郁、蔺青译，2 卷，484 页，重庆，重庆出版社，1994。

地的时候，"人们并没有进入真正的人性完善状态，而是深深地陷入了野蛮状态"？对此，霍克海默和阿多诺以人与自然的关系为主线，以神话与启蒙的关系为核心，对启蒙理性的理论进行了全面批判。他们不仅揭示了"神话已经是启蒙，启蒙倒退为神话"的过程，而且阐明了启蒙精神的实现过程，就是进步与倒退相交织、文明与野蛮相伴生的过程。因而他们断言，启蒙精神最终走向了自我毁灭。①

如前所述，西方近代发展起来的启蒙理性的核心价值，主要是技术理性主义、个体中心主义和文明进步主义。因此，社会批判学派对近代"启蒙理性批判"的重点，一是批判虽然直接针对启蒙理性，但实际指向的是工业文明，甚至整个人类文明史。当然，批判学派并不否定人类文明，他们批判的是对科学技术、工具理性过分依赖，批判工业文明给人类带来的负面影响。二是批判理论在对技术理性主义、人类中心主义、文明进步主义的批判中，尽管确实是带有浪漫主义色彩的悲观主义文化批判，有点知其不可而为之的悲壮，但这种批判性反思精神却是发人深省的。事实上，批判理论所引发的，是人们对工具理性霸权下的价值理性被贬抑的强烈抗议。此外，从理论源流看，批判理论的立场，上承卢梭等启蒙主义思想家的浪漫主义、尼采等人的非理性主义和卢卡奇等人的早期西方马克思主义，下接福柯等人的后现代主义。可以说，无论是在西方马克思主义发展史上，还是在现当代西方哲学史上，批判理论都占有十分重要的地位。

(二)对"文化工业"的反思及批判

批判理论对于启蒙理性的工具理性、技术主义极权的反思与批判，集中体现在"文化工业"的概念上。文化工业理论是社会批判理论中最重要也最具影响力的理论，虽然阿多诺和霍克海默是文化工业概念的首创者，但这却是社会批判理论所共同关注的问题。

批判理论所指的"文化工业"包括两个层次的含义：一是指通过现代科技手段，以标准化、规模化、机械复制等工业化方式生产出来的与高雅文化对立，以电影、电视、广播、报纸杂志等大众传媒为传播媒介，具有商品性和消费性特征的文化形态，或称之为文化产品。二是指整个文化产品生产和消费的系统，在这种生产和消费背后，隐含着强大的资产阶级意识形态，凭借着这种力量，大众的自觉意识被束缚，主体性被控制和操纵，也正是在这个

---

① 王凤才：《从批判理论到后批判理论——对批判理论三期发展的批判性反思》，载《马克思主义与现实》，2012(6)。

意义上，文化工业实现了反启蒙的效果。这应该是理解文化工业含义的基本立场。

一方面，文化工业使文化和艺术沦为商品。阿多诺认为，"'工业'这个词是指事物本身的标准化，是指扩散技术的理性化，而不是严格地指那种生产过程。"①正是工业化的生产形式催生了文化工业的低俗性。文化工业充斥着标准化的情感和虚假的个性，丧失了艺术个性和自律性，不具备任何审美特征。从表面上看，文化工业似乎拉近了艺术与大众日常生活的距离，但实际上，社会大众及大众的需要都是被社会规定的，他们永远是文化工业的消费者和生产对象。由此，在文化工业的生产和消费系统中，是商业、资本和市场逻辑起关键性的作用。

另一方面，正是在这种资本逻辑的控制下，文化工业成为意识形态的工具。立足于精英知识分子的立场，批判理论学者认为，文化工业的生产和消费过程，就是意识形态输出和输入的过程，作为个体的大众纯粹是被动的接受者，是被操纵的对象。由此，人们在享受文化工业带来的享受性和娱乐性的时候，却被隐藏在其中的资产阶级意识形态潜移默化了，资本主义的意识形态彻底操纵了大众的身心甚至潜意识。

例如，当代文化研究学者王晓明指出的媒体对"成功人士"的虚假建构，他称之为"半张脸的神话"。他认为，大众媒介建构了所谓的"成功人士"，他们通常是中年男性、衣冠笔挺，拥有豪车豪宅、海外留学背景，清晨怀揣待签的商业合同出门，总不忘与自己美丽的太太吻别，周末则打几杆高尔夫，或去歌剧院听歌剧、交响乐……在产品广告等各类大众传媒形态中，这类"成功人士"的形象频频出现。但是，他的其他生活呢？作为现代人必须要关心的事情，如人的自由、社会的公正、艺术的创造等，他们好像无暇顾及。那么，他们的另半张脸在哪里？② 由此，可以看出，正是作为文化工业的媒介，通过所有可能的方式，从而建构了资本社会的"成功人士"的形象，而这正是批判理论所要揭示的文化工业的意识形态控制问题。不得不承认，批判理论冷峻地揭露了资本主义意识形态的虚假性以及文化工业对这种意识形态建构的作用。

批判理论对"启蒙理性"持有强烈的批判态度，认为"启蒙理性"带有很强

---

① [德]西奥多·阿多诺：《文化工业再思考》，见陶东风、金元浦主编：《文化研究》，1辑，天津，天津社会科学院出版社，2000。

② 王晓明：《半张脸的神话》，27页，桂林，广西师范大学出版社，2003。

的工具主义倾向。这样的倾向，一方面成功塑造了现代工业文明，大大提升了人类掌握自己命运的力量；但另一方面，"启蒙理性"的工具主义取向在追逐效率和利益的同时，深化了马克思所说的"人的异化"的危机。在现代工业社会中，人在和机器的关系中成了奴隶，启蒙将人类从神学中解放，却把人投入"工业化奴役"的炼狱。在这样的观点下，阿多诺等批评学者并不承认文化工业作为大众文化的大众性，反而认为文化工业具有"非人性化"倾向。

由此，总体上看，批判理论对文化工业坚持的是全面否定的立场，在他们看来，这也与"文化工业"本身的特点密切相关。就现实而言，文化工业的生产与技术尤其是与传媒技术的发展紧密相关。此外，文化工业不是由个体脑力劳动者完成，而一般以平民资格和身份参与生产，产品完全适合大众口味。同时，作品的受众也是消费市场的大众，他们具有整齐划一的同质性，消费需求也非常接近。这样，大众文化的生产过程和工业社会的其他生产类似，都强调生产的可复制性和效率优先原则等，这样就可以同时满足大众的统一需求，这种文化缺少精英文化精雕细刻的生产过程，带有明显的快餐文化的特点。如上所述，大众文化中隐含着的商业化和意识形态控制的危机正是批判理论所关注的根本问题。

(三)对"公共领域"的论述与批判

于尔根·哈贝马斯的思想更多的是对早期社会批判理论的不断反思和深化。哈贝马斯的理论视野非常开阔，甚至突破了学科之间的界限，跨越多个领域。其理论主要集中在语用学理论、交往理性理论、社会理论、话语伦理学和政治理论等领域，并且形成了自己独特的理论思维逻辑。哈贝马斯关于"公共领域"理论的论述与批判，成为后期批判理论的重要理论基础，特别是公共领域理论关于大众传媒与政治的关系的讨论，不但是公共领域研究的重要范畴，也是媒介批评所关注的主要问题。

在哈贝马斯看来，所谓公共领域是指那些允许市民进行公开和合理的辩论以形成公众舆论的社会机制。辩论可以面对面进行，可以通过信件往来和其他书面交往方式进行，还可以以杂志、报纸和电子形式为交往媒介。理想地说，公共领域应当对所有人敞开，而一致意见应当通过更好的论据的力量来获得，而不是通过自然力量的运用或威胁来获得。哈贝马斯在于 20 世纪60 年代发表的《公共领域的结构转型》中就探讨了公共领域的历史。对公共领域的关注也突显了民主和交往理性观念在其思想中的基础性地位。

在公共领域中，个体公民聚集在一起，共同讨论他们所关注的公共事务，从而形成某种接近公众舆论的一致意见，并组织对抗武断的、压迫性的国家与公共权力形式，从而维护总体利益和公共权利。当公民以不受限制的方式进行协商时，作为一个公共团体行事，也就是说，对于涉及公众利益的事务有集会、结社的自由和发表意见的自由。显然，在一个规模很大的公共群体中，这种交流需要特殊的手段来传递信息并影响信息接收者，如报纸、杂志、广播和电视，乃至目前社会公众普遍使用的互联网等，都是公共领域的媒介。

从 20 世纪 80 年代开始，公共领域与大众传播媒介的问题得到普遍关注。英国学者彼得·达伦格指出，现代社会的文化环境有三大特点：一是认同多元化；二是社会关系表面化；三是符号环境媒介化。他认为这三点都与电视和公共领域有关。① 当然，在今天，互联网和手机等新兴媒体对公共领域的形成无疑产生了更巨大的影响。在此背景下，哈贝马斯的"公共领域的结构转型"引发了理论界的关注。

在西方自由主义观念看来，大众传播媒介是民主社会的基本组成部分，大众媒介独立、开放，价值中立，它在监督和批判的同时行使参与权，在社会民主政治中扮演着重要的角色。但是，市场化使得传统的国家、媒介与公众的结构关系受到了挑战。大众媒介如何发展，如何在政治参与中继续保持作用，这些问题引发了学者们的争论。哈贝马斯的公共领域理论因此受到了普遍关注。

哈贝马斯对"公共领域"的发展历史做了回顾。公共领域理论概念起源于奴隶制时期雅典广场的政治集会，当时的自由民有权参与民主讨论。可见，公共领域是建立在自由发表意见与自由对话之上的，与私人领域泾渭分明。18 世纪，随着资本主义的发展，资产阶级作为新的政治阶级的产生，使得资产阶级的公共领域得以形成。资产阶级的公共领域指的是当时的咖啡馆、报纸、出版机构、图书馆、大学及博物馆等。在这些场所和领域中，人们平等交流、自由发表意见，对公共事务的决策也依照多数原则。以公共领域为基础的公众舆论形成了一种新型的社会政治力量。但是，随着 19 世纪末期资本主义向垄断资本主义的发展，社会财富不断分化，社会分配不平衡加剧，从而产生了公共领域的不平等，国家和私人开始对大众媒介进行控制，导致了公共领域的"再封建化"。显然，在哈贝马斯看来，大众媒介的民主功能自 18 世纪以来就不断下降。垄断资本主义形成后，公共领域被意识形态所操

---

① Peter Dahlgren, *Television and the Public Sphere*：*Citizenship*, *Democracy and the Media*, London：Sage Publication, 1995, p. 72.

纵，为资产阶级所控制，公共领域话语不是讨论而是被管理，公众因此也从文化批判走向文化消费。

总之，哈贝马斯的公共领域的结构转型的核心思想，概而言之，就是资本主义这个当时作为资产阶级公共领域的催生力量，现在又亲手摧毁了这个公共领域。哈贝马斯公共领域理论的核心是民主政治，其特征为公共领域能够逃避国家和市场的制约。然而，在资产阶级民主下的大众传播媒介并没有摆脱国家和市场的制约，反而阻碍了政治民主的运行。这也是哈贝马斯公共领域思想极富批判性的地方。

从批判理论的根源去分析，在哈贝马斯看来，由霍克海默和阿多诺等人提出的基于启蒙的批判的"启蒙辩证法"也是过于悲观，无法求证的。早期批判理论认为，"启蒙不仅没有把人类从自然界解放出来，相反，它禁锢了作为自然之一部分的人。想要经济繁荣、物质丰富，得到的却是贫穷和苦难；想要道德进步，得到的却是向野蛮、暴力与偏狭的退化。"①哈贝马斯在《公共领域的结构转型》中也对这样的批判理论提出了建设性的批判。

正如哈贝马斯自己暗示的那样，这样一个痛苦的过程用"转型"而不是"毁灭"或者"化为乌有"这样的词更能达意。在哈贝马斯看来，晚近的西方资本主义世界对西方理性主义的坚持始终存在，"社会现代化""文化合理化""生活方式"是西方理性主义的表现形式②，而且，这样的理性主义被认为是普遍的。也正是有这样的认识作为前提，哈贝马斯将资产阶级公共领域的起源追溯到古希腊的城邦政治，指出了在现代国家和公民社会出现之后，公共领域的范围急剧扩大，而其功能则走向衰落。哈贝马斯在中世纪的封建领主、宗教精神领袖、贵族阶层当中寻找公共领域的存在。在资产阶级兴起之后，一些学者认为公共领域是衰落的，甚至是不复存在的。但哈贝马斯则认为，在这样的过程中，旧的公共领域在衰退的同时，资产阶级的公共领域却以不同于传统的方式崛起，并为这样的一个新兴的公共领域确立起它的观念和意识形态。因此，公共领域的概念被界定为："那些允许市民之间公开的和合理的辩论以形成公共舆论的社会机制"③，公共领域在资本主义社会的背

---

① ［英］芬利森：《哈贝马斯》，邵志军译，7页，南京，译林出版社，2010。

② ［德］哈贝马斯：《哈贝马斯精粹》，曹卫东选译，4～14页，南京，南京大学出版社，2004。

③ ［英］埃德加：《哈贝马斯：关键概念》，杨礼银、朱松峰译，124页，南京，江苏人民出版社，2008。

景下被界定为一种形成一致意见的社会机制，这样一种机制的运作是离不开媒介的。

在哈贝马斯看来，公共领域的概念或者说是理性主义的观念发生的变异与偏离，是我们对传统背离的结果。从本质上看，哈贝马斯对启蒙时代的价值理念和理性是持肯定立场的，对西方传统中重要的公共领域的概念是有信心的，只不过目前所要经历的是"转型"的过程。或者说，这样的转型在历史上已发生过一次，这就是自启蒙以来的对于传统公共领域的变革，但在他看来，这次变革的结果，并没有完成，是不尽如人意。因此，作为现代性未竟的事业，新的转型就成为必须了，而这次转型的方向，在哈贝马斯看来就是重归启蒙传统，重归理性主义的传统，也就是在此回到启蒙。

哈贝马斯的思想是复杂和变化着的，在论述了公共领域的问题之后，在这样一种宏观机制设置之外，哈贝马斯通过重拾古典，阅读实用主义著作和语言行为理论，坚定了自己的目标，由此"哈贝马斯不再谈论公众的'痴呆化'和布尔乔亚公共领域的优越性而是深入研究交往理论"。① 他的研究的结果就是作为其代表作之一的《交往行为理论》。自此，哈贝马斯的思想进入了另一个新的层面，理性主义、价值判断与选择等概念继续伴随着他的思想，但所指与所用已经发生了变化。

哈贝马斯的主要成就在于他的"公共领域"理论。"公共领域"概念打破了学科之间的界限，在一个广阔的视野里探讨问题。"公共领域"的建构需要大众媒体的参与，大众媒体是"公共领域"的重要组成部分，但随着资本主义的发展，公共领域遭到了政治领域和商品经济领域的双重侵蚀。② 由此可以看到，哈氏的媒介批评主要集中在意识形态和商业对媒介的侵蚀。因此，哈贝马斯非常注重大众媒介对于"公共领域"建构的意义，在《公共领域的结构转型》和《交往行为理论》中，哈贝马斯继续坚持通过改善"传播的合理性"来实现社会变革的理论观点。

四、社会批判理论的媒介批评

作为西方马克思主义的重要流派，法兰克福的社会批判理论思想深深根植于马克思主义理论中。但有所不同的是，批判理论对经济决定论的突破并没有导致他们回到保卫马克思的老路。而是在经济决定论之外寻找批判理论

---

① [法]麦格雷：《传播理论史——一种社会学的视角》，刘芳译，167 页，北京，中国传媒大学出版社，2009。

② 董璐：《传播学核心理论与概念》，333 页，北京，北京大学出版社，2008。

的视角，试图从根本上修正马克思的阶级意识理论和意识形态理论，从而展开对资本主义文化的批判。

马克思早期的异化理论无疑是社会批判理论的逻辑起点，在批判理论家看来，马克思的"经济基础决定上层建筑"理论只是出自于对前工业社会的考察，在资本主义进入后工业社会之后，暴力与强权已经被文化的控制所取代。因此，亟待找到较之"经济基础决定上层建筑"更具说服力的、关于文化的相对独立作用的考察视角。因此，批判理论把目光投向了文化世界。

在法兰克福学派看来，真正的文化世界必须包含"否定"与"对幸福的承诺"两大要素。但是，在"异化"的文化世界中，这两点却丧失殆尽。他们发现文化世界就是异化世界，也就是"文化工业"的世界，因此，文化就是意识形态。这也正是无产阶级丧失革命意识而被"富裕社会"同化的根源之所在。于是，他们回到了马克思早期的异化理论，并且发现马克思仅仅看到生产过程的异化，而没有看到消费过程的异化。他们进而强调异化的"多面性和无所不在性"。也就是说，异化表现在生产过程、生产关系和意识形态之中，还表现在人和自然以及人和自身的关系之中。

异化对人的束缚与统治已从政治压迫和经济剥削转向各种普遍的、异己的文化力量，对人的自由束缚的资本主义生产方式，不仅导致了过度的、满足着"各种虚假的需要"的物质制造，而且也导致了文化的异化，并因此形成了特定的文化世界。它千篇一律丧失了自主的性格也根本无从完成"颠覆""否定"和"救赎"的历史使命。

正是在关于"文化异化"的论述中，批判理论认为，大众传播媒介无疑具有推波助澜的作用。作为文化的生产工具，大众传媒无疑加速着文化的全面异化。大众传媒作为世界所构建的正是这样一个全面异化的文化世界。因此，法兰克福学派率先关注作为"文化工业"的集中体现的大众传媒，并且提出了"媒介控制理论"。

具体来说，批判理论的媒介控制思想，首先体现在对"媒介的被控制"即"谁控制着媒介""为何控制"以及"媒介控制什么""媒介如何控制""控制的后果"等问题的考察上。媒介的被控制是指国家对媒介进行的控制，媒介的控制指的是媒介作为国家权力的一种舆论控制工具对社会进行的控制。前者是国家对媒介的控制，后者是国家通过媒介对社会的控制。国家对媒介的控制是对社会进行控制的前提，或者说，媒介的控制不过是国家对社会实施整体控制的一个手段而已。批判理论认为，在现代发达资本主义社会中，国家权力对媒介的控制非但没有减弱，反而进一步加强了。事实上，西方媒介发展的现实不断证明，大众媒介完全受国家权力和经济权力的控制，它的功能是在国家控制下发挥的功能，它的力量就是国家的力量。

其次，批判理论还认为，媒介是国家加以利用的维护意识形态、传递统治阶级意志的工具，甚至它本身就是意识形态，并直接履行着意识形态的社会控制职能，从而维护着国家统治的合法性。

批判理论认为，媒介之所以会成为意识形态，主要有两大原因：一是因为媒介具有操纵性，即媒介对人的操纵和控制功能。二是因为媒介具有虚假性和欺骗性。基于此，法兰克福社会批判理论的媒介控制思想主要体现为一种意识形态的批判。相对于国家对媒介的控制的关注，他们更多地将其理论目光聚焦在媒介对社会的意识形态控制上。

批判理论所指的意识形态控制，主要包含两种意义：一是作为意识形态工具维护意识形态；二是作为意识形态维护国家统治。大众传播媒介的工具化，就是媒介充当了维持政治统治和经济利益合法化的工具。由此，媒介的工具化作用主要体现在促进和维护社会思想的同一性上。而媒介的意识形态的虚假性和欺骗性，则主要体现在制造普遍利益和特殊利益的虚假统一，制造虚假需求美化、幻化现实，并由意识形态的大众媒介构筑起一个在统治者控制之下的全封闭的社会体系。在这个体系中，个人头脑中的批判性思维被剥夺，对现状的否定转变为对现状的肯定，个人的意识融入并等同于社会意识，甚至对儿童的直接影响也由媒介取而代之。总之，人成了媒介的奴隶。每个人都不是作为"我"存在，而是作为"我们"而存在。

法兰克福社会批判理论开创了媒介批评理论的先河，为媒介研究做出了历史性的贡献，并深刻地影响了此后各种学派的媒介和文化研究取向。就媒介批评研究本身而言，把大众传播研究从微观的效果研究中解放出来，从而引入社会文化批判的视野，建构了媒介批评理论的基础，可以说，这也是社会批判理论的最大贡献之处。

不同于大众传媒的微观研究、实证研究和实用性的研究，法兰克福学派批判理论所开创的批判思路认识到了由大众传媒导致的对社会大众的控制问题。社会中的每个人几乎都难以逃脱媒介的操纵和控制，由此，他们看到了貌似自由但实际并不自由，貌似主动实际却是被动的现实。更为严重的是，批判理论认识到，受"欺骗"的大众浑然不觉自己受骗，反而自觉地相信了意识形态所宣扬的一切，从根本上揭示了大众传媒对人的精神奴役和全面控制，从而完成了对大众传播经验学派的视界超越。

当然，法兰克福批判理论的局限性也是显而易见的。囿于意识和精神领域的理论分析，缺乏充分的实证和经验依据，只是理论的批判而不是实践的批判等便是他们屡遭诟病的主要所在。而且，他们将对意识形态的批判转换为对某些可能产生消极影响的部门的批判，为此甚至不惜把意识形态的内涵无限扩大，不惜将现代科技、现代理性也包括进来，但却因此而忽视了对一般意识形态的正面探索。

还值得注意的是，20世纪上半叶的德国和美国是法兰克福学派社会批判理论各成员的主要居留地，纳粹德国建立的法西斯社会和战后美国发展形成的垄断资本主义消费社会都给他们提供了现实的真实状况，构成了他们分析大众文化和大众传媒的典型语境。面对收音机时代与德国的硬性宣传以及面对电视的时代与美国的软性传播，他们毫不犹豫地在两个大陆高举起批判的旗帜。在20世纪30年代，他们对法西斯宣传进行批判；40年代，则转向对大众文化的批判。但是，由于批判理论看到的更多的是大众传媒的负面影响，因此，批判理论又陷入非此即彼的情境。其结果是只看到了文化受意识形态控制的一面，却没有看到文化挣脱意识形态控制的努力。

批判理论悲观地展示了大众传媒对社会控制的绝望的一面，而没有展示大众传播给人们带来希望的一面。乃至于批判理论提出的只有高度审美的人才能拯救文化世界，这更是隐含了批判理论所持的精英主义文化立场对受众的主观能动性的极大不信任和忽视。

第三节　意识形态批判

人是有意识的存在，人的意识与社会存在之间具有密切的关系。意识形态概念是马克思主义理论的主要范畴。关于"意识形态"概念的起源，雷蒙·威廉斯在《关键词》中通过详细考察，认为英文的"Ideology"出现于1796年，由法国哲学家特拉西从法文新词翻译过来，该词最初的含义是"观念学"，当时的观念学强调感觉在知识构成上的重要作用，并且观念学家确信通过单纯地改造观念便可变革社会。正是在对基于观念形态认识的批判中，马克思主义意识形态学说确立了自己的理论体系，意识形态成为马克思主义理论的主要理论构成。马克思主义理论认为，观念学家所认为的意识形态是一种错误地认为观念可以独立存在并发挥作用的观点，因而不能真正抓住社会－历史生活的状况和特征加以全面解释意识形态的学说。马克思和恩格斯对意识形态所产生的革命性影响，主要在于他们认识到意识形态的本质在于其实践性功能，即对整个社会生活所形成的欺骗性或神秘化的功能。

一、意识形态理论的内涵

作为马克思主义理论范畴的重要概念，在马克思主义的解释中，"意识形态是在一定的经济基础上形成的对世界和社会的系统的看法和见解。意识形态包括政治、法律、艺术、宗教、哲学、道德等思想观点，它是上层建筑的组成部分，在阶级社会中具有鲜明的阶级性，为一定的阶级服务。因此，意识形态也叫作观念形态。"马克思主义把意识形态看成是"一种某个阶级特有的信仰系统"，同时也认为意识形态是"一种可能与真实的或科学的知识相矛盾的幻想信仰系统，即伪思想或伪意识。"[1]

马克思主义意识形态理论的本质，是马克思主义的社会存在决定社会意识这个根本性的命题。因此，当把某种意识形式称作意识形态时，就不仅是对它的具体内涵进行肯定或否定，而且还要在一个总体性的联系中对其进行阐释。马克思在指出世界的物质性的同时，指出人的意识的存在，认为物质决定意识，社会存在决定社会意识。人的存在是有意识的，这种意识不是人的自然属性，动物对周围环境的反应是基于"刺激—反应"机制的，所以并不会形成对环境的能动的意识。而人的存在是自然与社会的共同作用，基于自然属性的人的实体在社会中获得人的存在，而社会在人的重要表现就是人的意识。人的意识是一种能动的存在，在物质(社会存在)决定意识(社会意识)的同时，意识(社会意识)也指导着人能动地认识和改造物质世界(现实社会)。所谓的意识则包括政治的、法律的、宗教的、艺术的或哲学的总和，意识的"指导"作用是意识控制的指向，意识的产生过程也被纳入控制的范畴，这就构成了马克思主义"意识形态"概念形成的基本逻辑。

马克思主义意识形态理论之所以会产生重要影响，一方面，是马克思看到了意识形态的本质在于它的虚假性和欺骗性，由此意识形态与现实实践被密切地联系起来。马克思主义的意识形态概念是为阶级斗争服务的，是基于对资产阶级的批判而展开的。他在《德意志意识形态》中写道："统治阶级的思想在每一个时代都是占统治地位的思想。这就是说，一个阶级是社会上占统治地位的物质力量，同时也是社会上占统治地位的精神力量。"[2]所以，在指出意识形态作为人们"系统的看法和见解"的存在的内涵之后，马克思恩格斯在阶级的基础上，提出了它因来源于被控制从而具有的虚伪性，即资产阶

---

① 李岩：《媒介批评：立场、范畴、命题、方式》，134页，杭州，浙江大学出版社，2005。

② 《马克思恩格斯全集》，3卷，52页，北京，人民出版社，1972。

级所宣扬的意识形态最终成为控制人民的工具。至此，马克思恩格斯将资本主义的意识形态作为斗争的对象在人民大众的对立面树立起来了。在论述资本主义对意识形态进行控制时，马克思将大众传播媒介特别是报纸作为重要的形式。在对德国青年哲学家施蒂纳的批评中，明确指出了报刊及其怪论对不合理的现实政治的掩盖和维护，① 而不合理的现实政治也正是马克思所关注的最为核心的虚假的意识形态。

另一方面，马克思主义认为，意识形态是对意识和现实的根本颠倒，其目的在于掩盖现实中的矛盾和冲突，其动力则来自于对特定阶级利益的维护。马克思的意识形态概念在被纳入阶级斗争范围之外，还有重要的或者说更为普适的一部分，是关于意识形态和现实之间的关系，意识形态源起于现实并描述现实，但并不是现实本身，这一洞见被其后由西方马克思主义者继续发展，成为西方马克思主义思潮的重要流派。

西方马克思主义对意识形态理论加以发展。特别是在意识形态的归属和意识形态的合理化方面有所突破，这两方面的问题也是媒介批评所关注的重要方面。西方马克思主义的研究并不仅仅局限于媒介的意识形态理论，其所产生的影响还包括政治、经济、社会、文化全局的。

在西方马克思主义看来，意识形态的概念回归到了康德对现实和认识两者关系论述的层面。意识形态被认为塑造和构建了我们对现实的认识，不能用真实或虚假的标准来衡量，更不能用阶级的概念来审视。因此，对意识形态的批判回归到通过对塑造和构建过程的分析，揭示现实的存在与意识形态的关系，或者说，意识形态如何通过这样的过程来控制人们的存在。此时，意识形态的形成和控制阶段参与的因素就不仅仅是阶级的因素，诸如科学技术、宗教信仰、商业文化、人的精神等都参与了意识形态及其控制的构建过程，或者也可以说是诸多因素和意识形态的"同构"过程。

西方马克思主义者对意识形态概念内涵的发展成为意识形态理论批判的主流，也成为西方马克思主义思潮具有基础性意义的理论。以下要介绍的媒介意识形态理论也是西方马克思主义意义上的意识形态理论的构成，将控制者如何运用非直接的、非对抗的、非暴力的手段占据支配地位并获得自身利益作为探讨的重点。关于马克思主义媒介意识形态理论的探讨，本节则重点介绍西方马克思主义意识形态分析理论中的代表人物葛兰西和阿尔都塞的意识形态理论。

---

① 《马克思恩格斯全集》，1卷，417~418页，北京，人民出版社，1972。

二、葛兰西的"文化霸权"理论

在西方马克思主义对意识形态理论的发展中,产生重大影响的是葛兰西关于"文化霸权"(又称文化领导权理论),这也是对马克思的"意识形态合理化"的内涵的具体阐释。

安东尼奥·葛兰西(图 6-5)是意大利马克思主义革命家,1891 年出生于意大利,1911 年前往都灵求学,并加入了社会党,担任都灵社会周报《人民呼声报》主编。1919 年,与他人一起创办了《新秩序》周刊,宣传马列主义。1921 年退出社会党,创建意大利共产党,并于 1924 年担任总书记直到被捕。在监狱里葛兰西并没有停止思考文化、革命、解放等问题,写下了长达两千多页的札记,后以《狱中札记》出版。葛兰西的著作在马克思主义的基础上展开讨论,但也有对马克思主义的不赞同甚至是反对的意义,他的思想是对马克思主义的"反叛的补充"。

图 6-5 安东尼奥·葛兰西

葛兰西的对马克思意识形态理论进一步发展的"文化霸权"理论在学术界被广泛接受。"文化霸权"理论"致力于去理解统治集团如何通过大众的同意来组织他们的统治。但这其中充满着斗争、谈判、妥协与让步。这样,统治者与被统治者之间就不是简单的单向的压制与被压制的关系,而是一个动态的相互制约的过程,统治者也会不断受到挑战。"①

首先说"霸权"的含义。"霸权"在汉语语境中的含义带有强烈的情感倾向,经由古典马克思主义霸权理论的解读,在文化研究中成为批判文化殖民主义立场的主要概念。但在葛兰西这里,所谓的霸权其实就是文化的"领导权",葛兰西所谓的"文化霸权"指的是社会集团、阶级、国家之间存在的领导、支配和被领导、被支配关系的文化机制。霸权结构中的支配与被支配关系并非决然对立的二元关系,而是具有平衡性、互动性和间接性的特点。当然,"霸权"用以分析国家、阶级之间的经济、政治、军事、文化关系的理论也起源于马克思,在那里已经具有了文化领导权的含义。由此,葛兰西的

① 何磊:《葛兰西与文化研究》,2 页,北京,中国社会科学出版社,2011。

"霸权"的含义，就包含着统治阶级为获取被统治阶级的认同而采取的形形色色的手段，因此，意识形态就是其中重要的组成部分，也被他界定为一种"含蓄地表现于艺术、法律、经济活动和个人与集体生活的一切表现之中"的世界观。①

因此，霸权在葛兰西的话语中是统治阶级、统治意识形态对自己地位与利益维护的一种能力以及这样的一个过程与情境。在他的理论阐释中，文化和意义的问题不是简单的经济基础与上层建筑之间的关系问题，于是，马克思关于社会结构的经典分析模式被改变了。"马克思主义关于社会结构的分析模式是经济基础－上层建筑－意识形态；葛兰西的模式是经济基础－意识形态－上层建筑"。② 因此，统治阶级在思想意识上维系霸权统治，使被支配者在思想上自愿认同文化霸权，成为建构霸权平衡性、互动性、文化性的目标。

因而，意识形态成为社会的统治阶级维系其统治权的策略，统治阶级利用教育机制和教育方式、文学、影视艺术作品等大众传媒以及集会、宗教、语言、阶级之间的交流等隐性方式，将意识形态内化为各个集团普遍接受的常识，建构标准性的或支配性的文化观念，从而对被统治者建立起文化领导权和意识形态领导权，并不断维持和强化，最终使其在一定时期内成为超越阶级意义上的人的行为准则和标准性的常识。可见，葛兰西在分析意识形态的本质时，认为大众传播媒介在意识形态建构中起重要的作用。

其次，在葛兰西的文化霸权理论中，对社会概念的分析，主要指由市民社会和政治社会两部分组成。政治社会指的是国家，是一种强制力的体现，指国家和政府政治活动领域；市民社会则是指除国家之外的其他社会参与者，大众传播媒介也属于公民社会，是一种服从性的力量。但同时也包括对抗、妥协等力量。与马克思主义以经济关系界定市民社会不同，葛兰西的市民社会概念在经济决定论的基础上，更强调其在形成社会文化和参与社会政治中的作用。在他的理论中，市民社会是被当作上层建筑的一部分，在论述社会斗争和权力分离时，葛兰西直接用"霸权（市民社会）和权力的分离"作为

---

① ［意］安东尼奥·葛兰西：《狱中札记》，曹雷雨等译，237 页，北京，中国社会科学出版社，2000。

② 李岩：《媒介批评：立场、范畴、命题、方式》，44 页，杭州，浙江大学出版社，2005。

标题，① 同时，教会、学校、工会等也被认为是由"市民社会"产生的机构。②

葛兰西对市民社会概念的拓展，使之与社会政治的概念相联系，指出在上层建筑领域中，市民社会在意识形态形成过程中的参与性，无论这种参与是积极的还是消极的。在资本主义社会中，资产阶级的统治地位在暴力机构的强制力之外，还有对意识形态的掌控和领导权，并通过大众媒介的宣传使民众接受维护统治阶级的意识形态，这背后也是权力的体现，在葛兰西看来这就是文化霸权的体现。

需要指出的是，葛兰西在指出资产阶级意识形态的宣传并使民众接受霸权的同时，提出这一过程需要被支配者的参与并在一定程度上赞同。意识形态领导权被垄断之后，在意识形态的形成过程中会有支配者与被支配者的冲突、协商、妥协过程，这不同于马克思主义的意识形态理论的决定论观点。这样的观点为考察特定阶级的媒介如何宣扬意识形态以及如何形成"社会合意"提供了重要的理论视角。

最后，葛兰西认为意识形态的形成是支配者和被支配者"合谋"的结果。在现实生活中，统治阶级可以通过媒介宣扬代表自身利益的意识形态，在言说中将阶级利益诉求到社会层面，将自己的利益说成是他人的利益，或者说成是普适的、全民的利益，从而掩盖了其中的权力事实，使得更容易被民众接受。这样一个言说过程是公民社会参与的过程，被支配者可以选择接受或者拒绝某种意识形态，支配者会根据情况调整自己的诉求，在被统治者无意识地接受或者有意识地协商接受后，阶级的意识形态上升到社会的普遍意识形态，完成一个文化霸权的施行过程。在领导权垄断专有的前提下，统治者和被统治者完成一个"合谋"的过程，然后形成意识形态的暂时稳态直到下一次社会变革的来临并带来新的意识形态。因此，霸权的施行和公民社会主动或被动的参与在社会生活中时刻进行着。

总之，葛兰西关于文化霸权的分析对媒介批评的意义十分重大。尤其是他对文化霸权结构中的教育、文学、传媒、语言等文化和意识形态建构的作用的分析，为媒介批评提供了全方位批判媒介的重要的理论源泉。同时，对文化霸权结构内部与外部互动的关系分析又为媒介批评提供了研究的范式，

---

① ［意］安东尼奥·葛兰西：《狱中札记》，曹雷雨等译，201 页，北京，中国社会科学出版社，2000。

② ［法］阿尔都塞：《哲学与政治：阿尔都塞读本》，陈越编译，334 页，长春，吉林人民出版社，2003。

使得媒介批评可以融合结构主义与文化主义两种范式，形成相对科学的方法论体系。葛兰西的文化霸权理论提出的核心范畴阶级、种族和性别成为媒介批评的主要理论范畴。

三、阿尔都塞的意识形态理论

20 世纪 50 年代中后期，围绕马克思主义与人道主义和黑格尔哲学的关系问题法国结构主义马克思主义哲学家阿尔都塞形成了一系列思想，他对意识形态的阐释是媒介意识形态研究的重要理论基础。阿尔都塞认为意识形态是"个人同他所存在于其中的现实环境的想象性关系的再现"。[①]

路易·阿尔都塞（图 6-6）是法国著名哲学家，结构主义马克思主义的奠基人，主要著作有《孟德斯鸠、卢梭、马克思：政治和历史》《保卫马克思》《阅读〈资本论〉》《列宁与哲学》和《自我批评》等。德里达对其评价道："某些马克思主义者（显然是法国的马克思主义者和阿尔都塞周围的马克思主义者）对马克思主义所做的最为警觉和最为现代的再阐释"。[②]

图 6-6　路易·阿尔都塞

阿尔都塞认为，意识形态不同于科学，具有其独立的逻辑和规律的表象体系，如形象、神话、观念或概念体系等，是历史地存在于特定的社会之中，并作为历史而起作用，意识形态具有将具体的个人建构为主体的功能，即意识形态的主体性。意识形态一方面确实是指一系列存在的现实，但另一方面又不同于科学概念，不提供认知这些现实的手段，故此也并不说明这些存在的本质。一般认为，阿尔都塞的意识形态概念的含义包括：第一，意识形态具有构建主体的普遍功能；第二，意识形态作为生活经验是对的；第三，意识形态作为存在之真实条件的错误认知是错的；第四，意识形态涉及社会构成及其权力关系。从总体上看，阿尔都塞认为上述意识形态的内涵都是反人道主义的。

其一，阿尔都塞提出意识形态是国家机器的观点。阿尔都塞认为"马克思主义的危机"十分迫切，他对马克思主义的研究在当时的学术界也产生了

---

① 罗钢、刘象愚主编：《文化研究读本》，13～14 页，北京，中国社会科学出版社，2000。

② ［法］德里达：《马克思的幽灵》，何一译，8 页，北京，中国人民大学出版社，1999。

广泛影响，成为西方马克思主义的一种主要代表性思潮。他对马克思主义的意识形态的研究是以马克思主义的国家理论为出发点的，即在对国家政权和国家机器论述的基础上，阿尔都塞提出了"意识形态国家机器"(简称为 AIE)的概念。① 其定义是"我所说的意识形态国家机器是这样一些现实，它们以一些各具特点的、专门化的机构的形式呈现在临近的观察者面前"，阿尔都塞还为这些现实"开出了一个经验性的清单"：宗教的 AIE(由不同教会构成的制度)，教育的 AIE(由不同的公立学校和私立"学校"构成的制度)，家庭AIE，法律的 AIE，政治的 AIE(政治制度，包括不同党派)，工会 AIE，传播 AIE(出版、广播、电视等)和文化的 AIE(文学、艺术、体育等)。②

"意识形态国家机器"是相对于"镇压性"的国家机器(即通过暴力发挥功能的国家机器)的概念提出来的。在阿尔都塞看来，该观点也是对葛兰西思想的深入阐释。"意识形态国家机器"不同于单一的、完全属于公共领域的国家机器，而是多样的并且绝大多数是私人领域的组成部分，"区分开 AIE 与(镇压性)国家机器的基本差别是：镇压性国家机器'运用暴力'发挥功能，而意识形态国家机器则'运用意识形态'发挥功能"。③ "意识形态国家机器"的作用是显而易见的，"任何一个阶级如果不在掌握政权的同时对意识形态国家机器这套机器中行使其领权的话，那么它的政权就不会持久"。④

在阿尔都塞的观点中，意识形态的形成或者是如他所说的在"实践的意识形态"中，⑤ 人是有自己的有意识或无意识的参与的。这样的观点部分解释了被控制者接受非己方的意识形态的过程，一种意识形态在非镇压性的国家机器的推动下成为统治者与被统治者共享的理念。在传统马克思主义者看来，这样的过程只是意识形态"虚伪性"的表现，但阿尔都塞揭示了"虚伪的意识形态"能够达成的机制及过程。

---

① 在英语中"意识形态国家机器"被翻译为 Ideological State Apparatuses，简称为ISAs。

② [法]阿尔都塞：《哲学与政治：阿尔都塞读本》，陈越编译，335 页，长春，吉林人民出版社，2003。

③ [法]阿尔都塞：《哲学与政治：阿尔都塞读本》，陈越编译，336 页，长春，吉林人民出版社，2003。

④ [法]阿尔都塞：《哲学与政治：阿尔都塞读本》，陈越编译，338 页，长春，吉林人民出版社，2003。

⑤ [法]阿尔都塞：《哲学与政治：阿尔都塞读本》，陈越编译，19 页，长春，吉林人民出版社，2003。

其二，阿尔都塞认为，在人与意识形态的关系中存在着被控制的人的"主体性"的存在。弗洛伊德在认识个体时提出了本我、自我和超我三个阶段，其中的本我和自我阶段受到意识形态隐蔽的控制，但这样的控制不是通过显在的强制力量实现的，甚至在被控制者看来这样的控制是理所当然的。在这样的观点中，阿尔都塞看到了意识形态对人认识自己的控制及意识形态国家机器对生活其中的人的控制力量。由此，作为"意识形态国家机器"一部分的媒介在建构事件、建构个人对自己的认识等的时候是对个体主体性的控制，人在实践过程中表现出来的能力、作用和地位受制于意识形态控制，人的主体性不是为自己控制的，意识中存在着意识形态的控制，无意识也是内化了的意识形态。简而言之，意识形态建构了人的社会存在，即建构了人的社会的主体性。

阿尔都塞指出，意识形态对人的控制不是公开的，而是隐蔽的。意识形态从外部构筑了我们的"本质"和"自我"，因此，我们所说的"本质"和"自我"都是虚构的，占据在"本质"和"自我"之上的是一个拥有社会身份（文化身份）的社会存在，即一个主体性的个体。这个主体性与过去的主体性不同，他不是统一的、个性化的和独立的，而是矛盾的，并且伴随着环境和条件的改变而发生变化。

总之，阿尔都塞的意识形态理论将大众媒介作为意识形态建构的主要手段，将大众传播媒介的意识形态问题提到了媒介批评的重要位置。由此，媒介批评理论如何通过对意识形态的分析来发现媒介的内在结构，有着重要的现实意义。

第四节　大众文化研究

在社会批判理论和意识形态研究的基础上，针对具体的现实文化的发展，大众文化理论由此形成。批判理论把大众媒介当作大众文化分析的重要对象，大众文化理论也是媒介批评宏观理论的实践范畴，媒介文化研究成为大众文化研究的重要构成。关于大众文化理论的探究源于大众社会理论。那么，对大众社会理论的探讨则又是基于大众传播媒介现实的发展而展开的。因此，就媒介批评理论的系统构成而言，立足于大众社会理论的大众文化理论是其研究的现实批评的主要对象。

大众文化理论主要包括英国文化研究和法兰克福社会批判学派关于媒介文化的讨论。英国文化研究学派以威廉斯、霍尔和费斯克等为主的大众文化研究对当代文化的意义生产提出了不同看法，而法兰克福社会批判的核心概念是"文化工业"。当然，法兰克福学派的媒介批评理论不仅限于大众文化领域，"他们全面地批判了资本主义社会媒介的弊端，指出其陷入制度的深刻矛盾而难以自拔"的现实。①

一、何谓大众文化

关于大众文化的意义及其内涵，根据威廉斯等人的概括，基本上可从三个方面展开：其一，是谁及是什么决定了大众文化，它们从何而来，即大众文化是发端于底层社会，还是统治阶级加之于民众的文化。其二，如何看待商业化和产业化对大众文化的影响。商业化提供给大众以文化，还是使得文化失去了内涵。其三，大众文化扮演了什么样的意识形态角色。大众文化是统治阶级强化统治的工具，还是底层民众反抗权威的力量。对于大众文化的研究，基本上是从对这些问题的回答而展开的。大众文化源于对大众社会理论的建立，就此意义看，大众文化是在社会生产、大众生活、科学技术、文化教育发展到一定程度，并随着大众社会的形成而发展起来的文化。同时，大众文化的发展始终处于文化追求、艺术追求和商业营利的冲突中，因而需要不断地进行内容和形式的调整。此外，大众文化的意义始终处于多元性中，意义确定性作为大众文化的终极追求很难实现。大众文化在发展过程中和其他文化类型相互作用，既丰富了自己，同时也推动了其他文化形态的发展。

对大众文化的批评始于 20 世纪 30 年代后期的法兰克福社会批判学派，在某种程度上，霍克海默和阿多诺提出的"文化工业"概念成为大众文化的代名词。阿多诺认为，之所以采用"文化工业"而不是"大众文化"，是因为"大众文化的倡导者认为，它是这样一种文化，仿佛同时从大众本身产生出来似的，是流行艺术的当代形式。我们为了从一开始就避免与此一致的解释，就采用'文化工业'代替了它"。② 无论是大众文化还是文化工业的概念，都与大众传播媒介的发展紧密联系。虽然大众文化并不等于媒介文化，但几乎所有关于大众文化的研究都以大众媒介的文化实践作为分析对象，由此，关于大众文化的研究扩展到政治、经济、意识形态、日常生活和社会话语等研究领域。

---

① 刘建明：《西方媒介批评史》，450 页，福州，福建人民出版社，2007。

② [德]阿多诺：《文化工业再思考》，见陶东风、金元浦、高丙中主编：《文化研究》，1 辑，198 页，天津，天津社会科学院出版社，2000。

有的文化研究者认为，"我们今天所说的大众文化是一个特定范畴，它主要是指兴起于当代都市的，与当代大工业密切相关的，以全球化的现代传媒（特别是电子传媒）为介质大批量生产的当代文化形态，是处于消费时代或准消费时代，由消费意识形态来筹划、引导大众，采取时尚化运作方式的当代文化消费形态。它是现代工业和市场经济充分发展后的产物。是当代大众大规模地共同参与的当代社会文化公共空间或公共领域，是有史以来人类广泛参与的，历史上规模最大的文化事件。"①

首先，"大众文化"的主要特征是它的商业化和产业化消费主义内涵。甚至可以说，"大众文化"的生产就是以刺激大众消费为目的的。没有消费的"大众文化"产品，要么内容不够适销对路，要么根本就不属于"大众文化"产品。但是，法兰克福学派对"大众文化"的消费主义内涵持有明显的批判态度。阿多诺认为，"大众文化呈现商品化趋势，具有商品拜物教特性"，"大众文化生产的标准化、齐一化，导致扼杀个性"，"大众文化是一种支配力量，具有强制性"，大众文化"剥夺了个人的自由选择。"②总之，"大众文化"的消费属性和商品属性决定了它与消费主义意识形态之间有不可分割的关系。特别是作为消费社会的电视媒介，成为大众文化生产的主力军，因此，就此而言，电视媒介既是消费主义意识形态的产物，也是推动消费主义意识形态生产的主要力量。

其次，对于大众文化的内涵而言，大众文化并不是由大众媒介自然发展出来的，"然而，这却是一种在大众媒介上产生，也是一种由于大众才发展起来的文化，其发展的历史活力是工业、资本主义、资产阶级现代社会所特有的，大众传播的技术为大众开放了市场，在这一市场上，文化产品是按照供求规律作为商品提供的"。③ 由此可见大众文化与大众媒介发展之间的关系。大众媒介在当代社会并不仅仅是一种媒介形式，更重要的是，大众媒介是当代社会的媒介化和文化存在与传播的基本载体。但是，大众文化和媒介文化又不是等同的，就二者的关系而言，大众文化借助于媒介文化扩展其生长空间，媒介文化又借助于大众文化充实其文本内容。

最后，大众文化是工业化的产物，对大众文化的界定是基于所谓传统意

① 金元浦：《定义大众文化》，载《中华读书报》，2001-07-26。

② 于海：《西方社会思想史》，473～475 页，上海，复旦大学出版社，1993。

③ ［英］艾德加·莫兰：《社会学思考》，阎素伟译，391 页，上海，上海人民出版社，2001。

义上的"精英文化"的语境而展开的，因此，大众文化是指工业社会中由文化生产商和社会大众直接参与、共同生产、借助于媒介技术传播，由大众消费并主要体现大众的审美诉求和政治意识形态的文化产品。就此意义看，大众文化指的是那些为了大众市场消费而生产的文化产品，它是以工业化的"标准化"生产并为社会大众所消费的文化。

大众文化具有以下几个突出的特点：第一，大众文化是一种相对独立的文化类型，它在现代文化系统中和主导文化、精英文化、民间通俗文化等相对应。第二，大众文化是一种历史性的文化类型，它是在社会大众生活实践和物质生产技术发展到一定程度而产生发展起来的文化，其形成和发展离不开特定的社会、经济、技术和文化基础。第三，大众文化是一种具有自身特殊规定性的文化类型，具有大众性、日常化、多样性、商业性和娱乐性等特征。但是，不可否认的是，按照法兰克福学派的批评理论来看，大众文化具有隐蔽的政治意识形态特征。

就其发展而言，大众文化的历史发展形成了自己特殊的发展规律。从理论上看，大众文化的发展与大众社会的形成存在内在关系。大众社会最初出现在19世纪晚期，主要是随着工业文明的发展，传统意义上的精英主义文化受到了挑战，特别是以大众报刊为主的媒介文化的发展引发了对大众社会的讨论和大众文化的批判。工业化和城市化改变了文化发展中的关系，大众文化是以工业化、城市化和大众传媒为基础的大众社会发展的必然结果。工业化、城市化导致社会阶级、阶层的分化，因此，文化也分化为大众文化和精英文化，乡村社会和城市的不同的文化形态。特别是工业革命引发的报纸与广播等大众传播媒介的出现，使得区域性文化得以大规模地产生影响，为大众文化的产生提供了基础。自20世纪90年代以来，随着信息通信技术的发展，互联网的普及等加速了大众文化的传播。

大众文化的出现标志着一种独特的文化生产方式的出现，也意味着一个新的文化时代的到来。同时，它是现代文化系统中的重要文化形态，不断影响和渗透着其他文化形态，对现代社会政治经济和日常生活产生重大影响。因而，大众文化对当代文化的系统结构和发展格局有着重要意义。

二、通俗文化、流行文化与媒介文化

通俗文化和流行文化是与大众文化相关的观念。美国社会学家H.甘斯认为，通俗文化是大多数人在工作之余消磨时间的方法，它包括通过视听和阅读途径得到娱乐的一种形式。与之相对的交响乐、歌剧、芭蕾、严肃文学等作品都不称为通俗文化，相对来说他们的欣赏者仍是少数人。① 美国社会学家威尔逊甚至认为，通俗文化就是大众文化或者平庸文化，只追求大多数欣赏者在当前所接受，它几乎全是为了娱乐，即生产者对什么才会导致轻松愉快的刺激的猜测，通俗文化只需要其欣赏者最低限度的注意，以一种通常只限于喜欢或者不喜欢的表面肤浅的反映为满足，集中体现了通俗化和大众化的文化式样。通俗文化跟少数人接受的精英文化和高雅文化相对，但是在很多时候，通俗文化和精英文化会互相转化，这种转化的契机可能是多方面的，大众媒介就是其中一种重要的介质。

通俗文化与媒介文化有着密切的联系。一方面，媒介文化是通俗文化的一种表现方式。虽然通俗文化的表现方式很多，除了传统的诗歌、小说、散文、戏剧、舞蹈、音乐等形式之外，还包括现代技术条件下的电视文化、电影文化、网络文化、手机文化等媒介文化。另一方面，通俗文化的发展在很大程度上依赖于媒介文化的发展。随着人们获取信息的手段多元化，网络和手机逐渐成为人们获取信息的最主要的手段，媒介文化的内涵不断扩大，通俗文化也随着媒介文化而发展。此外，与媒介文化相关联的是流行文化的出现。

流行文化是在工业社会后期被广大社会成员消费的文化，与社会经济发展水平和都市化程度等紧密相关。威廉斯认为"流行"有四种意思："被许多人特别喜欢的；较低等的制品；希望赢得人们喜欢而蓄意制造的作品；那些事实上为自己而制造的文化。"②一般来说，流行文化与通常所说的以古典小说、歌舞、戏剧等为代表的高雅文化相对，是被社会大众普遍喜欢和热烈追随的文化，其主要功能是娱乐。

相较而言，与传统的精英文化不同，流行文化具有自己的明显特点。其一，流行文化受众人追随，以时效性为主，并且以单纯娱乐为目的。其二，流行文化具有商业化特点。流行文化目的是商业利益最大化，因此缺乏传统精英文化所倡导的社会责任感，流行文化也因此饱受社会诟病。正因为流行文化的产生和扩展依赖于传播媒介实现，所以，流行文化在一定程度上与媒介文化互相重合。但是，它们之间还有差异，大众传播媒介是文化的载体，它可以生产和传播娱乐性和商业化的流行文化，但也可以生产具有社会责任

---

① 汝信：《社会科学新辞典》，121 页，重庆，重庆出版社，1988。

② Raymond Williams, *Keywords: A Vocabulary of Culture and Society*, New York: Oxford University Press, 1983, p. 237.

感的文化形态。其他如政治经济文化制度等，也对流行文化产生影响。因此，作为大众文化的主要构成形态，媒介批评理论在分析流行文化时，要充分认识到其构成的复杂性，从多角度、多层面展开批评，这样才能深刻认识流行文化以及大众文化的本质。

　　大众文化研究认为，大众文化的形成与发展和大众传播媒介密切相关。由于互联网、手机等新兴媒介的发展，大众文化的生产与消费更是出现了一种新的景观。当代视觉文化的发展显然与新媒介的技术革命与媒体视觉化有关。"在今天，越来越多的大众文化内容恰恰是通过视觉文化的形式体现出来的。而视觉文化对大众文化的包装与制作除了让大众文化变得更加'好看'之外，还降低了进入大众文化的门槛，也进一步让大众文化变成了一种轻浅之物。"①而大众文化形态的这种变化在印刷媒介占主导地位的传统社会显然是无法实现的。只有在电子媒介和数字媒介形成媒体霸权的今天，这种情况才会出现。

　　由此，大众文化研究开始重点关注媒介文化。后现代文化研究者凯尔纳认为，甚至可以用"媒介文化"取代"大众文化"或"通俗文化"的概念，以便更方便地展开研究。他认为，"'媒介文化'这一概念既可方便表示文化工业的产品所具有的性质和形式（即文化），也能表明它们的生产和发行模式（即媒介技术和产业）。它避开了诸如'大众文化'和'通俗文化'之类的意识形态用语，同时也让人们关注到媒介文化得以制作、流布和消费的那种生产、发行与接受的循环。此概念也消除了介于文化、媒介和传播等研究领域间的人为阻隔，使得人们注意到媒介文化体制中文化与传播媒介之间的相互关联，从而打破了'文化'与'传播'间的具体界限"。凯尔纳之所以会如此思考，是因为他意识到媒介文化已成为欧美等西方大多数资本主义国家的主流文化，甚至"媒介文化已成为一种社会化的宰制力量"。因为媒介文化的视觉等形式已经排挤文化的传统模式，从而制造了新的风格、时尚和趣味。于是，"媒介文化"的概念便成为后工业时代或后现代社会一种事实指认。正是在这一意义上，凯尔纳才说"'媒介文化'一词还有一个好处，它表明：我们的文化就是一种媒介文化。"因此，媒介批评理论必须要基于大众文化等相关概念的研究而展开。

三、大众文化理论的视角和方法

　　英国文化研究学者约翰·斯道雷在《文化理论与通俗文化导论》中对"大

---

　　①　赵勇：《视觉文化时代文学理论何为》，载《文艺研究》，2010(9)。

众文化"概念做了全面探究，并对其各种不同的含义进行了梳理、辨析和归纳，从而总结了"大众文化"的六种不同的定义内涵。

第一，大众文化是"广受欢迎，或者众人喜好的文化"。该定义是着眼于量的定义，它强调了受众在数量上的绝对优势。但它的缺点也在于量的标准不好把握。也正如斯道雷所说，"除非我们定一个基数，大于这个基数就是流行文化，小于这个基数的只是文化，我们会发现广受欢迎或众人喜好的东西包括太多，这样的流行文化定义实际上毫无用处。"因为许多"官方认可的高雅文化"在数量上也大得惊人，可见，量的指标本身不足以为流行文化提供恰当的定义。

第二，大众文化是高雅文化之外的"剩余的文化"。这种定义认为，大众文化是"泛指达不到高雅文化标准的文化作品与文化实践"，那么这实际上包含的是价值评价。高雅文化就是形式复杂、深奥难懂的文化，并因此把大众排除在外，所以它也是一种等级化的排除。这种定义方式注重大众文化与高雅文化的明显区别，但忽略了两者之间的复杂关系。很多文化形式都经历了从流行文化到高雅文化的转化过程，而有些高雅文化形式也是极为流行的，也具有极大的观众数量。

第三，流行文化即大众文化。把"Popular Culture"等同于"Mass Culture"，即"为了满足大量消费而大批量生产的文化，其观众是没有鉴别力的消费者"。斯道雷认为，这种观点主要从批判或否定意义上理解流行文化，无视它可能具有的积极意义，而且带有强烈的怀旧色彩，怀念失落的"朴真社会"与"民间文化"。这种观点源于法兰克福学派和阿尔都塞的结构主义马克思主义以及右翼的利维斯主义，前者认为大众文化威胁了工人阶级的传统生活方式，后者则认为大众文化威胁到了贵族的高雅文化。

第四，大众文化是"为人民服务的、人民的文化"。这个定义强调大众文化是"人民"自己创造并为人民服务的，类似于"民间文化"的界定。这种定义"浪漫地"把工人阶级的文化看成是对抗资本主义社会的文化，肯定了人民的抵抗能力，但未能指出这种创造的来源问题。斯道雷认为，"不管我们多么坚持这个定义，事实依旧是：人民不能自发地利用他们自己制造的原材料来制造文化。不管流行文化是什么，确定无疑的是，原材料是商业提供的。"这个定义显然把前现代时期的那些自发的非商业化的流行文化排除在大众文化的范围之外。

第五，大众文化是从属群体与统治群体之间相互斗争的场所。这种理解大众文化的方式是葛兰西式的，即把大众文化视为社会中从属群体的抵抗力与统治群体的整合力之间相互斗争的场所。这个定义受到葛兰西"文化霸权"概念的影响，所以又称为"新葛兰西主义"。借助于文化霸权理论来理解大众文化，就是把它理解为被统治群体的反抗力量与统治集团的兼并势力之间斗争的场所。这样的视野既不像法兰克福学派那样把大众文化理解为强制文化，也不把它天真地理想化为自下而上的自发的人民文化，它不是一种文化实体，而是各种文化力量"交战的场所"。这个界定大众文化的方式，在 20世纪 70 年代后受到西方大众文化研究界越来越多的学者的青睐，因为它既克服了简单化的乐观主义，也克服了简单化的悲观主义，是对文化研究中结构主义和文化主义两种范式的双重超越。

第六，大众文化指消融了"高雅文化"和"大众文化"、艺术与商业之间界限的文化类型。这种理解大众文化的角度是后现代主义的，既把握住了大众文化与高雅文化间相互融会、相互渗透的趋势，但也引起了各种各样的论争。

上述对大众文化内涵的梳理和总结，全面概括了大众文化理论批评对大众文化研究的各个领域。总体看来，对于大众文化研究的视角和方法，主要有文化主义和结构主义，图亚特·霍尔在《文化研究：两种范式》中区分了这两种研究方法。文化主义把"经验"，即"'活生生'的领域"作为研究的基础，将意识形态和文化定义为集体性的；结构主义却强调"经验"不能被定义为任何东西的基础，认为意识形态和文化"不仅仅是集体性的，而且是个体创造的"。文化研究学者托尼·本内特也说，文化主义"赞扬大众文化是真实表达了社会受集团或阶级支配的兴趣和价值观"，热衷于"工人阶级的'生活文化'或'生活方式'的研究"，而结构主义则把大众文化视为一种"意识形态的机器"和索绪尔式的"语言"系统，特别关注电影、电视和通俗文学的文本分析，但常常忽略了"制约着这些文本形式生产或接受的条件"。这样两种主要的理论分析逻辑与上述斯道雷对大众文化定义内涵的归纳一起，共同构成了对大众文化理论的阐释，也为媒介批评提供了分析的视角和方法。

四、大众文化研究的主要理论

在很大程度上，大众文化研究的理论基础受到阿尔都塞的结构主义意识形态理论和葛兰西文化霸权理论的影响。早期的英国文化研究学者马修·阿诺德和文化批评家利维斯都对大众文化持否定的观点。同样，法兰克福批判学派也否定和批判了大众文化。概而言之，大众文化的主要理论流派，主要包括以下几个方面。

（一）英国文化研究学派的大众文化理论

英国伯明翰文化研究学派开创了当代大众文化研究的传统，也为媒介文化及媒介批评理论研究奠定了基础。伯明翰文化研究中心的首任主任理查德·霍加特的《文化的用途》堪为大众文化研究的奠基之作。其后，文化研究学派的代表人物雷蒙德·威廉斯继续拓展了大众文化理论，他对"文化"一词的重新定义对大众文化研究具有重要的意义。威廉斯在《文化分析》中扩展了"文化"的意义，将文化由原来人们认定的狭窄的"高级精神产品"延伸为人类学意义的"整个生活方式"，把文化视为"与我们的日常生活成为同义"，这就将大众的生活方式纳入"文化"的范畴之内。显而易见的是，大众传播媒介已深入当代人们的日常生活中，威廉斯对文化含义的拓展也为媒介文化研究确立了理论的合理性。

此后，文化研究学派的重要成员斯图亚特·霍尔提出了大众媒介文化的"编码/解码"理论，霍尔"特有的贡献，就是将经过意识形态编码的文化诸形式与受众的解码策略联系起来"。霍尔着力探讨社会统治阶层的意识形态如何借助传媒的力量使之成为全社会的意识形态，他充分肯定了大众传媒在意识形态播散过程中的重要性，看到编码、解码所呈现的复杂性。认为"这完全进入到争夺意义的斗争之中——语言中的阶级斗争"，霍尔使意识形态成为文化研究包括媒介文化研究中的重要概念。

在对于大众文化的肯定解读的众多学者中，被称为"庶民文化的乐观者"的约翰·费斯克对大众文化的理解有别于法兰克福学派的批判理论。费斯克的大众文化研究视角十分新颖，他把定义大众文化的权利转移到了大众自己手中，这样的解读是对旧有的解读视角的"叛逃"，这样的解读本身就有对大众传播理论的"大众解读"的含义，也正契合电子时代大众文化的发展趋势，是对大众文化的"建构主义"视角的评价。

"快感理论"是费斯克文化研究的主要理论范畴。他不是从文化生产，而主要是从文本接受的层面解读大众文化，认为大众具有对抗宰制的能动性，他在"快感"的分析中对大众文化做了积极的理解，将文化产品和文化工业区分开来，认为文化产品只是一种社会文化的物质性表现，而其后的大众文化是一种社会意识的存在。他强调大众对文化产品的运用本身才是一种大众文化，也就是说，大众不一定能掌握大众文化产品的生产，但是大众对于所能得到的反映统治阶级意识形态，或者是契合大众文化需求的文化产品的使用构成了大众文化的核心。这样的大众文化在费斯克看来就是有啥用啥的艺术。所以说吸引大众的不是已经存在的文化产品，而是这些文化产品可以成为大众进行创造运用的材料，吸引力依然在创造性方面。大众对于文化产品的创造性运用才是大众文化的真正内涵，费斯克探讨大众自身的创造性文化和由此带来的快感。

费斯克试图在霍尔模式的基础上建立通俗文化理论，他认为权力集团批量复制的文化产品和"民众"的抵抗性意义生产活动有质的差异。通俗文化并不是文化工业生产，而是消费行为产生的。费斯克借用了法国理论家米歇尔·德塞图的"文化偷猎"概念，认为消费行为是弱者的一种战术，是不受生产者规约的意义生产行为，从而完全抛弃了霍尔的主导性解读模式。费斯克由此认为，民族资本主义向全球资本主义的转变，意味着生产制度更加遥远，为受众的抵抗留下了空间。权力集团生产的信息越多，就越没有能力控制社会主体对信息的各种阐释。由此，费斯克提出了一种"快感的社会主义"理论。权力集团的文本缺乏多义性，追求真理和客观性。而民主主义的文本应当追求生产符号意义而带来的快感，由此和权力集团的符号生产进行对抗。他认为，严肃性报刊同时生产着"客观事实"和"意识形态"。替代性的报刊则传播各种激进观点，是边缘性的权力集团成员对统治者的批判。通俗小报则要比严肃大报更鼓励受众的批判态度。煽情主义的新闻报道的意义不在于是否真实，而在于对官方的真理体制的对抗态度。根据费斯克的观点，左派报刊应拒绝"说教"，而要给人快感。这种快感可以抵抗社会的主流价值和意识形态的诱惑。

在《理解大众文化》中，费斯克还提出"两种经济"理论。所谓两种经济，一是"金融经济"，二是"文化经济"。以电视作为文化产业的例子，费斯克指出，在资本主义社会中，电视节目作为商品，生产和发行于这两种并行且共时的经济系统中，其中金融经济重视的是交换价值，流通的是金钱，而文化经济重视的是使用价值，流通的是"意义、快感和社会认同"。从这一理论出发，费斯克认为，观众既是消费者又是生产者。观众在观看，即消费电视节目的时候，同时作为节目意义的生产者而存在。这样，资本主义从工作世界扩展到了休闲领域，人们通过观看电视参与到了商品化的过程中。这些观点虽显片面，但仍具有启发意义。

(二)法兰克福学派的大众文化研究理论

大众文化研究是当代文化研究的核心内容，也理所当然是媒介文化研究的核心内容。如前所述，法兰克福学派的"批判理论"在对现代性的反思中将大众文化视若资本主义的意识形态的工具，无论是霍克海默和阿多诺对"文化工业"的批判，还是马尔库塞的"单面人"理论，都体现了对大众文化的否定性批判，认为大众文化体现的是资本主义意识形态和工业化生产的利益需求。

批判学派的代表人物本雅明对大众文化的论述主要集中于哲学和美学领域。他提出了"机器复制时代的艺术"的命题，感叹现代机械复制技术对传统文化的破坏，在大众社会中，以叙事艺术为主的古典艺术走向衰落，乃至于终结。在他看来，大众社会中的文化传播呈现机械复制的特点，这是传统艺术所不具有的。但是，本雅明不同于当时的许多思想家，他对现代技术及其艺术形态表现出了一种积极和乐观的态度，在提出传统艺术衰落的观点的同时，也表示会有另一种"全新艺术"到来，认为这是人类文明史的一般发展历程。

此外，马尔库塞提出的"单向度的人"的理论指责艺术的大众化和商业化，使得艺术成为压抑性社会的工具，由此导致了人和文化的单向度，而艺术的大众化和商业化较多的是作为现在技术进步带来的媒介的产物。在此意义上，马尔库塞的美学思想上升到对社会和媒介的批判。马尔库塞认为，现代工业社会技术进步给人提供的自由条件越多，给人的种种强制也就越多，这种社会造就了只有物质生活，没有精神生活，没有创造性的麻木不仁的单面人。

马尔库塞试图在弗洛伊德关于文明的理论基础上，建立一种理性的文明和非理性的爱欲协调一致的新的乌托邦，实现"非压抑升华"，马尔库塞的美学思想成为其社会批判理论的重要组成部分。在《单向度的人》中，他指责艺术的大众化和商业化使之成为压抑性社会的工具，从而导致人和文化的单向度。在《审美之维》中认为，艺术（主要指先锋艺术）自动地对抗现存社会关系并加以否定和超越；倾覆占统治地位的意识及普遍经验，促成完整人的再生。在《反革命和造反》中，他强调艺术既是一种美学形式又是一种历史结构，是充满诗情画意的美的世界与渗透价值意义的现实世界的统一。他认为，艺术具有对现实的肯定性和保守性以及对现实的否定性和超越性的两重性，艺术的肯定性力量同时也是否定这一肯定性的力量。他强调艺术和革命可统一于改造世界和人性解放的活动中，他用新的美学形式来表现人性，从而唤来解放的世界。由此，他提出美学是摆脱压抑社会的唯一学科，是单向度社会中双向度的批判形式。

（三）后殖民理论与文化全球化理论

后殖民理论与文化全球化理论为媒介层面的跨文化传播和全球化传播提供了多元的理论见解。后殖民理论的主要代表人物是爱德华·萨义德、加亚特里·斯皮瓦克和霍米·巴巴，在世界范围内引起很大关注的是萨义德的《东方学》《文化与帝国主义》和汤林森的《文化帝国主义》等著作。

萨义德认为，所谓"东方"是欧洲"用以控制、重建和君临东方"的一种话语方式，它体现"西方与东方之间存在着一种权力关系，支配关系，霸权关系"，其建构东方的话语方式包括学术著作、文学作品和新闻报道等。事实上这种话语方式离不开大众传媒，可以说大众传媒是文化殖民的一种主要工具。如果说萨义德的《东方学》可视为"文化帝国主义"的一部分，约翰·汤林森的《文化帝国主义》则以解释学的理论和方法说明受众对文本的解读是主动而复杂的，从而表明"文化帝国主义"的文化支配作用的论点难以成立。同时他又以自己对民族文化认同及传统文化与现代文化关系的见解，质疑"文化帝国主义"。汤林森的观点既有为西方文化帝国辩护之嫌，却也为文化传播全球化提出了另类见解。其他如弗雷德里克·詹姆逊和阿芒·马特拉的研究，更多的是从政治经济学的视野批判性地审视文化传播的全球化问题。戴维·莫利的《认同的空间》主要探讨全球媒介、电子世界如何影响和重构国族间的文化边界。这些研究成果为如何进行文化传播全球化的媒介批评提供了多元的理论视角。

(四)后现代主义的文化理论

后现代主义理论家米歇尔·福柯几乎毕生致力于研究、批判知识与权力之间的关系。他倾向于将权力诠释成分散的、不确定的、形式多变的、无主体性的、生产性的力量，他认为每一知识断层都充满权力，每一话语系统都含有权力的运作与规范。鲍德里亚的理论给西方文化研究包括媒介文化研究提供了反对各种话语霸权的有力武器，被"文化研究"思潮视为理论的总纲之一。鲍德里亚的符号政治经济学和"仿真、超真实、内爆"等理论范畴都与媒介文化有着不可分割的联系，鲍德里亚的理论"深刻地影响了文化理论以及当代媒体、艺术和社会的话语"。

总之，随着大众文化本身的命运与地位的变迁，以大众传播媒介为主要形式的大众文化研究的现实意义也发生了根本的转变。以往的理论重点在于对大众文化价值内涵的缺失、审美的贫乏以及意识形态的文化霸权等内涵的否定性批判，而当下的理论则重点阐释大众文化所蕴藏的新的审美诉求、文化趣味以及政治参与的潜能。人们越来越明确地认识到，大众文化并不是精英文化的对立面，也不是消费主义与享乐主义的代名词，它在提供娱乐消遣的同时，也体现了一种不同于精英文化的美学诉求和文化品位。大众文化既不是主流文化的附庸，也不是意识形态的代言人。作为当代文化的主导形态，大众文化在满足社会的凝聚与整合需要的同时，也显示了批判和颠覆的功能，展现出了不同的美学诉求和文化内涵。

思考与练习

一、名词解释

1. 社会批判

2. 意识形态

3. 文化工业

4. 文化霸权

5. 公共领域

6. 大众文化

二、简述题

1. 简述批判理论的主要理论起源。

2. 简述法兰克福社会批判理论的主要观点。

3. 简述社会批判理论的代表人物及其观点。

4. 简述葛兰西文化霸权理论的内涵。

5. 简述阿尔都塞意识形态理论的内涵。

6. 简述大众文化研究的视角和方法。

7. 简述大众文化研究的主要理论流派。

三、课堂练习

选择一个文本，如一份报纸、一部影视作品、一个电视节目或一种网络媒体，列出受众可能使用到的用途以及它们能够提供的满足感。确保你所发现的任何使用或满足都与文本中确实出现的特定事物相联系。

分析文本名称：（题目、类型、描述等）

使用

文本中出现了什么	所代表的用途

满足

文本中出现了什么	所代表的满足

第七章　媒介批评的宏观理论(下)

本章内容要点

● 传播政治经济学立足于社会批判理论，重点阐释了大众传播媒介与社会政治、经济之间的内在关系。精神分析批评理论的重点在于运用心理分析的方法了解媒介文本的意义和内涵。结构主义和符号学理论从意义生产、文本结构的角度，为媒介批评提供了有效的理论方法和分析途径。后现代主义媒介批评理论提出了媒介符号意义与社会权力关系的结构。

● 传播政治经济学对社会权力关系与传播生产、流通、消费的相互构建的内在关系进行探究，对媒介生产和消费的政治经济机制进行深入分析。精神分析批评理论主要应用于媒介形态、影视文本等社会文化意义内涵的分析。结构主义和符号学为媒介文本研究提供了独特的分析方法和手段。后现代主义理论则对大众传播媒介的权力和知识话语进行了全面反思。

第一节　传播政治经济学

传播政治经济学是西方传播研究中传播批判理论的重要流派，以政治经济学理论为框架研究传播活动。它继承了社会批判理论的分析思路和方法，着重探讨西方传播体制的经济结构和市场运行过程，从而揭示文化工业的复杂性和通过资本实现的文化活动对社会过程的影响。通过对大众传播媒介的所有权、生产、流通和受众消费等层面的分析，试图解释媒介所隐含的社会权力关系。传播经济学理论在北美、欧洲和第三世界国家都产生了很大的影响。

一、传播政治经济学理论的形成

不同于大众传播研究的美国主流经验学派，传播政治经济学理论研究继承了法兰克福学派社会批判理论的传统，以马克思主义政治经济学为基础，吸收了制度经济学、新马克思主义政治经济学以及社会批判理论中的文化工业等理论，将大众传播媒介放在更为广泛的历史、经济和社会背景下来探究其内涵。传播政治经济学研究着眼于宏观传播活动和媒介的研究，涉及的理论领域十分广泛，"它传承了以'法兰克福学派'为代表的马克思主义文化批判的学术精髓，试图将传播现象放在一个更广泛的历史、经济和社会背景下来研究，探讨媒介和传播系统如何强化、挑战或影响现有的阶级与其他社会权力关系。"①可见，传播政治经济学理论研究的重点是传播与政治、经济之间的关系。特别是经济权力关系对大众传播的生产、分配和消费的影响。就此有研究者总结道："传播政治经济学的创始人斯迈思认为，应该关注宏观的大众媒体与社会的关系，即关注大众媒介作为一种经济力量对宏观社会的影响以及社会政治、经济权力机构对大众传播活动的作用，强调一种以'历史的''制度的'方法来研究传播现象。"②

传播政治经济学作为大众传播学研究的重要流派，在借鉴其他学科知识，并在斯迈思等人的开创性研究的基础上，根据其发展的历史背景、发展状况、研究主题等演变，可以分为三个阶段：初创时期：20 世纪 40 年代末至 60 年代中期；蓬勃发展期：20 世纪 60 年代中期至 80 年代末；反思时期：20 世纪 90 年代以来。③ 初创时期的政治经济学派在 20 世纪三四十年代的反法西斯主义理论与实践以及五六十年代以来的第三世界民族解放运动和西方激进社会运动的影响下，传播研究的政治经济取向开始出现。此时主要的学者有斯迈思和赫伯特·席勒等，主要的成果是对媒介与国家、媒介与公共利益、媒介企业生产过程的研究。进入蓬勃发展期后，作为学派发源地的北美研究成果丰硕，这一时期除了斯迈思外，席勒、托马斯·古贝克、珍妮特·瓦斯科和文森特·莫斯可等人的研究大量涌现。此时，欧洲的研究也迅速崛起，以英国累斯特大学大众传播研究中心默多克和戈尔丁等为代表的欧洲学者对传播政治经济学进行了深入研究，此外，法国传播学者阿曼德·马特拉对传播政治经济学研究做出了重要贡献。这一时期，研究已经涉及媒介产品本质的研究、信息及文化产品的不均衡流动、传播中的阶级关系及斗争等。现实的深刻变化(冷战结束、经济全球化和媒介文化市场全球化等)以及不断遭遇的理论挑战(后结构主义、后福特主义、后现代主义和女权主义等的挑战)，传播政治经济学在 20 世纪 90 年代进入反思时期，在结合世界发展思考一些研究话题的同时反思自身理论的发展，结合世界发展深入探讨传播业的发展、研究传播新技术对社会的影响、考察媒介私有化对媒介内容的影响等发展迅速，如席勒、莫斯可、默多克和戈尔丁等人都在寻求贴近变化了的

---

　① 　赵月枝、邢国欣：《传播政治经济学》，见鲁曙明、洪浚浩主编：《传播学》，511～538 页，北京，中国人民大学出版社，2007。

　② 　刘晓红：《西方传播政治经济学研究》，32 页，上海，上海人民出版社，2007。

　③ 　刘晓红：《西方传播政治经济学研究》，31 页，上海，上海人民出版社，2007。

现实的研究问题，成果丰富。

二、传播政治经济学的理论内涵

传播政治经济学从马克思主义的基本理论立场出发，研究社会权力关系与传播生产、流通、消费的相互构建，"从总体上看，西方传播政治经济学主要以马克思主义政治经济学为基础，同时吸收了制度经济学、新马克思主义政治经济学观念以及法兰克福学派的文化工业理论，从西方社会的现实出发，将传播组织置于广泛的政治经济背景中，通过考察传播组织与政治、经济权力机构的相互作用，来揭示政治经济权力关系，特别是经济权力关系对大众传播的生产、分配和消费的影响，批判了在资本主义生产方式下，为私人所有权控制的、以追逐利润为目标的商业媒介对公共利益、公民权、社会民主的损害。"[①]传播政治经济学的理论研究，基于政治经济学的理论范畴，用政治经济学的理论来阐释和批判媒介在现实世界中所产生的影响。这样的阐释和批判大多基于马克思主义的政治经济学，关注资本和权力在传播中的作用，从早期观察一个社会内资本和权力在媒介上的运作到关注国际传播中的资本及权力关系以及全球传播不平等的现象等，传播政治经济学派将传播放在人类发展、社会进步、民主自由等层面上加以考察。

概而言之，传播政治经济学的核心问题可以归结为两个：其一，分析政治经济压力与限制对传播与文化实践的影响以及在资本主义制度下资本是如何左右传播的内容与形式的。其二，研究传播产业在信息化全球资本主义资本积累过程中的上升地位。[②] 由此，资本是政治经济分析的重点，在资本主义世界，权力的来源也是资本。初始的政治经济研究大多集中在一个国家、一个社会之内，关注其中的资本与传播的关系。而后随着资本在世界范围内的流动以及由此而来的全球化，研究开始在世界范围内关注资本与传播的关系。需要指出的是，资本对传播的控制经历了一个变动的过程：经由媒介的私有化——私人资本对传播的控制；国家在传播中的扩张——国家资本及其他权力对传播的控制；世界传播发展的不平衡——世界资本及其权力对传播的控制。因此，传播政治经济学理论的兴起也有具体的现实基础，一是20世纪三四十年代的反法西斯主义理论与实践。二是20世纪五六十年代以来第三世界民族解放运动和西方激进社会运动对世界发展不平等的经济文化体

---

① 刘晓红：《西方传播政治经济学研究》，13页，上海，上海人民出版社，2007。

② 赵月枝、邢国欣，《传播政治经济学》，见鲁曙明、洪浚浩主编：《传播学》，511～538页，北京，中国人民大学出版社，2007。

系以及西方资本主义社会内部不平等的社会关系的反思和批判。

传播政治经济学派在界定自身理论基础时，提出了传播政治经济学的三个逻辑起点，即商品化、空间化和机构化。这样的三个逻辑起点的背后，包含着资本和权力的运作机制，这样的运作机制在社会发展中所起到的作用是需要进行阐释和批判的。传播政治经济学的研究被认为具有"历史分析、广泛的社会整体理解、道德哲学(价值观及社会良好秩序)和社会干预(即实践)"四个特点，① 其研究是在广泛的社会历史视域中进行的，媒介是社会政治经济文化的重要组成部分，与教育、宗教、家庭等一样发挥着重要的作用。

传播政治经济学的分析模式可以总结为"提供背景/语境、图绘、衡量和实践"四个部分。② 传播政治经济学提倡去媒介中心化，媒介只是一种背景与语境，把传播作为一个更广阔的社会整体中的一个方面加以考察；对权力运作以及控制机制进行图绘表现，描摹政治经济权力中心与传播权力中心的相互构建关系；对权力与控制的图绘之后，在一定的价值基础上对传播机构和过程进行衡量与评估；最后就是对研究发现的现实运用。

三、传播政治经济学的主要代表人物及观点

传播政治经济学的研究主要有北美和欧洲两个分支。其中北美研究理论开创了传播政治经济学的研究领域，主要关注的问题是媒介产品的生产过程、媒介活动中的国家权力运作、信息及文化产品不均衡流动等问题。欧洲研究理论则注重理论建构，并在法兰克福学派的影响下更多地关注文化工业问题，在对传播活动的分析中，更强调对阶级权力及阶级斗争的研究，研究领域涉及文化社会学和传播政治学等，领域比较宽泛。北美研究学派以斯迈思、席勒、莫斯可等为代表，欧洲研究则以加海姆、默多克、戈尔丁和马特拉等为代表。下面对该学派的主要代表人物及观点加以介绍。

(一)达拉斯·斯迈思与"受众商品理论"

传播政治经济学在北美的开创者是斯迈思(也译作斯麦兹)和赫伯特·席勒，他们是传播政治经济学兴起的关键人物。

1907 年，斯迈思出生于加拿大，后获得加利福尼亚大学经济学博士学位，这为他以后的研究视角的创新打下了基础。"斯麦兹在加州伯克利接受

---

① 郭镇之：《传播政治经济学之我见》，载《现代传播》，2002(1)。

② 赵月枝、邢国欣，《传播政治经济学》，见鲁曙明、洪浚浩主编：《传播学》，511～538 页，北京，中国人民大学出版社，2007。

了广博的经济学知识的教育。尽管当时在学术界，保守的经济学派占上风，但是在伯克利，制度学派和马克思主义的观点也是研究生课程的重要组成部分。斯麦兹在学校里专心研究经济史和理论史，他对政府工作报告和文件很感兴趣，认为它们提供了进行政治经济分析的重要条件。"①斯迈思先后在美国政府各个部门任职，曾担任联邦通讯委员会的首席经济学家。1948年，斯迈思在伊利诺伊大学传播研究院任职，开设了全美乃至全世界的第一门传播政治经济学课程。1951年，他在长期理论研究的基础上首次提出"受众商品理论"。1957年作为加拿大皇家弗勒委员会的成员，对加拿大广播电视的政策、内容和效果进行研究。斯迈思积极参与社会活动，曾到过智利、中国、日本、英国和东欧国家。其主要论著有《论传播政治经济学》(1960)、《传播：西方马克思主义的盲点》(1983)、《电视解除管制与公共利益》(1989)、《有了自行车之后，要什么？》(1994)、《电子传播的结构与政策》(1957)、《依附之路：传播、资本主义、意识和加拿大》(1981)等。

斯迈思的研究强调制度经济学取向，开创了传播政治经济学研究领域。他强调要研究社会内部权力过程的所有方面，包括生产、分配、消费以及资本和国家在传媒产业中的角色。尽管人们批评传播政治经济学过分关注产业结构而忽视了媒介的内容、意义和消费，但是斯迈思的研究不仅没有忽视文本，而且还考察了替代性消费战略对媒介和传播生产中存在的支配趋势进行反抗的可能性。

斯迈思于1951年正式提出"受众商品理论"，在瓦萨学院消费者联盟研究所的一次会议发言中提出该观点，之后进行了补充、发挥和完善。

他首先提出这样的问题：大众传播媒介的功能究竟是什么？作为资本主义生产的组成部分，大众传媒生产和出售什么？换言之，对于一般意义上的商品生产，什么是大众传媒的商品形式？斯迈思在与欧洲文化马克思主义者进行思想交锋的"盲点辩论"中，阐明了"受众商品理论"。他认为，"欧洲批判研究片面关注传媒内容在资本主义社会的再生产中所扮演的意识形态作用，因此，忽略了传媒业在资本主义社会中所起的关键性的经济作用，忽略了垄断和消费资本主义阶段的大众媒体如何将受众制造成为商品，而这正是

---

① 郭镇之：《传播政治经济学理论泰斗达拉斯·斯麦兹》，载《国际新闻界》，2001(3)。

西方马克思主义传播学中的'盲点'"。① 马克思指出的资本主义社会是商品化的社会，大众媒介也是商品社会的一部分。一般认为商业媒体的商品是广告版面或者是广告时段，也有人认为是报纸的内容或者是电台的节目等。而斯迈思认为商业大众传播媒介的主要产品是受众的注意力，媒介公司的使命其实是将受众集合并打包出售。这就解释了媒介版面或者时段的价值来源，并指明了广告客户与媒介公司之间的关系，给媒介行业找到了赖以存在的经济基础。这也就回归到了马克思主义对经济基础与上层建筑的论述。

斯迈思进一步指出了受众在消费媒介产品时，在看似媒介的"免费午餐"的消费中也在创造价值，这种价值最终通过购买商品时付出的广告附加费来实现。但这其中也隐含着不公正与剥削的关系，即受众创造了价值但未能得到经济的回报，反而需要为此承担经济后果。由此，斯迈思对商业媒介的运作完成了一次批判的分析，践行了马克思立场上的媒介分析的基本要求，即"历史唯物主义者对大众传播系统应该提出的首要问题，是它们在服务于资本时有什么样的经济功能，从而试图理解它们在资本主义生产关系的延续中扮演什么角色"。②

斯迈思这样的观点受到了尖锐的批评，被认为是庸俗政治经济学，批评者认为他将意识形态降低到了经济基础的位置。他的受众观被认为是经济决定论在媒介领域的翻版，受到了积极主动受众领域学者的批评，特别是"使用与满足理论"更是竭力证明受众具有主动性，而并非只是斯迈思所说的"商品"。

此外，斯迈思还是一位著名的媒介活动家和媒介思想的践行者，他几乎参与了当时美国和加拿大所有主要的广播电讯政策的研究与制定，见证了两国传媒事业的制度发展。斯迈思还积极参与了呼吁建立世界信息传播新秩序（New World Information and Communication Order ，NWICO）的运动，该运动对世界传播事业的发展产生了重要而积极的影响。斯迈思曾到过中国，在他的理论研究中，除对中国的传播事业进行了肯定的同时，也提出了自己对消费主义进入中国并日益影响中国媒介的担忧。

---

① 曹晋、赵月枝：《传播政治经济学的学术脉络与人文关怀》，载《南开学报》(哲学社会科学版)，2008(5)。

② 曹晋、赵月枝：《传播政治经济学的学术脉络与人文关怀》，载《南开学报》(哲学社会科学版)，2008(5)。

（二）赫伯特·席勒与"文化帝国主义"批判理论

1919 年出生于美国纽约工人家庭的席勒，在大萧条中度过了中学和大学时期，由于他的父亲在大萧条时失业在家，他深感失业不仅仅是一个经济窘迫的问题，更是对人性的摧残和涉及个体自我尊严的问题。席勒得益于政府的扶助政策，进入了纽约城市大学，就读经济学专业。第二次世界大战期间在军队服役，随后加入了美国在德国的军政府。战争结束回到美国后，于 1960 年获得博士学位，随后开始任教于伊利诺伊大学。在斯迈思回加拿大之后，席勒接替了斯迈思传播政治经济学课程的教学工作。1969 年他发表了影响深远的论著《大众传播与美利坚帝国》。1970 年赴加利福尼亚大学圣地亚哥分校任教授，成为该校传播系的创建人之一。席勒的著作主要有《大众传播与美利坚帝国》(1969)、《思想管理者》(1973)、《传播与文化控制》(1976)、《天知道，财富 500 强时代的信息》(1981)、《信息与经济危机》(1984)、《文化公司：公司接管公共表达》(1989)、《信息不平等：美国社会危机正在加深》(1995)、《生活在世界头号国家：一个美利坚帝国批判者的反思》(2000)等。

作为经济学家，赫伯特·席勒关注社会中传播资源的分配问题。他用经济学方法分析传播在美国的帝国形成与维系中的中心地位，讨论了政治、经济、军事权力对社会传播资源的控制及其对社会民主的影响。他探究传播技术对社会的影响问题，说明特定的传媒技术是如何被军事和商业利益所建构的，同时他也关注美国和世界各地民众争取社会和传播民主化的实践。席勒早期的研究关注大众传媒制度和组织结构，《大众传播与美利坚帝国》就是通过研究美国广播的发展史，揭示了经济结构是如何建构传播结构以及第二次世界大战以后美国的外交政策和统治精英的政治意识形态是如何影响传播政策的。[1]

席勒的研究在界定美国大众传播媒介的种种政治经济特征的同时也关注世界范围内的传播发展，对世界范围批判思路的发展影响广泛。席勒将传播研究置于广阔的政治经济背景中，在宏观的层面上理解传播，将传播作为影响人类发展的重要因素纳入研究范畴。"信息、传播、文化产业，是席勒学术研究坚持始终而不变的兴趣所在"，[2] 研究信息与经济的发展、传播与人类

① 赵月枝：《传播与社会：政治经济与文化分析》，13～14 页，北京，中国传媒大学出版社，2011。

② 郭镇之：《席勒——传播政治经济学的批判领袖》，载《国际新闻界》，2002(1)。

进步、技术与资本扩张等领域，席勒的视角是批判和冷峻的，在审视传播发展和人类进步的过程中，他始终保持着自己的警惕，在《大众传播与美利坚帝国》中，他就尖锐地指出了国家在传播中的作为，揭示了资本主义在其中的运作逻辑。

席勒对不平等的国际传播秩序进行了观察分析，提出了自己的理论，其中最著名的是他的"文化帝国主义理论"。席勒认为，文化帝国主义就是"在某个社会步入现代世界系统过程中，在外部压力的作用下被迫接受该世界系统中的核心势力的价值，并使社会制度与这个世界系统相适应的过程"。[1] 文化帝国主义被认为有三个特点："第一，它是以强大的经济、资本实力为后盾，主要通过市场而进行的扩张；第二，它是一种文化价值的扩张，即通过含有文化价值的产品或者商品的销售而实现的全球性文化支配；第三，由于信息产品的文化含量最高(或者说信息本身就是文化产品)，那么很明显，这种文化扩张主要是通过信息产品的传播而实现的"。[2] 在席勒看来，以电影电视、报纸杂志、书籍等形式出现的文化产品或者服务提供的不仅仅是消息和娱乐，同时也传播着价值观念和政治观点等，最终这样的信息传播会对接收信息者(国家、社会及个人)产生深远的影响。席勒的研究是较早关注作为现代帝国主义总过程的一部分的文化帝国主义的学者之一，他的观点也影响了他的儿子丹·席勒，后者注重研究"信息时代的资本与控制"的问题。

(三)文森特·莫斯可与传播政治经济学

文森特·莫斯可是国际知名的加拿大传播政治经济学者，1975 年获得哈佛大学社会学博士学位，任职于加拿大皇后大学。莫斯可的研究领域主要集中在传播社会学、媒介政治经济学、传播政策等领域。显然，莫斯可面对的研究现实不同于斯迈思和席勒等人，他面对的传播环境因技术和制度等原因已经发生了巨大变化。莫斯可研究中重要的一点是对传播政治经济学理论进行了全面梳理和总结，其著作《传播政治经济学》成为了解传播政治经济学的必读书目。莫斯可的主要著作有《传播政治经济学》(1996)、《传播：在政治和经济的张力下》、《数字崇尚：神话、权力与网络空间》(2004)、《信息时代的知识工人》(2007)、《获知：传播工人和全球价值链》(2010)等。[3]

莫斯可通过对传播政治经济学理论的总结，针对传播政治经济学的理论

---

① 郭庆光：《传播学教程》，253 页，北京，中国人民大学出版社，2009。
② 郭庆光：《传播学教程》，253 页，北京，中国人民大学出版社，2009。
③ 见加拿大皇后大学社会学系网，http://www.queensu.ca/sociology/index.html。

框架提出了商品化、空间化、结构化三种过程。由此，对传播商品的考察也分为媒介内容的商品化、受众的商品化和传播劳动的商品化三个层次。对于传播新技术，莫斯可认为，所谓"技术神话"是指人们相信技术能够克服生活中的许多问题，能够解决许多冲突。在某种意义上，现代技术正在取代宗教，甚至取代意识形态。但这种"技术神话"具有明显的局限性，技术不可能结束历史、地理、政治。因此，莫斯可提出了"控制论的商品"的概念，认为传媒和广告客户之间的交易是通过收听收视率行业进行的商品交换，而这种交换过程产生的商品是收听收视率这种信息性、资料性商品，显然不是有形的商品形式。

（四）英国传播政治经济学派

在英国的传播政治经济学学者中，加汉姆是一个中心人物。加汉姆是英国著名的传播政治经济学学者，毕业于剑桥大学，目前为威斯敏斯特大学传播与信息中心主任。加汉姆的研究对英国传播政治经济学派具有开创意义，其主要著作有《电视业的结构》(1972)、《论传播政治经济学》(1979)、《资本主义与传播：全球文化与信息经济学》(1990)、《电视经济学》(1998)、《启蒙、媒介与现代性：关于媒介与社会理论的争论》(2000)、《作为理论或意识形态的信息社会：信息时代批判视角下的技术、教育和职业》(2002)等。此外，加汉姆还创立了传播政策研究会，创办了著名传播研究杂志《媒介、文化与社会》。

加汉姆的研究重点"关注服务和技术领域生产的结构和象征性内容的消费。他的兴趣在于对'新''旧'媒介的研究，以对正在兴起的社会结构、权力等级及合法性做出解释"，[①] 他试图在媒介与资本主义之间搭建联系，解释媒介在意识形态控制中的作用和被控制者在其中的自主性问题，同时他也对媒介生产进行了经济学视角的论述，产生了巨大影响。

加汉姆的学术立场与法兰克福学派有着密切的联系。在 1979 年发表的文章中，加汉姆指出，与后阿尔都塞主义倾向相比，他更赞同法兰克福学派对上层建筑与经济基础关系的基本立场。但加汉姆并未完全接受法兰克福学派的观点，他对法兰克福学派的文化产业观持有一定的批判态度。加汉姆在于 1983 年发表的《文化的概念、公共政策与文化产业》中，向主流文化研究者展现了一个极易被忽视的维度，即文化产业的建构与组成和文化流通业的

---

① 赵月枝、邢国欣：《传播政治经济学》，见鲁曙明、洪浚浩主编：《传播学》，511～538 页，北京，中国人民大学出版社，2007。

集中。这种认识不仅可以为文化政策的制定者提供参考，也弥补了大多数文化消费研究的不足。此文后来成为文化产业研究的经典作品。加汉姆开宗明义指出将文化产业作为文化行为和公共文化政策分析的中心，显示与传统文化研究者不同的立场。他提出了一个颇有意味的命题，文化消费，特别是常见的大众文化，无论它是何种形态，都要消耗一定的时间。因此，它们都基于对时间的控制，它们都拒绝试图提高消费时间的生产。由此，对于大多数人而言，文化消费其实受到自由时间的限制也就顺理成章。

法兰克福学派对机械时代的文化批量复制的文化产业进行否定性批判，但是与此不同，加汉姆认为，作为文化产业的文化商品的核心则充满了矛盾。一方面，文化商品有一种扩大市场份额的动力，有时这以获得受众的形式出现；另一方面，文化商品不像其他商品，它们不会在消费过程中被损坏。但是，即使这样也难以保证产品的稀缺性，而这种稀缺与价格息息相关。文化产业的生产者则通过多种方式限制介入，以制造出稀缺，从而实现文化产品利润的最大化。加汉姆认为，文化与媒体产品单位生产成本高，而批量生产使得单位成本大幅下降的特点，使得媒体文化产业的投资者倾向于增加受众数量来降低产品成本，即具有追求利润最大化的"利润导向"。这也导致文化产业中所有权集中、国际化与多样化、跨媒体所有权三个主要结构性趋势的形成，这三种趋势实际上都在尽量扩大受众群，从而将风险分散。

格雷厄姆·默多克(图 7-1)和彼得·戈尔丁是英国累斯特大学大众传播研究中心传播政治经济学研究的代表人物。默多克于 1964 年进入伦敦大学的伦敦经济学院攻读社会学，1967 年前往苏塞克斯大学读硕士，后进入累斯特大学研究文化社会学，并是该校大众传播研究中心的主要成员之一，现任职于拉夫堡大学。默多克的代表作有《大众传播与社会》(1977)、《传播与现代性》(2004)、《传播与批评》(2005)。与其他人合著有《传播政治经济学》(1997)、

图 7-1　格雷厄姆·默多克

《拆除数字鸿沟》(2004)，与他人合编的有《市场化时代的媒介》(2007)、《媒介与文化》(2008)、《研究传播：媒介与文化分析方法实用指南》(2008)等。默多克的主要学术兴趣在于文化社会学和文化政治经济学，其研究涉及大众媒介工业的组织，媒介关于恐怖主义、骚乱和其他政治事件的报道、广告以

及媒介新技术的社会影响等。①

从 20 世纪 60 年代至今，默多克不断探究媒介和文化研究的理论前沿，是西方传媒理论界近几十年来最具影响力的思想家之一。默多克反对 20 世纪 80 年代以来部分文化研究学者过分夸大消费和"符号反抗"的象征作用，而坚持使用批判的政治经济学视角来看待新的文化消费现象。他指出，文化工业的独特功能在于生产一整套意义体系，多数普通人依据这套意义体系来理解他们自己的生活状况以及选择他们的行动策略。但是由于人们不仅仅是作为传媒产品的消费者，同时也是作为政治共同体的成员存在，而与文化工业产生联系。由此，对传播政策的研究都不应该单纯立足于经济效益的立场，应该时刻意识到文化工业的生产和传播政策的研究会直接影响社会民主政治的发展，这样，才有可能对当代文化与传媒工业做出正确的理解和决策。

戈尔丁是英国传播政治经济学的重要代表人之一，他曾在曼彻斯特学习社会学并获伦敦大学校外学位，此后他在累斯特大学做研究，是该校大众传播研究中心的主要成员之一。后来赴拉夫堡大学任教，现为该校社会学系主任。戈尔丁还是欧洲科学基金会赞助的国际联合研究项目《变化中的媒介，变化中的欧洲》的负责人，兼任《欧洲传播学刊》编辑。戈尔丁的著作主要有《信息贫穷与政治经济学：媒介私有化时代的公民权》(1989)、《文化、传播与政治经济学》(1991)、《媒介研究与新媒介地图：欧洲传媒的双重危机》(1994)、《超越文化帝国主义：传播，全球化和国际新秩序》(1997，与哈里斯合编)、《媒介的政治经济学》(1997，与默多克合编)等。戈尔丁的"主要研究兴趣在于大众媒介社会学，尤其是媒介作为社会政策和公共政策的信息传输者及形象的塑造者在民主过程中扮演的角色"②，同时也与默多克合作，对大众媒介的经济和政治结构进行了研究。

在对文化、传播和政治经济学进行反思时，默多克和戈尔丁主张传播政治经济学应围绕三大核心任务展开：第一，关注文化产品的生产，意义的生产就是在行使权力；第二，分析文本，以揭示媒介产品中的表征是与其生产和消费的物质现实相关的；第三，评估文化消费，以揭示物质与文化不平等之间的关系。

---

① 刘晓红：《西方传播政治经济学研究》，203 页，上海，上海人民出版社，2007。

② 张国良主编：《20 世纪传播学经典文本》，576 页，上海，复旦大学出版社，2003。

(五)阿芒·马特拉的传播政治经济学研究

马特拉是与斯迈思和席勒齐名的一位法语传播政治经济学学者。他出生在比利时，在法国卢汶大学获得法学与政治经济学博士学位，并在巴黎大学文理学院获得社会学研究生学位。早年在智利大学任教的经历使他被一些学者称为第三世界的传播学者，1962年赴法国雷恩大学任教至今。马特拉的著作甚丰，论题涉及文化、政治、大众媒介和传播历史及理论等。马特拉是主要用法语写作的学者，但其视野宽广、立论新颖的独特学术风格使其具有世界性声誉。其主要著作有《如何解读唐老鸭》(1974)、《传播与阶级斗争》(1979—1983)、《跨国公司与第三世界》(1983)、《传播与信息技术：拉丁美洲的自由选择》(1985)、《国际广告：公共空间的私有化》(1991)、《绘制世界传播的地形图：战争、进步与文化》(1994)、《传播的发明》(1996)、《让世界联网》(2000)等。

马特拉的学术生涯集中反映了传播政治经济学的国际视野和实践性。马特拉早先的研究与20世纪70年代初智利民众不满本国对美国的依附关系以及智利民选社会主义政府的实践紧密相连。马特拉对跨国媒体与第三世界，美国文化工业在国际市场中形成主导地位的机制，美国在国际传播文化政策中的主导地位，传播技术与社会，国际传播、战争、进步与主流发展模式，市场逻辑和文化多样性等问题进行了深入的研究。①

马特拉在1992年初出版的《世界传播与文化霸权》是重点阐述国际传播的发展脉络的专著，围绕着传播学的理论发展和在国际关系中的传播应用问题，包括近现代以来世界历史的施动者的网络和战略的历史，传播学发展过程中连续出现的思想、理论和学说的历史，揭示传播的国际维度是如何形成、衍生并在技术和资本的推动下逐步扩散到全世界的。传播的全球化意味着经济和社会的全球化，因此，沿着历时性逻辑，马特拉所运用的概念主要有三个维度：第一，战争对传播具有推动作用。战争对信息传播的功能性需求，先是缩短时空距离的需要，同时战争期间对鼓舞士气的要求也促进了宣传鼓动的发展，甚至衍生出心理战这个专门学科。第二，发展主义的神话使金融资本走向经济全球化，从而模糊了民族国家的边界，最终是跨国的信息传播新网络按照经济资本和文化资本的生产和分配重新分割世界。第三，信息文化尤其是视听文化的全球流动引发了文化身份和文化认同的危机。在商

① 赵月枝、邢国欣：《传播政治经济学》，见鲁曙明、洪浚浩主编：《传播学》，511～538页，北京，中国人民大学出版社，2007。

品的标签下，跨国传媒集团用工业化方式推广的文化成了普遍的文化消费资料，而"消费者权利"成了文化传播的动力。

马特拉重点观察和批判传播世界强国的跨国媒体集团为了主宰其他民族的、地方的或群体的文化，从而在强制性传播中掀起全球化运动。他认为，文化同化的恐惧和文化认同的希望自传播工业化以后就成了国际关系的重要因素，但文化同时要受社会、经济等因素的影响，因此，文化问题实际上也是一个经济问题、政治问题。跨国媒体集团标榜的所谓"现代化的整合"，虽然看似重视了信息接收者的权利，但却忽视了更加重要的问题。真正的信息传播应该是接收者和传播者之间互动的对话过程。因而在信息交流的不平等背后，面临着各种各样难以解决的冲突和问题。马特拉的研究既与斯迈思、席勒的文化帝国主义理论互为补充，同时也有第三世界变革的经验，还有法国与美国相对独立的传播文化实践作为研究背景，极大地丰富了传播政治经济学的理论视域。

总之，对于媒介批评而言，传播政治经济学理论对"文化帝国主义"和国际传播中不平等的权力关系的批判以及对由跨国公司主导的传播全球化与民主问题的研究，都具有现实指导意义。传播政治经济学研究认为，跨国传媒公司在全球的扩张更会导致信息和传播的不平等，而不是推进所谓的民主化。传播政治经济学是新自由主义意识形态和政策取向的批判者，也是建立全球信息新秩序和促使全球媒介治理更趋民主化的推动者。传播政治经济学为媒介批评理论系统观察和解释媒介、文化与政治、经济的内在关系提供了现实的理论和方法视角。

第二节　精神分析批评理论

精神分析批评理论是精神分析的应用，最早与心理学精神研究领域有关，主要是指把西格蒙特·弗洛伊德的精神分析学等现代心理学理论应用于媒介批评的研究模式。精神分析关注人的意识与潜意识（又译作无意识）之间的相互关系，其理论的中心概念是"潜意识"。自从弗洛伊德提出精神分析方法以来，这一概念开始向更广泛的领域发展，进而形成弗洛伊德精神分析学派。弗洛伊德的学说在其后的发展中被各个领域所借用，有用来研究群体心理的，有用来解释自我意识形成的，甚至还结合了马克思主义的基本观点形成了"弗洛伊德主义的马克思主义"等。精神分析在 20 世纪上半叶产生巨大影响，进入 60 年代以后，经过拉康、霍兰德等人的"重新阐释"和实践"创新", 精神分析理论依然具有影响, 并呈现多元发展的局面。

一、精神分析批评的基本概念

精神分析与精神分析批评是不同的范畴。精神分析属于心理学的范畴, 准确地说, 它只是临床心理学的一个分支; 而精神分析批评则是把精神分析等心理学理论应用于文学、艺术、媒介批评研究的一种批判理论模式。但事实上是, 精神分析在文学、艺术等批评领域产生的影响远大于在心理学领域的影响。[①]

精神分析主要指的是以弗洛伊德理论为基础, 包括其他精神分析学家, 如荣格、阿德勒、埃里克森等的理论和观点, 还包括其他一些以精神分析批评实践为主的思想家, 如拉康、霍兰德等。精神分析根据自身的发展大致可分为两个阶段, 即早期以弗洛伊德理论为核心的传统精神分析和经过埃里希·弗洛姆、埃里克·埃里克森等人重新阐释过的精神分析理论。传统精神分析着重于人的生物性本能的研究, 而新精神分析在继承弗洛伊德学说的同时, 强调道德社会化的影响, 视社会文化为人格发展的有机组成部分。

传统精神分析主要从弗洛伊德的理论概念出发, 具体包括无意识理论, 力比多学说, 关于本我、自我和超我的三重人格结构学说, 梦的学说和释梦理论, 俄狄浦斯情结理论, 白日梦理论、艺术家与精神病等, 重点对艺术文本进行分析和研究。当然, 随着电影艺术的发展, 精神分析在媒介批评的应用主要在影视艺术作品的批评研究领域。

在艺术批评研究领域, 传统精神分析批评主要根据这些理论或概念进行批评研究。这些理论或挖掘作品的象征意义, 以阐释作者的无意识创作动机; 或把艺术文本视为"病例", 通过分析作品的故事情节、人物语言和行为模式等揭示作者的心理和无意识欲望。与传统精神分析不同, 新精神分析批评大都抛弃了弗洛伊德的性本能动因学说, 注重人的社会性。这些理论借助于接受美学、结构主义和后结构主义等哲学和艺术理论, 应用于艺术批评实践, 于是产生了如读者反映精神分析批评和结构主义精神分析批评理论等模式。新精神分析批评注重探索读者或观众的心理机制和接受过程, 注重研究文本语言、表现形式及与作者和受众之间的关系问题, 从而有助于探究创作者、作品及受众之间的内在关系。这些研究在影视作品分析中的应用十分广泛。

---

① 朱立元主编:《当代西方文艺理论》, 57~58 页, 上海, 华东师范大学出版社, 2005。

精神分析批评根据其研究对象可分为作者、受众和文本三类。传统精神分析批评主要属于第一类，重点研究作者的心理和动机。第二类以读者反映精神分析批评为代表，重点研究受众的接受心理、过程和反应，考察的是文本与受众之间的内在关系。第三类精神分析批评主要通过分析文本的语言（文学、影视艺术语言等）和结构方式去解读文本、语言和受众之间的关系，主要以结构主义精神分析批评为主。

二、弗洛伊德精神分析理论

精神分析理论不仅指弗洛伊德的理论，但作为精神分析的开创者，弗洛伊德（图7-2）的学说对精神分析理论产生了巨大的影响。弗洛伊德的精神分析理论主要可归纳为人格学说、本能学说、人格发展阶段说、梦的解析和社会文化观五个方面。

具体而言，人格学说以潜意识为基础，是弗洛伊德学说的核心；本能学说探讨的是人的先天本能在人的生命与生活中的作用；人格的发展阶段说，主要指的是在力比多驱动的基础上，弗洛伊德划分了人格形成的不同阶段；梦的解析是对梦的心理分析，在梦与精神疾病之间建立了联系；社会文化观是弗洛伊德思想在人文科学领域中的扩展应用。

图 7-2　西格蒙德·弗洛伊德

但是，弗洛伊德的学说被认为缺乏对社会因素重要性的认识。在心理现象的解释中并没有对社会性影响因素加以考察，对人的活动的理解停留在动物性的本能和欲望层面，在谈到性的压抑时未能将政治的和经济的奴役加以考察等。这样的指责存在着合理性，但同时也是对作为心理学理论的精神分析的过度要求。尽管在总体上精神分析的观点主要在心理学领域展开，但弗洛伊德开创的精神分析方法为以后的各种媒介批评理论在个体当中寻求推动行为变化的力量以及法兰克福学派开创的传播批判理论创造了可能。

首先，关于潜意识理论。弗洛伊德认为，个体会经历本我—自我—超我三个阶段。在论述该问题之前，他先讨论了将人的意识划分为"潜意识"和"意识"的合理性和不合理之处以及潜意识和意识之间如何转化的问题。潜意识被认为是内部的感觉和情感，而意识则被认为是外部的感知觉，"前者是在未被认识到的某种材料中产生的，而后者(前意识)则另外和字词表象联系着"。① 弗洛伊德指出，他自己以及其他人对意识的研究都是对意识层面的研究，哪怕是对潜意识的研究也只是在"使事物具有意识的时候"才能进行的。对于如何"使事物具有意识"以及意识如何进入潜意识的问题，弗洛伊德在他的论述中指出需要通过言语痕迹(主要是听觉痕迹)获取的信息经过思维过程的加工成为意识的过程，而这样的一个过程可以概括为记忆痕迹，"只有那些曾经是意识知觉的东西才能成为有意识的，从内容(情感除外)产生的任何东西，要想成为有意识的，必须努力把自己变成外部知觉：这只有借助于记忆痕迹才能做到"。② 但弗洛伊德坦言把整个意识归属于一个知识，即意识外表系统的做法是存在问题的，因为对于内部知觉与自我之间的关系问题，则缺乏必要的研究基础。

其次，在对潜意识进行讨论后，弗洛伊德开始探讨"本我"和"自我"的关系，指出本我是人的潜意识，即无意识的、非理性的；而"自我是本我的那一部分，即通过知觉—意识的媒介已被外部世界的直接影响所改变的那一部分；在一定意义上说，它是表面—分化的一种扩展"。③ 但本我和自我并未完全分开，自我的较低部分合并到本我中去了，自我会不自觉地将本我的愿望付诸实施。弗洛伊德接着进一步指出，被压抑的东西也并入本我，"被压抑的东西只是由于压抑的抗拒而与自我截然分开；它能够通过本我与自我相通"。④ 由此，弗洛伊德对自我与本我的关系进行了生动的言说，自我戴着一顶"听觉的帽子"，自我通过知觉意识为中介来受到外部世界的直接影响所改变的本我的一个部分。自我被认为是理性与常识的东西，并不同于感情的本我。在本我中，本能扮演着决定性的角色，快乐的原则支配着本我；而在自我中，知觉扮演着本能在本我中扮演的角色，现实原则取代快乐原则支配着自我。据此，自我与本我的概念界定开始明晰了，本我更像是与生俱来，甚至可以说是未进入意识领域的"粗糙"的存在，而自我则是打上了外界影响的

---

① ［奥］弗洛伊德：《自我与本我》，见车文博主编：《弗洛伊德文集》，6卷，123页，长春，长春出版社，2004。

② ［奥］弗洛伊德：《自我与本我》，见车文博主编：《弗洛伊德文集》，6卷，123页，长春，长春出版社，2004。

③ ［奥］弗洛伊德：《自我与本我》，见车文博主编：《弗洛伊德文集》，6卷，126页，长春，长春出版社，2004。

④ ［奥］弗洛伊德：《自我与本我》，林尘、张唤民、陈伟奇译，212页，上海，上海译文出版社，2011。

印迹并在意识中运作的存在，在弗洛伊德看来，两者的关系就像骑在马背上的人，自我是对本我的一种控制和驾驭。

最后，弗洛伊德还进一步在自我中划分出了等级，指出在自我的内部也存在着不同，即"自我典范"或者"超我"。弗洛伊德在论述自我与超我时，也是习惯性地从人的性需求与人格发展的角度来叙述。在性的需求上，自我在受本我的驱使产生性的本能冲动之后，由于自我的控制和驾驭能力的存在，本我的原始冲动将受到自我的约束，此时自我出现了分裂的现象，在原始本能与控制驾驭之间产生了冲突，自我开始在这样的冲突中形成远离本我的自我典范，也就是超我的出现。超我的出现是两个因素作用的结果，即生物本性和历史本性，生物本性被认为是本我的驱动力，历史本性则是自我对本我的超越以产生超我。超我的存在不仅仅局限在人对于性的控制与驾驭之中，而是广泛存在于个体与生物本性的抗争之中，也存在于个体对历史本性的遵从之中。超我因自我控制本我而存在，超我的存在是无意识与意识矛盾冲突、协调存在的产物。超我从自我中析出，而与本我形成对立冲突的存在。

由此可见，在本体的三阶段论之中，自我实质上起着关键性的作用，以二元对立的观点来看，自我作为本我的对立面存在，但事实上，两者之间的关系远不是二元对立的。如果说本我是个体生物性的存在，是物质的基础架构，那么自我则是对生物性的叛离，是一种意识的，甚至是社会的架构，而超我的存在也是自我中的更高层次，是自我控制的一种创造性的存在。自我的意义同样也是说明意识对个体的重要作用，人的意义是由有意识的自我建构形成的，进一步讲社会化的人的缘起无不是因为自我对动物性的本我的控制，自我的存在决定了个体作为人的存在。自我是人格的心理组成部分，在社会因素的进一步影响下，自我就将进入人格的社会成分，即超我的层面了。

弗洛伊德个体人格三阶段理论对其他理论分析产生重要影响，因为本我—自我—超我的阶段划分在媒介批评研究中有重要的现实意义，如为分析媒介影响自我的形成、儿童如何社会化、社会因素如何通过媒介塑造人的形象等方面的研究开创了可能。人格的三阶段论在一定意义上也是开启了对人的"主体性"的认识的研究，其影响范围也远超出了媒介的范畴。当然，个体人格的三个阶段不足以概括弗洛伊德精神分析理论的全部，但作为精神分析理论的重要基础，其意义和影响则非常重大。

三、精神分析理论与文化批评

弗洛伊德开创的精神分析理论虽然属于心理学领域，但是，精神分析批评却在社会学、政治学、人类学、美学、传播学等各个领域得到了广泛应用。弗洛伊德精神分析理论创立后，他自己也将人的无意识、人格形成与阶段划分等理论向更深广的领域拓展。由此，弗洛伊德的精神分析在哲学、美学、政治学等领域被大量引用和阐发，弗洛伊德本人就对文学批评有着浓厚的兴趣，加之其后的精神分析批评理论的发展，形成了一套基于精神分析的系统的社会文化批评观。

在弗洛伊德精神分析学说的发展中，卡尔·古斯塔夫·荣格、卡伦·霍妮和雅克·拉康等学者对弗洛伊德的精神分析学说加以全面推进，并将精神分析理论拓展到文学和艺术批评等领域。

作为弗洛伊德的学生，荣格提出"集体无意识"理论的学说与弗洛伊德发生分歧，被认为偏离了精神分析学说。"为了切断与弗洛伊德的联系，荣格的目光开始从单纯的医疗实践转向考古学、神话学和人类学，荣格开始从弗洛伊德推崇的科学主义转向对文化史的研究"①，由此提出"集体无意识"理论，从而修正了弗洛伊德无意识论的偏颇之处。无论作为弗洛伊德学说的继承者，还是弗氏理论的反对者，自荣格开始，精神分析理论开始与人文艺术学科的研究联系起来。卡伦·霍妮是新精神分析学派或精神分析社会文化学派的先驱人物和主要代表，也是传统精神分析向新精神分析转变的过渡者。她的研究重点批判了弗洛伊德精神分析过分强调人类行为中的生物因素，而忽视社会与文化因素的重要作用的倾向，从而为精神分析社会文化学派的理论奠定了基础。

雅克·拉康对弗洛伊德精神分析学的发展修正引发了人们对精神分析学说的新兴趣，使之更加有效地应用于文学批评。拉康的学说是对弗洛伊德学术的"修正的回归"。拉康的研究基于结构主义语言学理论，在与弗洛伊德不同定义的"无意识"概念的基础上，拉康重新审视弗洛伊德的理论，发现了无意识—语言—梦之间的活动规律的相似性，又通过"镜像理论"重新解释了俄狄浦斯情结，由此确立"主体论"。拉康对弗洛伊德的"修正的回归"为精神分析带来了新的活力，创立了语言精神分析学，其影响以前所未有的重要性进入到哲学、文学、艺术批评的领域。

(一)精神分析与艺术批评

弗洛伊德的精神分析理论除在心理学领域产生影响之外，还在文学批

---

①　杨倩：《发展中的精神分析学——从荣格、霍妮到拉康》，载《兰州大学学报》(社会科学版)，2005(7)。

评、戏剧分析、艺术鉴赏等领域有创造性运用。作为心理学家，弗洛伊德对艺术有非凡的理解与感受能力，在他看来，自己可以从这种跨界的研究中获得更广泛的视野，获得对人的更深邃的认识。弗洛伊德推崇歌德式的科学与艺术并存的观点，他比较了歌德和达·芬奇在这个问题上的不同处理方式，认为"在歌德的一生中，这两者却能并存：不同时期内一方允许另一方居主导地位。在列奥纳多身上，把这种干涉和他自身发展受到的抑制联系起来是合理的，这种抑制从他的兴趣范围内摈弃了一切和性相关的东西，因此也摈弃了心理学。在这方面，歌德的性格却得到较为自由的发展"。① 在这里，弗洛伊德在强调自己关于性的人格学说的同时，也反映出对艺术重要性的强调和对艺术的热情。

弗洛伊德精神分析理论对艺术领域做了探讨，其中对文学的精神分析鉴赏和批评使得精神分析理论在文学批评中产生了巨大的影响。"弗洛伊德专论文学艺术的文章就有《米开朗琪罗的摩西》《幽默》《诗人与白日梦的关系》《机智及其与无意识的关系》《列奥纳多·达·芬奇：孩提时的记忆的性征研究》《陀思妥耶夫斯基与弑父》《妄想与梦》等。"② 另外，身处维多利亚时代的弗洛伊德在自己的心理学造诣以及时代的价值观念的基础上，对当时流行的戏剧艺术也有自己深刻的认识。

弗洛伊德精神分析理论对文艺创作和文艺批评的研究，重点包括"创作动因——力比多""创作活动——无意识或自由联想""人物的塑造——'升华说'""创作主题和批评方法——'俄狄浦斯情结'""文艺创作与梦""艺术家与精神病"等方面。③ 弗洛伊德将艺术家创作动因归结为"本能的欲望"，也就是"性的能量"力比多，由此，美的创作与审美具有了心理学依据。弗洛伊德将创作活动与无意识进行了创新性的关联，提供了独特的审视艺术作品的视角，从而试图揭示艺术作品背后所蕴含的无意识层次的意义。因此，艺术作品不再仅仅是一种单面的、单层的存在了，而是一个复杂的、有潜在意义的存在物，这也是对艺术批评分析的创新。另外，对艺术作品的人物塑造、创作主题与批评、艺术与梦、艺术家与精神等的探讨中，也使审视和分析的视域发生了革命性的改变。可以说，对艺术作品的精神分析揭示了隐藏在作品

---

① [奥]弗洛伊德：《论文学与艺术》，常宏等译，365页，北京，国际文化出版公司，2001。

② 王宁编：《精神分析》，30页，成都，四川文艺出版社，1989。

③ 王宁编：《精神分析》，30～43页，成都，四川文艺出版社，1989。

的物质存在以及依附在作品上的社会文化价值背后的精神层面的意义。在弗洛伊德看来，艺术作品的背后隐含着人们无法想象，但可以通过精神分析加以认识的"潜在世界"。

弗洛伊德的精神分析艺术批评是对长久以来的艺术、审美批判理论的突破，至此，精神分析与艺术批评紧密联系起来，在"无意识""性的冲动""人格的形成"等概念的基础上，精神分析艺术批评也形成了自己的理论与方法。

(二)电影艺术的精神分析批评

精神分析理论也直接对电影艺术批评产生重要的影响，20 世纪 70 年代出现了"精神分析电影理论"，电影精神分析批评的主要代表人物有让·路易·鲍德利、克里斯蒂安·麦茨、拉康等人。1970 年，鲍德利发表了《基本电影机制的意识形态效果》的文章，奠定了精神分析学说与符号学分析结合的基础，重点论述了精神分析理论运用到电影研究的可能。1972 年，英国电影杂志《银幕》介绍了精神分析学说，1975 年法国电影刊物 Communications 出版了由麦茨等人编辑的"精神分析与电影"专辑，提出了将精神分析理论运用到电影艺术批评的问题。

电影的精神分析批评是内涵极为丰富的理论系统，它以第二次世界大战以后发展起来的广泛吸取存在主义、现象学、结构主义语言学、弗洛伊德和拉康的精神分析学的新精神分析批评理论为基础。电影理论向精神分析批评方向的发展也有其内在的必然性。早期法国电影学者巴赞在指出电影是现实的模拟的同时，关于电影的起因问题，认为幻想(愿望)是第一位的，"第一符号学理论通过语言—电影的类比令人信服地揭示出电影的虚构性，同时它也架起了一座通向精神分析学的桥梁——电影语言特性与梦运作的相似性"[1]，在弗洛伊德和拉康的精神分析影响下，第二符号学的建立也就有了坚实的理论基础。电影精神分析批评被认为是电影理论发展中的第二符号学阶段。

电影艺术作为视觉传播媒介，与人的梦境有类似之处，因此，通过影像媒介可以表达各种心理活动，如想象、梦境、心理状态等，以梦和象征来阐释影视艺术的观点，就出现在早期的电影精神分析理论中。精神分析对电影批评理论的影响主要表现在两个方面：一是将电影银幕与"镜子"做对比，就是通过"镜中"及银幕上所投射的影像，来发现与"自我"对抗的概念，观众在电影银幕的影像前，感觉到自己好像是分身的分身。二是将电影与梦做比

---

[1]　李恒基主编：《外国电影理论文选》，460 页，上海，上海文艺出版社，1995。

较，探讨梦与电影的关系，认为"做梦"与"看电影"的经验相似，这也是最常讨论的范围。

鲍德利结合弗洛伊德和拉康的精神分析理论以及阿尔都塞的意识形态理论，重点分析电影在主体建构方面的意识形态效果。鲍德利运用"虚拟法"来说明自己的论点，他认为电影中虚拟了社会矛盾和冲突，是一种运动的幻觉，但人们却把这种幻觉误认为是实际的运动。人们在观看电影时，一个世界在他眼前连续展开，这确立了其观众的中心性，当想象力在自身中释放出来，这个世界就是为它而存在，想象力成为这个世界的起源，也是它的凝聚力的源泉。鲍德利也论述了电影主体的先验性以及银幕作为镜子（即拉康的镜像阶段与双重认同的观点）的问题，试图探究电影中的意识形态的因素。

麦茨发展了鲍德利的观点并将精神分析带入电影符号学的讨论，成为第二电影符号学的重要理论，由此，将原本以语言为基础的第一电影符号学转变为由电影机制所产生的"主体—效果"，围绕着电影观看者与电影影像之间的心理关系的精神分析的理论问题。电影与梦境类似，通过心理的无意识活动，才能获得效果，在《想象的能指》中，麦茨也区分出了两种电影机制中运作的形式，一是电影是"工业品"。电影生产的是商品，具有一般商品生产、销售、消费的特点。一是电影还是"心灵的机器"。观众已经内化到心灵机器中，而这种心灵机器接受观众对电影的消费，把电影当成使人愉快的东西。

同时，在《想象的能指》中，麦茨还将屏幕比喻成一面镜子，这与巴赞将屏幕比喻成一扇窗是不同的，巴赞认为银幕上的空间始终暗示银幕外的空间，由此产生了一种离心结构，而麦茨则认为通过镜子的比喻，电影银幕成为另一种场景的范畴，它的在场与不在场性，使它一开始就比较接近幻想。这面镜子与拉康的镜子不同的地方，在于无法通过镜子反映观众本身的身体，观众将银幕上的不在场看作可能性，其不在场性反而让电影能清楚地展开。同时，又因为观众已知镜子的经验，所以不必先将自己视为其中的一部分就能够建构一个客体的世界，观众在银幕上反而是不在场的。因此，电影中的真实性感受比剧场的真实性感受还要强烈，银幕上幻觉般的影像让观影者深深地投入其中。电影观众会首先认同自己观看电影的这个行为，认同自己观看电影是一个纯粹的感知行为，这时观看者便是一个先验的主体，麦茨称之为初级认同/一度认同，该层面的认同并非认同展现在银幕上的事件或角色，而是认同自身的感知行为。初级认同确立后，才能进行次级认同/二度认同，次级认同是一种对电影所传达及建构出来的影像的感知行为，让观众成为梦幻般的无所不在的全知主体，观众会随着剧情的起伏而被吸引并投入其中，观众接收到的影像则是来自外部，来自外界的真实。麦茨的电影分析理论产生了重要的影响。

电影的精神分析批评是弗洛伊德学说对广泛的社会文化观的主要贡献，但精神分析理论的影响远非电影批评领域可以概括。在严格意义上来说，弗洛伊德的学术与大众传播媒介尚有一定的距离，但是作为一种基础性理论，它甚至在传播学上被认为是与达尔文的进化论和马克思的批判精神两者作为传播学的欧洲起源，它为大众传播学研究提供了基础性的理论，发挥着重要的作用。通过精神分析理论，媒介批评理论完全有进一步发展的理论空间。

第三节　结构主义、符号学与叙事学

人类的传播活动离不开文化符号，在传播活动中，信息是符号和意义的统一体，符号是信息的外在形式或载体，而意义则是信息的内容。用符号学的视角来看，大众传播无非就是传者和受者对符号进行编码和解码的过程。如前所述，文化研究方法上，英国文化研究以"文化主义"研究为主导，将大众文化视为社会人文活动的产物。而与此相对应的"结构主义"研究方法，则关注的是"意义"生成的意指实践，重点在于探究文本内部的系统结构。立足于意义建构论，结构主义、符号学和叙事学理论则成为媒介批评的"结构主义"研究取向的基础理论。

一、结构主义和符号学

结构主义主要有现代语言学理论、现代文艺批评理论和当代法国人文思想运动三个所指范围。就现代西方思想史而言，结构主义主要指20世纪六七十年代法国的结构主义运动，他们的思想和著述影响巨大，成为20世纪西方思想史的重要组成部分。① 因此，结构主义是一个方法论体系，并非统一的学派，它的理论来源和基础是多种多样的，理论体系也是复杂多元的。

作为学术流派，结构主义在不同的研究观点上有很大的差异，但作为方法论体系，结构主义仍体现出共同的特征。这些特征集中表现在对"结构"概念的理解上。对此，瑞士心理学家发生认识论的创始人皮亚杰和法国社会人类学家列维-斯特劳斯都有较为全面的论述。皮亚杰对"结构"有三个基本概

---

① ［比］J. M. 布洛克曼：《结构主义》，李幼蒸译，1页，北京，中国人民大学出版社，2003。

括，即结构有整体性、转换功能和自我调节功能。具体来讲，整体性是指结构整体中的各构成元素之间存在有机联系；各元素在整体中的性质，不同于它在单独时或在其他结构中内时的性质。转换功能是指结构内部存在着具有构成作用的法律、法规等。自我调节功能是指在结构执行转换程序时，它有自身的调节机制而无须求助于结构之外，即结构相对封闭和独立。列维—斯特劳斯在《结构人类学》中对结构提出了四点说明：一是结构中任一成分的变化都会引起其他成分的变化；二是对任一结构来说，都有可能列出同类结构中产生的一系列变化；三是由结构能预测出当一种或几种成分变化时，整体会有什么反应；四是结构内可观察到的事实，应是可以在结构内提出解释的。

符号学对大众传播研究具有重要意义，在传播学研究中，符号被认为是"传播过程中为传达讯息而用以指代某种意义的中介"①，"信息的外在形式或物质载体，是信息表达和传播中不可缺少的一种基本要素"②，"用来指代或代表其他事物的象征物"③，"符号是物理性的，可由我们的感官接收；符号指涉它本身以外的某事物；符号依赖它的使用者将其辨识出它是符号"④等观点。这些概念的界定都是不同学者对符号的不同理解，都是能反映概念的一部分，事实上，对符号的定义，从皮尔斯首次提出来以后就一直处于争论之中。在对符号及意义的认识的基础上，符号学是作为对"符号"及其研究而存在的。瑞士语言学家 F. D. 索绪尔在《普通语言学教程》中写道："我们可以设想有一门研究社会生活中符号生命的科学；它将构成社会心理学的一部分，因而也是普通心理学的一部分；我们管它叫符号学。它将告诉我们符号由什么构成，受什么规律支配。"⑤符号学的研究被认为有三大领域，"符号本身""由符号所组成的传播代码或系统""传播代码和符号依赖它们运作于其中的文化，而文化的存在和形成反过来又依赖于传播代码和符号的使用"。⑥ 索绪

---

① 张国良：《传播学原理》，175 页，上海，复旦大学出版社，2009。

② 郭庆光：《传播学教程》，43 页，北京，中国人民大学出版社，1999。

③ 董璐：《传播学核心理论与概念》，137 页，北京，北京大学出版社，2008。

④ ［美］John Fiske：《传播符号学理论》，张锦华译，61 页，香港，香港远流出版公司，2004。

⑤ ［瑞士］费尔迪南·德·索绪尔：《普通语言学教程》，高名凯译，岑麒祥、叶蜚声校注，38 页，北京，商务印书馆，1999。

⑥ ［美］约翰·费斯克：《传播研究导论：过程与符号》，许静译，33～34 页，北京，北京大学出版社，2008。

尔开创的符号学研究缘起于语言学，所以符号学的研究不可避免地需要进入到语言学领域。索绪尔和皮尔斯的研究是基础性的，其后如罗兰·巴特、皮埃尔·吉罗、奥格登、理查兹等人的研究对符号学研究的意义也十分巨大。

索绪尔对符号学的奠基作用是无可争辩的。人类使用符号进行交流，人类注意到符号所具有的价值进而进行探索这些活动或者已进行几百上千年，但符号学作为科学的研究范畴被提出，则需归功于索绪尔。罗兰·巴特师从索绪尔，被认为是将索绪尔语言学研究的主要观点成功地运用到文化符号研究方面并进一步发展的著名学者，他的研究对结构主义符号学影响很大。

(一)索绪尔的语言学

索绪尔是瑞士语言学家，是现代语言学的重要奠基者，也是结构主义的开创者之一(图7-3)。他被后人称为"现代语言学之父"，结构主义的鼻祖。其代表著作是对现代语言学研究影响深远的《普通语言学教程》。索绪尔作为语言学家，他的研究兴趣在于语言，即符号与其他符号之间的联系，而不同于皮尔斯关注的符号与客体之间的联系。在这样的研究兴趣下，索绪尔在语言学领域探讨符号本身，对语言学和符号学的相关概念进行了界定。

图 7-3　费尔迪南·德·索绪尔

首先，索绪尔区分了语言和言语。在索绪尔看来，语言是在集体中才能完全存在的并且是社会的，而言语则是个人的意志和智能的行为。语言被认为是言语活动表现的准则，而言语则被认为是在语言的共同基础上的实践。在此基础上，索绪尔概括了语言的特征："它是言语活动事实的混杂的总体中一个十分确定的对象"，"语言和言语不同，它是人们能够分出来加以研究的对象"，"言语活动是异质的，而这样规定下来的语言却是同质的：它是一种符号系统"，"语言这个对象在具体性上比之言语毫无逊色，这对于研究特别有利。"①索绪尔在《普通语言学教程》中的这番论述并不是一种严格的概念定义，但却指出了语言和言语区分的一些关键之处。在指出两者之间的不同之后，索绪尔认为，语言是一种表达观念的符号系统，进而提出了"符号学"的概念，提出需要去研究符号，语言学家的任务被认为是确定使得语言在符

---

① ［瑞士］费尔迪南·德·索绪尔：《普通语言学教程》，高名凯译，岑麒祥、叶蜚声校注,36～37页，北京，商务印书馆，1999。

号事实中成为一个独特系统的原因。

其次，符号的能指与所指。在语言学的研究中，索绪尔提出，"我们建议保留用符号这个词表示整体，用所指和能指分别代替概念和音响形象"[1]，虽然在能指与声音形象之间的简单相等受到了一些批评，但索绪尔指出了符号在能指和所指上的区别：能指是我们感知的符号形象，如文字的外形和语言的发音等；所指则被认为是能指所指代的概念。在此基础上，索绪尔指出了语言符号研究中的两个原则：一是"能指和所指的联系是任意的"；二是"能指属听觉性质，只能在时间上展开，而且具有借自时间的特征"[2]。这两个原则是基于语言学的，但是与符号学也有紧密的联系。索绪尔指出，如果符号学研究包括那些以完全自然的符号为基础的表达方式，将自然的符号接纳入符号学研究的领域，那么它的对象仍然是以符号任意性为基础的全体系统。任意性在索绪尔看来是人类语言的核心特征，语言符号或者更广义符号的能指与所指之间的联系是由惯例、规则或使用者之间的协议所决定的。索绪尔的观点隐含着对符号及其指涉物之间的关系的独特认知，在索绪尔看来，两者之间的关系是人为的关系建构。

索绪尔的研究是站在语言学的领域内，逐渐进入到符号学的研究。作为符号学研究的奠基人之一，他的作用是开创性的，但也只是对符号学领域所做的有限探索。这种探索对其后的符号学发展产生了重要影响。

(二)罗兰·巴特与符号学

罗兰·巴特(图 7-4)将索绪尔语言学研究的主要观点成功地运用到了符号研究方面，形成了自己的一套理论。沿着索绪尔的研究，巴特的研究具有明显的结构主义倾向，即着重探索

图 7-4　罗兰·巴特

一个文化意义是通过什么样的相互关系(即结构)被表达出来的。巴特在符号学上的建树是在立足于总结梳理索绪尔的理论的基础上，用结构主义的视角进行了符号学创新。同样，在语言学是否作为独立完整的学科问题上，巴特

---

① [瑞士]费尔迪南·德·索绪尔：《普通语言学教程》，高名凯译，岑麒祥、叶蜚声校注，102 页，北京，商务印书馆，1999。

② [瑞士]费尔迪南·德·索绪尔：《普通语言学教程》，高名凯译，岑麒祥、叶蜚声校注，102～106 页，北京，商务印书馆，1999。

在当时所持的观点也是认为这个学科还有待于建立。在巴特的著作中，他将"符号学原理按照结构语言学分为语言和言语、所指和能指、系统和组合段以及直接意指和含蓄意指四大类"。[①]

在论述语言和言语的二元分类时，巴特指出，这样的区分是索绪尔对语言学和符号学的重要贡献，在解释这一对概念时，他提到了索绪尔语言研究中的多样性与杂乱性问题，并看到语言作为纯社会性对象时呈现的规律性，也就是语言系统。他认为对语言结构的定义就是"语言减去言语"，这样的语言系统具有社会法规系统和价值系统双重身份，并被认为是一种社会性的契约，个人对它的影响作用微弱。而言语则是一种个别性的选择行为和实现行为。语言（语言结构）和言语两者都是在辩证中存在的，没有言语就没有语言结构，没有语言结构也就不存在言语。在巴特看来，索绪尔的二分观点产生了不少问题，对此，提出了自己的三个问题：语言结构与代码和言语与信息能否等同？言语和组合段之间的关系如何？语言结构和相关性概念的关系如何？并由此提出了自己的看法。随后他也探讨了个性语言、双重结构、符号学领域中的语言/言语分类问题等。巴特在语言和言语关系上的认识多是对索绪尔观点及其后的理论发展的梳理，并在此基础上提出对索绪尔观点的认同与补充。

在所指与能指概念上，巴特在对语言学的"记号"作为能指和所指的统一体的叙述之后，自然地认为符号学的"记号"同样也包括能指与所指两部分。进一步指出，所指不是同样的事物，而是该事物的心理表象；而能指则是一个纯关系项，也就是只能在与所指的相互关系中得到定义，能指是一种中介物，必须具有一种质料。接着就是连接所指与能指之间的意指作用，它被认为"是一种把能指与所指结成一体的行为，这个行为的结果就是记号"。[②] 意指作用在语言学中被认为是无理据性的，意指作用在长期的社会历史进程中实现，然后作为一种"自然化"的规约存在，成为列维－斯特劳斯所说的先验任意性和后验非任意性的综合存在。在意指作用中，巴特区分了直接意指、含蓄意指以及主体间的互动三个层次，指出了"记号"被构成的不同模式，当然也包含着由意指功能所建立的能指与所指关系改变而"名不符实"的现象。

---

① ［法］罗兰·巴特：《符号学原理》，李幼蒸译，115 页，北京，生活·读书·新知三联书店，1988。

② ［法］罗兰·巴特：《符号学原理》，李幼蒸译，140 页，北京，生活·读书·新知三联书店，1988。

巴特还介绍了索绪尔的"值项"的概念，记号（符号）的研究不应当只按其组成而应当按照环境来研究，意义通过意指关系和值项的双重制约作用才能得到确定。

系统和组合段的关系是索绪尔语言学研究中的重要概念，巴特对这两个概念的论述也集中在语言学领域，他认为，雅克布逊关于隐喻主导地位和换喻主导地位的论述，使得这样的两个概念以及语言学的研究开始向符号学研究过渡，这两个概念被认为是自然语言的两个轴。在区分直接意指和含蓄意指两者时，巴特将表达平面（E）、内容平面（C）和意指作用（R）三者的关系表达为 ERC。这样的一个 ERC 系统本身可变成另一系统的单一部分，由此形成由第一系统延伸而成的第二系统。第一系统被认为是直接意指，而第二系统就成了含蓄意指，含蓄意指层面的研究较少，是语言学和符号学研究需要关注的方面。这样的观点是将符号学研究从狭隘的能指/所指构成符号这样的视界中转移出来，开始关注泛化意义上的能指/所指以及意指作用和值项。

显然，巴特的研究在索绪尔的语言学研究的基础上，已经开始了全新的符号学研究，他的视角不再局限于传统的语言学领域语言与言语的辨析、微观的符号能指与所指关系的探究，开始关注符号背后的社会因素，开始将能指/所指之间的意指关系的重点转移到宏观的社会层面，对索绪尔的传承在适时地发生着变化。巴特创建的理论又影响了他的学生麦茨，后者是电影符号学的创始人之一。①

（三）皮尔斯的符号分类

皮尔斯是美国实用主义哲学的先驱之一，也是公认的符号学的创始人之一。皮尔斯并未出版过符号学方面的专著，也从未系统归纳或专门阐释过有关符号学的思想。20 世纪 30 年代《皮尔斯论文集》出版，他的符号学理论才为世人所熟知。皮尔斯注意分析人们认识事物意义的逻辑结构，他把符号学范畴建立在思维和判断的关系上，注重符号自身逻辑结构的研究。

皮尔斯对符号学的重要贡献是他对符号的分类。皮尔斯"将符号分为 10 大类 66 种，并对不同种类的符号的性质、结构和功能进行了详细的分析"。②总的来说，皮尔斯的符号分类可以分为"图像符号、标志符号、象征符号"三大类，他认为这三类符号构成的三角形模式是关于符号特征最基本的模式，

---

① ［法］罗兰·巴特：《符号学原理》，李幼蒸译，1 页，北京，生活·读书·新知三联书店，1988。

② 郭庆光：《传播学教程》，43 页，北京，中国人民大学出版社，1999。

"每一个符号都是由其客体所决定的，方式有三：一是具有客体的某些特征，因此我称之为图像符号；二就是客体本身或者和客体有实际联系，因此我称之为标志符号；三是按照一定的习惯，肯定可以被解释为指代某物，因此我称之为象征符号"。① 具体内容包括以下几个方面。

1. 图像符号

图像符号被认为和它的指代物相类似，符号与指称的对象有共同的性质，其能指与所指之间的关系是自然成立的，如照片与本人之间的对应关系，地形与反映地形的地图之间的关系等。这类符号的能指与所指之间的关系是自然建立的，但同样也是有不同的层次划分的。根据符号与所指对象之间的对应关系，可以将图像符号进一步分为图画、图表和具有转喻意义的图画三类。三类图像符号的特点分别是："与对象在一些特征上相同""反映出对象诸部分之间的对应关系""与对象存在一般的相似性关系"。②

2. 标志符号

标志符号是和它的指代物之间有直接的既存关系的符号，是物理性的联系。这类符号的能指与所指在时间上是共存的，物理性的认识是建立在我们的经验以及由此获得的知识的基础上的，如烟与火、咳嗽与感冒、飘扬的红旗与风等。需指出的是，当标志符号的关系基础被建立以后，对应关系的进一步建立就往往不再顾及物理性了，物理性的因素在对应关系中的重要性下降，对应关系的合理性建立在想象的基础之上，符号由此进入到象征建构的阶段。

3. 象征符号

象征符号与其指代物之间的联系，来自于习惯、约定或者规则。这种联系的建立符合索绪尔对语言符号的随意性的论述，联系的建立是随意的，但一旦形成则又有了其确定性。象征符号的独特或者说进步之处在于它背弃了物理性的联系走向建构，关系以及其中的意义都是由建构产生，这时的符号研究才慢慢转入对社会因素的考察，符号完成一个从固有的、物理性的联系向建构的、社会性的联系转变的过程。

皮尔斯对符号所做的分类也并不是绝对的和界限分明的，一个符号也可

---

① ［美］约翰·费斯克：《传播研究导论：过程与符号》(第二版)，许静译，40 页，北京，北京大学出版社，2008。

② 李岩：《媒介批评：立场、范畴、命题、方式》，17 页，杭州，浙江大学出版社，2005。

以同时跨越种类存在，同时采用三种类型中的联系建立方式。皮尔斯的分类为我们提供的是一个思考符号与指代物之间联系的启示，并希望在此基础上形成对符号的科学分类。

(四)雅克布森的符号学：隐喻与转喻

罗曼·雅克布森是结构主义的奠基人，俄国形式主义的代表，他的符号学研究是结构主义取向的。结构主义语言学把一个个单词看成是一个个符号，这些符号必须以某种方式连接起来才能完成某种意义的传达。这种把单个符号组织起来的形式被称为语法，也叫结构。但雅克布森的研究已经超越了语言学的范畴，在结构主义的视角下看待符号学。在雅克布森的研究中，隐喻与转喻(又称为换喻)的观点被认为是对修辞学以及符号学的一个重要贡献。

对于修辞学中隐喻和转喻的研究，特别是对隐喻的考察一直是一个重要领域，在传统修辞学研究中，隐喻修辞格占据着最重要的地位。亚里士多德几乎用隐喻表示一切修辞格，维柯、艾柯等人都有过对隐喻重要性的论述。对隐喻概念的界定，传统的修辞学认为，"在隐喻的众多说明中，共同的一点是隐喻为用一种形象取代另一种形象而实质意义并不改变的修辞方法"，[①]但实质意义在语言文本中不可避免地被引申或者联想，由此产生引申意义和联想意义。因此，隐喻可以被定义为能指以一种不同于固有联系、不局限于字面意义的方式，应用到一个所指之上，在能指与所指之间建立对应关系；而转喻则可以被简单地定义为用部分来代表整体。雅克布森在对失语症现象的研究中分析了这两种修辞现象。在失语症的情况下，语言的原有关系发生了变化，隐喻与转喻在这样的情况下也会发生相应的变化。雅克布森把隐喻和转喻看成是二元对立的典型模式，认为它们为语言符号得以形成的选择和组合这一双重过程打下了坚实的基础。在雅克布森看来，"隐喻和转喻的对立其实代表了语言的共时性模式(它的直接的，并存的，'垂直的'关系)和历时性模式(它的序列的，相继的，线性发展的关系)的根本对立的本质"。[②] 在对隐喻和转喻两种修辞模式分析的基础上，雅克布森提出了对语言诗歌功能的定义，由此开启了一个新的研究领域。雅克布森的研究集中于语言学，对媒介批评具有重要的基础性理论的意义。

---

① 李幼蒸：《理论符号学导论》，341 页，北京，社会科学文献出版社，1999。

② ［英］特伦斯·霍克斯：《结构主义与符号学》，瞿铁鹏译，77 页，上海，上海译文出版社，1987。

雅克布森提出了影响深远的语言交流的六要素、六功能说。雅克布森认为，任何言语交际都包含说话者、受话者、语境、信息、接触、代码六个要素，与之相适应的是，言语体现出六种功能，如交际侧重于语境，就突出了指称功能；如侧重于说话者，就强调了情感功能；如侧重于受话者，意动功能就凸显；如侧重于接触，交际功能就占支配地位；如侧重于代码，元语言功能就上升到显著地位；如言语交际侧重于信息本身，诗的功能(审美)则占主导地位。由此，结合前述的隐喻与转喻的分析，雅克布森具体分析文学作品的审美意义。

作为结构主义和符号学理论，看似与媒介批评有较远的距离，但毋庸置疑的是，起源于语言学的结构主义和符号学理论，在结合媒介研究后同样具有普遍的理论意义。这也是整个结构主义与符号学的共性，看似与媒介距离较远，但一旦结合，就有了一般层面的描述、解释和实践运用的理论意义。

二、叙事学

叙事学是在结构主义基础上发展起来的对叙事文本进行研究的理论，通常指的是经典叙事学，即结构主义叙事学。经典叙事学是自 20 世纪 60 年代以来兴起的以文学文本为重点的批评理论，它将结构主义和语言学研究引入文学文本分析。其理论渊源主要包括索绪尔的语言学理论、结构主义、俄国形式主义及新批评派理论等。具体而言，对经典叙事学产生直接影响的是结构主义和俄国形式主义，作为其直接理论来源的是列维－斯特劳斯的结构主义神话分析和普洛普的民间故事研究。结构主义叙事研究不同于传统的叙事理论对作品内容及社会意义的重视，而立足于现代语言学结构主义理论，更注重作品的文本及其结构分析，即注重作品的共性分析，而不是具体的艺术成就分析。因此，经典叙事学主要研究作者与叙述人、叙述人与作品中的人物、作者与读者等的相互关系以及叙述话语、叙述动作等内容。

(一)叙事学的含义

叙事学"研究所有形式叙事中的共同叙事特征和个体差异特征，旨在描述控制叙事(及叙事过程)中与叙事相关的规则系统"。关于"叙事"概念的核心意义，有研究者对其做了较为全面的概括，认为主要包括下述含义。①第一，叙事是一种言语行为；第二，叙事是一种符号活动；第三，叙事是一种语言表现；第四，叙事是叙事者生产的话语；第五，叙事是为了读者所组织

---

① 祝克懿：《"叙事"概念的现代意义》，载《复旦学报》(社会科学版)，2007(4)。

起来并赋予意义的文字制品；第六，叙事是用语言表现出来的一件或一系列真实或虚构的事件；第七，叙事是人类交际最基本的表述手段；第八，叙事是人们将各种经验组织成有现实意义的事件的基本方式；第九，叙事是最核心、最基础的表达与理解方式；第十，叙事是一种文化理解方式；第十一，叙事是一种推理模式，也是一种表达模式；第十二，叙事是一种人类认知的基本模式等各类不同的界定。可见，对叙事内涵的界定包含了语言学、符号学、意义理论等各个方面。

最早提出"叙事学"这个概念的是法国当代著名结构主义符号学家、文艺理论家茨维坦·托多罗夫。他在于 1969 年发表的《〈十日谈〉语法》中提出"这部著作属于一门尚未存在的科学，我们暂且将这门科学取名为叙事学，即关于叙事作品的科学"的观点。此前的 1966 年罗兰·巴特的《叙事作品结构分析导论》、克洛德·布雷蒙的《叙事可能之逻辑》等论文以及格雷马斯的《结构主义语义学》等著作，其实都是叙事学的奠基之作。作为文本分析的新方法，叙事学经过不断发展，具有了完整的理论体系。同样，对于媒介文本批评而言，叙事学理论也具有方法论的重要意义。

经典叙事学主要是对以神话、民间故事、小说为对象的书面叙事文本的研究。简言之，就是关于叙事作品、叙述、叙述结构以及叙述性的理论。叙事学着重对叙事文本做结构主义的技术性分析，并以此为依据研究其他各类叙事文本。叙事学形成和发展起来后，媒介批评家也使用叙事理论分析媒介文本，并注重研究各种文化是如何通过叙事再现自身，研究结构主义叙事模式对媒介文本的影响以及它们所达到的传播效果。后经典叙事学理论则将叙事文本研究的范围从小说、民间故事等，广泛扩展到电影、戏剧、漫画、新闻、日记、编年史等文本的研究，并拓展到对各种符号构成的媒介文本形式的分析，如对书面或口头语言、视觉形象、姿态和动作以及这些不同媒介组合文本的叙事学分析。

就历史发展看，对叙事的讨论早就开始。柏拉图对叙事做了模仿/叙事的二分法，这可以被视为叙事理论的发端，亚里士多德的《修辞学》也对叙事问题进行了探究。18 世纪，随着小说的发展，对小说叙事的讨论则更加充分全面，从小说的内容到形式、小说的功能和读者的定位等问题都有所涉及，对叙事学的基本范畴，如叙述视点、声音、距离等也都进行讨论。其中，关于叙述视点的讨论成为小说叙事批评最为重要的视角和方法。

从思想渊源看，经典叙事学理论发端于 20 世纪 20 年代的俄国形式主义，其中弗拉基米尔·普洛普所开创的结构主义叙事研究奠定了叙事学理论的基础。叙事学理论最直接的影响来自于普洛普的《民间故事形态学》，该著被认为是叙事学的奠基之作。普洛普打破了传统的按人物和主题对童话进行分类的方法，认为故事中的基本单位不是人物，而是人物在故事中的"功能"，由此从众多的俄国民间故事中分析出 32 个"功能"。[①] 其他俄国形式主义者如什克洛夫斯基、艾亨鲍姆等人提出的叙事作品的"故事"和"情节"之间的差异的认识，直接对叙事学的叙事作品结构层次划分研究产生影响。"故事"指的是作品叙述的按实际时间顺序的所有事件，"情节"则侧重指事件在作品中出现的实际情况，这些直接影响了叙事学对叙事作品结构层次的划分。他们提出"故事"和"情节"的概念来指代叙事作品的素材内容和表达形式，大致勾勒出其后经典叙事学研究所聚焦的故事与话语两个层面，以此来突出研究叙事作品中的技巧。

普罗普的叙事学理论被法国人类学家列维－斯特劳斯接受并传到法国。借助于结构主义叙事学理论，列维－斯特劳斯则重点研究了神话中内在不变的因素的结构形式，并试图运用语言学模式发现人类思维的基本结构，对叙事学理论的形成做出了贡献。

(二)经典叙事学理论

经典叙事学，即结构主义叙事理论的核心内涵，就是要发现文本的"深层结构"，即在"故事底下找故事"。但是，这个视角在具体分析中又有差异，具体表现为两个方面：一是首先重点发现深层结构，再由"深层"反观"表层"，如普洛普、列维－斯特劳斯(图 7-5)、托多罗夫和格雷马斯等的研究。二是首先重点从文本/话语即表层结构逐渐进入"深层"，以热奈特和罗兰·巴特等为代表。由此出发，经典叙事学理论建构了不同的分析研究取向和基本理论体系。这主要包括下述方面。

图 7-5 列维-斯特劳斯

1. 罗兰·巴特的符号叙事理论

罗兰·巴特认为，叙事学就是对叙事作品

---

① [美]伯格：《通俗文化、媒介和日常生活中的叙事》，姚媛译，28～29 页，南京，南京大学出版社，2000。

的研究，主要包括神话、传奇、寓言、故事、短篇故事、史诗、历史、悲剧和其他的人类的表达方式。他利用索绪尔的语言学来分析文学。认为文学只是一种语言，一种符号系统，重要的不是它的信息，而是它的系统。同样，文学批评重组的不是作品的信息，而是它的系统，就像语言学家不去推论句子的意义，而是建立能够传达意义的正规机构。因此，文学批评不应是理解作品的意义或价值，而应探究产生意义的结构。作者的本意因此受到忽视，而语言和结构不是作者的意识，或来自意识的言语行为产生意义。罗兰·巴特为叙事学研究提出了纲领性的理论设想。

作为符号学理论的奠基者，罗兰·巴特对叙事作品的结构进行分析。他把叙事作品分为功能层、行为层、叙述层三个描写层次，各层次上有单元分布关系，不同层次上有融合关系，如"功能"的确定必须决定于角色的意向或故事大体的"动向"，"动向"的作用和价值又须依它在整个"叙述"中的地位而定，任何语言单位可能结合到各个层次之中产生意义。在具体叙事分析中，罗兰·巴特在《S/Z》中，把巴尔扎克的短篇小说《萨拉辛》分解成561个词汇单位，即"解读单位"。其中，有些只有几个词，有些是几个句子，长短不一，每个单位都是一个分析主题。创造性地提出了解释符码、行为符码、语义符码、象征符码、指示符码五个符码，从而对巴尔扎克的作品进行了符号学叙事的分析。

2. 格雷马斯的结构主义语义学

格雷马斯在叙事学理论方面有非常重要的地位，他从索绪尔关于"语言"和"言语"的理论以及雅克布森关于"二元对立"的概念出发，重点探究了叙事文本的语义结构。其最重要的著作是《结构语义学》（1966）和《论意义》（1970）等。

首先，格雷马斯明确区分了深层语义结构和表层句法。表层句法又可分成叙事结构（表层结构）和语篇结构（表达结构）。叙事过程要经过一系列的转化，具体包括横向转化和纵向转化，横向转化是从基本语义转化成基本句法。纵向转化是从基本句法转化成表层叙事句法，再转化成语篇句法。格雷马斯认为，符号叙事学意味着转化的过程，即意义的产物。格雷马斯在结构主义的二元对立基础上提出了"语义方阵"，认为它是一切意义的基本细胞，语言或语言以外的一切"表意"都采取这种形式。"语义方阵"里面包含着主角和对象、指使者和承受者、助手与对头三对结构单位。这三对结构单位出现在所有叙事作品中，包括愿望、交流和矛盾三种关系。格雷马斯的理论可以视为对普罗普最初构想的一种发展和改进，他的主要目的是通过情节结构模式的建立，揭示出叙事体深层结构所显示的意义。与普罗普不同的是，他把故事视为类似句子的语义结构，注重的是功能之间的关系，而不是单个的功能。

3. 热奈特与叙事理论的发展

法国结构主义批评家热拉尔·热奈特在推动当代叙事理论迅速发展并走向成熟方面，具有重要的地位和意义。热奈特在吸纳前人研究成果的基础上，建构出自己的叙事理论。

热奈特认为，"叙事"包含故事、叙事和叙述行为三个层次的概念，故事是叙事话语中讲述的或真实或虚构的事件；叙事指的是讲述一个事件或者一系列事件的口头或书面的话语，实际上是叙事者对"故事"加工后的完成形态，即叙事话语；叙述行为"并非指实际上的作者叙述，而是指一种虚构的或理论上的交流过程，即一个虚构的叙述人向一个或一些虚构的听述人传达叙述内容"。其实，叙事话语分析的就是对叙事、故事和叙述行为的相互关系的研究。

热奈特吸收了托多罗夫的叙述话语的研究成果，并对其予以修正，区分了三类故事问题：第一，时间，指所述之事的时间次序。它分为"事实时序"和"叙述时序"，前者指"故事"中这些事件"实际"发生的顺序；后者指在"叙事"（作品文本）中这些事件排列的顺序。时序主要指故事的时间与叙事时间这二者之间的关系。第二，跨度，又称"时限"，指怎样压缩、删减或扩展所述之事中的一些事件，怎样概述或停顿等。"故事"中事件的发展进程速度是"正常"的，而在"叙事"中却发生变化，"几十年的事"可以寥寥交代甚至一笔带过，"一个细小动作"却可以扩展开来或跨过相当久远的时间产生影响。第三，频率，一个事件在"故事"中发生的次数与在"叙事"中被叙述的次数之间的变化关系。包括同频式（事件发生次数＝事件被叙述的次数）和异频式（事件发生次数大于或小于事件被叙述的次数）等多种情况，如普鲁斯特在《追忆逝水年华》中把只发生了一次的事件叙述得好像重复发生的事件一样。第四，语式（又称"语境"），指叙事的方式，它又可分为"距离"和"视角"。距离涉及叙述与它自己的材料之间的关系，热奈特引用柏拉图的"纯叙事"与"纯模仿"两个概念，认为他们相当于英美小说中的"讲述"和"展现"。视角，又称为"视点"，指叙述人进行叙述的角度位置。

热奈特为研究叙事话语建立了一个较为严谨和系统化的体系，是当之无愧的结构主义叙事理论的集大成者。此后，叙事学理论从法国传播到欧洲大陆并发展到英美时，发生了一些变化，如布斯的《小说修辞学》、马丁的《当代叙事学》和瓦特的《小说的兴起》等是英美叙事学研究的重要成果。英美学者更多的是从修辞技巧入手，研究比较直观和经验化。例如，布斯在《小说修辞学》中对"隐含的作者"和"声音"的探讨，便不单纯是从叙述语法的角度入手，而是以一种修辞学的观点进行了叙事学的分析，同样对叙事学理论的发展产生了重大意义。

第四节　后现代主义理论

后现代主义是 20 世纪中叶出现的世界性的文化思潮。后现代主义引发了哲学、社会学、神学、教育学、美学、文学等领域经久不息的论争，当代世界许多重要思想家都卷入了对后现代主义精神的理论阐释和关注。后现代主义所具有的怀疑精神和反文化姿态以及对传统的否定态度和价值解构的策略，使得它成为一种"极端"的理论，使其对资本主义的批判以彻底虚无主义的否定方式表现出来。[①] 当然，对于后现代主义的影响，在批判的立场上吸取其有益方面，借以观察和批评大众媒介对社会文化的影响关系，从而推进和发展媒介批评的理论研究。

一、后现代主义的源起与发展

对于后现代主义的问题，必不可少地需要讲到现代性的问题，因为后现代主义的一个重要的存在基础便是对现代性的批判，现代性的问题也因为后现代思潮的批判而愈加凸显。

由启蒙运动肇始的现代性在学者中间也有着不同的概念界说。吉登斯将现代性视为现代社会或工业文明的缩略语，它包括从世界观（对人与世界的关系的态度）、经济制度（工业生产与市场经济）到政治制度（民族国家和民主）的一套架构。哈贝马斯把现代性视为一项"未完成的设计"，它旨在用新的模式和标准来取代中世纪已经分崩离析的模式和标准，来建构一种新的社会知识和时代。福柯将现代性理解为"一种态度"，而不是一个历史时期，不是一个时间概念；对于福柯来说，现代性从根本上意味着一种批判的精神。[②] 但是，需要指出的是，不论是吉登斯、哈贝马斯还是福柯，最终都走向了后现代主义，现代性的界定是作为后现代性的对立面而成立的，由此可以看出

---

① 朱立元主编：《当代西方文艺理论》，36 页，上海，华东师范大学出版社，2005。
② 陈嘉明：《现代性与后现代性十五讲》，4～5 页，北京，北京大学出版社，2006。

二者之间的关系。现代性作为先于后现代性的思潮，在后现代性的批判与挑战之下慢慢建构起自己的概念。因此，后现代性作为其对立面，其概念界定的争议在所难免。由此，现代性与后现代性界定问题以及后现代性是否真正地存在过，也一直是学界有争议的问题。

后现代主义思潮在20世纪60年代产生，经过七八十年代的发展，至90年代形成了全球性的影响。后现代主义作为一种思潮，它的形成只有几十年的时间，但后现代概念的出现却远早于这一思潮。美国学者凯尔纳与贝斯特在《后现代理论——批评性的质疑》中，曾专门对后现代概念做过考古的研究。他们将"后现代"概念追溯到19世纪的绘画艺术，"迄今发现的最早的用法是在1870年前后，一个英国画家约翰·沃特金斯·查普曼的画作被描述为'后现代的'绘画"。① 历史学家汤因比也曾用这一概念形容1875年以来的西方历史，并把后现代视为西方文明走向衰落，现代的理性主义和启蒙精神发生崩溃的"动乱时代"。可见，后现代在概念使用中就含有一种创新前卫和理性崩坏、启蒙崩溃的二律背反的界定。由此，当后现代主义思潮在20世纪六七十年代产生与生发后，其所涉及的领域也就呈现出兼容并包但又散乱的特征，以法国后现代思想家为代表，西方学者从各个领域开始涉及后现代的概念，"那时在不同文化领域、不同学科的内部和跨学科层次上，在哲学、建筑、电影研究及文学主题中，开始形成认可这一形式多样的社会、文化现象存在的要求"。②

对于后现代思潮的起因以及"后现代"的性质，学者们就形成了多种认识，分别有"社会动因说""后工业化或信息社会说""消费社会说""文化反叛说""叙事危机说"等。③

社会动因说认为，法国1968年的"五月风暴"以及美国的黑人运动、反越战运动等西方世界的危机，宣告着一个旧的时期渐被埋葬，新的历史时期将要展开，"当我们听到至理名言时，我们想知道是谁在讲话；当理智的声

---

① ［美］道格拉斯·凯尔纳、斯蒂文·贝斯特：《后现代理论——批评性的质疑》，张志斌译，7页，北京，中央编译出版社，2004。

② ［英］史蒂文·康纳：《后现代主义文化——当代理论引导》，严忠志译，12页，北京，商务印书馆，2002。

③ 陈嘉明：《现代性与后现代性十五讲》，118～121页，北京，北京大学出版社，2006。

音在发言时，我们往往会问是什么下意识的需要在起作用"①，旧的范式在痛苦坍塌，新的范式在痛苦建立，社会思潮在涌动。福柯、利奥塔德、鲍德里亚、哈维等人都是基于这样的时代背景考察后现代主义的。后工业化或信息社会说则主要基于社会技术的变革带来社会"轴心原则"的变化，并由此带来社会形态的根本性变化。不论是丹尼尔·贝尔的《后工业社会的来临》和《第三次技术革命》预示的"后工业社会"的图景，还是阿尔温·托夫勒的《第三次浪潮》的未来学视角，都在预示着社会的剧变，信息社会以及知识的生产消费状态成为后现代观察社会的基本视角。消费社会理论一直是鲍德里亚所关注的问题，他宣称，后现代社会主体已经落败，客体统治的时期已经开始。在后现代社会中，消费主义盛行，它支配着人的一切，形成全新的、公认的社会状况。文化反叛说以丹尼尔·贝尔为代表，在《资本主义的文化矛盾》一书中，他指出，"现代主义的真正问题是信仰问题"，西方的现代价值体系和信仰体系已经被摧毁了，社会的意义不再，后现代对本能、冲动和意志的解放、对传统的价值和文化的反叛、对资产阶级的社会组织形式的背弃等，都预示着后现代主义将替代现代主义登上历史舞台。利奥塔德关注的是后现代主义兴起带来的"'对元叙事的怀疑'、对那些曾经控制、界定和解释世界上所有不同形式的话语活动的普遍指导性原则和神话的怀疑"②，由启蒙时期的"解放叙事""辩证法""人类自由"等组成的元叙事给予了现代社会观念和行为以合法性，随着现代社会的进一步发展，元叙事面临着巨大的危机，元叙事受到后现代主义的攻击，承载意识形态的现代性叙事与后现代对这样的叙事的反对与背叛是两者之间的区别所在。

后现代思潮影响到人文社会科学的各个领域，对于媒介批评而言，媒介研究在后现代的语境下的审视与诠释也是多角度的，媒介的后现代性与社会的后现代性的关系，不仅仅是一个部分与整体的关系。其中福柯的权力与话语理论、詹姆逊的后现代主义文化理论以及鲍德里亚的符号消费理论，都涉及了媒介与文化社会的关系探讨。可以看出，媒介的后现代性与社会的后现代性大致是一个同构的过程，有时媒介甚至起一种先锋示范的作用，媒介成为社会后现代性发展的前哨。因此，媒介研究则构成了后现代主义研究的重

---

① ［美］莫里斯·迪克斯坦：《伊甸园之门：六十年代的美国文化》，方晓光译，264页，南京，译林出版社，2007。

② ［英］史蒂文·康纳：《后现代主义文化——当代理论引导》，严忠译，15页，北京，商务印书馆，2002。

要领域和视角，故而媒介批评更应立足于后现代理论，审视媒介本身的发展和变迁。

二、福柯的话语与权力理论

米歇尔·福柯(图 7-6)，法国哲学家和"思想系统的历史学家"，对文学评论及其理论、哲学、批评理论、历史学、科学史(尤其是医学史)、批评教育学和知识社会学产生了很大的影响，被认为是后现代主义者和后结构主义者。福柯的中学老师评价说："我把我所认识的学哲学的年轻学生分为两类：一类，哲学于他们永远都是好奇的对象，他们向往认识宏大的体系、伟大的著作；而另一类，哲学于他们更多的是关心个体，关心生命的问题。笛卡尔代表第一类，帕斯卡尔代表第二类。

图 7-6　米歇尔·福柯

福柯属于第一类，在他身上，人们可以感受到一种非凡的充满智慧的好奇心。"①其著作主要有《精神病患与人格》(1954)、《疯癫与文明——理性时代的精神病史》(1961)、《诊所的诞生——医学考古学》(1963)、《雷蒙·卢塞尔》(1963)、《事物的秩序——人文科学考古学》(1966)、《知识考古学》(1969)、《规训与惩罚》(1975)、《性史》(1976)等。

福柯很少论及现代性，而是倾向于使用"现代时期"的概念，并将现代性或者说现代时期定义为一种批判精神，但是这样的一种批判精神同样是使用在对现代性的批判之上的，由此福柯被认为是后现代哲学家，其思维方式被认为是后现代性的也就有了现实的依据。

在具体的研究方法上，所谓知识的"考古学"是福柯主要的方法之一，也是最为核心的方法。福柯认为的知识考古学是一整套"器具"，但是这整套器具是累赘的、有着古怪装备的。福柯没有为他的考古学给出确切的定义，但指出这样的一种方式之所以会产生，是因为他对诸如"书籍"，或者"作品"等话语单位产生了怀疑，并认为这些单位不像它们所表现的那样直接和明显。他在无法给出确切定义之后，为他所谓的"考古学"确立了几条基本原则，"考古学所要确定的不是思维、描述、形象、主题，萦绕在话语中的暗藏或

---

① 王治河：《福柯》，4 页，长沙，湖南教育出版社，1999。

明露的东西，而是话语本身，即服从于某些规律的实践"；"考古学不试图发现连续的和不知不觉的过渡，这个过渡缓和地把话语同它前面的、周围的和后面的东西联系起来"；"考古学根本没有被排在作品的主宰形态地位上，它不试图捕捉这一形态从无名的地位中脱颖而出的时机"；"考古学不试图重建人们在说话的一瞬间的所思，所愿，所求，所感受，所欲的东西"。这样的一整套器具没有单一化的效果，更注重多样化的效果，"它对唯一的真理不感兴趣，对普遍原则不感兴趣，对线性发展观不感兴趣，对同一性和连续性不感兴趣；它感兴趣的是'差异'，是'复杂多样性'，是'非联系性'，是'不同的基础、不同的创造、不同的修正'"。福柯将这样的一种方法运用于医学史、人文科学、知识社会学等领域，并形成了自己的理论体系。

在对知识考古的基础上，福柯开始探讨话语与权力的问题。"话语"源于拉丁语"discursus"，在现代英语和法语中，"话语"具有"言谈""言说"的含义。"话语"作为一个术语首先出现在语言学中，20世纪中叶逐渐从语言学领域扩展到其他领域，20世纪60年代正式进入到哲学领域。但在此之前，话语也以语言学、言语等形式与哲学建立了联系，如维特根斯坦、奥古斯丁等人都探讨过这样的问题，海德格尔、伽达默尔、德里达等人更是直接使用"话语"的概念。福柯的话语理论被西方学者认为是结构主义的，和现象学有着密切的联系。在论述话语理论时，福柯联系考古学和权力，使自己的理论体系凸显出来。在福柯看来，人类的一切知识都是通过话语获得的，任何脱离话语的东西是不存在的，话语建构着我们与世界之间的关系。话语在本质上是一种人类的重要活动，历史的文化由各种话语所构成。福柯认为，"在任何社会中，话语的产生既是被控制的、受选择的、受组织的，又是根据一些秩序而被再分配的，其作用是防止它的权力和他的危险，把握不可预测的事件。"[①]话语并不是自生自灭的，而是受到社会程序的制约，而这些程序中最为人所知的是排斥程序，话语排斥的三种形式是"对性和政治的禁忌，理性话语对疯癫话语的区分和歧视，真理对谬误的约束和制约——都是从话语外部实施的，也即是说都是借助于体制和历史实施的，借助于权力和欲望实施的"。[②]

在话语的内部，福柯界定了评论原则、作者原则（冲淡原则）和学科原则三种原则。这些原则被认为是话语控制程序，是使话语自己的意义局限化的

---

① 王治河：《福柯》，162～163 页，长沙，湖南教育出版社，1999。

② 汪民安：《福柯的界线》，152 页，北京，中国社会科学出版社，2002。

过程。此外，福柯还指出了第三种对话语的控制，这种控制并不是针对话语本身，而是针对说话的本体，有时说话的主体会被禁止进入某种话语领域，这样的话语领域只对部分说话的主体开放。由此，不论对话语的控制处于何种层次和方面，福柯认为在其中都是权力的体现形式。福柯对"系谱学"的研究方法的运用，是因为福柯反对自由主义和马克思主义"宏观权力"的观点，而要求分析多样的"微观权力"及其运作方式。在福柯看来，一切都是权力，在他对监狱、性、知识话语的分析中，权力一直是核心的观点。

在福柯的理论视域中，"权力"指的并不是一般政治学意义上的公民对政权的服从，也不是社会中的某一分子或者团体对另一分子或者团体的统治，也不仅是指物质上的或军事上的控制力量，但它们也是权力的构成要素。而是指一种众多力量的关系，概指广泛意义上统治者和被统治者之间的关系。对福柯而言，权力不是固定不变的，可以掌握的某种东西，而是一种贯穿于整个社会的"能量流"。

权力和知识的关系，即知识社会学以及这种关系在不同的历史环境中的表现问题，是福柯研究理论的重点。福柯认为，历史由各种不同的"认识"构成，他将这个"认识"界定为特定文化内的特定形式的权力分布，因此，能够表现出来有特定的知识，则成为权力的一种来源。因为这样人们就可以有权威地说出别人是什么样的以及他们为什么是这样的。福柯没有把权力看作一种特定的形式，而是将它看作使用社会机构来表现一种真理，从而将自己的目的施加于社会的特定方式。关于权力话语的研究构成了福柯理论的重要基础。

关于媒介话语权的问题，也是媒介批评理论的重要理论基点。其中"知识和权力"的概念被认为是社会规训的重要机制，知识之中的权力或者说是权力对知识的控制，在规训着现代社会中的每个个体。规训的概念被认为是从启蒙运动肇始的，规训的技术使得异常的人变为驯服和有用的人而重新嵌入社会。但不同于一般学者对权力的认识，也并非如学者对福柯的权力概念的误解，福柯的权力观是微观的、持续的、网状覆盖的，并且是生产性，而不是压制性的。权力被认为无处不在，是一张广泛存在的、普遍发挥作用的关系之网。"虽然权力在人们身上的作用并不平等（即一些群体被权力的作用支配、剥削和虐待），然而权力作用于每一个人，不管他们是支配者还是被支配者"，[①] 由此，福柯权力的概念已经超越了传统的权力观而进入一个"泛

---

① ［澳］丹纳赫：《理解福柯》，刘瑾译，85页，天津，百花文艺出版社，2002。

权力"的视野。

福柯对于话语和权力的论述在媒介之中得到了全景的体现。媒介不可避免地拥有和实践着自己的话语体系，也在经意和不经之间体现着自己的权力。如果以"压制性"的观点看待媒介的话语和权力，那么媒介在社会控制机制中的作用是要重视的。如果以"生产性"的观点看待媒介的话语和权力，那么媒介如何在保持、激发和促进生命和社会的发展上发挥作用更是意义重大。这就是福柯的理论在媒介问题上的重要启示。

三、詹姆逊的后现代主义文化理论

弗雷德里克·詹姆逊，是当今英语世界最重要的文化理论家与批评家之一，被海登·怀特称为"西方最有影响的理论家之一"。研究者称他为后现代主义者、马克思主义学者等，并对他的后现代主义的文化理论、晚期资本主义的文化逻辑、马克思主义的辩证分析、政治无意识理论等进行深入研究。但他自己的定位，认为"我是搞法国文学的，并不是研究美国问题的专家，我注意到的是世界范围内的后现代主义文化的发展，因此，可以说是个文化批评家"。① 詹姆逊的主要著作有《萨特：一种风格的起源》(1961)、《马克思主义与形式》(1971)、《语言的牢笼》(1972)、《侵略的寓言：温德姆·路易斯，作为法西斯主义的现代主义者》(1979)、《政治无意识》(1981)、《理论的意识形态》(1988)、《晚期马克思主义》(1990)、《可见的签名》(1991)、《后现代主义、或曰晚期资本主义的文化逻辑》(1991)、《地缘政治美学》(1992)等。

作为后现代主义文化理论家，詹姆逊具有双重身份，即后现代思想家和西方马克思主义者。詹姆逊"一方面，站在后现代主义的立场上，认为后现代社会已经到来，传统的体系文化时代已经不复存在，单一的语言、概念和术语系统已经不合时宜，所以，他反对绝对主义，元叙事；另一方面，作为西方马克思主义者，他又对其他后现代思想家排斥总体性叙事的做法持反对意见"。② 在詹姆逊看来，在后现代是否存在的问题上已无争论的必要，他确定地认为后现代时期或者说后现代社会是存在的，并将它与"晚期资本主义"相对应起来。詹姆逊认为，"在50年代末期到60年代初期之间，我们的文化发生了某种彻底的改变、剧变。这突如其来的冲击，使我们必须跟过去的

---

① [美]詹姆逊：《后现代主义与文化理论》，唐小兵译，1页，北京，北京大学出版社，1997。

② 韩雅丽：《詹姆逊的后现代主义理论研究》，29页，哈尔滨，黑龙江大学出版社，2010。

文化彻底'决裂'。而顾名思义，后现代主义之所以产生，正是建基于近百年以来的现代（主义）运动之上；换句话说，后现代主义文化的'决裂性'也正是源自现代主义文化和运动的消退与破产。"①那么，詹姆逊是在怎样的现代性的基础上谈论后现代性的？这样的与现代性决裂的后现代性、后现代社会、后现代主义文化会有怎样的特征？作为西方马克思主义者，在指出了后现代的来临后的对策是什么？对于这样的问题，詹姆逊都做出了包含自己的逻辑的完整的阐释。

首先，詹姆逊为后现代性的"反叛对象"现代性确立自己的存在。詹姆逊确信后现代性是存在的，后现代性存在于对现代性的反叛与决裂中。反叛和决裂的对象是需要明确的，由此反叛者和决裂者才有明确的存在，反叛和决裂的指向才能真正明确。詹姆逊认为，对现代性的理解是要与现代化联系在一起的，在这一点上他赞同吉登斯的观点，也对哈贝马斯未完成的设计的现代性的界定表示赞同。但他认为，现代性的建立终究是不可能不与资本主义联系在一起的。现代性的发展有其完整的过程，同样的道理也适用于后现代性。在他看来，现代性与后现代性是可以在资本主义的不同发展阶段分别加以界定的，他站在总体性思维的高度看待现代性和后现代性的问题。詹姆逊为现代性确立了四个基本准则：第一，"断代无法避免"；第二，"现代性不是一个概念，无论是哲学的还是其他的，它是一种叙事类型"；第三，"不能根据主体性分类对现代性叙事进行安排；意识和主体性无法得到展现，我们能够叙述的仅仅是现代性的多种情景"；第四，"任何一种现代性理论，只有当它能和后现代与现代之间发生断裂的假定达成妥协时才有意义"。② 这样构成了詹姆逊对现代性的解释。

其次，在确立了现代性的基本要素之后，对后现代性的探讨也就具有了明确的指向性。詹姆逊的总体性的思维模式决定了他将在资本主义发展的进程中探讨后现代性的问题，那么，现代化、晚期资本主义、全球化等宏大的概念将不可避免地进入了他探讨的范畴。但詹姆逊对后现代性的哲学的思索、形而上的认知，又决定了他在另一层面上理解后现代性的问题。詹姆逊将后现代性与现代化的概念联系在一起，总结了后现代性的两种成就，包括

---

① ［美］詹姆逊：《晚期资本主义的文化逻辑：詹姆逊批评理论文选》，421 页，北京，生活·读书·新知三联书店，1997。

② 王逢振主编：《詹姆逊文集·现代性、后现代性和全球化》，4 卷，23～75 页，北京，中国人民大学出版社，2004。

"一是农业的工业化，也就是消灭了所有传统的农民；另一种是无意识的殖民化和商业化，亦即大众文化和文化工业"。① 詹姆逊既有明显的想为后现代性确立如吉登斯界定现代性时的明确指标的目的，又能跳出这样的目的，避免对一些重要信息视而不见。同时，受曼德尔学说的影响，詹姆逊将资本主义的发展区分为市场资本主义、垄断式资本主义、晚期资本主义三个主要阶段，与此相对应，詹姆逊认为，资本主义文化也有现实主义、现代主义和后现代主义三种类型。从符号学的角度看，詹姆逊还对这样的三种文化逻辑的特征进行过分别的界定，即"规范解体""规范重建"以及"精神分裂的逻辑"。② 在规范解体阶段，由再现的美学主宰，符号是自然的和自我有效的。在规范重建阶段，符号和它的指涉物之间出现分离。而到了第三阶段，符号的任意性开始占统治地位，符号具有了自主性。当然，这样的界定只是在文化逻辑的意义上进行的，詹姆逊对后现代主义的文化理论的界定，主要是建立在他对全球化、文化的空间化的认识的基础之上的。

最后，在詹姆逊看来，他的理论与思想是建立在总体性思维的基础上的，后现代主义文化的把握在他那里是一种统一的、过程性的认知。在资本主义发展到全球化阶段之后，文化的全球化也就随之而来。经济的发展或者说资本的扩展与后现代的全球文化的形成，并非是引起与被引起的关系那么简单。全球化的经济和全球化的文化、后现代的时期和后现代的文化之间的关系是基于并且是超越这样的前提的。在詹姆逊看来，全球化是涵盖政治、经济、文化和社会等各方面的总体性的概念，全球化体现的是一个趋同的发展轨迹。由此，文化工业或者说是大众文化的兴起并对原有的精英文化、多样化的文化的取代也就变得很好理解了。在文化的全球化问题上，此时对于媒介的探讨就有了现实的意义，但詹姆逊在这个问题上的观点显然是处于自我的矛盾之中的，一方面，詹姆逊认为"全球化是一个传播性概念，交替地掩盖与传递文化或经济含义"。③ 但另一方面，他也直接说明，仅仅使用传播的观点观察全球文化是不合适的，而且传播的全球化与世界的单一化或者多样化之间的关系，在他看来也是值得争议和讨论的问题。在詹姆逊看来，空

---

① 陈嘉明：《现代性与后现代性十五讲》，262 页，北京，北京大学出版社，2006。

② 北京大学比较文学研究所编：《比较文学讲演集》，33～34 页，西安，陕西师范大学出版社，1988。

③ ［美］詹姆逊等：《全球化的文化》，马丁译，55 页，南京，南京大学出版社，2001。

间化的文化强调过去与未来的时间概念被打破，人在后现代的社会中处于孤立的现实之中，此时的文化也是现在的和现时的，人和文化都呈现一种精神分裂的状态。詹姆逊通过对晚期资本主义阶段及全球化的讨论后，建立了"超级空间"的概念，认为庞大的跨国公司占据着世界，信息媒体通过无中心的传播网络覆盖全球，跨国空间和超级空间同时建立，个体陷入其中无能为力。

　　在论述后现代性和后现代文化的同时，詹姆逊有时也直接说明后现代文化的病症以及其中隐含的二律背反。在詹姆逊看来，后现代文化的病症主要有文化的商品化、文化的浅薄化、主体的灭亡、人类情感的消逝等问题。这样的病症是后现代主义所包含的深刻的二律背反必然的结果，"时间与空间""主体与客体""自然与人性""乌托邦与反乌托邦"的深刻冲突，在根本上决定了后现代文化在全面真实地展现世界、情理兼备关怀自我、恰当合理体现人性、理性与情感并存，从而思考过去现在未来等问题上的无能为力。当这样的问题摆在如詹姆逊这样的西方马克思主义者面前时，他的回答也只是"听天由命"，但茫然的同时，也许是一种思索的契机与机会。

四、鲍德里亚的符号消费理论

　　让·鲍德里亚，法国哲学家，现代社会思想大师，后现代主义理论家，对当代社会文化现象、资本主义的发展进行了后现代视角的批判，成为享誉世界的法国知识分子。主要著作有《物体系》(1968)、《消费社会》(1970)、《符号政治学批判》(1972)、《生产之镜》(1973)、《符号交换与死亡》(1976)、《末日的幻觉》(1976)、《仿象与拟真》(1981)等。

　　鲍德里亚思想深受马克思、索绪尔等人的影响。他的早期思想传承了马克思主义，后来接受发展了符号学说，并创建了自己独特的后现代主义理论。自20世纪80年代以后，他对当代社会视域中主体与客体间新型关系的形而上学研究，又逐渐取代了他的后现代性理论。

　　鲍德里亚的后现代理论深刻影响文化研究理论以及媒介、艺术和社会的话语。他试图将传统的马克思主义政治经济学同符号学以及结构主义加以综合，从而发展马克思主义社会理论。他对消费社会中主体与客体之间的控制关系、商品化的资本主义社会中的日常生活以及被组织到意指系统中的符号等，都进行了符号学理论的分析，他的这些分析对象涉及家庭环境、建筑、绘画以及媒体等各种现代日常生活现象。同时，鲍德里亚基于后现代的立场，探究超现实的由"拟像"构成的世界。他的"拟像"社会理论认为，拟像社会中虚拟模型和符号建构了人们的经验世界结构，并消灭了模型与真实之间的差别，人们对真实世界的体验以及真实的基础均已不复存在。在其《宿命的策略》(1983)中，鲍德里亚描述了作为客体的大众、信息、媒体、商品等无限增值，最终逃脱了主体的控制，实现了主客体之间的角色逆转。由此，他的理论改变了贯穿西方形而上学中的主体对客体的统治的基本观点。在他看来，这种统治已经结束，并建议个人应当向客体世界投降，并放弃主宰客体的观念。

以拟像理论为基础，"消费社会"理论成为鲍德里亚对后现代主义生活世界的界定。他认为，在这样的世界里，主体不可避免被客体统治。在消费社会环境中，人们受到物的包围，为物所诱惑和支配，人同时也被异化与物化了。鲍德里亚认为，随着消费社会的产生，消费取代了生产成为支配着整个社会结构的存在形式。在消费社会中，人们消费的并不是物的有用性，消费成为人们体现自己的社会地位与身份的过程，人们消费的是符号"意义"体系结构。

在鲍德里亚看来，消费社会是"作为新生产力的象征和控制的消费"占据主导的社会，"消费社会也是进行消费培训、进行面向消费的社会驯化的社会——也就是与新型生产力的出现以及一种生产力高度发达的经济体系的垄断性调解相适应的一种新的特定社会化模式"。① 消费社会被认为是一种与新型生产力发展相适应的特定的社会化模式，这一模式被用来进行消费培训和进行面向消费的社会驯化。由此，消费社会"就是以'消费'来进行'社会驯化'的社会"。② 显然，鲍德里亚的消费社会理论具有深刻的现实意义。

此外，鲍德里亚还将其理论视点从物的批判转向对符号的批判，进一步发展了异化理论。在鲍德里亚看来，在马克思主义的实用价值和交换价值的"二重价值"之外，物品或者商品还存在着第三价值，即"符号价值"。在消费社会中，消费的对象不再是物质性的物品和产品，而是消费着处于物体系中的物品，这样的一个"物体系"规定着物体的意义与功能。物品只是这样一个意义与功能体系中的要素，物品的消费不再是因为它的物质性，而是因为它作为"个性化"的、处于符号差异系统中的意义对象被消费。鲍德里亚这样的观点解释了商品如何作为客体成为主体追逐的对象，对客体的消费主宰社

---

① ［法］鲍德里亚：《消费社会》，刘成富、金志钢译，73页，南京，南京大学出版社，2001。

② 夏莹：《消费社会理论及其方法论导论——基于早期鲍德里亚的一种批判理论建构》，142页，北京，中国社会科学出版社，2007。

会，甚至连主体也被当作符号化的对象，被抛入消费社会，从而成为也被消费的商品。客体作为符号被消费，消费异化为符号的消费，而符号消费的内在逻辑是"符号操作"，其结果就是对真相的否定。

鲍德里亚的符号消费的观点涉及由消费到异化的过程，并探究了媒介在其中的作用。从物的消费到符号消费，人们失去了理性判断与选择的能力，人成为受符号支配的奴隶，消费也不再是为了追求商品的使用价值，在人异化的同时，消费也异化了。在鲍德里亚看来，消费社会中的这种人的内在需求，不在关联的虚假的外在需要的源头之上，媒介的作用从来都是巨大的，媒介被认为是以制造消费、诱导消费为本质而存在的，它所能提供的往往并非是信息，而是信息泡沫。鲍德里亚认为，"传媒无意识取消了主体，使主体麻木；消解了高级艺术和低级艺术、深刻思想和肤浅思想、能指和所指的界限，它促使人们不假思索地参与和盲从。"①在鲍德里亚看来，电子符码的出现与使用更是造就了一个"超真实"的世界，在其中，真实世界与虚拟世界不再有界限，假的比真的更真实，真和假都不复存在，任何领域都在"内爆"，并在内爆中走向超领域。任何领域同时也是其他领域，任何领域存在的条件与基础也就成为虚无，无处不在而又不在任何一处，世界的状态在符号中重新回到混沌与不可知。由此，人成为"单向度"的人，世界成为"超真实"的建构，一切都在"内爆"中走向不确定性。

鲍德里亚对消费社会和符号消费理论的论述不仅仅是局限在对消费的探讨上，对媒介在其中扮演的角色也远非只是局限于某些方面。从广义上看，符号的消费是在前现代社会和后现代社会、象征文化与符号文化等一系列对立的关系中展开的。鲍德里亚在对马克思商品"二重价值"论的修正和对西方异化理论的发展中，其理论超越唯物主义与唯心主义之争，进入了符号意义的讨论。符号的生产和抽象的差异性社会关系，使得他的思想既是对马克思的背弃，也是对传统的唯心主义的叛逃。

正如他的理论的产生背景所揭示的，鲍德里亚的符号消费理论与对社会变革、工人阶级权力、社会意识形态等宏大问题联系在一起的。符号的消费在鲍德里亚看来是具有政治经济学批判意义的，即符号的功能可以和阶级的逻辑结合在一起；需求的起源或者说消费的动力是和意识形态密不可分的；符号的消费会带来拜物教，而拜物教的存在本来就是以意识形态为阐释基础

---

① 张天勇：《社会符号化——马克思主义视阈中的鲍德里亚后期思想研究》，47页，北京，人民出版社，2008。

的；艺术品的拍卖也是一种符号的交换，其中有挥之不去的权力与统治的色彩等。就大众媒介而言，鲍德里亚在《符号政治经济学批判》中单列"媒介的挽歌"一章，将媒介与"策略""言说""颠覆""控制"等概念结合在一起。[①] 对于鲍德里亚而言，符号消费是在社会政治经济中得以构建和体现的，毋庸置疑，他的思想和理论是在社会政治经济的宏观背景中展开的。对于媒介批评而言，无疑也提出了后现代社会媒介的社会作用和地位。

思考与练习

一、名词解释

1. 传播政治经济学

2. 精神分析批评

3. 结构主义

4. 符号学

5. 叙事学

6. 后现代主义

二、简述题

1. 简述传播政治经济学的基本理论内涵。

2. 简述精神分析批评的理论内涵。

3. 简述媒介结构主义、符号学与叙事理论的基本观点。

4. 简述后现代主义理论的核心人物及其观点。

三、课堂练习

了解你周围的同学，看还有哪些同学在坚持阅读纸质报纸？并调查他（她）阅读的是何种纸质报纸？为什么阅读？以后还会不会继续阅读纸质报纸？并进一步思考和分析纸媒的未来。

---

① ［法］鲍德里亚：《符号政治经济学批判》，夏莹译，161～183 页，南京，南京大学出版社，2009。

第八章　媒介生产批评

本章内容要点

• 媒介生产批评是考察媒介作为产品生产所具备的属性，从而将传播活动视为信息。不同的社会生产体制，对媒介产品必定产生影响。早期的"报刊的四种理论"就讨论了大众传播媒介生产体制的问题。该理论从传播体制的角度出发，认为媒介生产体制包括集权主义、自由主义、共产主义和社会责任理论。当然，新闻专业主义理论则完全预设了新闻的客观性和价值中立的前提。

• 作为个体对媒介生产的影响，"把关人"理论的核心观点是媒介生产环节中的个体在信息生产过程中有重要的过滤作用。从新闻传播学的实践角度观察，在媒介生产的过程中，"把关人"决定着新闻内容和新闻呈现的方式。同时，从组织对媒介生产的影响看，新闻是人们了解世界的窗口，但同时新闻是框架，是建构的现实，媒介生产也是建构现实的过程。

• 媒介生产深受政治、经济、文化等因素的影响。对媒介生产的政治、经济等因素，法兰克福社会批判理论、文化研究理论、传播政治经济学等研究进行了大量的理论分析和实践批判。

媒介生产批评是媒介批评研究的重要内容。从政治经济学的视角考察，人们的信息传播活动本身就是信息生产、流通和消费的过程，作为物质层面的构成，与一般的商品生产别无二致。但不同的是，它还是一种文化生产和消费活动，政治经济文化等因素无时无刻不影响着媒介的生产。因此，所谓媒介生产批评，是基于政治经济学理论对媒介的生产机制、特征和影响因素进行的批评性探究。

媒介生产受到诸多因素的制约，不同的生产体制会有不同的媒介形态和媒介内容，甚至不同的受众。在生产过程中，作为媒介生产的个体和媒介组织，都会对媒介生产产生影响。同时，从广义上看，政治经济文化等作为媒介生产的基础，构成了媒介生产的场域。由此，本章从媒介生产的体制、媒介生产的个人和组织影响、媒介生产的政治经济"场域"等方面进行阐述。探究媒介生产的基本规律。

第一节　媒介生产的体制

作为媒介批评研究的首要对象，通过对媒介生产的基本内涵的界定，由此探究媒介生产过程中的不同影响要素，从而为进一步展开媒介批评实践提供基本的价值立场和分析的逻辑框架。

一、媒介生产研究及影响因素

20世纪60年代以后，随着传播批判理论的发展，媒介批评对媒介生产的研究也不断展开，传播政治经济学研究、英国文化研究等从宏观的政治、经济和文化的视野，探究媒介生产的社会文化机制。此外，其他还有迈克尔·舒德森从社会学视角对新闻生产的考察，盖伊·塔奇曼的《制作新闻》从新闻组织生产的角度对新闻建构的探究。还有赫伯特·甘斯的《什么在决定新闻》和马克·费希曼的《生产新闻》等研究成果，都从不同角度探究了媒介生产的问题。

媒介生产最终的物质形态是作为媒介产品的文本，对于媒介文本，人们可能会发出疑问：什么样的事件会成为媒介文本所关注的内容？媒介文本的内容有无倾向性？这其实就涉及媒介文本内容的选择和呈现问题。那么，对于媒介内容的选择和呈现的内在规律的研究，就构成了媒介生产批评的基本问题。显然，媒介批评要探究的，是什么因素决定媒介内容的选择和呈现，即什么样的媒介生产的机制决定媒介内容。

麦奎尔认为新闻内容有明确的倾向性，他将这些倾向性按照透明度和意图两个维度分为党性、无意图的倾向、宣传和意识形态四个类（如表 8.1 所示）。[①]

表 8.1　新闻倾向性的类型

	有意图的	无意图的
公开	党性	无意的倾向
隐蔽	宣传	意识形态

麦奎尔的研究是从对媒介文本内容的考察，探究媒介生产的倾向性。但问题也正在于此，这种所谓对媒介内容的倾向性本身的判断，就存在着无法

---

① 刘海龙：《大众传播理论：范式与流派》，382 页，北京，中国人民大学出版社，2008。

明确判断的问题。究竟在什么样的标准下，才有倾向性呢？判断标准的差异决定了不同的倾向性的判断。因此，要对这个问题做出进一步探究，就必须要考察影响媒介生产的要素，即考察究竟是哪些力量影响着媒介的内容生产？也就是说，媒介生产有哪些因素参与其中？媒介文本是哪些因素共同作用的结果？对此问题的思考构成了媒介批评理论对媒介生产问题探讨的主要方面。

对于媒介生产的研究理论的发展，美国传播学者迈克尔·舒德森将其概括为三个方面。第一，政治经济学观点。该观点把新闻生产的结果和国家结构、经济结构以及新闻机构的经济基础联系起来。第二，社会学观点。该观点把媒体看成是一个多层次的组织，研究其中的个人价值、职业角色、惯例、意识形态是如何建构的。第三，文化的观点。该观点把媒体的生产放到整个文化系统中去考察，媒体在表征现实中为什么会产生差异，这些差异与整个符号系统、文化系统和权力系统之间存在什么关系。[①] 显然，三种研究取向都认识到了媒介是一种文化形式，是被建构起来的、制造社会共享意义的文化类型。当然，这还意味着它是一种物质产品，它是如何被社会生产、分配以及为受众所使用的，应该从政治经济学、社会和文化的不同维度进行探究。

因此，媒介批评理论对于媒介生产的研究，一方面考察作为文化的媒介符号意义是如何建构与表征的，另一方面，要考察媒介生产的政治、经济、社会等要素的影响。

为了能够明确探究媒介生产的各种影响要素，美国传播学者休梅克和里斯将影响媒介内容的各种不同因素排列成一个多层次的模型（图 8-1），包括个人、组织（媒介内部组织、媒介外部组织）和文化三个要素。这些不同层次的划分为进一步分析媒介内容生产提供了清晰的研究维度，但需要明确的是，这些不同的层次构成并非是完全对立和隔绝的要素，现实情形也许是这些要素之间本身就存在影响关系或互相包容的关系。因此，在具体的研究中，还要做出更加详细的区分。

上述研究者对媒介生产的影响要素的考察，从微观层面和宏观层面都做出了不同的界定。综合这些理论研究成果，即可归纳出不同的影响变量，从而展开对媒介生产活动的分析。

---

① ［美］迈克尔·舒德森：《新闻生产的社会学》，见［英］库兰、［美］古尔维奇编：《大众媒介与社会》，杨击译，167 页，北京，华夏出版社，2006。

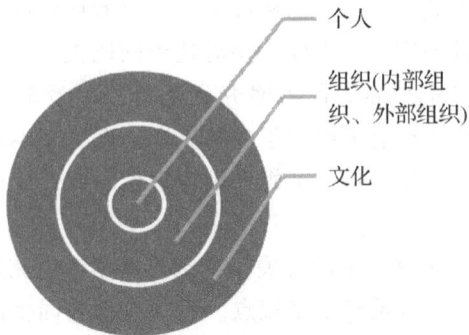

图 8-1　媒介生产研究的层次

二、媒介生产体制理论

　　媒介生产活动总是通过特定的社会组织来实现的。媒介生产除了受媒介组织内部本身的影响外，作为媒介生产的媒介组织则随时受到社会政治、经济、文化环境等因素的影响和干预。从世界范围来看，由于各个国家政治经济文化体制的差异，媒介生产的组织形式也不尽相同。其中，对媒介生产影响最大的就是媒介组织的体制，媒介体制的差异决定了媒介生产特征的差异。施拉姆等学者提出媒介的四种理论，对媒介生产体制进行分析，从而为媒介批评从生产体制角度进行反思性批判提供理论基础和实践方法。

　　媒介生产体制受所在国家和社会的政治、经济、技术和文化环境的影响。具体先看国家与大众传播媒介间的关系。大众传播媒介的所有制问题，即传播媒介归谁所有，由谁来掌控媒介。政党、政府或社会集团对传播媒介的管理和干预方式以及技术发展、文化价值等与媒介的关系。媒介生产与国家的政治制度、经济制度、文化传统、技术发展水平和价值观念等要素密不可分。媒介体制实际上体现了大众传播活动的社会环境和社会条件，所以，研究大众传播体制不能脱离具体的社会环境和社会条件。总体来看，媒介生产体制对媒介的发展具有决定性的意义，它决定和制约大众传播媒介活动的内容、方式和方法。由此，媒介批评理论对媒介生产的研究应先对媒介生产体制进行批评性探究。

　　媒介生产体制因国家制度和社会环境等要素的不同而有差异，那么，为什么会形成这些差异，由此会带来什么样的影响？针对媒介生产体制的问题，美国三位学者塞伯特、彼得森和施拉姆在 1956 年出版的著作《报刊的四种理论》中就做出了回答。作为大众传播媒介体制研究的代表著作，该著认为，"报刊总是带有它所属社会和政治结构的形式和色彩，特别是报刊反映一种调节个人与社会关系的社会控制的方式。"①这里所谓的"报刊"，并不单纯指报刊，也包括广播、电视等大众传播媒介。研究者并不是通过理论假设的实证性研究，而是通过对客观存在的观察，在比较了不同类型的媒介生产体制后，集中讨论了集权主义理论、自由主义理论、共产主义理论、社会责任理论四种代表性的媒介体制的模式。

集权主义的媒介生产体制模式源于 16 世纪和 17 世纪的英国，也就是报业产生的初期。它是文艺复兴后期集权主义思想主张的产物，但其思想来源于柏拉图、霍布斯、黑格尔等人的哲学思想和国家理论。集权主义报刊理论认为，报刊的主要使命是维护统治阶级的统治，贯彻执行政府的政策，听命于国家管理。集权主义理论的主要特征表现为：其一，从所有制上讲，媒介既可以是国家所有，也可以由私人所有，但私人办报必须获得政府的批准。其二，报刊的所有活动均由政府机构所控制。国家通过颁布营业许可证实行特许制，通过对报刊内容进行审查实行预审制，通过征收知识税（印花税、纸张税、广告税的总称）等对报刊进行控制。其三，政府对报道内容加以限制。例如，报刊不能刊登直接批评政府的文章，不能公开讨论政治问题等。其四，各种形式的报刊都应该成为统治者巩固其地位的有力工具，都应该无条件地为国家服务。

自由主义的媒介生产体制以 17 世纪后期的英国和美国的传播体制为模式，自由主义媒介体制理论源于弥尔顿、洛克、穆勒等人的思想。他们关于自由、真理、权利、人权、议政等问题的讨论，成为自由主义媒介理论的基础。自由主义的核心思想认为，媒介的主要社会职能是帮助人们发现真理，并通过对政府的监督实现民主的理念。因此，从这一基本理念出发，人们享有发行出版的权利和自由，政府不得干涉信息的获取和发布。新闻机构有违道德的行为，应通过市场的自我调节和法律制裁来解决。从所有制上看，大众传播媒介主要为私人所有，是私人经营的信息产业，以营利为目标。同时，传播媒介作为民主制度的监督，有揭发和批判任何政府独断的或集权主义的行为。

共产主义的媒介体制理论模式是以苏联及东欧社会主义国家新闻现实为模式概括的理论。一般认为，共产主义媒介体制理论是以马列主义为基础的，但作为一种模式的形成，共产主义媒介体制理论主要受到列宁和斯大林

---

① ［美］韦尔伯·施拉姆：《报刊的四种理论》，中国人民大学新闻系译，2 页，北京，新华出版社，1980。

在苏联的媒介实践的影响，而非根植于马克思和恩格斯有关社会主义和共产主义制度下，如何建立新闻传播体制的具体设想。按照共产主义媒介理论，媒介机构特别是新闻机构全部归国家所有，媒介执行党和国家的政策，其职能在于共产党领导下的宣传者和鼓动者，党和政府控制传播活动，并强调责任重于自由。

社会责任理论是对自由主义理论的修正和发展，因此，也被称为新自由主义理论。但不同之处在于，社会责任理论建立在自由基础之上，追求的是积极的自由，而自由主义理论则建立在消极的自由基础上。社会责任理论认为，自由主义理论所追求的基本理念是正确的，但当媒介机构在商业化的竞争中形成垄断后，传播自由就会被滥用，使媒介机构成为当权者满足个人利益的工具。因此，媒介机构在强调自由的同时也要强调其社会责任，新闻必须受到社会的监督和约束。1947年，美国新闻自由委员会发表《一个自由而负责的新闻界》，对社会责任理论进行了系统论述。该报告认为，大众传播媒介的主要职能有以下几种：其一，提供关于公共事物的消息、讨论和辩论，为政治制度服务，也就是传播新闻，及时报道世界上发生的重大事件。其二，启发公众，使他们能够实行自治。其三，作为监督政府的哨兵，以保卫个人的权力。其四，通过广告沟通买卖双方、推销商品，为经济制度服务。其五，供给公众以消遣和娱乐的素材。其六，维持财政自给自足，使报刊能够不受特殊利益的侵害。

在这四种理论提出后，不少研究者结合现实的发展，试图提出新的关于媒介体制研究的批评理论。其中较有影响的如发展媒介理论和民主参与理论。发展媒体理论认为，对于发展中和欠发达国家而言，经济发展是国家的首要任务，因此，媒体的任务主要在于协助政府推动和实现国家的发展，媒介应该是政府的合作者，而不是政府的对立者和挑战者。民主参与理论则以欧洲国家的社会实践为模式，认为大众传播媒介的主要功能在于促进社会的多元化。为了实现该目标，应该有一些小型的、为不同社群所掌控的媒介机构，政府通过资助的形式确保这些媒体的存在。显然，这两种理论的共同点都在于在一定程度上认同政府对媒介的干预。

媒介批评不能简单地把上述理论作为解读世界大众传播媒介发展的全部模式，重点是对这些模式提出的基本问题进行批判性反思。这些理论中所涉及的个体与社会、民主与集权、自由与责任、媒介对政府的监督权、政府对媒介的控制权、公众的知情权、媒介的所有权和使用权等问题，也正是媒介批评要深入探究的基本问题。

第二节　把关人与制造新闻

　　无论在何种媒介体制下，就媒介生产过程而言，媒介生产都是一个复杂的信息选择、加工、制作和呈现的过程。就大众传播媒介所呈现的新闻事件来看，世界上每时每刻发生着海量事件，几乎每个人每一时刻都在进行着各种各样的活动，但是真正进入大众传播媒介视野的仅仅是一小部分事件。同样，对于影视作品、音乐、书籍等，人们的选择过程也都起源于人们大脑中的某个观点，然后对其进行选择、编辑、加工，经过许多转化，直到最后媒介产品的生成。那么，究竟是什么因素决定了有些事件会成为媒介事件或成为影视作品等的内容，而有些事件并不被媒介或影视所关注呢？这成为媒介批评试图解释的问题。那么，媒介生产过程中对事件或观点的选择就成为该研究关注的焦点。从媒介批评的视角来分析，在媒介生产过程中，都是什么人、什么组织在决定媒介事件或观点的选择，他们在选择时依据什么样的标准等成为媒介批评探究媒介生产的重要变量。在以往的关于此类研究中，"把关人"理论和"制造新闻"对媒介生产过程性研究的观点，得到了传播学研究者普遍的关注。

一、"把关人"与媒介内容的选择

　　"把关人"理论已被广泛应用于描述媒介生产中的内容选择过程，特别是指某种特定的信息通过大众传播媒介而成为有影响的媒介事件。把关人理论认为，媒介在信息传播的过程中有重大的过滤作用。就新闻而言，通讯社决定发布的新闻只占已发生的新闻的一小部分；而读者最后在报纸上读到的新闻，又只是通讯社发布的新闻的一小部分。所以，让读者（听众、观众等）知道什么，不知道什么，媒介其实起到了决定性的作用。但是，事实上，在媒介信息内容生产过程中的"把关"活动却包含着更加深广的内涵。除了对信息的选择之外，信息生产中的把关活动同时还包括媒介产品如何分配、如何流通等决策过程。进一步而言，如果将把关活动视为对媒介信息的保留或给予的权力，那么，这种权力也就决定了受众的信息接近权的问题。正因为如此，在媒介生产中的把关活动与受众的知情权之间便时刻存在着冲突。就受众而言，需要全面知情，而媒介生产的"把关人"则按自己的选择标准提供信息。因此，信息内容生产的选择应该以把关者还是以受众的需求为选择的标准，成为媒介生产批评需要讨论的核心。从理论上看，把关人的任何不同的选择结果，其实都是潜在的价值立场的体现。

把关人理论最早由传播学的先驱人物卢因于 1947 年提出，他在解释传播者对信息筛选和过滤的过程时提出该概念。卢因的"把关人"理论实际上指的是导致把关人做出决定的影响因素，卢因认为，影响把关的主要是个人的心理因素，个人心理因素主要是其动机和目的。1950 年，怀特发表了《把关人：一个新闻选择的个案研究》，通过对一家地方报纸的一位新闻编辑如何筛选新闻电讯稿所做的实证研究，怀特发现，这位编辑的把关作用是非常明显的。这位被怀特称之为"守门先生"的编辑每天要从大量的新闻稿件中选出十分之一的稿件供报纸使用，而这些电讯稿取舍的决定因素，主要在于这名编辑本人对新闻价值和读者喜好的理解以及他个人的偏好。该报告首次为新闻传播中的"把关人"的存在及作用提供了实证材料和证据，同时也为"把关人"概念的确立奠定了基础。

1955 年，哥伦比亚大学沃伦·布里德为了研究社会对新闻的控制，通过对 120 名报业工作人员的采访，研究了编辑内部的官僚机构和实际流程，在《新闻编辑部的社会控制》中指出："记者必须以编辑的要求为最后的底线，消息最后是由主编或者负责人以及控制此媒体的政治机构决定的。并指出编辑方针是指体现在社论、新闻专栏、新闻标题中的取向，即在编辑和记者之间的工作流程是由编辑来决定的，记者虽然可以根据自己的去向来选择，却不能保证消息在媒体的实际流程中被选择传播，他们必须首先了解编辑的思路和想法，或者和编辑讨论协商，从而决定选题或者方案。"①该研究深入到媒体机构内部，对新闻消息最后被采用的过程做了探索，在实践意义上的社会学价值和心理学价值更值得我们重视。

麦克内利于 1959 年通过对国际新闻流通过程的研究，提出了所谓的"新闻流通的模式"。麦克内利研究发现，一个具有新闻价值的国际事件最终成为新闻，要通过包括记者、通讯社分社和总社的编辑部门等一系列把关人的关卡。有关这一事件的最终报道是这些把关人不断加工的结果，而新闻受众把自己看到或听到的新闻传递给他人时，也扮演了把关人的角色。这一系列把关、守门的行为决定了新闻的最终内容。1969 年巴斯提出"双重把关模式"也同样是在研究新闻报道方式的基础上提出的。巴斯研究认为，怀特所谓的"把关人"与卢因的原意不符，因为卢因所指的"把关人"是小群体中的一员，直接握有某一物件是否允许被自己的这一群体所使用的决定权，而电讯稿编

---

① 李红艳：《守门人理论研究的新视角》，载《新闻界》，2005(2)。

辑是在现成的新闻稿中挑选，并不是一个真正的"把关人"。巴斯从信源的角度，即新闻产生的角度看问题，将新闻流动过程分为"新闻采集"和"新闻加工"两个阶段，他认为，真正的"把关人"是从事新闻采集的人或组织。[①] 在第一阶段，采访和编写新闻的记者和编辑更接近事件本身。而在第二阶段，在媒体总部处理新闻的编辑更多地受到媒体机构本身规则和价值的约束以及面对其他新闻机构竞争的压力。因此，新闻的最终取舍是在双重把关的条件下完成的，是从不同的角度对新闻实行双重把关的结果。显然，巴斯的研究已经将媒介生产把关人研究的重心开始由个人转向媒介组织。

在上述研究的基础上，休梅克和里斯1991年的研究系统论述了影响大众传播内容生产的因素。休梅克和里斯的研究将"把关人"理论概括为五个层面，具体包括媒体工作者、媒体常规、组织机构、外在影响和社会意识形态等。在休梅克和里斯看来，新闻内容的形成是一个极为复杂的过程，新闻内容所反映的不仅仅是客观现实，也包括社会中不同的利益集团对客观现实的看法，是客观世界和主观世界结合的产物。阶级社会中存在的不平等直接影响到新闻的内容，在社会中占有统治地位的阶级，总会利用手中的权力和资源对新闻内容施加更多的社会影响，从而使得本阶级的思想成为社会的主导性思想。休梅克和里斯关于新闻内容生产的论述，带有明显的批判理论学派关于意识形态理论的立场。

休梅克和里斯的研究所提出的有关媒介内容生产的影响因素，具有普遍意义，从而为媒介批评研究提供了基本的理论分析视角。同时他们将把关人理论引向媒介议程设置的研究和媒介社会学的研究方向，因而将其延伸到对人际传播、政治传播和组织传播等不同的传播过程，从而使得把关人理论的发展迈向更广阔、更复杂的学科领域。

二、"制造新闻"与媒介内容的建构

关于媒介生产的研究，在重点关注作为个人因素的把关人的基础上，对媒介生产的组织因素也进行了分析，由此产生了建构主义媒介理论，重点探究媒介生产体制如何影响并建构了媒介内容。"制造新闻"理论则具有代表性。"制造新闻"又被称为生产新闻，是自20世纪70年代以来传播学研究关于媒介生产批评的研究趋向，它延续了20世纪50年代以来研究者对媒介组织的性质和工作流程研究以及从媒介效果到媒介内容特征的研究，组织的因素和引发这些特征的原因的研究取向。美国传播学者盖伊·塔奇曼于1978

① 黄旦：《"把关人"研究及其演变》，载《国际新闻界》，1996(4)。

年完成的著作《做新闻——关于现实建构的学问》，堪称媒介生产的组织因素探究的经典著作，这部关于媒介生产机制研究的著作具有重要的现实意义。

塔奇曼试图回答的问题是：新闻工作者是怎样决定新闻是什么的？他们为什么只报道某些事实而不报道另外一些事实？新闻工作者是如何决定我们大家想知道什么的？通过分析后指出，新闻生产的行为是现实本身的建构，而不是现实的图像的建构。新闻是框架，新闻是建构的现实。新闻是框架，指的是新闻活动把现实发生的事件通过建构，转变为新闻事件。新闻是从日常生活中选取材料，然后加工成故事。新闻是框架即新闻生产的行为是现实本身的建构，而不是现实的真实图像的反映。塔奇曼认为，新闻是一种框架建构，依据框架理论，塔奇曼讨论了新闻生产过程中的生产主体、新闻工作者及其职业属性，并探究了新闻的时空安排和新闻生产的基本问题。

塔奇曼首先提出"新闻是人们了解世界的窗口"的观点。人们通过新闻来了解世界，但是新闻不是现实图像的建构，它是现实本身的建构，或者说是现实世界的框架。他认为，"跟任何用以描绘世界的框架一样，新闻这个框架本身也有自己的问题。窗口展示的视野取决于窗口的大小、窗格的多少、窗玻璃的明暗以及窗户的朝向是迎着街面还是对着后院。这个视野还取决于视点的位置，比如是远点还是近点，是歪着脖子看还是脑袋向前伸展，或者是侧着身使眼睛跟着开窗的这面墙平行。"①这个关于"窗口"的比喻，与柏拉图关于"洞穴"的比喻相同，指出了新闻生产的目的不仅是传播知识，同时还在规范知识。媒介生产不仅提供关于世界的图像，还提供关于世界的看法和观点，大众传播媒介在报道事实的同时，也在传播自己的观点。因此，塔奇曼指出，新闻最终都是一种意识形态，新闻是被建构的现实。媒介生产是社会知识资源，同时又是权力资源。

塔奇曼通过对"新闻价值"的分析，认为新闻价值是社会协商的结果，这也就决定了新闻选择并不是完全客观的。塔奇曼从时间、空间的角度对新闻生产进行了分析。从空间视角认为新闻是一张网而不是一张毯。新闻生产的过程不是毯式的，这是因为新闻永远不可能面面俱到，囊括所有的社会事件。他把新闻生产过程比喻为网状结构，是因为新闻生产的角度、立场以及选材，如同网的大小、撒网的角度以及力度等，也就是说新闻在生产的过程中，新闻的组织机构，如编辑部门会通过分工合作精心布置一张看不见的大

---

① ［美］盖伊·塔奇曼：《做新闻——关于现实建构的学问》，麻争旗、刘笑盈译，30 页，北京，华夏出版社，2008。

网。新闻媒体需要生产新闻，同时也需要判定哪些是需要被生产出来的新闻。这种网状结构同样影响着传媒业的发展，新闻机构中存在着一张复杂的关系网，这张关系网制约每位编辑和记者，使他们有竞争又不至于破坏整个机构的运行，同时又保证了新闻的生产。

从时间视角，塔奇曼也回答了在截稿期的规定下，记者是如何对素材进行分类、加工，最终生产出新闻作品的。在具体的新闻生产流程中，他还进一步分析了新闻类型化、记者编辑的主动性、新闻专业主义、新闻消息源、新闻事实网以及新闻表述方法等之间的关系。最后，塔奇曼指出，"新闻讲的是社会生活的故事，它是一种社会资源。作为一种知识的来源，一种权利的来源，新闻是观察世界的一个窗口。"[①]

塔奇曼还提出"典型化"是新闻机构从事新闻生产的主要手段。这里所谓的典型化"不是着眼于自身的特殊性，而是首先考虑工作便利，是实践者自身的需要。它不是脱离每天工作语境及其运用背景的科学抽象，恰是在这样的工作语境和被不断运用的场合中才能获得自身的意义。像硬新闻、软新闻、突发性新闻、发展性新闻及联系性新闻，都属于这样的典型化的类别。借助于典型化，使得本来在时间上无序的潜在新闻事件，有了一个大致可行的生产调度图，并与每天工作节奏保持呼应"。[②]

塔奇曼关于新闻是现实的建构的理论观点的基础，主要依据媒介"框架理论"，框架理论通常被认为是美国社会学家欧文·戈夫曼首先提出的。戈夫曼在其著作《框架分析》中将"框架"概念作为研究人们解释日常生活的图式。根据他的观点，框架建构就是人们通过选择思考结构（框架）对事件进行主观解释并建构社会现实的过程。通过这个框架或图式，人们可以发现、了解、确认和区分信息或事件。"框架"不仅协助人们思考或整理信息，也是人们意识形态或刻板印象的来源。

美国社会学家吉特林探究了新闻生产与新闻框架形成的关系，吉特林把框架概念应用到媒介生产研究中，并且对新闻框架提出了更为明确的界定。按照吉特林的观点，新闻框架就是"一种持续不变的认知、解释和陈述的图式，也是选择、强调和遗漏的稳定不变的范式"。此外，美国学者甘姆森也

---

① ［美］盖伊·塔奇曼：《做新闻——关于现实建构的学问》，麻争旗、刘笑盈译，200 页，北京，华夏出版社，2008。

② ［美］盖伊·塔奇曼：《做新闻——关于现实建构的学问》，麻争旗、刘笑盈译，3～4 页，北京，华夏出版社，2008。

认为，"框架存在两层含义。第一层含义是指界限。第二层含义是指人们用以诠释社会现象的建构。前者代表了取材的范围，后者代表了显示意义的结构，是一种观察事物的世界观"。[①] 新闻组织机构在新闻实践中就是使用这些框架来报道新闻，反映社会并构建社会的。塔奇曼使用框架理论解释媒介生产机制，由此认为"媒介的框架就是选择的原则——刻意强调的，阐释的和呈现的符码。媒介生产者惯常于使用这些来组织产品和话语。在这样的语境中，媒介框架能够帮助新闻从业人员很快并且按常规处理大量不同的甚至是矛盾的信息，并将它们套装在一起。由此，一些框架就成为大众媒介文本编码的一个重要的制度化了的部分，而且可能在受众解码的形成中发挥关键作用"。[②] 显然，媒介内容的生产其实就是"框架"建构的结果。

塔奇曼关于制造新闻的理论观点和研究，为媒介批评提供了如何全面考察媒介内容生产的理论基础，并探究媒介组织如何通过建构框架反映现实事件，进而建构社会的基本过程。塔奇曼探究媒介生产的方法和视角，对于媒介批评理论具有重要的借鉴意义。

第三节　媒介生产的政治经济影响

传播政治经济学理论重点从宏观政治经济的视野研究媒介生产的过程。传播政治经济学将传播活动视为社会宏观的政治经济影响下的信息生产、分配、交换、流通的过程。在此过程中，政治经济因素始终参与其中，影响媒介活动的各个阶段，其中媒介生产是首要的环节。对此，法兰克福学派和传播政治经济学都做出了不同的阐释。

一、法兰克福学派的媒介生产批判

法兰克福学派的社会批判理论对媒介生产的政治经济体制做出了深刻的批判，从而认为媒介作为意识形态控制的工具，完全体现的是政治和经济利益集团的思想，从而通过媒介生产对大众实施控制。具体而言，法兰克福学派的媒介生产控制的思想，重点在对"媒介的被控制"，即"谁控制着媒介""为何控制"以及"媒介控制什么""媒介如何控制""控制的后果"等问题的考察

① 余红：《网络时政论坛与舆论领袖研究——以强国社区"中日论坛"为例》，146页，武汉，华中科技大学出版社，2010。

② ［美］盖伊·塔奇曼：《做新闻——关于现实建构的学问》，麻争旗、刘笑盈译，2～3页，北京，华夏出版社，2008。

上。这些问题的核心都涉及媒介内容的生产体制。

法兰克福社会批判理论认为，在现代发达资本主义社会中，随着媒介技术的发展和普及，国家权力对媒介生产的控制不但没有减弱，反而在不断加强。大众媒介完全受国家或利益集团的权力控制，它的功能即是在国家控制下发挥的功能，它的力量就是国家的力量。因此，媒介是国家加以利用的维护意识形态、传递统治阶级意志的工具。甚至它本身就是意识形态，直接履行着意识形态的社会控制职能，维护着国家统治的合法性。

这样，社会批判理论从媒介控制看到了媒介生产的实质，这就是意识形态的生产。由此，法兰克福学派主要更多地将其理论聚焦于媒介对社会的意识形态的生产和控制。如前所述，社会批判理论的意识形态控制包含两种意义：一是作为意识形态工具，用来维护意识形态；二是作为意识形态本身，用来维护国家权力统治。在此过程中，媒介被工具化，媒介成为维持政治统治合法性的工具，其作用主要体现在促进和维护社会思想的同一性上。大众传播媒介成为社会控制的工具，其内容的生产当然也就是按照权力阶级的意志展开的。无论是媒介的生产体制，还是生产体制中的各类不同的把关人，都会按照统治阶级的意识形态来实施媒介内容的生产。葛兰西的"文化霸权"理论认为，通过获得文化领导权，借助于大众传播媒介的内容生产活动，统治阶级的意识形态则成为整个社会的意识形态。

在批判理论看来，通过媒介生产的这种意识形态具有虚假性和欺骗性，具体主要体现在制造普遍利益和特殊利益的虚假统一、制造虚假需求和美化、幻化现实三个方面。最终，充当意识形态的大众媒介构筑了一个统治者控制之下的全封闭的社会体系。也正是在这个体系中，个人头脑中的批判性思维被剥夺，对现状的否定转变为对现状的肯定，个人的意识融入并等同于社会意识，甚至对儿童的直接影响也由媒介取而代之。总之，人成为大众传播媒介的奴隶。总的来看，法兰克福学派对大众媒介生产持一种完全否定的批判的立场。

法兰克福批判理论对媒介生产意识形态的观点，无疑构成了媒介批评的重要基础性理论。法兰克福社会批判理论通过对媒介生产机制的研究，批判了大众传播媒介的意识形态生产和建构的本质，直接影响了传播政治经济学对大众传播生产机制的分析。

二、传播政治经济学媒介生产批评

传播政治经济学将大众传播活动置于广泛的政治经济环境下，从大众媒介与政治经济权利的关系角度考察媒介生产过程及其对媒介内容以及社会的影响。"传播政治经济学要想以批判的眼光与传统的马克思主义分析进行交流，其中心任务之一就是阐明传播与文化如何成为物质实践，劳动与语言如何构建以及传播与信息如何成为社会活动的辩证实例。"①法兰克福学派的文化工业、文化霸权等批判理论也为其提供了理论依据。

传播政治经济学在吸收马克思政治经济学和社会批判理论的基础上，将大众传播活动首先视为一种生产实践，把大众媒介当成创造利润的经济组织，从大众媒介与社会政治经济组织之间的权利关系出发，通过考察媒介机构和媒介生产来解释大众传播作为一股经济力量对人类社会的政治经济文化等方面造成的影响。传播政治经济学将大众传播活动视为一种信息生产的实践，把大众媒介当成创造利润的经济组织，从而认为媒介生产与受众及广告商之间存在密切的关系。斯迈思的"受众商品理论"就是在媒介、受众、广告商的关系中揭示大众媒介生产及产品的本质。莫斯可认为，"20世纪媒介产业的兴起使得企业对传播经济学日益关注。其结果是各种各样的研究应运而生，对象从如何生产和销售收音机和电视机，到如何向广大观众推销产品，无所不包。批判政治经济学的发展部分地就是从批判的角度来对这个过程进行分析的，即将大量的营销与更广泛的经济过程和社会过程联系起来，并从人文价值的角度批判这些过程。"②可见，对于深受经济利益影响的大众媒介生产，传播政治经济学更多的是从人文价值的立场加以分析和评判。

就媒介生产而言，传播政治经济学试图回答媒介生产中的制约因素，包括什么人、在什么条件下、为了什么目的影响媒介生产，从而对社会造成什么样的后果等问题。当然，传播政治经济学立足于宏观理论探究媒介生产的实质。由此，在探讨媒介生产的特征时，传播政治经济学从社会整体性、实践性、平衡性、伦理价值等方面展开。

对于媒介生产的控制，传播政治经济学认为，媒介生产与构成社会关系整体的经济、政治、社会及文化等各方面都有着直接的联系。通过对这些内在关系的研究，才能明晰大众传播媒介的所有权和生产过程的问题，进而揭示作为媒介生产基础的物质条件以及符号资源的不平等分配所形成的生产机制，由此对传播行为进行限制和影响。通过解释经济动力对媒介文化生产的

---

① [加拿大]文森特·莫斯可：《传播政治经济学》，胡正荣译，45页，北京，华夏出版社，2000。

② [加拿大]文森特·莫斯可：《传播政治经济学》，胡正荣译，12页，北京，华夏出版社，2000。

影响，才能揭示权力与财富的关系以及两者在构建社会的媒介、信息、文化等体系中的作用。

传播政治经济学借助于历史研究，针对大众传播媒介企业的发展，考察文化商品化以及在媒介生产中国家干预角色的转变，从而分析大众传播媒介生产中的资本控制与公共干预的问题。在他们看来，其重点是要实现二者之间的平衡，因为他们认为，自由市场下媒介生产体制造成的不平等必须要通过公共干预来加以限制。这样才能保障社会公众的媒介接近权、信息知情权等基本的权利。

因此，传播政治经济学特别关注媒介生产的公正、平等与公共利益的道德问题，其根本目的在于维护公共利益与社会平等，基于媒介生产视角，关注社会的公平公正、民主平等问题。就此意义而言，传播政治经济学对媒介生产的探究，就有着明确的价值批判的立场，构成了媒介批评理论的理论视角。

传播政治经济学将媒介组织置于广泛的政治经济背景中，通过考察媒介组织与政治、经济、社会等的相互作用，揭示政治经济关系，特别是经济对大众传播媒介的生产、分配和消费的影响。批判了在资本主义生产方式下，为私人所有权控制的、以追逐利润为目标的商业媒介对公共利益、公民权、社会民主的损害。传播政治经济学派对自由市场经济体系、媒介私有权以及跨国公司的批判具有现实意义。因此，有学者指出，"在媒介全球化的形势下，中国的新闻传媒业改革也进入到关键阶段，一方面在面临来自强大的跨国媒介公司的巨大竞争压力，面临着如何提高本国媒介的竞争力，保护和发展民族文化的问题，同时也面临着媒介走向市场，面对市场的过程中，如何看待市场的作用的问题，目前已经出现了媒介片面追逐经济效益，损害受众利益的现象。传播政治经济学的批判对我们的传媒改革具有警示意义。"①

思考与练习

一、名词解释

1. 媒介生产

2. 自由主义理论

3. 社会责任理论

4. 把关人

5. 制造新闻

---

① 刘晓红：《西方传播政治经济学研究》，3页，上海，上海人民出版社，2007。

二、简述题

1. 阐述媒介生产研究的概况。

2. 简述《报刊的四种理论》的主要内容。

3. 简述"把关人"理论的主要内容。

4. 简述塔奇曼关于"制造新闻"理论的基本观点。

5. 简述传播政治经济学媒介生产理论的主要观点。

三、课堂练习

任选一则网络视频广告，进行具体分析。建议你的分析可从下述内容展开：

1. 你对这则广告设计的总体评价？

2. 广告文案和视频有联系吗？这些联系重要吗？

3. 广告有空白点吗？空白设置有意义吗？

4. 视频拍摄的角度以及表达的重要性？

5. 视频的音画、色调处理有特定意义吗？

6. 详细描述广告中出现的人物，包括表情、头发、时尚元素、道具、体型和语言、年龄、性别、民族、职业符号、教育水平、画面暗示的男女关系和背景中的物体等。

7. 广告中发生了什么？这些事件过程有意义吗？

8. 广告中有固定的标志和符号吗？如果有，能起到什么作用？

9. 广告文案是如何使用语言的？广告使用了什么样的修辞，吸引消费者并激发他们对商品或服务的欲望？有隐喻和暗喻吗？

10. 公告的基本主题是什么？

11. 广告的目标受众是哪些人？

12. 广告中包含怎样的价值观或信仰？如爱国主义、亲情（母爱、兄弟之情等）、成功、力量、地位。

13. 你分析广告时使用到背景信息了吗？你的语境是如何影响你对广告的分析的？

第九章　媒介文本批评

本章内容要点

• 媒介文本批评的重点是媒介文本的呈现形态。媒介文本作为有意义的形式存在，文本的表现形式与它要表达的内容同等重要。因此，对媒介文本的批评，一方面是媒介文本意义建构的批评，即媒介文本内容的建构批评；另一方面，是针对媒介文本形式的批评。二者共同构成了媒介内容理解的基础。

• 媒介文本符号批评基于符号学理论，重点对媒介文本的符号和意义进行批评。符号学理论研究的重点是语言、符号和它们的意义是如何被历史地、文化地、社会地创造出来的，由此，媒介文本批评也重点探究媒介文本的符号形式和意义结构，探究其隐含的文化和社会意义。

• 媒介文本叙事批评基于经典叙事理论，通过对媒介文本叙事的基本构成要素的分析，探究媒介文本叙事的本质、叙事的含义、叙事的基本构成要素、叙事主体、叙事角度、叙事结构等基本问题。由此，进一步分析文本叙事的意义结构。

在媒介文化研究中，文本的意义非常广泛，但凡是能够帮助人们生产出关于自身、社会和观念的意义的各种客体都可视为文本。而媒介文本则指的是微观意义上的媒介形态，是以具体物质形式为载体呈现出来的并被受众接受和解读的内容和形式。就某种意义而言，媒介文本具有流动性的特点。

媒介文本作为有意义的形式存在，文本的表现形式与它要传达的内容同等重要。媒介文本批评不仅要研究媒介文本的内容构成，同时还要考察媒介文本的表现形式。因此，在考察媒介文本传播什么内容的同时，考察文本如何被传播，即对作为内容载体的媒介文本形式的批评，同样是理解媒介文本意义的基础。换言之，信息传播的形式要素也作用于受众对文本的解码及文本意义的理解。由此，媒介文本批评的目的，还在于通过对媒介文本内容和形式的分析，从而考察受众对文本意义的解读和接受的特征，探究受众如何参与到文本内容和形式的创造中，从而建构关于文本意义的不同阐释。媒介批评关于文本批评研究理论的形成发展，充分借鉴了文学、影视等叙事类作品的批评理论，与其有直接的联系。

第一节　媒介文本

媒介文本批评的研究重点是媒介文本形态，媒介文本形态批评主要包括两个方面：一方面是媒介文本意义建构的批评，即媒介文本内容层面的建构批评；另一方面是媒介文本形式的批评，即媒介文本形式对意义建构有何影响。二者共同构成了媒介内容理解的基础，成为考察媒介文本意义建构的视角。就媒介文本的形态而言，它首先是作为意义符号而存在的，因此，对媒介文本的研究，应先从符号学理论出发，具体考察媒介文本符号的意义结构以及意义建构的社会文化机制。同时，媒介文本的叙事结构也影响到文本意义，因此，还应从文本叙事学理论出发，考察媒介文本的叙事结构、叙事策略等问题，从而探究媒介文本的深层意义结构。

一、媒介文本的意义

拉斯韦尔提出的信息传播的"5W"模式，其中就包含媒介传播什么内容，即"说什么"的问题。拉斯韦尔的传播模式从微观的信息传递的物质层面考察媒介文本内容，其模式中的"说什么"主要是指传播讯息已有的内容，即物理层面的可视或可听的文本形式，至于这些内容是通过何种方式被传播，并如何被受众建构意义，显然是被忽略了的问题。第八章对媒介生产的批评，则重点探讨了媒介生产体制模式会对媒介内容产生什么影响，生产机制如何对媒介内容进行选择等。可见，媒介生产体制是决定媒介内容的产生的重要基础。但是，除此之外，信息在其传播过程中，不断被接受者阐释建构，并产生新的意义。进而言之，媒介文本的内容不仅仅决定于媒介的生产机制和受众，与之相关的语境对文本意义的产生也起到了决定性的影响。那么，媒介文本批评就不能仅仅分析可见的固有的内容，还要探究不可见的可能存在的意义。这样，媒介批评就需要对媒介文本与其意义之间的关系做出深入探究。

媒介批评关于媒介文本与意义之间的关系的看法，主要有三个方面。

第一，文本是意义的载体。早期的媒介影响理论、媒体与社会关系的决定模式以及结构主义的理论都提出了与之相关的认识，认为文本就承载着全部的意义，要么直接传递给受众，要么对受众产生某种影响。该观点将文本看成一成不变的意义载体，意义是固有的，是被生产者生产并灌输给受众的，受众也是被动地接受，没有任何主动性。

第二，文本激发了受众意义。这种观点将媒介文本看成是媒介生产者和受众之间的中介物，文本的意义在于获得受众的认同，同时可能引起与生产者完全不同的理解。因此，媒介文本可分为"作者文本"和"读者文本"。读者文本即为受众自身具有的接受范式或接受框架，受众据此建立完整的文本意义阐释。作者文本则是指激发受众反思的内容，从而使得受众对文本做出完全不同的阐释。霍尔的编码/解码理论就是在此意义上理解媒介文本的。

第三，文本意义由受众建构。该观点认为，所谓媒介文本的意义，完全是由受众自己建构起来的。受众对文本意义的理解具有绝对主导权，受众完全可以按照自己的理解去解读并建构文本意义，如费斯克关于电视受众意义的研究，就坚持受众在文本意义建构中的主动性。

就媒介文本与意义的关系而言，媒介文本作为具有特定结构和特定规范的文本形态，显然有其固有的内在意义，不是完全由受众任意建构的。同时，受众也不是完全被动的接受者，不是没有任何批评和反思的能力，文本的生产者不可以任意生产、阐释意义并强加给受众。也许是因为媒介文本的差异，受众对意义的理解会产生差异；或许是因为受众的不同，从而也引起了对文本的不同理解。可见，媒介文本与意义之间的关系也表现得非常复杂。由此，媒介批评应综合各类不同的影响因素，考察媒介文本与意义间的关系。

因此，媒介批评对媒介文本与意义的考察，应该从媒介文本的形式结构、媒介文本的生成语境、媒介文本的意识形态、媒介受众的意义建构等不同层面和视角展开。

二、媒介文本的形式

与媒介文本的内容相同，媒介文本的形式构成了媒介文本批评的分析单元。媒介文本的形式主要包括文本符码、文本叙事、文本话语、文本的互文性等。通过对媒介文本形式的分析，从而考察文本运作以及意义生产的方式，探究隐含于文本之中的各种意义。从媒介文本的形式出发，对媒介文本意义的探究性批评，包含各类不同的方法和途径。具体方法的选择主要是由不同的媒介文本的形态决定的，虚构类叙事的媒介文本如电影、电视剧等的批评，在方法上就与以事实真实为要求的新闻类媒介文本有不同的方法要求。即便如此，媒介文本的形式研究有基本的因素，可以从下述方面展开。

(一)文本符码

媒介文本的符码指的是一系列依据一定的规则而使用的文本的基本元素。例如，语言类媒介文本的符码是"语言"，影视类媒介文本的符码是"音画"(声音和画面)等，任何媒介文本都有自己的主导符码。

总体来看，媒介文本批评的符码主要包括以下几种：第一，书面语言，如报纸、书籍等媒介文本的主导符码。第二，声音语言，如广播、电影、电视中的主导符码。第三，视觉语言，如照片、电影、电视、网络等视觉媒介中的主导符码，通过对视觉形式构成因素的分析，揭示视觉图像文本的意义结构和内涵。第四，身体语言。媒介文本中再现的人际交流行为中的主导符码。当然，媒介文本语言的符码构成不仅只有上述四类，人们的大众传播活动中的符码丰富多样，无法穷举。但通过上述分类，可以确定媒介文本意义批评的基本视角，可以看成是媒介文本批评的基础性手段。

(二)文本叙事

任何媒介文本都包含"叙事"。所谓媒介文本的叙事，指的是媒介文本对事件、观点等的叙述方法以及叙述中所包含的内在意义。显然，作为叙述的主体，媒介文本的叙述者(传播者)建立了媒介文本的叙事及其意义，对受众产生影响。同时，受众也根据自己的想法，从而建构文本的叙事，对文本叙事产生影响。因此，媒介文本叙事是叙述者和受述者共同影响的结果。

叙事具有一定的形式和结构。这与事件本身发生的顺序、情节段落及结局的总体安排有关。媒介文本作为信息传递、娱乐公众、传播观点等的形式，最常见的叙事包括写实主义叙事和虚构的故事类叙事。写实主义叙事如新闻消息，就完全遵循事件发生的过程来安排，这就构成了新闻叙事的基本要素。虚构类故事叙事或观点类评论性的叙事结构也有自己不同的特点。

(三)文本话语

媒介文本话语以及与此相关的话语分析，是媒介文本形式批评的重要概念和方法。一般而言，文本话语指的是文本符码中所包含的深层的意义结构。例如，"温柔的""感性的""本能的""没有逻辑的""母性的""软弱的"等诸如此类的许多语言符码，都是与女性联系在一起的。同样，视觉语言中也往往使用特定的镜头语言来体现女性的上述特征。这些具有明确特征的符码就构成了区分"性别"的文本话语，以这些文本话语界定了女性，同时，因为文本话语的"二元对立"的特征，同时也就界定了作为对立面的"男性"。由此可见，话语是包含在文本形式中的观念形态。

大众传播媒介就是包含着意义的话语文本。关于话语的具体内涵，语言研究认为是基本的"言语单位"，有研究者则进一步认为话语分析就是探究"话语与其运作的社会体系之间的关系"。同样，社会体系也为媒介文本提供了某种特定的框架。有研究者从意识形态的视角出发，认为话语构成了符号体系和社会秩序，因此，文本话语分析就是考察话语包含的历史和政治权力建构与运作的过程，从而将话语分析与意识形态批判联系起来。

特定的媒介文本包含不同的话语，这些话语之间可能是相互对立的关系。某种媒介文本话语在当下的文化中是否占有主流地位，也决定了媒介文本中那些话语是否会成为主导话语。同时，作为话语的意义的意识形态也会随着时代的变迁而不断变化。

总体来看，媒介文本的话语分析就是通过对语言和符码的识别，对媒介文本进行批判性研究，从而揭示其所包含的话语及其意义。此外，媒介文本话语分析的另一主要目的在于揭示文本背后隐含的意识形态，对媒介文本进行特定的解读。这也是媒介批评研究文本话语不同于其他研究的方面。

（四）文本的互文性

媒介文本的互文性概念是新近提出的关于媒介文本分析的概念，文本的互文性概念的形成受后现代主义媒介批评理论发展的影响，但也不仅仅是只有后现代主义批评使用。文本的互文性，简单而言是指文本与其他的相似的或不同的文本相关联，从而通过这种方式生产出新的意义。媒介文本的互文性，在媒介文本从文化方面建构意义时起到重要的作用。

总之，媒介文本批评从文本的内容和形式出发，依据符号学、叙事学、话语理论、文本互文性等理论，对其隐含的深层意义进行分析，从而考察媒介文本中的社会文化等内涵。

第二节　媒介文本符号

媒介符号学关注的核心问题是符号形态及其结构形式。通过对媒介文本的符号的形式以及符号的运作机制进行批评性探究，重点在于发现文本符号隐含的意义以及建构这些意义的社会文化机制。简言之，媒介文本符号学批评的重点就是通过对符号结构的分析，发现并阐释文本的意义。

一、媒介文本符号批评的范围

媒介文本符号批评研究认为，传播活动不再是一个线性的传播过程，而是意义的产生过程。人们使用符号传递信息，形成共识，人们使用的文本信息互相之间都有紧密的关联。显然，人们使用的共同的传播符码越多，则社会的符号系统越加类似，传递信息的意义越趋于接近，社会的符号生产能力则越强。由此，媒介文本符号研究的重点领域，在于通过对文化社会中具有

"共享意义"的符号的批评性分析，从而解释媒介文本符号的意义与社会文化之间的关系。

具体而言，媒介文本符号批评研究的范围主要包括以下内容：第一，符号本身。这包括对不同的媒介文本符号的研究、对符号承载的意义的不同方式的研究以及文本符号与使用者之间的关系的研究。第二，媒介文本符码系统。具体包括不同种类的媒介符码以及这些不同的媒介符码如何满足社会文化发展的需要，不同的传播符码如何借助现有的传播渠道来传递等。第三，媒介符码和媒介符号的文化语境。文本符码和符号依赖于它们所运作其中的文化语境，文化的形成反过来又会作用于文本符码和符号的使用与形成。

因此，媒介文本符号批评通过对文本符码、文本符号以及文本的文化语境进行分析，探究媒介文本的意义构成和机制，从而对媒介文本的内容和形式做出相应的解释。例如，影视文本批评中对影视文本的基本制作手段和镜头语言的分析，从而解释其所要表达的意义，采用的就是文本符号分析批评的方法，如在好莱坞电影《盗梦空间》中，主人公随身带着一只陀螺，当旋转陀螺时，主人公就可以在各种不同的梦境之间自行转换，陀螺不仅是片中主人公梦与梦、现实与梦之间转换的道具，也是电影故事叙述及场景切换的关键节点，因此，在该部影片中，"陀螺"作为文本符码，则具有丰富的符号的意义。其他如新闻报道类的文本的媒介批评的研究，也完全可循着符号学分析的批评模式展开。

二、媒介文本符号批评的方法

如前所述，关于符号学理论的基本概念和理论构成以及具体的分析批评方法，符号学和结构主义理论的奠基者和理论先驱，如语言学家索绪尔、皮尔斯、罗兰·巴特等学者都提出了关于符号分析的基本概念、理论方法等，成为媒介文本符号批评惯常使用的经典理论框架和阐释视角。那么，立足于上述理论，在结合具体不同的文本形态的基础上，关于媒介文本符号的批评主要可从下述几个方面展开。

符号学理论的核心观点认为，语言、符号及其意义是被历史地、文化地、社会地创造出来的。索绪尔从宏观上揭示了人类语言构成的内部特征，从而为符号学研究奠定了基础。皮尔斯则从微观层面分析了符号的构成和特征，罗兰·巴特、雅克布森等人从结构主义的角度对符号学做深入推进。由此，各个不同的学科结合自身的特征，将符号学分析应用到不同领域的探讨中。在媒介文本批评中，符号学方法具有明确的分析优势。

（一）媒介文本符号的构成

媒介文本符号是符号学理论对媒介文本的批评研究，是在索绪尔语言理论的基础上进行研究的媒介文本符号学批评。

美国符号学家皮尔斯提出了符号和指代意义之间的关系。皮尔斯认为，符号、使用者以及外部现实之间的三角关系是研究符号意义的基本模式，他认为："符号就某些人而言，在某些方面或者某种情况下，代表着某种事物。它向某人传达，也就是说，要在那人心中创造出一个相同的符号，或者更成熟的符号。它所创造的符号我称之为起初符号的释义符，符号代表某物，即客体。"[1]

关于符号构成要素的关系，如图 9-1 所标示的，皮尔斯认为它们之间是一种双向影响的关系，三者中的每个要素只有通过与另外的要素相联系才能够被理解。符号指代的并非是其本身的其他物，即客体。符号要通过他人来理解，也就是说它会以释义符的方式对符号的使用者产生效果。释义符并非是符号的使用者，而是皮尔斯所谓的恰当的意义效应，即由符号以及符号使用者对客体的体验两者所产生的意义概念。在此基础上，英国学者奥尔登和瑞查兹在《意义的意义》中认为，符号概念包括一是作为"代表"的符号；二是被代表的对象；三是符号所蕴含的意义。对此，美国传播学者斯蒂文·小约翰认为，这个三位一体说是符号论思想的核心。由此，指代事物的"符号"本身则是探究意义构成的基础。对于媒介批评而言，媒介文本的符号形式则是文本研究的核心。

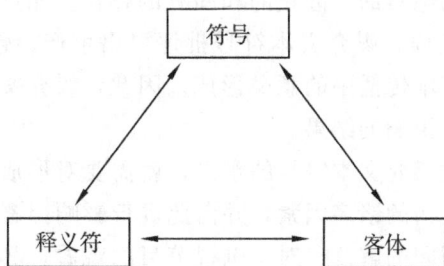

图 9-1　皮尔斯的符号意义构成要素

索绪尔基于语言学研究的符号学理论与皮尔斯的分析有所不同。索绪尔

---

[1]　［美］约翰·费斯克：《传播研究导论：过程与符号》，许静译，35 页，北京，北京大学出版社，2008。

通过对语言形式的研究，更加关注符号本身以及与其他符号的联系。在索绪尔看来，符号就是一个具有意义的物体，因此，他认为符号就是能指和所指的构成物。能指是人们感知到的符号形象，所指则指的是符号的意义。能指和所指构成了索绪尔符号分析的基础。显然，能指和所指的关系不是绝对的，在索绪尔看来，它们之间的联系具有随意性。"语境"则构成了这种联系的合法性，也就是使得某种意义比其他意义更具有合理性。这种语境涵盖了文本中的其他符号，特别是媒介文本作为具有一定模式的类型化文本。受众在接受的过程中，建立了大量的关于文本的话语经验，从而就形成了对该类文本的意义期待。比如，受众通过阅读大量的新闻文本，形成了新闻文本如何反映客观事实的模式，如此以往，受众对于该类文本就会按照建构起来的符号与意义的关系加以解读。

此外，罗兰·巴特提出的符号的"本义"和"引申义"的区分，也为媒介文本符号批评提供了具体的分析思路。一方面，媒介文本指涉的是真实的事物；另一方面，它又包含着引申意义，如象征、比喻意等。这就要求媒介批评对媒介文本符号的批评不能仅仅停留在所指具体事物的层面上，还应深入到符号文本背后隐含的各类延伸意义中。

(二)媒介文本符号与意义

作为对媒介文本符号的批评，探究文本符号的意义是最终目的。媒介文本符号通过关联及媒介文本的传播制造出意义，并非是由编码者或解码者单方面地制造出意义。因此，媒介文本的意义并不是一个由传播者或受众包装放置于媒介文本中的绝对的、静止的和固有的存在。相反，意义的建构是一个积极的、动态的过程。媒介文本符号批评提出生产、创造、协商、编码/解码等概念来描述文本传播中的意义形成。因此，媒介文本意义是符号、释义符和受众之间动态影响的结果。

为了完整地描述媒介文本符号的意义，就需要对形成意义的结构进行探究，发现影响意义建构的诸多因素，并由此进行影响因素之间的整体关系的分析。比如，对于新闻的解读、对于电视节目的观看，其中既隐含着传播者（或创作者）的意图，同时，也包含着受众自身的知识，乃至情感经验等方面的内容，还包括意义形成的语境因素，它们共同构成了媒介文本的意义结构。因而，通过对媒介文本的意义结构的影响因素的分析和探究，就能够建立起来完整的媒介文本的意义构成分析体系。

(三)媒介文本符号的结构形成

索绪尔的符号学理论认为，通过符号进行传播包含词汇域和句法结构两个要素。词汇域指的是供选择使用的一整套符号，如媒介文本中的文字、照片等。句法结构指的是由所选择的符号组成的信息系统，如一句完整的新闻描述语句或一张照片等。在语言中，基本的单词、单个文字就是词汇域，而一个句子就是句法结构。在此基础上完成文本的整体结构。由此可见，任何文本符号系统的建立都有其结构形态。作为大众传播符号和意义的构成，媒介文本系统的构成则显得更为复杂。

就媒介批评的宏观意义层面而言，不论是媒介文本的词汇域，还是媒介文本的句法结构，在建构具有完整的媒介文本符号系统的过程中，符号结构都受制于社会、历史、文化等因素。由此，媒介文本符号批评的任务，是集中于探究媒介文本符号的具体所指意义和历史文化社会语境下的宏观意义。

第三节　媒介文本叙事

媒介文本本身就包含着叙事，叙事及意义存在于媒介文本的建构过程中，并对受众产生影响。同时，受众也通过自己特有的方式来解读文本，可见叙事也存在于受众的观念中。通俗地讲，所谓叙事，就是讲故事，故事就是一种具备叙事性质的作品，如媒介文本中的广告、电影、电视等各种不同的形式，它呈现给人们想知道和了解的现实中的一系列事件。也只有通过某种叙事内容，现实事件才能被人们所了解。同样，作为以"客观性"为基本要求的新闻媒介的内容，与一般故事结构类似，大都在讲述具有时间序列的一系列事件。

大众传播学研究不断将新闻文本与故事并论，认为新闻就是一种叙事，"新闻说故事""新闻即故事"，探究受众为何观看新闻、媒介文本中存在哪些本质、新闻与叙事有何关系、意识形态与新闻叙事方式有何关系等问题。但在传统观点看来，新闻媒介以公正客观地"反映"社会真实事件为根本原则，因此，研究者认为，只有忠实反映事件真相与还原事实，才是新闻媒介文本的基础，由此认为新闻不同于讲故事的文本，新闻应该是"反叙事"的形式。①但是，不论是虚构类的文学文本，还是客观记录现实的新闻文本，任何媒介文本都存在叙事，都有其特定的叙事模式，这是不争的事实。因此，文本叙事批评也构成了媒介批评理论探讨媒介文本的重要方面。

---

① 蔡琰、臧国仁：《新闻叙事结构：再现故事的理论分析》，载《新闻学研究》，1999(58)。

一、媒介文本的叙事批评

媒介文本叙事批评主要从两个层次展开：一是"叙事结构"；二是"叙事话语"。叙事结构指的是对文本所叙故事的研究，主要探寻文本故事情节的逻辑、句法与结构。叙事话语指的是对叙述行为，包括对叙述者和接受者的研究，主要说明所叙故事表现方式的规律。① 在媒介批评理论中，媒介文本叙事主要关注叙述者和接受者、叙事时间、叙事空间、叙事视角等方面的问题。

(一)叙事者和受述者

叙述行为是叙事者向受述者传达信息的活动。叙事者是叙述行为的引擎，叙事者对叙事话语的操作创造了叙事文本。正如兹维坦·托多罗夫所言，"叙述者代表判断事务的准则：他或者隐藏或者揭示人物的思想，从而使我们接受他的'心理学'观点；他选择对人物话语的直述或转述以及叙述事件的正常秩序或有意颠倒。"②米克·巴尔界定叙述者为"表达出构成本文的语言符号的那个行为者"，叙述者主要是"纸上的生命"，绝不是叙事文本的作者，罗兰·巴特说，"一部叙事作品的(实际的)作者绝对不能与这部叙事作品的叙述者混为一谈，叙述者的符号是存在于叙事作品之内的。"巴特引用本维尼斯特的话说："在叙事作品中，没有人说话。"③叙述者显然不是具有身体和灵魂的作者，而是一个抽象的存在。叙述者似乎躲在叙事文本之后，以某种视角来叙述故事。叙述者在某些时候看起来像是文本的作者，有时候好像是附在文本中的某一位人物之上，用那一位人物的视点来看待叙事文本中的世界，其实叙述者是叙事文本中所表现出来的抽象的故事讲述者，他没有物质上的对应物，只是一种抽象存在，一旦媒介叙事文本产生出来，他就远离作者，自己独立存在。

从更深层次去探讨，叙述者可分为外显的叙述者和内隐的叙述者。"外显的叙述者通过自我指涉来显露他/她的出场；而内隐的叙述者几乎难以察觉，他(她)提供言语标识和有关布局与时间运动的指示，在识别人物和叙述行动中全无个性着色。"外显的叙述者是"侵入型"的，他们在叙事中往往表现

① 潘知常、林玮：《传媒批判理论》，131 页，北京，新华出版社，2002。

② ［俄］兹维坦·托多罗夫：《文学作品分析》，见张寅德编：《叙述学研究》，71 页，北京，中国社会科学出版社，1989。

③ 张寅德：《法国现代当代文学研究资料丛刊》，30 页，北京，中国社会科学出版社，1989。

出相当的显露、倾向、参与和干预等情绪。内隐的叙述者是一个非侵入的叙述者，在叙述本文中以最低限度的居间操纵来表现情境与事件。他的倾向性弱、干预性差，可让叙事按照本身的逻辑去发展。

与叙述者一样，受述者也是虚构之物，是"叙述者说话的对象"，受述者在叙述者与读者之间建立一个驿站，起中介的作用，是观众在叙事文本中的化身。拉比诺维茨在《虚构中的真实》中说，"受述者是读者所看到的就在那里的一个人，区别于实际读者，是充当叙述者与读者之间中介的另外的一个人。"从定义上看，受述者是"叙述者说话的对象"，叙事读者是"叙述者为之写作的想象的读者"，两者之间并没有明显的不同。对此，拉比诺维茨对这两者做出了区分，他在《虚构中的真实》中说"受述者是读者所看到的就在那里的一个人，区别于实际读者，是充当叙述者与读者之间中介的另外的一个人。相反，叙事读者是文本迫使读者承担的一个角色。在某种程度上，叙事读者更接近实际读者，因为叙事读者带有跟实际读者一样的信仰、偏见、希望、恐惧和期待以及社会和文学知识。"拉比诺维茨认为，受述者与叙事读者的最大区别就在于受述者是文本内的角色，而叙事读者是文本外的读者承担的一个角色。

(二)叙事时间

在叙事学研究中，叙事时间是一个至关重要的叙事学概念。一切叙事作品，在长度上经过事件的因果选择和时间组合，从开头、中间发展到结尾。时间是故事与文本的组成部分，时间在叙事文本中"是由再现工具(语言)和再现对象(故事事件)同时构成的。"[①]任何一部叙事作品必然涉及故事的时间与文本的时间。"被讲述故事的时间顺序与它们在文本中呈现的顺序是不同的。所谓故事时间，是指故事发生的自然时间状态，而所谓叙事时间，则是它们在叙事文本中具体呈现出来的时间状态。前者只能由我们在阅读过程中根据日常生活的逻辑将它重建起来，后者才是作者经过对故事的加工改造提供给我们的现实的文本秩序。由于故事时间与叙事时间之间存在着这种差异，长久以来，叙事时间成为作者的一种重要的叙事话语和叙事策略。"[②]

热奈特认为，叙事事实上是叙述者与时间进行游戏。也就是说，叙述者如何重新安排时间，是叙事学的一个非常重要的问题。现实世界的无限可能

---

① ［以］里蒙—凯南：《叙事虚构作品》，姚锦清等译，79 页，北京，生活·读书·新知三联书店，1989。

② 罗钢：《叙事学导论》，132 页，昆明，云南人民出版社，1994。

性和故事发展的有限可能性，迫使叙事者要对时间做出安排，叙述者在有限的时间里，不可能把无限的故事时间全部叙述出来，那么，如何选择就成了叙述者在事件处理时的首要问题。人们阅读文本时，总是一个词接着一个词，一个句子接着一个句子念下去，叙事文本记录的是特定"时刻"或"时间段"中发生的故事，这些"时刻"或"时间段"可以指过去、现在和未来的任何一点或一段，但显然不是人们阅读文本的此时此刻，也并非故事正在发生的时间，由此产生对时间的选择、时间顺序的安排和对时间的变形等。

1. 历时性和共时性

叙述者在叙事时间的选择上有历时性和共时性两种基本方法。埃里克·拉布金将形式主义与读者反映理论结合起来，指出叙事情节具有两方面意义：一方面，历时情节强调叙事的顺序推进；另一方面，共时情节强调在某个场景中事件是如何被感知的。所有文本情节都含上述两方面内容。以"心理时间学说"著称的学者柏格森认为，心理时间是作为生命本质意义的时间观，用直觉去体验或以内省的方式感悟到的自我内在生命的流动，在"心理时间"中，各种状态是不断渗透和不断展开的过程，在这个过程中，过去、现在和将来相互渗透，没有明显的界限。尤为重要的是，传统的物理时间的流逝是客观的，是不以我们的意志为转移的；而"心理时间"是不断变化的，它只能存在于我们的内心世界，我们用非理性的直觉才能体会到它的存在。

共时语言学研究某一时间（严格地说，应该是时段）平面内相对稳定的各项要素间的关系，这些要素是作为交际工具而被运用的符号系统的成员；历时语言学研究各要素的前后相续或发展、演化，这些要素并不处于同一时间（时段）平面之内，因而不构成系统："历时事实是个别的；引起系统变动的事件不仅与系统无关，而且是孤立的，彼此不构成系统"，是在系统之外发生的，但要素发生变化会导致系统（语言）"从一个平衡过渡到另一个平衡"。

2. 时间的选择

事件的时间是多维的，但是叙事只能是一维的，如何把多维的、纠缠在一起的、共时性的事件以前后有序的方法叙述出来，处理好故事中事件的先后顺序和本文中这些事件的线性布局之间的关系，这就是叙事文本中时间的选择。索绪尔将历时语言学转变为共时语言学，将语言视为一个整体，提出语言研究应从构成某一语言现象的各成分的相互关系中、从语言的内在结构，而不是从它的历史演变中去考察语言。这也是结构主义叙事学家推崇的叙事时间研究方法。

3. 时间顺序的安排

时间是相对于故事时间而言的。法国电影叙事学家若斯特认为，"叙事是以事件的转变为前提，它意味着从一个事件转变为另一个事件，意味着时间性"，在叙事文本中，一般而言，故事越复杂，对物理时间的次序的变动也就越大，组合就越复杂。时间顺序的安排主要包括顺叙、倒叙和预叙。顺叙是按照事件发生、发展的时间先后顺序来进行叙述的方法，叙事时序与事件叙述顺序完全一致，是柏格森的心理时间学说中传统的物理时间观，时间通过钟表等被量化，被视为测量物体运动的标志，通常以数量的形式出现在机械学的公式中，柏格森称之为"测量时间"。它是线性流动的，是无法返回到过去的，它只能流向将来。顺叙正是按照"测量时间"排列发生的事件的叙述模式。但也正像"测量时间"无法表达世界的持续运动过程一样，顺叙只是讲述物理时间中的某个"段落"，并不能真实把握全貌。正如托多罗夫指出的："叙事的时间是一种线性时间，而故事发生的时间则是立体的。"用线性的叙事时间表现立体的故事时间，叙事文本往往会出现时序的变形现象，否则，严格按故事时间的顺序来展开叙述，容易使叙事成为流水账式的记录，显得枯燥、单调。① 在大部分叙事文本中，叙事时序与故事时序并不一致，由此出现了倒叙与预叙以及时间的变形等。

第一，倒叙和预叙。叙事文本中的时间并不是现实中单向的、不可逆的"测量时间"，而是多维的和可逆的，"事件的发生完完全全地按时间先后顺序，这种先后顺序表现的精确之至从而产生对由于时间过剩而引起的纠葛的暗示。"② 这也说明了建立一个精确的时间顺序的不可能性。

叙事时间在过去和现在甚至将来之间来回穿梭，就叙事时间与事件时间的不一致，造成时空的凝聚和张力。热奈特将故事时间与叙事时间的不一致称为"时间倒错"。叙事时既可把先发生的事放到后面，把后发生的事放到前面，用"倒叙"法讲述，也可将以后发生的事放到现在，用"预叙"法讲述，还可用叙事时间打乱故事时间，用"倒错"法讲述。在叙事文本中，时间倒错常常是由叙事中的"倒叙"或"预叙"引起的。所谓倒叙，是指对往事的追述，用

---

① 江守义：《叙事中的时序变形》，载《安徽师范大学学报》(人文社会科学版)，2003(6)。

② [荷]米克·巴尔：《叙述学：叙事理论导论》，谭君强译，万千校，46页，北京，中国社会科学出版社，1995。

热奈特的话说，是指"对故事发展到现阶段之前的事件的一切事后追述"。[①]
里蒙—凯南称之为"回叙"和"预叙"。回叙是指在本文中讲述了后发生的事件
之后叙述一个故事事件，或者可以说，叙述又返回到故事中某一个过去的点
上。与此相反，预叙是指在提及先发生的事件之前叙述一个故事事件，或者
可以说，叙述提前进入了故事的未来。如果 a，b，c 三个事件在本文中是以
b，c，a 的次序出现，那么事件 a 就是回叙；如果以 cab 的次序出现，那么
事件 c 便是预叙。[②]

第二，时间的变形。在叙事文本中必然产生时间的变形，包括时间的膨
胀、省略和复原，讨论叙事时间的变形，实际是时距问题，时间的膨胀是停
顿，时间省略是省略和概要，时间复原是场景。"所谓时距，是指故事时间
与叙事时间长短的比较。"有研究者将其划分为省略、概要、场景、停顿四种
情形。在米克·巴尔的《叙述学：叙事理论导论》中，除了上述四种，还有一
个减缓的情形（表 9.1）。[③]

表 9.1　叙事中的时距

省　　略	故事时间＝n　叙事时间＝0
概要	故事时间＞叙事时间
场景	故事时间≌叙事时间
减缓	故事时间＜叙事时间
停顿	故事时间＝0　叙事时间＝n

时间的省略是指与故事时间相比较，叙事时间少于故事时间或为零的情
况。由于故事时间的无限可能性和叙事时间的有限性，叙述者的省略不可避
免。叙事时间的省略有时候只能依据上下文，从逻辑上推断出来，被省略并
不一定意味着不重要，可能只是由于难以从正面表现，或者是一种简略的
"概要"。概要是指在文本中把一段特定的故事时间压缩为表现其主要特征的
较短的句子，故事的实际时间长于叙事时间。

---

①　[法]热奈特：《叙事话语　新叙事话语》，见罗钢：《叙事学导论》，135 页，昆明，
云南人民出版社，1994。

②　[以列]里蒙—凯南：《叙事虚构作品》，姚锦清译，84 页，北京，生活·读书·新知
三联书店，1989。

③　米克·巴尔：《叙述学：叙事理论导论》，谭君强译，万千校，119 页、120 页，
北京，中国社会科学出版社，2003。

场景即叙述故事的实况，亦如对话和场面的记录，故事时间与叙事时间大致相等。在停顿时，对事件、环境、背景的描写极力延长，描写时故事时间暂时停顿，叙事时间与故事时间的比值为无限大。停顿并不产生停滞的效果，甚至因为减缓和停顿凝聚叙事时空，产生情感爆发的瞬间。

在时间变形的问题上，热奈特的理论具有代表性。他从顺序、速度、频率三方面分析叙事话语和故事事件的不同，总结出了叙事在时间处理上的一套具体方法。[①] 从速度看，由于"时距"不同，即故事时间可能小于、大于或等于叙事时间，可能多年的事用几句话就讲完了，也可能短时间发生的事用上百页来讲，从而导致了故事事件速度和叙事速度的不同步，产生了叙事速度快于故事速度的"概要""省略"情况，慢于故事速度的"停顿"情况和等于故事速度的"场景"情况。"频率"问题指事件发生的次数与叙述此事件的次数间的关系。频率关系分为讲述一次发生过一次的事、讲述多次发生过多次的事、讲述多次发生过一次的事和讲述一次发生过多次的事四种类型。时间节奏与叙事节奏并非完全相同，通过"反复"和"单一描述"等手法，叙事话语可在叙述中改变故事节奏。

（三）叙事空间

空间是具有意指性的元素，人物活动的空间和人物心理的空间成为一种对称的关系。传统意义上的叙事空间指故事内人物生活与运动的场所，包括空间边界、空间内的物体、空间所提供的生活场景以及时间的纬度四方面的内容。叙事空间舍弃叙事结构中对时间性因素，如线性顺序和因果关系等，转而采用共时性的空间叙述方式。常见形式有并置、碎片化、蒙太奇、多情节、省略时间标志、弱化事件与情节等，以给人一种同在性的印象。叙事空间结构是在阅读中逐渐建构的。

长期以来，叙事学关注时间而忽略了空间，原因在于人们认为叙述是时间性的；此外，尽管一些叙事作品零星地讨论了空间问题，但19世纪前对叙事空间并不系统的理解仅限于实体的物理空间。而所谓空间，更多的是关涉一种认识论范式转向，是与时间概念紧密相连的隐喻，而不是某种容器，不同于实体空间。自20世纪末以来，随着社科领域中空间转向的出现，叙事学也开始了空间转向。

（四）叙事视角

美国文艺理论家艾布拉姆斯将叙事视角定义为"叙述故事的方法——作

---

① 程瑶：《热奈特叙事理论》，载《群文天地》，2009(5)。

者所采用的方式或观点，读者由此得知构成一部虚构作品的叙述中的人物、行动、情境和事件"。可见，叙事视角在叙事文本中是连接作者和读者的重要媒介，作者通过使用多样的叙事视角，将自己体验的世界和人生经验转化为立体繁复的语言叙事世界，而读者亦可通过解读作者叙述故事的不同视角来思索和体味作者于其中所蕴含的文心。这其中就包括谁在看，看到了什么，看者和被看者的态度如何，要传达给读者什么信息等问题。①

热奈特用抽象术语"聚焦"取代了前人的视角、视野或视点等属于专门化的视觉范畴，并运用这一理论对传统的视觉理论进行改造，提出了聚焦三分法，即"零聚焦""内聚焦"和"外聚焦"。第一，零聚焦叙事：叙述者＞人物，也就是传统的全知叙事。由于叙述焦点超越于人物主观世界之外，与人物保持一定的叙事距离，故其叙事效果在于体现叙述内容的客观性。将叙事者的主观情绪压制到最低，尽量用客观的方式记录事件的发生。第二，内聚焦叙事：叙述者＝人物。分为固定式（焦点始终固定在一个人物身上）、不定式（焦点在人物间变动和转移）、多重式（多重不同视点聚焦同一件事）三种形式。第三，外聚焦叙事：叙述者＜人物。"叙述者说的比人物知道的少"，叙述者陈述的只是人物的外貌、动作、语言以及所在的环境，而没有人物的思想和感情。外聚焦叙事回避了人物的主观世界，故其叙事效果往往能使人物神秘化。

在具体的叙事文本中，叙述者往往交叉重叠使用，为了达到某种目的，在叙述中安排合理的视角转换，使之超越某一单一视角所限定的信息而不影响读者的阅读和判断。因此，学者又提出了"复合视角"，托多罗夫称之为"客观视点的变化"，叙事视角的本质是叙述者权力的限制问题。②

二、新闻文本叙事批评

叙事是由真实社会经验累积而成的，媒介文本再现的内容正是社会中的真实经验。只有通过某种叙事内容，事件才能为我们所知。叙事这个文学概念同样适用于除评论以外的大部分新闻，尽管两者不能画等号，但由于报道的事件往往是动态的，本质上也是事实演变的进程。叙事包括"事件"和"叙述"，文学叙事以讲故事引导受众进入生活，而新闻叙事则以转述事件让人

① 苏琴琴、刘洪祥：《从热奈特叙事视角理论看〈围城〉的叙事视角艺术》，载《广东工业大学学报》（社会科学版），2011（6）。

② 闫科培、艾维依：《论新闻叙事视角与新闻真实性》，载《新闻爱好者》，2012（2）。

们认识现实。① 新闻叙事陈述事实、再现事件，从而表达传播者的判断，其模式可简化为"叙述"＋"事实的细节"。"在新闻报道里，如果对某一事件只是做平铺直叙的复述，那仅仅是信息的传递；如果加入一些叙事特征，就成为一个故事。很多实验证明这类故事性的新闻往往更容易被受众所记忆。"②

新闻叙事是一种特殊的叙事方式，不同于文学叙事的是，新闻叙事具有客观性与真实性的特征，它是人类运用一定的语言系统叙述、重构新近发生的新闻事实的活动，满足人类对新闻信息取舍和信息效益最大化的需要。媒介批评借助于叙事理论分析传播活动时，不仅要关注传播内容，更要分析用什么方式说，说的方式是如何形成的等问题。由此可以看到，任何一种叙事方式和叙事结构都包含着对内容的选择标准，即什么事情可以用什么方式叙述。与其说人们生活在媒介中，不如说是生活在媒介叙事中。在传播活动中，人们被叙事所包围。

作为叙事学意义上的新闻叙述，旨在对新闻写作和新闻媒介文本进行研究，同样使用的也是叙事学的基础概念，即叙事主体、叙事视角和叙事结构等，由此也相应出现了新闻叙事主体，即新闻叙事视角与新闻叙事结构的概念。

(一)新闻叙事的本质

新闻叙事的本质是新闻信息的传递，它研究的是有新闻价值的信息如何流动以及这一信息所产生的认识和情感信息如何流动。新闻叙事的内涵包括素材、故事和新闻叙事文本三个组成部分。素材是按逻辑和时间先后顺序串联起来的一系列由行为者所引起的或经历的事件，即原始的新闻事实；故事是记者头脑中的新闻事实，是新闻事实的物质状态在记者大脑中的能动反映；而新闻叙事文本就是最终受众看到的由语言符号组成的结构整体。叙事文本在经过记者编码后，会以符号形式呈现在受众面前，再由受众将其还原成他们头脑中的新闻事实。

新闻叙事的素材是固定的，具体包括客体和过程。客体即行为者、地点和时间要素，过程即在客体中与对象一起或通过对象而发生的变化。过程强调的是各事件之间的发展、连续、变更与相互关系。新闻叙事的故事是指如何对按时间顺序发生的事件加以有效地编排，如顺序的安排、叙述的节奏、频率与聚焦等。新闻叙事的文本是指读者可以直接进入的部分，它探讨的是

---

① 刘建明：《新闻学关注的 11 个焦点》，74 页，北京，清华大学出版社，2005。

② 潘知常、林玮：《传媒批判理论》，250 页，北京，新华出版社，2002。

叙事文本的核心概念，即"叙事者"是谁的问题。叙事者的身份在新闻文本中的表现程度和方式以及隐含的选择赋予了新闻文本以特征。

(二)新闻叙事学的几个重要概念

1. 新闻叙事主体

叙述主体又称为叙述者，是指叙事作品"陈述行为的主体"。凡是叙事活动都必须有叙事主体的参与，而叙事主体一出场就不可避免地会呈现出一定的主体姿态。新闻是报道事实的学问，著名新闻人穆青认为"新闻是一种叙事文"。新闻除了要有客观存在的事实外，还要有人叙事，没有叙事主体便不可能有叙事文本，自在状态的"事"也不可能成为人们口耳相传的新闻。从某种程度上而言，新闻的生成过程就是一个叙述的过程，不管是从话语还是从文本角度解读新闻，都离不开叙事这个主题。① 凡是叙事活动就必须要有叙事主体的参与，叙事者作为叙事主体，对事件本身所做的编排、加工、叙述，最后使之呈现为文本的整个行为方式与行为过程，具有浓厚的创造色彩。叙述者讲述故事会用不同的方式，这些不同的方式在叙述学上被称为叙述声音，它是记者出现在通讯叙事文本中的标志。

新闻叙事文本的叙述者是一个集合体，包括记者、编辑以及采访对象，其中记者和编辑是绝对主体叙述者，采访对象是形式叙述者。同一题材的新闻报道之所以能呈现出各种版本，一方面是因为记者对文本的创作不同；另一方面也是因为构成文本的素材不同，即采访对象的差别。在一篇新闻报道中，记者是主要创作者，任何报道都是通过记者的笔叙述出来的，编辑有时也会对新闻稿进行修改调整，记者和编辑构成绝对主体叙事者。但是一篇新闻报道的完成还需要借助采访与新闻事实相关的人完成叙事，要准确详细地叙述新闻事件，就离不开事件主人公、目击者以及与此有关的人物的叙述，这些被采访对象参与了新闻叙事，他们也应该是新闻叙述者之一，即形式叙述者。

根据叙述声音的强弱和记者在新闻文本中介入程度的高低，美国叙事学者查特曼把作为叙述者的记者分为缺席的叙述者、隐蔽的叙述者和公开的叙述者三类，他们的声音在文本中的强弱不同。缺席叙述者指记者像摄像机一样客观记录"观察"到的一切，语言色彩呈中性，让受众意识不到叙述者发出的声音。隐蔽叙述者是新闻事实完全由记者来讲述，但记者并不出现在新闻中，而是隐于"幕后"，用公式表达则是叙述者＝记者（"幕后"）。这是新闻报

---

① 周建兰、吴金：《新闻叙事的主体姿态及其呈现》，载《东南传播》，2009(8)。

道中最基本、最常用的叙述方式，大量的消息类新闻报道多属于此。缺席的叙述者和隐蔽的叙述者几乎是不带任何痕迹地存在于叙事文本当中，这两类叙述者在通讯中是非常少见的。而在通讯当中，一般情况下，记者是以公开的叙述者身份出现的，只是他讲述的声音强弱不同。公开的叙述者是指我们能够在文本中听到清晰的叙述声音。公开叙述者又可以分为旁观的叙述者和参与的叙述者。旁观的叙述者指新闻事实完全由记者来讲述，但不是事件的参与者，即记者常常以第一人称"我""记者"等来叙述眼前发生的一切，以"旁观者"的身份讲述他人、他物的故事，用公式表示就是叙述者＝记者（"台前"）；参与的叙述者则是记者成为新闻事件中的人物，用公式表示就是叙述者＝人物/记者，这在"个人亲历性报道"中十分常见。从受众的角度来说，如果记者是缺席叙述者或隐蔽叙述者，新闻文本会显得冷静客观；若记者是公开叙述者，新闻文本具有交流性和亲近感，体现出较强的感染力。公开叙述者的声音分为描写、概述和评论三类，但是这三者声音的强弱程度也是不同的，其中以评论最重。描写和概述可以很好地隐藏叙述者的观点，只有评论是叙述者观点的流露。

"采访对象"是新闻事件的重要组成部分，不容置疑的是，新闻文本中的采访对象承担了部分甚至是完全的叙述人角色，这在专访等新闻类型中尤为明显。编辑是否担当叙述者角色，需要根据其修改新闻的程度而定，限于篇幅，本文不再赘述。事实上，记者、采访对象、编辑这三类叙述者或独立或组合，实现着对新近发生事实的报道。①

传统媒体的话语权一直掌握在精英的手中，媒体所报道的内容都是由记者一手撰写，通过编辑的把关，然后上报发表。受众在这时所扮演的角色是被动的接受者，由于信息技术不发达，他们的反馈也不能及时到达传播者的那里。但随着新媒体技术的发展，普通人也可以参与到信息传播过程中来，成为新闻叙事的主体叙述者之一，获得信息发布权利的话语权，他们可以通过微博等新媒体技术，随时随地发布新闻，发表自己的看法。记者和广大公众作为新闻叙事的主体，共同担当了监督社会的责任。②

2. 新闻叙事角度

任何一篇叙事文本都必须有一定的叙事视角，因为当作者要展示一个叙事世界的时候，他不可能原封不动地把外在客观世界照搬到纸面上，而必须

① 蔡之国：《新闻叙事学刍议》，载《青年记者》，2005(10)。
② 俞晶晶：《新媒体时代新闻叙事学下叙述的嬗变》，载《东南传播》，2011(8)。

创造性地运用叙事规范和叙事谋略来进行叙述。事实上，叙述视角的选择不仅决定了叙事作品题材的选择和情节的安排，还决定了叙述者对叙事中的人物的道德评价和对时间的价值判断。新闻叙事视角，是指叙述者对某一新闻事件观察和叙事的特殊眼光和角度。它体现了叙述者和所叙述事件的一种表述关系，是叙述者把体验到的世界转化为语言叙事世界的基本角度。叙述角度能创造新闻报道的"文本价值"，使新闻文本更加完美，更具可读性。关于新闻的叙事角度，热奈特从"视点"范畴提出分类，研究新闻叙事角度，分为零度焦点叙事、内焦点叙事和外焦点叙事。①

零度焦点叙事，又称全知视角叙事，这种叙事角度的叙述者无固定视角，不受视域限制，如同一个全知全能、无处不在的上帝一样洞察世间一切。这种视角的好处是灵活自由，可以对报道的事件做全方位、全景式的叙述，具有广度和深度，给人以权威感。另外，全知视角还可以方便叙述者的叙事。叙述者可以打乱客观事实的时空顺序，根据自己的意图重新排列组合，从而更有效地传递客观事实的信息以及记者隐藏在事实之后的意见。全知视角的报道自始至终都是记者一个人的声音，仿佛报道的一切都是记者个人意识的体现。美国《时代》杂志的创始人亨利·卢斯就非常提倡这种叙事视角。零度焦点叙事的缺陷在于比较强的虚拟感和主观性，容易产生"违背新闻真实性"原则的感觉。

内焦点叙事，又称限制视角，它是以作品当中的人物作为叙述者的一种叙事角度。叙述者或者是事件的主要参与者，或者是事件的旁观者和目击者。因此，内焦点叙事接近于"内心独白"，叙述者只限于叙述他自己的所见所闻所感所想，但不能叙述别人看到或听到的，而他自己没有看到或听到的事情，更不能像零度焦点叙事那样介入他人内心世界。内焦点叙事能给人身临其境的感觉，如报纸上经常能看到记者暗访揭露黑幕的报道等，容易引发读者的兴趣，并往往能够将新闻事实的信息与记者的意见隐蔽地结合起来，较好地表现叙述者的主观意图。

外焦点叙事，又称纯客观视角或观察视角，是指叙述者像一台摄像机那样客观记录事情的表象，不追溯事情的历史背景，不涉及人物的心理活动，叙述者也不抛头露面，评头品足，抒发胸臆。外焦点叙事的特点是叙述者所知要小于新闻人物所知，在语言上，外焦点叙事大都选择无明显情感色彩的

---

① ［法］热拉尔·热奈特：《叙事话语　新叙事话语》，王文融译，131页，北京，中国社会科学出版社，1990。

中性语言。外焦点叙事被认为是比较客观的叙事视角，它适合记者写出有现场感的"视觉新闻"。采用这种视角传递的新闻信息是比较可信的，同时，由于写作注意细节，有现场感，因而具有可读性。但运用这种视角时，记者的眼睛就好比摄像头，受众看到的事物完全受记者视域的制约，因而这种所谓的"客观"实际上也是被记者涵化了的，只不过叙述者的主观态度和意见更为隐蔽而已。

热奈特指出，"不折不扣的所谓内聚焦是十分罕见的，因为这种叙述方式的原则极其严格地要求绝不从外部描写甚至提到焦点人物，叙述者也不得客观地分析他的思想或感受。"①新闻叙事角度决定了什么被看，也决定了什么不被看。所以，托多罗夫认为，"视角具有第一位的意义"，从某种意义上说，视角的不同是新闻文本最大的不同。叙事视角给读者提供了一个有意义、有倾向的文本世界，并以此来理解现实世界，进而实现新闻的"文本价值"。②

作为现代社会最主要的叙事者的大众传媒，自其诞生之日起，就以描述、论证等为传递媒介内容的主要手段。讲故事是媒体传播最普遍的形式，也是人们最喜闻乐见的信息接收方式。故事是我们接触媒体的主驱动力。新闻的"5W"传播模式，即谁（Who）、说了什么（Say What）、通过什么渠道（In Which Channel）、对谁说的（To Whom）、产生了什么效果（With What Effect）等。把这些新闻要素交代清楚就是简单的叙事了。通过新闻这种最普遍的、人们接触得最多的一种叙述方式，不断给人们提供外部世界的信息。读书籍报纸、看电影电视、浏览网页，成为人们了解外部世界变化，影响自身言行的重要依据。因此，有学者认为，"新闻类节目要'讲好'故事，必须从三个方面去努力策划：细节的挖掘；悬念、冲突的挖掘；最密切相关性的挖掘。"③即赋予一件新闻作品以最有吸引力的叙事结构和叙事方式。人们了解新闻的目的就是为了了解外部世界的变动，如新闻当事人的行为语言、事情发生的背景、具体的经过和细节等，提供得越充分，人们的兴趣越高，了解就越详细。一则让人记忆深刻的新闻，往往包含一些不同寻常的新闻点，

---

① ［法］热拉尔·热奈特：《叙事话语新叙事话语》，王文融译，131 页，北京，中国社会科学出版社，1990。

② 蔡之国：《新闻叙事学刍议》，载《青年记者》，2005(10)。

③ 潘知常：《讲"好故事"与讲好"故事"——从电视叙事看电视节目的策划》，87 页，北京，中国广播电视出版社，2007。

如时新性和时效性、重要性、显著性、接近性以及趣味性等，其中的任何一点都具有极强的叙事性。讲述事情的来龙去脉、展示矛盾双方的激烈冲突、描写人物对话和场景细节等，都是讲述故事的常用手段，也是必要元素。

新闻报道中经常会体现出多种叙事视角，既有零焦点叙事，也有内焦点叙事结合零焦点叙事。多元化的叙事视角让新闻报道看起来更加丰满和可信。

3. 新闻叙事结构

新闻叙事结构解决的是"故事的形成机制"问题。叙事学学者柏德和达丹尼指出，新闻记者每日创造不同的故事，吸引我们去读报、听新闻，但同时记者每日也用不同的声音、不同的字眼去描述一些老套的故事，尤其是那些法庭审判、高峰会议等礼仪性的新闻。新闻叙事必然会遵循一定的语法规则和叙事原理及技巧，以达到最好的传播效果。最常见的叙述结构是"故事中一个平衡向另一个平衡过渡，就构成一个最小的完整情节，典型的故事总是以四平八稳的局势开始，接着是某一种力量打破了平衡，第二种平衡与第一种相似，但不等同。"①

新闻文本意义有一种结构稳定性，具有重复的模式和主题，新闻所提供的事实、名称和细节可能每天都发生变化，但是叙事结构是不变的，仍然按照固定模式进行的叙事，就是类型化叙事。新闻一般由标题、导语、主体、背景和结语组成。但不是每篇新闻都具有这五个部分，有的新闻就没有导语和背景。常见的新闻结构有金字塔结构、倒金字塔结构和并列式结构等，让新闻的每个构成部分各司其职。

新闻叙事风格和结构是由特定意识形态的价值体系决定的，是民族文化和现实政治权力结构共同作用的结果。不同的意识形态下有不同的世界观和人生观，新闻叙事在取舍事实材料时，应根据各自不同的价值取舍事实，就连新闻叙事的结构设置和风格表现也都受到意识形态的直接影响。记者选择了什么样的叙事结构，就意味着他采用何种方式来表达对这一题材的思考和解读。《南方周末》奉行"主题事件化，事件故事化，故事人物化，人物性格化"的采编原则，其编辑将报道的叙事结构分为因果线性结构、缀合式团块结构、双线交织结构和回环式结构四种，这就是典型的媒介文本叙事的具体

---

① 罗钢：《叙事学导论》，114 页，昆明，云南人民出版社，1994。

应用。① "用普洛普的术语说，记者不过是改变了旧新闻故事中的可变项，如一些具体的人名、地名和一些具体的行动方式。由此看，新闻的一个深远的社会功能不是致新知，而是相反，重新加固我们对世界和生活的既定看法"。②

思考与练习

一、名词解释

1. 媒介文本

2. 媒介文本符号

3. 媒介文本叙事

4. 新闻文本叙事

二、简述题

1. 简述媒介文本的特征。

2. 简述媒介文本符号学的内涵。

3. 简述媒介文本符号批评的内容。

4. 简述媒介文本叙事学的基本观点。

5. 简述媒介文本叙事学理论的发展。

6. 简述媒介文本叙事批评的内容。

7. 简述新闻文本叙事的基本内容。

---

① 蔡琰、臧国仁：《新闻叙事结构：对新闻故事的理论分析》，载，《新闻学研究》，1999(58)。

② 潘知常、林玮、曾艳艳：《结构主义——符号学的阐释：传媒作为文本世界——西方传媒批判理论研究札记》，载《东南大学学报》(哲学社会科学版)，2004(5)。

第十章　媒介受众批评

本章内容要点

- 受众是媒介批评理论研究的重要领域，大众传播研究的线性模式认为，受众作为信息传播的终点，是信息的最后归宿和集合地。但是，受众研究在理论和实践中存在着许多意义上的差异和理论上的争议。基于受众本身构成的多样性和受众对信息传播者、媒介形态以及信息反应的多样性，媒介批评理论认为，媒介受众赋予传播活动以意义，受众既是传播活动的最终目标和归宿，也是传播的起点和中心。由此，受众的意义也超越原有的内涵。在媒介化社会中，随着媒介形态的多元化发展，在媒介形态和受众接受之间构成了社会传播过程中的重要两极，这两者之间既相互依存又相互矛盾和冲突的关系构成了现代社会信息系统运行的突出特征。

- 媒介批评理论对受众的研究，可分为作为大众的受众、积极的受众和互动的受众三个向度。分别从被动的、主动的和互动的三种观点对受众的特征以及在整个传播活动中的重要意义和作用加以考察。

在人们的传播活动中，受众作为传播主体，既是信息的接收者，又是信息的传播者。因此，处于传播活动过程中的受众既是传播行为的最终目标和归宿，也是传播的主体和出发点。由于受众的构成、受众对信息内容、媒介形式及信息反应的多样性，从而要求大众传播研究在传播控制分析、内容分析、媒介分析、受众分析、效果分析等各个环节中都要考察受众的影响。有学者将受众研究理论的发展概括为效果研究、使用与满足研究、文学批评研究、文化研究和接受分析五个领域，认为这些领域涉及人文学科和社会科学的不同方面。① 这些不同视角的受众研究理论也充分体现出了受众研究的复杂性和多义性。

受众批评也构成了媒介批评理论研究的重点。媒介批评理论认为，对于受众的考察，不仅要将其视为传播活动中信息传递的归宿，相反，受众在传播活动中具有积极的意义建构作用，由此，受众则成为传播行为的主动方和

---

① ［英］克劳斯·詹森、卡尔·罗森格伦：《探索受众的五种传统》，载《欧洲传播学报》，1990(5)，见［英］格雷姆·伯顿：《媒体与社会：批判的视角》，史安斌等译，83页，北京，清华大学出版社，2007。

信息的起点。基于此，媒介批评对受众的考察不同于大众传播研究线性模式中对受众的定位，媒介批评理论受众研究的重点，在于考察受众如何成为积极主动的意义生产者和建构者以及在此过程中，受众与媒介文本、媒介生产机制之间的内在构成性关系。进而考察受众如何成为传播活动中居于积极主动地位的潜在的信息生产者。

但是，将受众看作是积极的潜在的信息生产者，而不仅仅是接受者的研究观点，也面临着诸多现实解释的复杂性。处于信息意义超级丰富和充裕的媒介化社会，面对受众的信息传播、接收、处理、建构行为的复杂性，很难对此做出全面完整的描述。加之信息传播技术的迅速发展，从而造成信息环境出现史无前例的变化。同时，人们的传播活动本身也在不断形塑着社会文化，这些在媒介化社会背景中形成的媒介文化形态反过来也影响着传播活动和传播体系的构成。显然，媒介批评所面对的是复杂多样的媒介环境和复杂环境中的受众研究。

第一节　大众与受众

在大众传播理论中，"受众"与"大众"及"大众社会"等概念有紧密的联系。但是，"大众"与"受众"并非是天然联系在一起的。"大众"概念最早属于社会学研究领域，而"受众"则是大众传播研究所关注的对象。随着社会及媒介形态的演变，大众与受众概念同时成为大众传播理论所关注的重点领域。媒介批评理论同样也基于大众社会发展的文化背景，进而对受众进行批评性探究。

一、大众社会中的大众与受众

大众社会理论认为的"大众"是 20 世纪现代工业化的产物，同时也是大众传播发展的结果。在大众社会理论中，大众被描述为一大群没有血缘、地缘关系的，由原子化的、孤立的个人所组成的相互依赖又彼此陌生的社会群体。这些所谓的大众具有规模大、分散性、匿名性和无根性的特点，既不同于有一定组织的社会群体，也不同于松散的群集以及有政治自觉意识的公众。他们没有任何组织性，没有稳定的结构和社会规范，也缺乏为实现自身目的而行动的意愿和手段。由此，大众概念在出现早期，经常指的是易受意识形态和宣传影响的，对大众传播媒体的影响没有任何抵抗力的集体。

按照传播学者麦奎尔的观点，"受众"则是社会环境和特定的媒介生产方式的产物。① 受众的发展经历了漫长的过程，受众的媒介使用也具有鲜明的社会特征和环境特征。麦奎尔认为，最早的受众是古希腊罗马公共演出或竞技场所的观众，印刷术产生后出现了阅读的受众，直至电影出现后真正意义上的受众才得以形成，后来，广播电视的发明更是扩展了受众的范围。当然，目前的互联网、智能手机等新媒体则使得任何个体都成为潜在的受众。受众变得更加不可把握和变幻莫测。

美国芝加哥学派对大众社会理论进行了研究，其中作为对传播学产生了直接影响的代表人物布鲁默最早使用"大众"概念框架来分析"受众"。布鲁默立足于更广泛的社会生活变迁的视角，将受众视为现代社会各种因素共同作用的结果，并称之为"大众"，与此前的"群体""群集"和"公众"区别开来。② 由此可见，大众或受众的形成与工业化城市化的发展、人们识字能力的普遍提高、交通运输的发达、信息传播的普及、社会的集中化程度等因素的影响有关。大众传播研究视野中的受众不仅人数众多、分布广泛、结构多元，且缺乏自我认同意识，也没有任何目的明确的组织性，不为自己行动，但却受外界的驱使。基于此研究视角的受众，显然是没有任何组织性的"乌合之众"，也就是极易被媒介操控的消极的受众。

在批判学派的视野中，大众也被认为是个性丧失、非理性和缺乏自我意识的"单向度的人"。批判学派对大众的论述是建立在其文化精英主义立场之上的。但是，随着媒介的发展，所谓的"大众文化"与"精英文化"的对立则不断被突破和解构。作为边缘的文化在大众的认同、接受和消费中，逐渐成为社会的主流文化。而那些传统意义上的主流文化，又在大众的怀疑和拒斥中走向社会的边缘。在大众传播媒介的影响下，媒介化社会已经形成。由此，"大众"显然已不是以往的盲从、粗暴、庸俗等的代名词。当代以大众传播媒介为基础的大众社会文化已不是作为精英社会的对立面而存在，也无法基于精英主义的立场来描述媒介受众。

但是，媒介发展在推动大众突破被控制的状态后，依然还会受意识形态的宣传和媒介所宣扬的事物所影响。对于此特点，法国社会学家勒庞、西班牙社会学家奥尔特加等人的理论也论述了这个问题。以法国大革命为背景研

---

① ［荷］麦奎尔：《受众分析》，刘燕南、李颖、杨振荣译，译者前言，11～12页，北京，中国人民大学出版社，2006。

② ［荷］麦奎尔：《受众分析》，刘燕南、李颖、杨振荣译，8页，北京，中国人民大学出版社，2006。

究个人与群体的关系后，勒庞断言群体无疑总是无意识的，理性不过是较为晚近的人类才有的属性，而且尚未完美到能够向我们揭示无意识的规律，它要想站稳脚跟，仍然有待来日。他认为，缺乏理性能力的现代社会大众更是"乌合之众"。

对于各种不同角度的受众研究，麦奎尔将其分为三大传统，分别称之为结构性受众研究、行为性受众研究和文化性受众研究。结构性受众研究通过对受众的基本构成特征的分析，探究大众传媒系统与个人媒介使用之间的关系等问题。行为性受众研究的重点是媒介效果研究，通过对受众媒介使用行为的分析，探究媒介对受众的影响。社会文化性受众研究包括批判理论、文学批评、文化研究和接受分析等，将受众放置在广泛的社会文化背景中加以批判性考察。这里，麦奎尔所指的社会文化性受众研究则是媒介批评关于受众研究的重点领域。

二、乌合之众

对于媒介受众的批评，早期的观点把大众视为易被操控的、没有自我判断和意识的、缺乏理性的"乌合之众"。以此观点来看，作为媒介的受众就是被媒介所操控的意识形态工具，或是为了实现某种特定利益的工具。

"乌合之众"的概念最早是由法国社会心理学家古斯塔夫·勒庞在 1895 年提出，该概念是关于大众心理研究的理论总结。勒庞在其所著的《乌合之众：大众心理研究》中，从群体心理学研究视角出发，对群体行为做出描述性的阐释。勒庞认为，个体在融入群体后，作为个体存在的个性会被淹没，群体的思想占据绝对的统治地位，与此同时，群体的行为也表现出排斥异议、极端化、情绪化及低智商化等特点。进一步发展下去，这些行为就对社会产生破坏性的影响。勒庞在其著述中，从群体心理、群体的意见与信念、不同群体的分类及特点等方面，分别讨论了"群体的感情和道德观""群体的观念、推理与想象力""群体的意见""群体领袖"等问题，分析了社会服从和过度服从、趣味单一、群众的反叛、大众文化、受别人支配的自我、群众运动、人的自我异化、官僚化过程以及无意识在社会行为中的作用等具体问题。勒庞关于作为"乌合之众"的群体心理学的研究产生了广泛而深远的影响。

对于特定社会背景下群体的心理和行为，勒庞显然持一种批评和否定的立场。勒庞首先描述了作为社会心理表现的"乌合之众"形成的时代背景，勒庞认为，他所描述的乌合之众的时代，是人类思想经历转型过程的关键时期，其构成转型的基础有两个因素：一是宗教、政治和社会信仰的毁灭。勒庞认为人类文明的所有要素都是根植于这些信仰之中的。二是现代科学和工业的发展创造了人类全新的生存和思想的条件。勒庞对这一时代背景有自己的判断，认为造就各民族不同的发展命运的是群体心理，而不是君主的国务会议。群众的要求变得越来越明确，几乎要摧毁目前存在的社会。同时，群众不善于推理，却急于采取行动，人多势众的原则似乎成了唯一的历史法则。基于这样的历史背景和对现实的判断，勒庞建立了自己关于群体心理学的理论分析逻辑。

关于群体心理的主要特征，勒庞认为，首先体现为自觉的个性的消失以及感情和思想转向不同的方向。在群体行为中，人的自觉的"存在"意识消失了，或者是被压制了。自觉的个性意识被作为对群体的威胁而被加以严格控制，这种控制的来源，有时是由外在力量实施的，但有时却是由群体中的个人所"内生"的。内生的因素和外在的控制形成了循环，从而形成对群体产生长期影响的"意识形态"，或是短期的"团体迷思"。从而，在群体心理中，具有明确自我意识的人格消失了，而无意识的人格成为主导。人们的思想和感情或是由于暗示和相互传染作用，从而趋向于某个共同的方向以及具有立刻把暗示的观念转化为行动的倾向，这些就构成了群体行为的主要特点。而在勒庞看来，无意识的人格的突显隐藏着负面的危害性因素，因为群体行为的"无名氏"的特点、"法不责众"的想法以及群体"平庸的智力"使得群体中的个人将把自己交付给本能，失去理性思考的能力，从而使群体中的个人变得"身不由己"和"残暴而狂热"。勒庞所认为的群体是"冲动、多变和急躁的"，是"易受暗示和轻信的"，是"情绪夸张与单纯的"，是"偏执、专横和保守的"，关键是群体的道德水准是低下的。同时，勒庞还认为，群体及在其中的个人会本能地服从权威和意见领袖，易受暗示和轻信的群体为意见领袖的出现提供了基础。

勒庞立足群体心理学的视角解剖"乌合之众"的观点也引发很多争议，有人认为其所持的"精英主义"立场是对大众的蔑视，也有人认为这些分析缺乏学术性，过于主观臆断。但是，勒庞基于群体心理学理论对大众行为的研究，对认识探究大众社会的政治、文化、社会现象依然有重要的价值和意义。"乌合之众"是否存在于社会的各个层面？上至国家的政治制度，如民主选举，选民的政治选择很难用充分的理性抉择来描述。下至日常生活，如网络论战，其中观点偏激的"愤青"，能了解他支持的是什么，反对的又是什么？对于大众社会而言，大众解放和大众自由一旦出现在被极端情绪控制的社会媒介环境中，会变得难以区分。因此，任何一种理论研究，任何一种批判视角，都是在特定历史环境的框架之内的。勒庞及其"乌合之众"的学说为媒介批评解读研究消极受众提供了分析视角。

三、大众的反叛

对大众社会理论关于大众的消极意义层面持批评的观点的，还有西班牙思想家、现代大众社会理论的先驱奥尔特加。奥尔特加也立足于早期的大众社会理论背景展开了对大众行为和特征的批判。

一方面是关于"大众"的界定。与勒庞的"乌合之众"理论不同，也与米尔斯和帕累托等社会学家的精英与大众理论不同，奥尔特加并没有把"大众"作为一个特殊阶层（或阶级）的社会群体的概念来叙述。奥尔特加认为，所谓的"大众"在上流阶层和下层阶级中都存在，在工农群体中能找到，在学者、专家和知识分子中也不乏其人。奥尔特加认为，少数精英是具有特别精神资质的集团，大众则是不具备特别精神资质的人的集合群体，是"平均人"。杰出的精英和大众的区别，在于前者对自己有许多应该负起的义务和要求，不断进取；而后者对自己什么要求也没有，满足现状、自我陶醉。由此可见，奥尔特加是从精神世界的追求层面来区分精英和大众的，他所谓的大众是指那些不具备崇高的义务和责任意识，精神世界空虚匮乏的社会公众。

另一方面，奥尔特加提出了"大众的反叛"的看法。奥尔特加写《大众的反叛》是1929年，当时资本主义工业革命高速发展，欧洲社会充满危机，他把这种危机的根源归结为"大众的反叛"。在他看来，所谓丧失精神世界追求的大众，不仅物欲横流，而且没有任何责任义务，并且排斥持与自己不同观念"异己"，社会进入以"大众的反叛"为标志的时代。"大众的反叛"则是人类道德的沦丧，是完全缺乏道德的一种状态。因此，奥尔特加要求每个人应该负起自己的责任，在社会公共生活中进行比较、选择，他希望人们肩负起自己的伦理责任来捍卫自身的自由和现存的民主制度。

显然，勒庞提出的"乌合之众"更多的是关注"大众心理"结构的研究，而奥尔特加则把"大众的反叛"作为基本问题，对一个正在发生结构转型的社会以及对这个"大众"的社会文化特征进行批判性的研究。他认为，大众已全面获取了社会的权力，就其定义而言，"大众"本不应该、亦无能力把握其个人的生存状态，更不用说统治整个社会了。因此，这就意味着欧洲正面临着空前巨大的危机，它将给人民和国家带来苦难，并导致文明的倒退。这就是他认为的"大众的反叛"，奥尔特加把"大众"对责任、义务等道德的丧失视为文明堕落的根由，并认为大众应该对此负责。

因此，早期的大众社会理论对"大众"的批评往往采取负面和消极立场。

显然，对于媒介受众批评研究而言，在这样的大众批评研究理论的背景下，自然就产生了"枪弹论"等媒介受众效果研究的理论。

第二节　积极的受众

积极的受众的概念从受众如何看待并使用媒介的角度对受众进行批评性研究，认为受众不仅是被动的接受者，同时还是主动选择、建构媒介内容的积极的参与者。积极的受众的媒介批评观强调，受众能够掌控媒介文本意义的生产，同时也能从文本中获得满足。由此，受众批评研究对受众属性的认识，从消极受众理论认为是被动的、无抵抗能力的"受害者"的角色，转变为积极的、主动的内容建构者的角色。

一、积极的受众批评的兴起

法兰克福社会批判理论立足精英主义文化的立场，提出的"文化工业"理论，其背后隐含的受众观认为受众是无力的、消极的、愚昧的、盲从的大众。批判学派的代表人物霍克海默、阿多诺等人看来，大众社会中普遍存在着"控制""资本主义控制"等特征，大众社会是建立在资本主义之上的社会，因此，大众文化是在资本主义的范式中被"制造"与"消费"的。由此，作为资本主义生产关系下的大众或是大众文化的受众不可避免被资本主义的生产生活方式所"异化"，根本没有属于自己的文化创造和文化消费的"积极主动性"。由此，如马尔库塞所言，受众成为缺乏理性的没有自我意识的"单向度"的存在。

虽然法兰克福批判学派否定受众的主动性特征，但对受众的主动性的探讨却一直在进行，随着大众传播效果研究的不断深入，实证研究方法的运用发现受众并非仅仅是消极的接受者。传播效果研究表明，大众传媒"控制"下的受众也有自身的反抗方式，作为"原子式"存在的受众，面对大众传播的"魔弹"时并未应声而倒，而在接收信息时，于认知、态度、行为等层面表现出了不同的传播效果。因此，因为受众本身的差异，大众传播的效果实际是有限的，"有限效果论"成为传播学效果研究的重要研究结论。以实用主义、经验研究和定量方法为特征的美国传播效果研究认为，"积极的受众"是确实存在的。但传播效果研究领域中的"积极的受众"是集中在中观和微观层面上的，经验主义方向的研究在逻辑上只能指向特定的、有限的范围，这就决定了以传播效果研究为支撑的"积极的受众"在对"消极的受众"进行批评时，缺乏有效的针对性。

英国文化研究学派的霍加特、斯图亚特·霍尔等学者基于文化分析的研究，对法兰克福批判学派的"文化工业""消极的受众"等理论进行了反思和批判。文化研究学派基于媒介意识形态功能研究的分析方法，借鉴美国大众传播效果研究的成果，为"积极的受众"理论体系的建立提供了基本理论视角。立足于媒介意识形态功能的分析方法为批判"消极的受众"理论和建立"积极的受众"理论提供了重要的逻辑阐释框架。在具体分析中，文化研究以马克思主义理论为基础，从理论上对以往被贬抑的大众文化、工人阶级文化重新进行积极的、肯定的评价和阐释。特别是文化研究学派在电视批评研究中发展出来的"积极受众论"形成了媒介受众批评领域的重要理论。

二、文化研究与积极的受众

英国文化研究学派的"积极受众论"在媒介批评理论中具有重要的地位。为了探究积极的受众，文化研究首先为"通俗文化"正名，对以往文化研究的"精英主义"立场进行了批判。他们对以往文化研究中文化的"通俗"与"精英"的划分维度加以否定，将文化研究回归到其原始意义上来加以考察。对此，文化研究学派的霍加特、威廉斯等人的研究具有开创性的意义。

(一)霍加特的工人阶级文化观

霍加特关于受众的研究以及积极的受众理论，主要体现在《文化的用途》著作中。在书中，霍加特将20世纪上半叶的文化研究分成精英文化、工人阶级文化和美国式的大众文化三类。总的来看，霍加特对"精英文化"持否定的态度，他否认精英文化具有"精英地位"，不认同精英文化对文化的垄断权。可见，他否定了文化是由少部分社会精英创造的观点。由此，霍加特将文化研究还原到对社会生活的现实反映的原始意义来考察，他认为文化是社会发展中具体社会现实的产物。就此意义看，工人阶级的文化也成为文化的构成。霍加特对文化研究的界定，其目的在于通过对精英文化的霸权地位的否定，从而拓展文化研究的领域。霍加特试图证明"第二次世界大战"前的英国工人阶级社区是具有传统的有机社会色彩的，其中有一种典型的工人阶级的"十分丰富多彩的生活"。大众娱乐的形式以及邻里和家庭关系的社会实践的联系构成了一种复杂的整体，其中的公共价值和私人实践是紧密地结合在一起的。[①]

---

① 杨击：《传播·文化·社会——英国大众传播理论透视》，38～39页，上海，复旦大学出版社，2006。

霍加特具体对 20 世纪 30 年代英国北部工业区工人日常生活进行考察，详细描述了工人阶级的公共文化。在他看来，这种公共文化体现在酒吧、报纸杂志、工人俱乐部、体育活动和所有私人的日常生活中，而其中家庭角色、性别关系和语言特色等都能反映出社区的共同意识。基于这样的看法，霍加特对以往研究所认为的工人阶级的文化就是"野蛮的、愚昧的，对社会起破坏作用的"的观点加以反驳。但对于美国式的大众文化，霍加特则显示出其矛盾的观点，他认为美国文化是过度娱乐化的，是对"传统工人阶级文化"的颠覆。因此，他依然不自觉地将"传统工人阶级文化"置于"经典"位置，也就是精英文化的地位，由此显示出他的文化批判立场所持的"双重标准"。

总之，霍加特的理论开始展现"鲜活"的工人阶级文化，尽管"鲜活"可能只适用于他体验过的 20 世纪 30 年代的工人阶级文化。但在他的论述中，工人阶级文化的"鲜活"性，表明"文化工业"理论所描绘的"茫然的大众""消费资产积极营造的文化"的大众开始展现出内在的生命力。

(二)威廉斯的文化研究理论

雷蒙·威廉斯的文化研究理论居于重要的地位。"雷蒙·威廉斯对于英国文化做出的贡献，怎样褒奖都不会过分。他把文化定义为一种社会过程，其中的意义和定义是社会地建构的和历史地转换的，文学和艺术只是一种具有特权的社会传播形式。"[①]通过对近代以来英国社会关于文化观念的演变的考察，威廉斯把文化观念和社会的整个生活方式联系起来。他重构了"文化"与"文明"的概念，否定了把"少数文化"和"大众文化""资产阶级文化"和"无产阶级文化"对立起来的观点。他对文化的解读使得大众传播研究中对"受众"的定位也发生了巨大的变化。通过文学研究的中观和微观考察，他提出了宏观层面的受众的积极性理论。

威廉斯积极的受众研究的关键概念是"感觉结构"，该概念贯穿于文学研究和文化研究的始终。威廉斯对"感觉结构"并没有严格的定义，但其基本含义是"人们在特定地域、特定时期生活的总体、普遍的经验，它需要通过特定的物质载体被人们意识和交流"。由"感觉结构"概念引申开去，每个时代、每个地方都有其特定的"生活的总体、普遍的经验"，对此也就需要特定的物质载体来表达。由此，文化的形态也就会各有差异。20 世纪的社会现实意味着与此前迥异的"感觉结构"，如电影、广播、电视节目、流行音乐、报刊、

---

① 杨击：《传播·文化·社会——英国大众传播理论透视》，8～9 页，上海，复旦大学出版社，2006。

小说等通俗文化取代经典文学，作为特定时期的"物质载体"来表现和表达时代的文化，成为逻辑的和现实的必然。正是在感觉结构的逻辑论述上，威廉斯肯定了受众的积极地位。这样，威廉斯就为"工人阶级文化"和"大众文化"等诸如被当时所批驳为"反文化"的文化形态争取到了历史的必然地位。

威廉斯进一步认为，大众文化有其自己积极主动的发展脉络，无论从语言表达、戏剧表现和文学书写等哪个方面来考察，大众都具有作为创作和接受主体的积极性。大众不是被动的接受者，大众或是每个人在面对信息传播时，都有自己的积极主动性。"人们的心灵是由他们的整个经验所塑造的，没有这种经验的确认，即使是最巧妙的资料传送，也不能被传播"，由此"传播不仅仅是传送，而且还是接受与反应"。这些认识为积极受众批评提供了理论基础。

三、积极的受众批评理论

对大众文化和大众媒介的"积极受众"批评理论研究，自霍加特和威廉斯等学者首先提出这些认识和观点之后，经由斯图亚特·霍尔、大卫·莫利、约翰·费斯克等英国文化研究学者的继续深化，最后发展成为具有重要影响的媒介批评理论。特别是霍尔、莫利和费斯克等学者关于电视的积极的受众的研究，则充分拓展了媒介受众批评理论。

（一）霍尔的积极受众论

在实践观察和理论分析的基础上，霍尔的受众批评理论首先颠覆了传统的大众传播研究所指向的"传播过程"的描述。在霍尔看来，传统的大众传播理论的"信息传递"的传播过程的描述，"集中于信息交流的层面，而且因为它没有形成一种将不同环节视为复杂关系结构的整体概念"，霍尔认为对于这样的传播过程的描述必须要颠覆和改写。霍尔由此引入了马克思的商品生产分析的理论与方法，把传播过程看作一种结构形态，包括相互联系但各不相同的环节，具体呈现为生产、流通、分配－消费、再生产等要素之间的结合。在此基础上，霍尔探讨了电视的传播过程。

首先，电视节目是作为"有意义的话语"存在的。电视话语的根本含义就是将"电视"不是作为"技术"，而是作为"意识形态"；不是作为"媒介"，而是作为"媒介"所传输的"信息"，这种"信息"在本质上就是"话语"。电视话语就构成了一种"控制"，或者说是一种客观中立的"霸权"。霍尔进一步用"编码"的概念来解释"控制"或者"霸权"如何被编织进电视话语。霍尔认为，编码的过程是一个将技术基础、生产关系、知识框架等因素吸收进去的过程，由此形成传播过程编码一侧的"意义结构Ⅰ"，信息生产的过程基本结束，进入信息的传递过程。霍尔重点考察了编码所形成的意义结构如何为受众所接受的过程，即译码（也称解码）过程的"译收"。技术基础、生产关系和知识框架等因素仍是影响译码过程的关键因子，在这些因子影响下，译码出现"失真"于编码的可能。在译码过程中，作为受众所接收的信息的"意义结构Ⅱ"形成，并被认为是编码过程信息的"真实译收"。由此，霍尔揭示了传播过程中的一个关键的不可控因素——译码。"编码和解码"理论改变了已有的对受众接受、理解和反应的理解。"积极的受众"的积极性，在于信息的译码环节。译码环节的顺应、无视或是反抗才是受众积极性的根本来源。这种传播过程的"内部不可控"因素是传播效果能否实现的内在决定因素，至此，受众真正被作为"鲜活的人"来看待。

其次，虽然编码过程的信息"符号化"过程也隐藏着信息失真的危险，符号和技术也有自身的"消极的积极性"，也即信息与符号、信息与技术在衔接上的"载体转换风险"，但霍尔选择了将译码过程作为研究传播过程受众积极性的重点。译码过程同样存在着符号和技术上的失真风险，电视符号向意义的转化是一个必然失真的过程，受众对意义的接受更是一个不可控的过程。但这样的风险和不可控是一种"载体效率"带来的难以避免的损失。信息的符号化过程在大大提高了传播效率的同时，也不可避免遭受信息内容的耗损。图像、声音、文字等运用电视传播出去，本身就是一个信息内容压缩和"掺杂"的过程。

最后，基于"编码和解码"理论，霍尔提出了主导—霸权的地位、协调的符码和对抗代码等三种电视受众解读的立场。

第一，主导—霸权的解释立场，从表面看，受众直接接触媒介并从中获得内涵的意义。他们遵照信息编码的规则解码，就是在主导性符号化的意义范围内进行操作。这是达到"完全明晰传播"的理想状态。这样的译码方式的产量产生有传者和受者两方面的原因。在电视节目或者说一般的大众传播活动中，传者的地位一般相对较高，或者是属于在信息所指向的领域中的专家或者权威人士，这部分人对信息内容更为了解，也有着更为深入的认识，而处于传播者的地位又为他们增加了发言的权威性。信息是不对称的，他们处于获取信息的"上风"，而一般受者处于信息获取和了解的弱势，对于自己不了解的部分，一般更愿意接受权威人士和专家学者传递的信息。由此，由传者发布的信息的主导意义很好地向受者进行传播。

第二，协商性的解释立场是受者的"半自觉""半积极"状态。经过与媒体的长时间接触及其自身对社会主导性结构的经验，受者对社会中的主导性话语、知识框架以及生产关系等有着自己的认识。以协商形式进行的译码过程中混合着适应性和对抗性的因素。一方面，它承认占统治地位的定义进行宏观表述（抽象表述）的合法性；另一方面，在更为严格、具体（即定位的）层面上，它制定出自己的程序——运作中会有不符合规则的例外。在收看电视时，这部分的受者会接收选择部分信息，因为他们知道这是社会主流的话语，但他同时有着自己的世界观和价值观，也会选择部分过滤传播过来的信息中与自己冲突的一部分，以此达到社会和自身双方面的需要。

第三，对抗性的解释立场是指一种对电视话语的反向解读，是对社会主导性结构的不认可。霍尔用电视节目的观众来解释这种对抗，"电视观众有可能完全理解话语赋予的字面和内涵意义的曲折变化，但以一种全然相反的方式去解码信息。他们以自己选择的符码将信息非总体化，以便在某一个参照框架中将信息再次总体化"。当受者开始对抗性解读信息，那么受者的话语将开始与社会主流话语争夺，其中就介入了"表意的政治"。

在编码/解码的受众批评模式中，霍尔明确了"积极的受众"的形象，即一种对大众媒介传播信息的多样解读，在编码/解码的过程中，受众的积极性得以体现。阿多诺等人的作为"文化工业"的消费者的受众，具有自己对所消费的"产品"的"加工能力"，受者不再是一个个呆坐电视前的"沙发土豆"，而是信息的另一个处理过程的开始，"积极的受众"开始得到重视与认可。

在霍尔在编码/解码的论述中，还有很多语焉不详和没有加以强调的问题，特别是在他的论述中没有明晰"受者话语"的含义。在其《编码/解码》一文中，作为受众的电视话语一次也未被直接指及，霍尔所聚焦的是所编之"码"在传播过程中既控制又被修改的过程，而至于被什么、被解码者依据什么所修改则始终语焉不详，似乎总是话到笔端又戛然而止。在霍尔后期的论著中，有对"受众话语"的直接表述："受众就如播出者也处身于他们自己的（非常不同的）位置、关系和情境，拥有他们自己的（再说一遍，不同的）同权力、信息和信息发布者的关系，动用他们自己的阐释框架以获得意义或者对信息进行解码。"因此，有学者指出这其中隐含着的深刻的矛盾，一方面霍尔使用编码/解码过程中受者的自主性的解码来突出受众的积极性，另一方面则提出"他们自己的阐释框架"，这又反映了他们本身的不自由和不积极。关于该问题的争论，为深入理解"积极受众论"提供了新的视角。

（二）莫利的电视受众批评研究

大卫·莫利是英国文化研究的代表人物之一，他致力于将霍尔的"编码/解码"模式进行解释、运用和发展。莫利的研究重点是试图解释那些"被社会地定义了的个体受众群体"，对电视的解读又是如何"被共享文化形构和实践所限定的"。

在研究中，莫利让不同职业的受众观看两期《国内焦点》节目，然后按照分组了解不同文化语境中观众的不同想法和感受。研究结果发现，银行经理与霍尔所说的"主导性"解读几乎一致，而工会积极分子的解读是对抗性的。但和霍尔的模式不一致的是，印刷管理受训人员也形成了对抗性的解读，而接受继续教育的学生对文本的解读互相之间几乎没有统一性。在此，莫利对霍尔模式存在的问题提出了批评。莫利指出，其一，与其说存在着主导性解码，不如说信息内容受制于编码者有意识的意图。其二，与其说存在着三种彼此不连续的解码模式，不如说存在着一条连续的意义的"输送带"。其三，如果文本和受众没有产生共鸣，其意义就会被忽视。其四，单一性、封闭性的各种叙事文本的主导意义容易被觉察，肥皂剧等开放性文本可能产生抵抗主导意义的阐释。因此，莫利认为，"解码"立场虽然由社会和阶级地位所决定，但并非是非常直接地起作用。于是莫利将社会地位和阶级地位区分开来。

莫利还对家庭电视节目进行研究。和《国内焦点》相比，家庭电视研究从"非自然"的语境转入自然的家庭氛围，对受众的阐释也不再局限于阶级向度，而是引入性别变量。莫利认为，家庭中控制收视方式的大多是男人。因为家庭对于男人而言是休闲场所，但对女人而言则是做家务、带孩子的"工作场所"。所以女人只能以负疚心看娱乐节目，而且还要受到丈夫的负面评价。男人总是说自己喜欢事实性的电视节目。男人看电视的时间远超过女人，但女人比男人更愿意承认自己喜欢谈论电视节目。其后学者的家庭电视研究发现，妇女一般不善于操作录像机，而且妇女对特定电视节目仅仅收看一次，有些男人则会再三观看同一部电影。近年来，莫利试图把受众研究面向全球范围，分析全球传播中公共领域和私人空间、全球性和本土性的结合以及由此产生的国家民族身份/认同问题。

莫利的受众研究融合了传播研究的经验学派和批判研究学派，并对"受众话语"的概念进行界定和实证研究，后续的研究也不断证明"受众话语"对"积极受众论"的基础性意义。莫利在接受霍尔的研究理论和方法的同时，更多的是在现实中验证霍尔的理论，并且补充霍尔在理论体系建构上的不足。莫利提出了对"受众话语"的系统认识，提出"交叉话语"的受众的意义阐释路径。他认为，话语主体是一个交叉话语，它是在主体本身的历史中，话语是实践跨越主体所产生的效果的产物。在交叉话语的传播中，莫利阐释了受众话语的主体性问题，并证明和支撑"积极受众论"。

有学者在批判伯明翰文化研究范式的"积极受众论"研究中的不足之后，提出了基于社会本体论的"积极受众"概念。社会本体论的"受众"概念认为，受众是因其社会本体的存在而具备"抵抗"的积极能力的，即受众的物质性的存在才是积极受众的根本解释。在此基础上再来探讨积极受众论，为积极受众批评开拓了新的领域。

"积极受众论"媒介批评理论研究发展至今，已超越了电视研究的领域，进入了宽泛的大众传播的研究，并被用来解释大众传播的过程和效果等各个方面，受众的积极性的凸显，要求媒介批评研究注重对受众因素的全局性的影响。在受众积极性的理论阐释方面，目前的研究已结合社会学、传播学、心理学等各个学科知识展开，积极受众论已经成为媒介批评研究的重要方向。

第三节　受众与接受理论

读者与接受理论是文学批评理论的重要构成，研究重点主要基于文学领域。其理论核心在于从读者理解与接受的角度探究文学作品的意义，从而使得文学研究从"作者中心"转向"读者中心"。就媒介批评的受众研究看，读者接受理论也可作为受众研究的理论基础。媒介批评理论中的所谓受众与接受理论，就是把受众置于整个传播活动过程的"主体"地位，由此，传播的主体存在是接受传播信息的受众，而传播的意义存在于受众对其所传之物的"理解"，受众是居于主导地位的"积极存在"。就对读者地位的理解而言，接受理论对媒介批评的"积极的受众"研究具有重要的理论价值。

一、接受理论的兴起和发展

最初，受众与接受理论是在文艺批评领域得以建立和应用的。在西方 20 世纪的文艺批评理论中，接受理论是更为宽泛的读者反映批评理论的构成之一。读者反映批评出于美国文学批判理论，通常指所有以读者为中心的文学理论与批评理论，包括的范围很广泛，如现象学意识批评、解释学批评、结构主义、解构主义和接受理论等。

接受理论又称为接受美学，它不仅是一种文学理论，也是一种美学理论。兴起于 20 世纪 60 年代后期并于 70 年代达到高峰，主要代表人物是德国的尧斯和伊瑟尔等学者。其理论发展的背景，是受到伽达默尔的解释学理论的影响，他们的研究更强调文学接受的历史性。随着解释学的兴起，传统西方美学所探究的问题，如美的本质和艺术的本质等核心问题被悬置，美学研究开始转向以审美观赏经验为中心的研究。基于审美经验的文学以及艺术和美学研究，则更关注读者及接受者在文学和艺术中的历史地位和现实意义。接受美学在现象学和解释学理论的基础上，建立了以读者的审美经验为中心的美学，直至后期走向唯读者导向的后现代主义美学。基于对现象学美学和解释学美学的借鉴、接受和运用，接受美学最终实现对作者主体的完全"放逐"，实现读者主体的最终"崛起"，这样，受众与接受理论得以全面建立。

接受理论的主要代表人物尧斯和伊瑟尔都提出了自己关于"读者中心"的理论认识。尧斯受伽达默尔的解释学的影响，主张建立历史与美学统一的文学批评方法，强调读者接受的历史性，并对文学史做出了具体的历史性接受研究。伊瑟尔的思想受英伽登等人的现象学理论影响，主要致力于对文本结构内部的阅读反应机制做一般的现象学分析。在《阅读行为》序言中，伊瑟尔将尧斯的理论称为"接受研究"，将自己的理论称为"反应研究"。他认为接受研究强调"历史－社会学的方法"，反应研究则突出"文本分析的方法"。只有把两种研究结合起来，接受理论才能成为完整的学科。[①] 他们的理论虽然着眼于文学艺术性作品研究，但是，对于把作为受众的"读者接受"作为文本研究的重心，对媒介批评研究具有明确的指导意义。对于媒介接受而言，以受众为中心，还是以传播者为中心，其重要性是有明显差异的。

二、接受理论与受众解读

接受美学理论是在解释学和现象学美学理论的基础上形成的。伽达默尔将解释学引进美学研究，现象学美学流派的英伽登将艺术作品视为"意向性结构"，这些研究为接受美学的发展奠定了基础。接受理论的创始人尧斯和伊瑟尔将研究的注意力从传统的以"作者"和"文本"为中心的传统美学中转移出来，开始集中探讨研究"文本－读者"之间的关系。他们认为，对艺术作品来说，作品并不是已经完成了的审美事实，而只是一个"召唤结构"或"意向性结构"，真正的美或者审美的实现尚待读者积极地、创造性地参与才能最终完成。在这种接受的过程中，艺术和美的创造的真正主体不是作者，而是读者。就此意义来看，对于媒介批评理论而言，大众传播过程中的受众也就成为意义创造的主体。

---

① ［德］伊瑟尔：《阅读行为》，金惠敏译，18页，长沙，湖南文艺出版社，1991。

尧斯的接受理论主要集中于文学史研究、三级阅读论和审美经验论等方面。首先，尧斯提出了读者"期待视界"的概念，用来描述作为接受历史学的文学史。所谓"期待视界"，是指在文学接受活动中，读者原先的各种经验、趣味、素养、理想等综合形成的对文学作品的一种欣赏要求和欣赏水平。在具体阅读中，表现为一种潜在的审美期待。作为读者的"期待视界"是一个历史的、动态的过程，"期待视界"的变化是文学发展的可能性所在。而"期待视界"实质上就是读者的审美期待。尧斯这里所言的"期待视界"，就媒介批评理论而言，指的是受众在接受信息过程中本身所具有的特征，如受众的文化、社会背景，知识结构、社会经验等，都可以成为文本解读的影响要素，都可以重新嵌入到对文本的接受中去。也就是说，受众在接受文本时都会基于"期待视界"建构意义。

其次，在对具体的阅读活动的探究中，尧斯提出了"三级阅读论"。所谓三级阅读论，指的是读者的阅读过程可分为初级阅读、二级阅读和三级阅读三个阶段。在尧斯看来，初级阅读就是对文本的形式意象进行审美感受的过程，二级阅读的主要目的是意义的确定，围绕文本统一性进行着部分与整体、部分与部分的意义关系调整，直到形成一个确实可以给整个文本以统一意义的潜在原则，即达到与形式相一致的意义的完成。在此基础上进行的三级阅读将是对作品现时意义的超越与突破的历史理论阅读模式，在此时，阅读已经超越了的本文的阅读，而是以本文为核心，扩散到其他本文，这将超越一般读者的阅读事实，进入阅读的历史维度的研究。这种微观的受众的文本接受特征的分析，对媒介批评中受众的文本解读同样具有理论指导性。

最后，尧斯还重点探究了审美经验论。尧斯把审美经验作为美学理论的核心，主要论述审美愉快的三个基本范畴，即创造、美觉和净化。在文学作品的主要角色与读者的关系上，尧斯还提出了联想模式、仰慕模式、怜悯模式、净化模式和反讽模式五种模式。尧斯的这些理论更接近文艺理论和审美理论，但是这些理论有一个共同的特征，就是立足于读者的主导地位，从而对受众进行分析。对于大众传播媒介文本而言，受众分析无疑可以从这些方面展开。

伊瑟尔接受理论的主要思想来源是英伽登的现象学美学，其基本特征是用现象学的文本分析法对阅读过程中的"文本—读者"关系进行研究，他的理论分析倾向于微观层面。其理论观点主要包括文本意义的生产、读者对文本阅读的过程研究，考察激发并控制"读者—文本"相互作用的条件等。

首先，伊瑟尔提出，文学作品的显著特征在于作品中所描绘的现象与现实中的客体之间不存在确定性关联。在他看来，一切文学作品都有某种程度的不确定性，读者由于个人的体验发现的也正是这些特性。作为读者有两种途径使不确定性标准化：或者以自己的标准衡量作品，或者修正自己的成见。作品在现实生活中没有完全一致的对应性。这种文本－读者的开放性使它们能在不同读者的阅读过程中形成各种情景。

其次，伊瑟尔认为，文学作品的构成包括艺术家和审美两极。艺术家涉及作者创造的文本，审美则由读者的阅读所完成和实现。伊瑟尔由此认为文学作品的本质是"本文与读者的结合才产生文学作品，这种结合虽不可能精确地确定，但必定始终是实质性的，因为它并不被认为要么等同于本文的真实，要么等同于读者的个人意向"。文学作品作为审美对象，只有在阅读过程中才被动态地构成。伊瑟尔在文学作品的"实现"中描述了作者创作和读者审美相结合的情形。因此，在他看来，没有阅读，显然就没有作品。

伊瑟尔进一步讨论文本和读者两极的关系。在对文本的研究中，伊瑟尔首先提出的是文本的"召唤结构说"，也即文学文本只有在阅读过程中才能转化为文学作品，文本的意义只有读者的参与才能得以现实地构成和变化。他同时认为，文本自身具有一系列的根本特征。例如，伊瑟尔提出了文本在结构上的"空白"和"未定点"的概念。文本作为"图示化的视野"仅仅是作为框架存在，无论在哪一个层次和方向上都有很多"空白"和"未定点"，有待于读者在阅读过程中填补和充实。所谓"空白"，就是指文本中的未定点，亦即未实写出来的或明确写出来的部分，它们是文本已实写出的部分向读者所暗示或提示的东西。在伊瑟尔看来，"空白"和"未定点"是一种达至文本与读者交流的可能性，这两者允许人们把自己的经验和文本所欲传达的东西结合起来，当文本和读者进行交流的时候，"空白"和"未定点"总是趋于消失。"空白"和"未定点"可以看作是一种对缺失的连接的"邀请"，为读者参与文本向完整意义的文学作品的跨越做好了准备并提供了可能。

伊瑟尔对"文本召唤结构"和"读者创造性"两方面做了论述。文本作为召唤结构存在，预示着部分想象和意义的框架，而读者创造性则在框架中进行填充。在这个过程中，作为读者，伊瑟尔提出的是"隐含的读者"的概念。所谓"隐含的读者"的概念包含两层含义：一是隐含读者就是文本所具有的一种结构，这种结构向读者发出召唤，邀请读者对文本进行阅读；二是隐含的读者要求读者在阅读和接受活动中发挥积极的参与作用，使文本结构在阅读中得以具体化。"隐含的读者"是作为概念性存在的，伊瑟尔在此想要说明的是本文结构与读者之间能动的关系。

最后，伊瑟尔重点探讨了作为读者的"阅读现象学"。伊瑟尔通过三个方面揭示和描绘了一个具有动力学特征的阅读过程。第一，伊瑟尔从文学作品的句子入手，认为读者是循着句子提供的所指物而进入本文的，也随之接受本文提供的既定图景和意义框架，但读者不是消极被动的存在，读者与图景和意义结构之间的关系是能动的，在这个过程中，文本的真正内容和意义才能得以形成。第二，伊瑟尔探讨了将文本的各种不同的方面、视点、图景凝聚在一起的力量。伊瑟尔指出，阅读中读者的种种期待被不断修改，现象被不断扩展，但读者总会有意无意地去把读到的一切在动态进展中逐步组合成一个首尾一贯的统一体，这是阅读中"完形"功能的重要体现。第三，伊瑟尔将读者的自我提高作为阅读过程的终点。文本结构营造的是一个陌生的环境，是一种在内容和形式上对读者既有结构的"否定性"影响，但同样，文本结构是一个开放的、"邀请"读者参与的结构，这一过程的结果必然是既有结构的破碎又有新型结构的构建。

可见，伊瑟尔的读者接受理论始终围绕"文本—读者"间的动态关系，进而解释文学作品和读者接受之间的内在关联。伊瑟尔关于文学作品的文本—读者关系的分析，为媒介批评理论提出了分析受众和文本关系的视角，媒介批评理论在对文本—受众关系进行探讨时，完全可以运用这样的研究思路和方法。

受众与读者接受理论虽然是在文学批评和美学研究中建立并加以运用的，但在受众研究中，媒介批评的接受理论对文本、读者、意义等关系的逻辑分析，具有明确的理论价值。因此，接受理论已经从文学批评和美学研究走向宽泛的大众传播媒介文本与受众的研究。

思考与练习

一、名词解释

1. 大众与受众

2. 积极的受众

3. 接受理论

4. 期待视界

二、简述题

1. 简述受众研究的发展。

2. 简述积极的受众理论的内涵。

3. 简述文化研究的积极受众理论。

4. 简述接受理论中的受众观。

三、课堂练习

对自己同学进行一次访谈，了解他们是如何选择使用不同的媒介的，使用过程都有什么特点，将此整理成系统的访谈报告。

第三编　实践范畴

本编内容立足于人们大众传播活动的实践，重点介绍媒介批评理论和方法在媒介批评实践中的具体应用，包括媒介与技术、媒介与权力、媒介与身份、媒介与性别等媒介批评理论，通过理论介绍和现实分析，阐释媒介批评基本理论的实践应用范畴和方法。同时，结合新闻批评、影视批评和新媒体批评等大众传播的现实媒介批评活动，分别探究基于不同媒介的批评理论、特征和方法。通过本编内容的学习，使学生能够掌握媒介批评实践应用中的基本理论和原则以及在媒介实践中的具体应用方法，从而熟练运用媒介批评理论进行反思和评判当代媒介发展的现实。

第十一章　媒介与技术

本章内容要点

　• 传播技术的发展是大众传播媒介发展的基础。目前，媒介批评理论对媒介与技术的影响关系的探究形成了媒介技术决定论、媒介技术霸权论和社会建构技术论等不同的观点和认识。基于媒介技术和社会、文化的关系，媒介批评理论对媒介与技术的不同分析，深层次地探究和剖析了媒介技术如何影响社会文化的发展问题。

　• 自传播学者伊尼斯和麦克卢汉在 20 世纪五六十年代探究媒介技术批评理论开始，传播学研究对此问题进行了深入探究，并不断开拓媒介技术批评的领域和视角，探究了媒介技术本身的特征及意义，媒介技术与社会、文化发展的关系等问题。

　媒介发展通过各种技术手段来实现，技术是媒介发展的基础。无论通过什么样的中间途径使媒介与受众联系起来，但其基础始终是技术的发展。新技术的发展不断影响大众传播，使得新兴媒介不断出现，全球化的信息传播成为可能。因此，媒介技术与社会文化的关系研究成为媒介批评理论研究重要的实践范畴。

就媒介技术发展的影响看，媒介与技术批评的实践意义凸显。对于媒介与技术及社会文化的关系研究，以往媒介批评理论形成了不同的看法，主要有技术决定论、技术霸权论及社会建构论等不同观点。自从伊尼斯、麦克卢汉在 20 世纪五六十年代开始媒介与技术批评理论探究以后，媒介批评研究者对该领域不断探索，不断开拓发展媒介与技术批评理论的新领域和新视角，并回答了媒介技术如何产生与发展，媒介技术的特征及作用，媒介技术与社会变迁、文明发展的内在关系等核心问题。

第一节　媒介技术批评

媒介技术批评理论重点对媒介技术与社会、文化的影响关系进行探讨。以往的研究观点认为，一方面传播技术的革新对社会发展无疑具有革命性的意义，但另一方面，传播技术并不仅仅是影响媒介发展的因素，传播技术只有与其他社会因素结合起来互相影响、互相作用，才能对媒介与社会文化产生全面的影响。概而言之，传播技术、媒介与文化社会彼此交织在一起，共同作用并产生影响。对此问题，媒介批评理论研究则形成了不同的观点和看法。

一、媒介技术批评的不同观点

媒介批评对于媒介技术与社会文化的关系问题的研究，主要形成了媒介技术决定论、技术霸权论和社会建构技术论等三种不同的观点。

首先，是媒介技术决定论。技术决定论批评的观点认为，传播科技是独立产生作用的，是推动社会发展进步的主要力量和原动力。关于技术与媒介的关系，技术决定论坚持认为，技术对媒介的发展和使用起决定性的作用，技术被认为是推动媒介变革的原因。特定的技术被发展和利用，带动了媒介形态和内容的变化。比如，互联网、手机等新媒介的普及就与信息技术的发展息息相关。

媒介技术决定论还认为，技术发展对媒介的意义并非都是正面的，同时也具有负面的影响，传播技术对人类的文化发展是有害的。这些论点集中在如电视的出现破坏了传统家庭生活的和谐，数字化信息传播方式降低了人们严肃的思考，媒介的发达造成了人们生活的"娱乐化"，乃至"娱乐至死"等极端的看法。媒介技术决定论也强调了媒介技术发展带给人们的负面的消极影响。

媒介技术决定论的批评前提是媒介技术的发展自行实现的，媒介技术无所不能，受众无法进行反抗，也对此无能为力。技术越发展，媒介作为控制力量会更强大，如互联网更容易制造或传播谣言，对人们的民主生活的参与造成直接的影响。媒介技术决定论的核心在于人类文明的价值和立场，技术决定论批评理论将技术视为人类文化的对立面，从而认为作为媒介发展的推动力的技术本身包含着破坏性的力量，需要引起媒介批评理论的关注。

其次，是技术霸权论。技术霸权论观点假设媒介技术是社会的经济和政治等力量作用的结果，而不是推动媒介发展的原因。法兰克福批判理论、传播政治经济学、话语霸权理论等都坚持这样的观点。处于社会统治地位的政治、经济力量决定了技术的使用和普及，技术成为社会控制的霸权。一方面，传播技术的发展和使用是被社会的政治、经济所决定的；另一方面，传播技术的发展也是社会压迫的工具，大众传播媒介提供文化产品，从而控制人们的思想和意识，统治者通过媒介技术实现了对社会公众的控制。比如，媒介批评理论对于媒介娱乐内容、媒介宣扬的消费主义观念的反思和批判等充分体现了这一点。

最后，是社会建构技术论。社会建构技术论认为，技术和媒介的发展是互为因果的关系。技术是媒介发展的重要组成部分，同时，媒介技术的使用基于人们的选择，并非是社会理论控制的结果，该观点强调媒介技术与社会文化之间的互动和影响。该观点的基本逻辑是媒介技术虽然具有自身的逻辑，但它的发展仍然是由人们来控制的，某些社会群体为达到自己的目的试图控制媒介技术也是不可能的。其根本是，媒介作为人们的文化形态，对媒介技术的发展具有直接的批判和反思的能力，社会公众不可能盲目地接收媒介信息。

二、媒介技术肯定论和否定论

在上述介绍的媒介与技术的批评理论中，围绕媒介与技术发展的关系问题，媒介技术决定论引发了研究者较多的关注，其中就包括媒介技术肯定论和媒介技术否定论等观点。媒介技术肯定论坚持认为技术是推进社会文化进步的重要力量，而媒介技术否定论对技术发展催生的媒介变化则表现出更多的担忧和批评。

(一)伊尼斯的媒介技术批评理论

加拿大学者哈罗德·伊尼斯可以说是媒介技术批评理论的早期研究者。伊尼斯是经济史学家，他通过经济研究的视角，考察技术与传播的发展的关系问题。在《帝国与传播》《传播的偏向》等著作中，伊尼斯通过对传播媒介的物质存在形态的考察，提出了著名的"媒介偏向理论"，认为存在着偏向于时间和偏向于空间的媒介形式。不同的媒介形态的存在都是试图对时间和空间限制的超越，因此，任何传播媒介都具有时间或空间偏向性。由此，对媒介的垄断就成为帝国控制的主要手段。

伊尼斯首先考察国家如何通过传播媒介达到对思想、知识、文化等的控制和垄断，要理解这个问题，必须要认识媒介的时间和空间偏向的特征。所谓时间偏向的媒介，是指那些质地较重、耐久性强的媒介，如黏土、石头和羊皮纸等，适于克服时间传播的障碍，能够长久保存。而空间偏向的媒介，则是质地较轻、容易运送的媒介，如纸草纸、白报纸等，适于克服空间传播的障碍。因此，任何传播媒介若不具有长久保持的特性来控制时间，便会具有便于运送的特点来控制空间，二者必居其一。人类传播媒介发展史就是由质地较重转向质地较轻、由偏向时间转向偏向空间的媒介的发展史，而且与人类的文明进步协调一致。他提到，用树枝在潮湿的黏土上书写符号使其干燥，或者在石上刻画符号，这类媒介反映了人类远古时代的文明特征。树皮和纸草纸则反映了古埃及和希腊罗马时代的文明特点，羊皮纸则是由罗马帝国到公元10世纪的通用媒介，纸和笔则是15世纪中叶的主要媒介，纸与手工印刷是文艺复兴至法国大革命（18世纪）期间的重要媒介。进入19世纪，则是报刊、电影和广播、电视的大众传播媒介的时代。

伊尼斯还分析了不同偏向的媒介与帝国控制的关系。认为偏向时间的媒介是个人的、宗教的、商业的特权媒介，强调传播者对媒介的垄断和在传播上的权威性、等级性和神圣性，但是，它不利于权力中心对边陲的控制。例如，使用黏土和石头媒介的权力中心就只能在小区域内行使权力，而无法对广阔无垠的领土进行有效管理。而偏向空间的媒介是一种大众的、政治的、文化的普通媒介，强调传播的世俗化、现代化和公平化。因此，它有利于帝国扩张、强化政治统治，增强权力中心对边陲的控制力，也有利于传播科学文化知识。例如，文字传播和公路系统，就在较长时间内帮助罗马人维持了罗马这一大陆帝国的统治；印刷媒介的兴起，则摧毁了教会对传播的垄断，引发了宗教革命、文艺复兴和教育普及。但是，伊尼斯认为，权力中心要想确保社会稳定，在现代社会过分倾向于使用偏向时间的媒介已不合时宜，正确的做法是保持媒介的时间偏向和空间偏向的平衡，使之取长补短、互动互助。

伊尼斯的上述理论考察和分析具有浓厚的经验描述的色彩，缺乏完整的内在逻辑，在其貌似合理的描述中，对现实的解释力不够深入，甚至存在难以明确阐释的地方。但伊尼斯显然坚持科技决定论的因果模式，因此，他提出的技术对媒介发展的影响的观察视角，无疑也开拓了传播学研究的新思路，引发了其后的麦克卢汉、波兹曼等人对媒介与技术的内在关系的深入思考。

（二）麦克卢汉的媒介技术批评理论

麦克卢汉是加拿大传播学学者，提出了许多富于原创性的理论观点，主要著作有《机械新娘》《古登堡星系》《理解媒介：论人的延伸》及《媒介即讯息》等，提出了诸如"媒介即讯息""媒介是人的延伸""热媒介与冷媒介""地球村"等有关媒介批评的概念。这些看起来有点不合逻辑的概念构成了麦克卢汉学说的主要内容，研究者不断对其概念进行阐释，由此产生了巨大的社会影响。但总体而言，麦克卢汉还是坚持技术决定论的路径，认为技术发展引发的媒介革命对人类社会生活的变迁具有决定性的意义。他的有些观点较为偏颇，需要批判地接受和辨析。

1. 地球村与部落化

卫星通信技术的出现和电视的普及，使得地球"越来越小"，人类跨越了空间和时间的限制，使信息在瞬间即可传递到世界上的每个角落。因此，麦克卢汉提出地球已变成一个村庄的观点。电子信息使全球生活同步化，全球经济趋同、整合。此外，麦克卢汉提出"部落化"，认为人类社会的发展过程，经历了从部落化、非部落化到重新部落化的历程，促使这种变化的就是媒介技术的变革。这样，麦克卢汉从媒介演化历史的角度

图 11-1　马歇尔·麦克卢汉

描述了人类社会发展的历史。他总结为三种基本的技术革新，即拼音文字、16 世纪的机械印刷和 1844 年电报的发明。由此，麦克卢汉认为电子信息技术的革命使人重新回到部落化时代。

2. 媒介即讯息

麦克卢汉认为，就媒介而言，真正有意义的并不是媒介所提供给人们的内容，而是媒介本身。人类只有在拥有了某种媒介后，才有可能从事与之相适应的传播和其他社会活动。由此，媒介最重要的意义就是"影响了我们理解和思考的习惯"。对于社会来说，真正有意义、有价值的"讯息"不是各个时代的媒体所传播的内容，而是这个时代所使用的传播工具的性质以及它所开创的可能性和带来的社会变革。麦克卢汉特别强调了传播媒介所具有的性

质对人类传播活动的影响。他强调媒介是社会发展的原动力，任何新媒介的产生都开创了人类感知和认识世界的方式。传播技术的革命改变了人类的感觉形式，也改变了人与人之间的社会关系，并创造出新的社会行为类型。麦克卢汉把媒介与社会形态的关系分为部落文化阶段（口头传播）、个人传播（印刷文字传播）和新部落文化阶段或电子文化阶段（计算机、电视及其他电子传播媒介）三个阶段，最后又使得人类重新接近（图 11-2）。

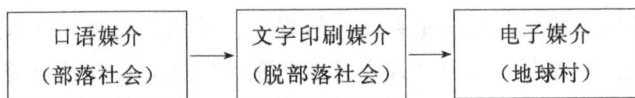

口语媒介（部落社会） → 文字印刷媒介（脱部落社会） → 电子媒介（地球村）

图 11-2　麦克卢汉关于媒介与社会形态的观点

3. 媒介是人的延伸

麦克卢汉认为，技术的进步使人类更有效地生活和劳动。媒介的发展具有延伸人类五官的功能。例如，印刷品是眼睛的延伸，广播是耳朵的延伸，电视机是耳朵和眼睛的同时延伸，电话是声音和耳朵的延伸等，他几乎把所有的媒介都视为人体的延伸。他还将作为人的延伸的媒介区分开来，如电子媒介是中枢神经系统的延伸，其余一切媒介（尤其是机械媒介）是人体个别器官的延伸。中枢神经系统把人整合成一个统一的有机体，电子媒介亦然。其他的媒介则延伸人的一部分感官，使人的感官失去平衡，使人支离破碎、单向发展。电子时代的人再不是分割肢解、残缺不全的人。由此，人类也不再不是分割肢解、残缺不全的大家庭。电子时代的人类再也不能过小国寡民的生活，而必须密切交往。与此相反，机械媒介（尤其是线性结构的印刷品）使人专精一门、偏重视觉，使人用分析切割的方法去认识世界，所以在过去的机构时代，人是被分割肢解、残缺不全的畸形人。在这些论述中，可以很清晰地看到麦克卢汉的媒介技术决定论。他很乐观地看到了新兴的电子媒介会整合解决人类所面临的所有问题。但社会现实是否如他所描述，技术是否会推进人类文明的进步的论题还是未知数。

4. 冷媒介和热媒介

根据人对媒介技术使用和介入的程度，麦克卢汉还区分了"冷媒介"和"热媒介"两种媒介形态。"冷媒介"指的是所谓低清晰度的媒介，如手稿、电话、电视、口语等。因为它们的清晰度低，所以它们要求人深刻参与、深度卷入。冷媒介邀请人深度参与，因此它"兼收并蓄"。与之相反的是"热媒介"，它们剥夺人深度参与的机会，因此它"排斥异己"。

麦克卢汉的泛媒介理论、明确的媒介技术决定论的观点以及他标新立异的独特论述方式，使得他的理论受到了很大的质疑。施拉姆就评论说，"他的论述方式使得他的观点难以捉摸"，"因此他在学术上的态度是有些玄妙的，他发出的信息可以做种种不同的解释"。因此，麦克卢汉的观点和思想，如"冷媒介"与"热媒介"的区分、"媒介即讯息"、"媒介是人的延伸"等观点仍备受争议。就媒介批评理论的视角而言，麦克卢汉的媒介批评方法缺乏严谨的科学性，因此，难以从逻辑上做出解释。

(三)波兹曼的媒介技术否定批评理论

尼尔·波兹曼是美国当代重要的传媒文化研究者和批评家，出版多部媒介研究著作，享有世界性的学术声誉。自他于2003年去世后，美国各大媒体发表多篇评论，高度评价他对后现代工业社会的批评。波兹曼的媒介批评理论集中在《娱乐至死》(1985)、《童年的消逝》(1982)和《技术垄断》(1992)三部曲中。波兹曼立足于媒介批评的立场，对现代大众传播媒介进行了分析。他曾受麦克卢汉"媒介即讯息"的观点的影响，提出了"媒介即隐喻"的论题。他的主要观点可概括为媒介即隐喻、媒介变迁理论、对电视文化的批判等方面。

1. 媒介即隐喻

在波兹曼看来，媒介具有"定义现实世界"的力量，即媒介影响和建构人们对现实的理解，并进而影响人们的社会行动。其中媒体形态的影响至关重要，因为人们对媒介形态的接受会塑造新的文化形态。波兹曼认为，文化传播中的媒介对文化的形成有着决定性的影响。由此，媒介则成为现实隐喻。媒介作为形式对文化内容的改变具有重要的作用，而这种改变发生的真正根源在于"人类思维方式的转变"。

波兹曼的"媒介即隐喻"的观点包含两层含义：其一，媒介的内容建构了世界。作为新闻的现实素材，通过媒介技术的传播，人们得以了解，并将其纳入自己的日常生活。这种"媒介即隐喻"的关系替代人们自身对世界进行分类、排序、构建、放大、缩小和着色，人们把自己包裹在语言形式、艺术形象、神话象征或宗教仪式之中，不借助于人工媒介，人们就无法了解任何现实事物。其二，不同媒介形态对思维方式产生不同的影响，而思维方式的变化直接影响人类文化的变化，思想表达的方式影响表达内容。媒介即隐喻，就是要提醒人们注意到不同媒介环境对思维方式的影响。波兹曼认为，为了理解这些隐喻的功能，人们应该考虑到信息的象征方式、来源、数量、传播速度以及信息所处的语境。

波兹曼的"媒介即隐喻"包含着媒介认识论的观点，认为不论某种媒介最初的语境如何，它都有超越原初语境并延伸到新语境的能力，引导人们组织思想和总结生活经验，影响人们的意识和不同社会结构，影响人们对世界的认知、价值和情感评价。媒介即隐喻其实是媒介决定论的另一种表述方式。

2. 媒介变迁理论

在"媒介即隐喻"的理论基础上，波兹曼提出媒介变迁理论。如前所述，波兹曼认为媒介具有"定义现实世界"并塑造文化特征的能力。由此出发，波兹曼借助于历史学和人口学的资料，分析了在媒介影响下人们的"童年"是如何消逝的问题，以阐述其媒介变迁理论。波兹曼认为，欧洲中世纪的口语传播时代没有"童年"概念，当时主要是以"口语文化"为主的社会文化。印刷技术普及后，文字阅读成为主导性传播活动，因此，印刷媒介使得成人和儿童分化，使得童年的概念正式诞生。而电视媒介则又使得儿童和成人分享来自电视的信息，童年便又"消逝"了。波兹曼虽然分析了不同媒介形态对文化的影响，但他依然坚持媒介技术对社会文化的影响是决定性的观点。

3. 电视文化批判

波兹曼坚持媒介技术的发展引发媒介形态的变化会直接影响人类文化的特征，由此他对电视文化进行了批判，从而分析电视对当代社会和文化的巨大冲击。波兹曼认为，20世纪电子媒介技术的发展，使得电子媒介以图像符号替代了传统媒介的抽象符号，从而使人类从以印刷文字为中心的"读文时代"转向以影像为中心的"读图时代"。由于图像消除了人们知觉与符号间的距离，消除了文字符号需要通过接受特定教育才能理解的间接性，相应地也消除了从符号的所指到能指之间的思维过程。电子媒介的这一"优势"使它不仅替代了印刷媒介的权威地位，而且迅速地影响到人们的行为方式和生活习惯。人们越来越满足于不假思索地接收外来信息，越来越迷恋于直观地复制形象。波兹曼指出，电视图像已经成为当代支配性的传媒形式，电视包容了所有的话语形式，并迅速成为人们了解文化的主要方式。同时，电视媒介通过镜像文化创造出没有关联、没有语境、没有历史和没有任何意义的世界，在这样的世界里，人们用趣味性代替复杂而连贯的思想。电视的音像话语形式最易于展示的就是娱乐，因此，娱乐化成为人们文化的基本特征，于是人们开始了不经过大脑思考的"文化生活"，"娱乐"迅速成为满足人们视觉和听觉需要的最便捷的路径。波兹曼认为，电视的思维方式和印刷术的思维方式是格格不入的，电视对话会助长语无伦次和无聊琐碎，"严肃的电视"这种表达方式是自相矛盾的，电视只有一种不变的声音，就是"娱乐的声音"，娱乐精神已经成为文化的核心。不管新闻还是宗教，政治还是教育，都成为娱乐的内容。娱乐是现实的主流，它成为电视上所有话语的超意识形态。

波兹曼不无担忧地指出，在娱乐化社会，公众话语都以娱乐的方式出现，并成为一种文化精神。政治、宗教、新闻、体育、教育和商业都心甘情愿地成为娱乐的附庸，其结果就是人类成了一个"娱乐至死"的物种。波兹曼悲观地认为，如果一个民族分心于繁杂琐事，如果文化生活被重新定义为娱乐的周而复始，如果严肃的公众对话变成了幼稚的婴儿语言，总而言之，如果人民蜕化为被动的受众，而一切公共事务形同杂耍，那么这个民族就会发现自己危在旦夕，文化灭亡的命运就在劫难逃。波兹曼对电视文化的深入批判，体现出了媒介批评理论所具有的特定的批评立场和批判精神。

4. 技术垄断

波兹曼提出"媒介生态"概念，认为媒介生态学是将媒介作为环境的研究，也是对信息环境的研究，它所关注的是传播技术如何控制了信息传播的形式、数量、速度、分类以及方向等，信息结构如何影响人们的观点、价值和态度等。由此，媒介生态学关注的就是技术，特别是媒介技术发展对人类文化的影响问题，并由此阐发以技术为核心的媒介环境如何改变人类的思考方式和组织社会生活的方式。波兹曼所谓的"技术垄断"，是指技术对人们的世界和生活所实施的独特控制，波兹曼认为，技术垄断是文化的一种存在方式，也是思想的存在方式，技术被神化，文化要在技术中寻求认可和满足，并且听命于技术。在波兹曼界定的技术垄断文化中，技术突破了文化，变得无法驾驭，并试图将其倡导的精确、客观、效率等价值观强加在人类身上，进而向文化发出挑战，企图构建一种新的社会秩序，在这种建构中，必然要消解掉与传统有关的一切。在技术垄断文化中，技术成为颠覆人类的一切传统信仰，使文化生活的所有形式都屈从于技术至高无上的权威。波兹曼的技术垄断理论深刻思考了技术主义对现代社会文化的消极影响，突出强调了媒介批评理论对媒介技术主义的反思和批判。

第二节　媒介技术批评理论的发展

随着媒介与技术批评的发展，媒介批评理论对媒介与技术的反思性批评不断多元化。基于技术主义、人文价值及社会文化等不同立场的媒介技术批判理论，从不同的视角分析了媒介技术与社会文化的特征，从而推动了媒介技术批判理论的发展。这里重点介绍梅罗维茨、马克·波斯特、弗里德曼、斯各特·拉什等学者关于媒介技术的批判理论，了解媒介批评理论对媒介技术与文化的不同思考。

一、梅罗维茨：空间感的失落

美国传播学者梅罗维茨在麦克卢汉和伊尼斯的媒介技术批评的基础上，通过对社会学家戈夫曼提出的"拟剧论"的阐释，提出"情境决定论"，并于20世纪80年代出版著作《空间感的失落：电子传播媒介对人的社会行为的影响》，提出他的媒介理论。梅罗维茨认为，媒介并非仅仅是两个或两个以上环境中的人们之间进行交流的手段，它们本身就构成了媒介信息环境。

梅罗维茨媒介技术批评理论的核心观点是"媒介情境"理论。基于麦克卢汉的"媒介即讯息"的观点，借助于戈夫曼的社会情境理论，梅罗维茨认为，由各类媒介本身所构成的媒介情境也是信息系统，媒介信息环境与人们所处的自然和物质环境同样重要，每种独特的行为需要一种独特的情境。梅罗维茨的"媒介情境论"所指的情境，就是信息系统。构成信息系统的是"谁处在什么地点"和"什么类型的行为可被谁观察到"两种情形，或者说是以人们接触社会信息，包括自己和别人行为的信息的机会为核心。在这个信息系统内，"信息不但在自然环境中流通，也通过媒介传播"。因此，使用媒介所造成的信息环境如同现实的地点场所一样，都促成了信息流通的形式。梅罗维茨进一步认为，人们对媒介的使用行为形成了不同的社会情境，从而形成了明确的界限。他使用社会学的观点来解释该理论，因为人们需要始终如一地扮演自己的角色，不同情境下人们则具有不同的行为。概而言之，媒介使用也成为人们建构不同的社会情境的手段。显然，基于社会学的社会情境研究理论，梅罗维茨也认为人们的媒介使用行为是有目的地构建社会情境的重要影响因素。

在此理论基础上，梅罗维茨考察电子媒介技术对社会情境的影响，认为电子媒介促成了许多旧情境的合并。他指出，随着电子媒介技术的普及，由于其传播代码的简单性，媒介情境形式也发生了变化。长期以来，印刷媒介的传播要求受传者具有基本的读写技巧，电子传播媒介则与此不同。电视的电子信号展示日常生活的"视听形象"，人们没有必要先看简单的节目，然后才能观看复杂的电视节目。梅罗维茨由此认为，由于电子传播媒介造成社会情境形式的变化，人们的社会角色也在发生变化，因此，以往界限分明的社会角色在电子媒介技术情境下失去了他们的边界。电子媒介技术的影响体现在三个方面：首先，它促成了不同类型的受众群的并合。电子媒介不仅使在自然、物理环境中的群体传播的不同受众群趋向合并，也使多个世纪以来印刷媒介占统治地位下造成的不同受众群趋向合并。其次，电子媒介还促成了原先接受情境、顺序和群体的改变。最后，电子媒介使原来的私人情境并入公共情境。电视使得人们可以观察到别人的行为，原来的私人情境成了公共情境，每个人可能都处于被公众观察之中，没有隐私。

　　梅罗维茨的媒介批评理论把传播媒介看作社会环境的一部分，提出将媒介情境与社会环境及变化联系起来分析。认为应该将媒介研究与社会研究有机结合，因为媒介与社会有密切的关系，媒介是社会环境的重要构成，社会环境制约人们对媒介的选择和使用，而媒介又对社会环境有巨大的影响力。同时，梅罗维茨还将受众的概念纳入媒介情境的分析之中，提出了"情境合并"等论点，从而突出了受众在整个传播过程中的重要性。认为传播活动受到受众的类型、人数的多少等特征的制约，建立媒介—受众—社会的媒介技术批评分析。梅罗维茨的媒介技术批评理论融合了伊尼斯、麦克卢汉和戈夫曼的不同理论观点，从而推进和发展了媒介技术批评理论。

二、马克·波斯特：第二媒介时代

　　马克·波斯特是西方马克思主义批判理论家（图 11-3），他的研究涉及西方文化思想史、批判理论、新媒体研究等领域。主要著作有《互联网怎么了》（2001）、《文化史与后现代主义》（1997）、《第二媒介时代》（1995）、《信息方式》（1990）等。马克·波斯特的媒介批评理论深受西方马克思主义、后结构主义理论的影响，"第二媒介时代"和"信息方式"是波斯特媒介批评理论的核心概念，其思想来源就是批判理论和后结构主义理论。

（一）"第二媒介时代"理论

　　波斯特所谓的"第二媒介时代"，指的是以互联网为代表的，以受众介入融合模式、无作者权威为特征的双向互动的媒介时代。相应地，其在本质上与以单向传播模式为特征的"第一媒介时代"有着根本的差异。

　　波斯特认为，所谓"第一媒介时代"，指的是以报刊书籍（纸质媒体）和广播电视媒体为主导的时代，波斯特称之为"播放模式"，即极少数人在说，大多数人在听，如电视、广播和电影。这个时代有中心化传播方式，即通过有限制作向众多消费者传播，这种传播

图 11-3 马克·波斯特

模式造就了传播者的权威地位和消费者的受众地位。而"第二媒介时代"是指以互联网及卫星技术与电视、电脑、电话等传播模式为主导的时代，这个时代集制作者、销售者和消费者于一体，是对"交往传播关系的一种全新构

造"。其中"制作者、销售者、消费者"的界限不再分明，相比于播放模式的"第一媒介时代"，第二媒介的本质特征就是双向沟通和去中心化。从少数人说、多数人听的"第一媒介时代"转入所有人说、所有人听的"第二媒介时代"之后，主体获得了解放。

在波斯特看来，"第二媒介时代"的主要特征就是双向互动和去中心。如果说第一媒介时代对应于现代主义的理性传统，强调线性、有序、稳定、单向传播等特质的话，那么，第二媒介时代则对应于后现代主义的非理性，突出非线性、无序、不稳定、双向互动等特质。他将电子媒体时代的去中心化、分散化、多元化特点进一步明确为"双向的去中心化的交流"。这是其根据西方社会理论和文化理论考察新的传播技术问题，对传统文化理论中的相关概念进行了批判性评价，对人与技术的关系进行重新思考。

以阿多诺和本雅明为代表的西方马克思主义批判理论对波斯特的媒介批评理论影响巨大，特别是针对西方现实环境的日常生活批判理论，对波斯特媒介技术批评产生直接影响。由此，波斯特的媒介技术批评理论的核心，在于对电子媒介尤其是以互联网为代表的新媒体进行批判。立足于后结构主义理论，波斯特的"第二媒介时代"理论与以印刷媒介为发端的大众媒介时代加以区分，从而强调了网络传播等新媒体对人们社会生活的意义。

波斯特由此认为，第二媒介时代将带来一个文化普遍重组的时代。而在这一新旧更迭的临界点，原有的社会批判理论已不能充分解释新出现的文化重组现象，需要一种对原有理论的批判和反思，并针对新的历史语境和新的交往传播方式建构一种新型的社会理论，以便能达成第二媒介时代普遍的文化重组的现实，并阐明对文化变革的重要意义。

(二)"信息方式"理论

波斯特还探讨了由媒介技术所引发的人们的信息交流方式的变化，提出了"信息方式"理论，认为当代社会通过电子媒介交流的方式，不但改变了人们的思考方式，同时也带来了社会形态的变化。对于媒介技术影响人们信息交流方式的研究，伊尼斯和麦克卢汉等学者就深入分析人类信息传播的各种形式和技术手段，探究了媒介技术的发展与社会变迁、文明发展的内在关系问题。基于此，波斯特提出"信息方式"概念，用来描述电子技术影响下人们的交流方式，并阐释电子媒介交流的非同质性特征，特别是电视、互联网等交流方式对人类文化和社会产生的内在影响。

波斯特的"信息方式"概念借用马克思的"生产方式"的理论，并将其与马克思的"生产方式"理论相对照。马克思的"生产方式"概念包含两方面的含义，一是作为历史范畴。按照"生产方式"的变化对历史进行分期，从而区别不同的生产手段与生产关系的结合形态。二是作为对资本主义社会特征描述的概念。"生产方式"强调经济活动对社会发展的主导地位，认为是社会发展的终极决定因素。波斯特由此认为，在新的媒介技术发展的语境下，可按照信息交换的方式来进行历史分期，并赋予信息符号的文化交流在人类社会发展中的核心地位。

波斯特的"信息方式"理论的含义包含两方面：一方面，在美国和其他高度工业化的国家，符号的文化交流日益居于中心，成为社会生活中最重要的方面之一，甚至成为生产过程本身最重要的一个组成部分。"信息方式"就如同19世纪的"生产方式"一样居于社会关注的中心。另一方面，与马克思对生产方式变迁的关注一样，波斯特也关心信息交换方式的变化，20世纪以来工业化的发展，使得文化客体、符号客体等形成了阿多诺和霍克海默等所讨论的"文化工业"。在"文化工业"中，信息交换的方式是单维的、独白式的和霸权性的。但是随着互联网的迅速发展，"文化工业"的信息交换方式也发生了相应的变化。在他看来，这个变化的总趋势，就是文化客体的生产者与其消费者之间的信息交换越来越非中心化了。总而言之，他之所以将"信息方式"与"生产方式"相比照，是因为他看到了文化问题正日益成为我们社会的核心问题。

波斯特将人类的"信息方式"的发展具体分为三个阶段：一是面对面的口头传播阶段，认为自我被包裹在面对面关系的总体性中，在语音交流中的某个位置上被建构。二是印刷传播阶段，自我被构建成一个行动者，处于理性/想象的自律性的中心。三是电子传播阶段，持续的不稳定性使自我去中心化、分散化和多元化。相对于此前口头媒介交换和书写媒介交换时代，在电子媒介交换时代中，语言与社会、观念与行动、自我与他者的关系都发生了改变。正是在第三个阶段，电子媒介把巨大的时空差异瞬间整合起来，使个体有了多重身份，呈现不稳定化和碎片化等特征。

三、斯各特·拉什：信息批判

斯各特·拉什是英国伦敦大学哥尔斯密学院社会学教授，文化研究中心主任。主要著作有《组织化资本主义的终结》（与厄里合著，1987）、《后现代主义社会学》（1990）、《现代性和身份》（合编，1992）、《全球性现代性》（合编，1995）、《时间与价值》（合编，1998）、《另一种现代性，另一种理性》（1999）等。在他的著作《信息批判》（2002）一书中，基于批判理论的立场，围绕信息的概念，对后现代主义文化进行了批评和反思。

拉什通过考察信息时代的主要特征来展开分析，并强调以"信息社会"，而非后现代社会、风险社会或晚期资本主义等概念来理解当前社会的发展。拉什认为，后现代主义主要强调讲秩序、碎片化、非理性，而信息的观念却同时讨论人们所经历的新的秩序与失序，而且人们已清楚地看到所谓失序（非理性）其实往往是秩序（理性）的无心之果。相较起来，信息作为一种观念是更好而且更有力的，因为它从一个统一的原则出发。因此，信息建构的是一个流动的、动态的、促进远距离实时关系的系统，它是"拔根的""压缩时空"的系统。

拉什认为，人类正生活在一个"流动的、拔根的、时空压缩的实时关系"的信息时代。而信息社会的种种特征表明，众所周知的吉登斯等人所谓的"晚期现代"或哈维等人提出的"后现代"等概念实际上已经失去了阐释效力。在拉什看来，任何系统性的概念框架都无法将"信息"纳入其中，更不用说对信息社会的准确理解了。由此，拉什试图使用"信息社会"的概念来对西方后工业社会进行批判。拉什从符号的、讯息的、技术的和商业的层面对"信息"概念进行批判性阐释，将之诠释为即时的、漂浮的、零碎的、弥漫的、无理性和现实趋附的时代幽灵。拉什认为，"信息的主要性质是流动、拔根、空间压缩、时间压缩、实时关系"等方面。[1]

拉什的信息批判理论对信息和信息社会的特征概括主要包括以下几点：第一，信息社会是被缺乏现实底蕴的无根文化所统摄的，是一个被信息字节的混沌式组合所遮盖的非理性社会，即"被蒙蔽的信息社会"。符号讯息的混沌式流动取代理性的现实思考，信息社会成为被符号流动所覆盖的无根文化网络。"信息生产造出的产品——不是那些富含信息的物品与服务，而是很大程度上脱离控制的信息字节。"因此，其结果是高度的工具理性之因（比如信息技术）却结出了非理性的社会之果，"以最高的知识与理性为生产要素所生产出来的东西，其无心之果竟是最极端的（也是信息性的）非理性的充斥与超载，这讲的就是被蒙蔽的信息社会。"[2]

第二，信息秩序就是各种符号讯息在人—机接口之间的大批量即时流动，其海量的创意蕴含无限的机会，从而使理性及理性批判失去了从容反思

---

① ［英］斯各特·拉什：《信息批判》，杨德睿译，14 页，北京，北京大学出版社，2009。

② ［英］斯各特·拉什：《信息批判》，杨德睿译，15 页、124 页，北京，北京大学出版社，2009。

的基础，成为受经济效应左右的符号讯息的添加或删改。拉什认为，"高度理性化和知识密集的生产导致了信息扩散和流动的准无政府状态，这种信息的失序产生了属于它自己的权力关系，这些权力关系一方面包括了信息字节直接的权力/知识，另一方面包括了在知识财产范畴内信息秩序的再造。"①

第三，信息逻辑的本质是反逻辑，就是各种文化符号与碎片的拼贴和不连续的网络连接。由于信息浓缩了时间与空间，其逻辑链条被多维的时空穿梭所打断。"它们被拉得太长、太远以至于无法与线性兼容，它们被拉得长到断成了许多碎片，空间上的联结和社会纽带断了，于是它们重新组构为非线性、不连续的网络联结。"因此，"我们就被丢进了不可预期的后果逻辑里"。② 而这种"后果逻辑"实质上就是商业讯息在资本空间的排列与组合，媒介符号在网络空间的瞬时存在。

第四，信息价值就是无关现实的符号价值，它转瞬即逝，没有任何历史和现实意义，只存在于"媒介场景"的即时和实时之中。在"信息化"的背景中，无孔不入的资本与无孔不入的媒介符号加速融合，积累原则与符号原则结成了可以相互替换的联盟和伙伴，共同编织着无所不包且无所不"能"的资本符号网络，"不仅是机器与物品，也不仅是文化与媒介，甚至连自然与生命本身也被信息化了。这种信息化的自然可能随后就要被当成知识财产注册专利，并被整合到全球资本的积累战略之中了。"媒介本身登上了生产权力的宝座，而生产、生活却都被平铺在媒介讯息的界面上，"不仅新闻纸和数码信息，连整个消费资本主义的都市都可以被理解为信息。在信息性都市里被严重品牌化的环境中，物品、生活方式和设计都是瞬息万变的，延续短、周转快。"信息价值成为"主要不是关于社会地位而是关于符号价值的转瞬即逝性以及其无休止的、不停歇的无所不在"，它"既不在过去也不在未来，而是只在实时之中"③。

拉什关于信息的无根化、相对化、流动性的阐释产生了重要的影响。传统社会学家往往从知识密集型产业或后工业时代的产品及服务来理解信息社会，这种理解往往忽视了信息压缩所造成的影响。对信息的本质认知误区的

① ［英］斯各特·拉什：《信息批判》，杨德睿译，18 页，北京，北京大学出版社，2009。

② ［英］斯各特·拉什：《信息批判》，杨德睿译，37～38 页，北京，北京大学出版社，2009。

③ ［英］斯各特·拉什：《信息批判》，杨德睿译，276 页、230 页、119 页、233 页，北京，北京大学出版社，2009。

核心，是对麦克卢汉"媒介即讯息"的误解，即将"Message"直接误读为"Medium"。拉什认为，过去占主导地位的媒介是叙事、诗歌、论说、绘画，如今则是讯息或通信。传统叙事、论说、绘画的内容是以一种具有线性逻辑特征的方式渐次呈现的，譬如《荷马史诗》或莎士比亚的喜剧，甚至普希金的叙事诗，它们所描述的通常是有头有尾、合情合理的故事，情节因果相循、次第展开。但在当代媒介发展的现实中，信息处理的情况则完全不同，即便是论说中条分缕析、理据分明的一些最基本的标准与法则，在信息化过程中也已变得无足轻重。拉什关于信息压缩的观点，对新媒介环境下人们如何理解信息的含义提出了不同的看法。

思考与练习

一、名词解释

1. 媒介即讯息

2. 娱乐至死

3. 技术垄断

4. 第二媒介时代

5. 信息批判

二、简述题

1. 简述媒介技术批评理论的三种观点。

2. 简述伊尼斯的传播的偏向理论。

3. 简述麦克卢汉的媒介技术批判理论。

4. 简述波兹曼的媒介技术理论。

5. 简述媒介技术理论的新发展。

6. 简述拉什信息批判理论的主要观点。

三、课堂练习

观察课堂中你和你的同学所使用的媒介类型（如手机、电脑、报纸等），并做出描述统计。可能会发现哪些有意义的现象？

第十二章　媒介与权力

本章内容要点

- 作为社会公共话语，大众传播媒介不但具有任何社会权力控制的特征，同时又是社会公众抵抗控制的途径。媒介批评理论对作为公共话语的媒介权力的反思和批判，是媒介批评实践范畴的重要构成。权力是一种社会性的支配力量，大众传播媒介是现代社会公共权力构成的重要因素。大众传播媒介以及传播活动过程的各个方面，无不包含着权力的运作和实践。媒介批评理论的目的就在于反思和探究媒介权力的内涵、特点和本质、形态等，并分析在实践中媒介权力是如何形成及其具体实施的手段和途径。

- 社会批判理论提出"文化霸权"的观点，由此，媒介权力批判成为媒介批评理论的重要实践范畴。传播政治经济学派、文化研究、媒介技术学派等从不同的角度对媒介权力的特征、形态和形成演变做出了剖析。在实践中，自由主义媒介理论将媒介权力称之为"第四权力"，并具体界定了实践中的边界和应用性原则。目前，对媒介权力的批判仍然是媒介批评理论需要重点关注的问题。

　　大众传播媒介既被政治、经济等权力所控制影响，但其本身又是各种社会权力实施的工具。那么，作为信息传播和意义建构的大众传播媒介，通过媒介文本构建的媒介话语体系的本质，则体现为社会权力的构成关系，如以新闻报道文本为主的新闻话语及影像、声音等，无不受制于以媒介组织为代表的社会"符号精英"的控制和影响。因此，媒介批评理论对作为公共话语的媒介权力的反思和批判，是媒介批评实践范畴的重要构成。

第一节　话语权力

　　作为社会的公共话语，大众传播媒介本身就是社会权力的构成要素，也是社会权力实施控制和反控制的具体途径。因此，在大众媒介传播实践中，通常将大众媒介称之为"第四权力"，就其理论意义而言，公共性特征是媒介话语权力的本质属性。但是，在"公共性"特征的背后，媒介话语却存在着特定的权力结构系统。话语研究学者冯·戴伊克则认为，各种社会话语无不体现着社会权势阶层的意志，无不对应着特定的权力结构，"行使权势不仅是一种行动形式，也是一种交往形式。"①而控制话语或影响话语及其传播的社会力量，则是法国社会学家布尔迪厄所认为的社会"符号精英"，如新闻工作者、作家、艺术家、学者以及其他依靠"符号资本"实施权力控制的社会群体等。② 可见，作为公共话语形态的大众传播媒介，无时无刻不表现出权力控制和影响的状态。作为社会话语权力，媒介具有一般意义上的权力概念的基本含义和特征，但同时与其他社会权力形态又有所差异。因此，通过对权力含义的理论分析，媒介批评理论重点对"媒介权力"的概念、特征及其现实形态做出阐释。

一、权力的含义

文化研究、社会学理论等对"权力"的特征、运行机制内在构成等问题进行了深入的反思性探究和批判性分析，成为权力研究的重要理论构成。作为社会话语权力的实践范畴，媒介权力具有普遍的社会文化意义。正如福柯所言："权力无所不在……这不是说它囊括一切，而是指它来自各处。"③要对媒介权力展开分析和批评，须对"权力"的内涵做出分析，普遍意义上的权力概念是媒介权力批评理论的基础。

关于权力概念的含义，研究者从不同学科背景和理论视角出发，做出了不同的解释。一般而言，人们将权力理解为一种体现于社会关系中的可见可感的支配力。④

具体看来，对权力概念含义的解释包含两个层面。其一，权力被看成是"个人具有的属性或本质"，与人所拥有的能力、技能或禀赋等特征相类似。权力是人所具有的属性和品质，对权力的追求乃是人类的基本动机。其二，权力是指在社会关系中，某些人对他人产生预期效果的支配能力，是影响、控制、统治和支配的同义语。具体又包括三种形式：第一，一方强制另一方做某事的能力；第二，某一群体不仅具有掌控对其有利的结果，并且还有制定游戏规则的能力；第三，一种操纵人们而不会引起不满的能力，类似于意

---

① ［荷］冯·戴伊克：《话语·心理·社会》，施旭、冯冰译，169 页，北京，中华书局，1993。

② 李彬：《符号透视：传播内容的本体诠释》，339 页，上海，复旦大学出版社，2003。

③ ［法］米歇尔·福柯：《性经验史》，余碧平译，67 页，上海，上海人民出版社，2000。

④ 邱晓林：《权力》，见王晓路：《文化批评关键词研究》，89 页，北京，北京大学出版社，2007。

识形态和文化霸权。就现实意义而言，虽然"国家权力"被视为传统的经典权力类型，有学者就认为，权力是人类社会所特有的现象，它起源于维护社会公共利益和社会公共生活秩序的需要，权力"在本质上是一种凝聚和体现公共意志的力量。是人类社会和群体组织有序运转的指挥、决策和管理能力"。① 但在现实生活中，权力已经被广泛地理解为一种既存的强大力量，是不对等的主客体关系间的一种势力差距。② 媒介权力也正是这样一个相对宽泛概念下的权力形态。

　　西方许多思想家对权力概念都做过研究和论述。罗素认为权力是社会研究的基本概念，"在社会科学上权力是基本的概念，犹如在物理学上能是基本概念一样"，"社会动力学的规律，只能用权力来加以说明。"③吉登斯则强调对"权力"的研究是社会学的核心概念，"在社会科学中，不能把对权力的研究当成是次要的问题。可以说，我们不能等到社会科学中比较基本的观念都一一阐述清楚之后，再来探讨权力。没有比权力更基本的概念了。"④对于权力的内涵，马克斯·韦伯就认为，"权力意味着在一种社会关系里哪怕是遇到反对也能贯彻自己意志的任何机会，不管这种机会是建立在什么基础之上。"⑤帕森斯则指出，"当根据各种义务与集体目标的关系而使这些义务合法化时，在如果遇到顽强抵抗就理所当然会有靠消极情境制裁去强制实行（无论这种强制机构可能是什么）的地方，权力是一种保证集体组织系统中各单位履行有约束力的义务的普遍化能力。"⑥吉登斯认为，权力应该被视为"能够为有效的集体行动调动资源的一般化媒介。"⑦显然，在他们关于权力的论述中，罗素强调权力的基础性意义，韦伯强调个体和主观意志；而帕森斯强调

---

① 江涛：《公共哲学》，73 页，北京，中央党校出版社，2003。
② ［美］丹尼斯·朗：《权力论》，陆震纶、郑明哲译，2 页、3 页、5 页，北京，中国社会科学出版社，2001。
③ ［英］伯特兰·罗素：《权力论：新社会分析》，吴友之译，6 页，北京，商务印书馆，1998。
④ ［英］安东尼·吉登斯：《社会的构成》，李康等译，410 页，北京，生活·读书·新知三联书店，1998。
⑤ ［德］马克斯·韦伯：《经济与社会》，林荣远译，上卷，81 页，北京，商务印书馆，1998。
⑥ ［英］罗德里克·马丁：《权力社会学》，丰子义等译，85～86 页，北京，生活·读书·新知三联书店，1992。
⑦ ［英］安东尼·吉登斯：《社会的构成》，李康等译，378～383 页，北京，生活·读书·新知三联书店，1998。

集体、一致性、合法性和系统的先在结构；吉登斯强调了权力的本质基础，考察了社会制度中的支配结构，指出资源是权力得以实施的媒介，并将构成支配性权力基础的资源分成配置性资源和权威性资源。①

关于权力的普遍意义也有众多思想家加以论述。曼在其描述权力演变史的力作《社会权力的来源》中认为，权力之所以会在人类历史上不断涌现，是因为"用帕森斯的话来说，权力是人们为实现想要达到的任何目的而采取的一种"一般化手段"，它"通过控制人们所处的（社会）环境，追求目的并达到目的的能力。"曼主张权力是二元的，既是马克思主义所认为的"分配性的"，也是帕森斯主义所认为的"集体性的"，换言之，既是"权威性的"，也是"弥散性的"。根据曼的观点，权力是一种组织当中产生出来的资源。②

美国学者丹尼斯·朗将几乎全部有关权力的论述都囊括于他的《权力论》中，并在对各种观点加以辨析和梳理的基础上，指出了现代权力的基础和形式。朗对权力作为一种人类现象或社会现象而定义为："某些人对他人产生预期和预见效果的能力"。他强调权力主体——掌权者或权力行使者在社会关系中行使权力，对另一参与者——权力对象产生他所期望的效果。他认为，权力有时是潜在的而不是实际上的，其他人实现了权力拥有者的愿望或意图，而权力拥有者实际上并没有对他们发布命令，甚至根本就没有与他们交换意见，传达自己的意旨。权力对人的那些约定俗成的制约并不写在法律中，而是隐含在普遍的行为方式中。③

加尔布雷斯将权力的这一性质称为"调控权力"，"调控权力是通过改变信念来运作的。说服、教育或那些似乎自然、适当和正确的社会准则，使个人服从于他人的意志。这种服从反映了一种心甘情愿的过程，但人们并不承认服从这个事实。"④从传统的权力定义"迫使他人服从的制度化能力"到对现代权力及其形式的认知，越来越多的学者认为，权力是一种潜在的、隐性的影响能力；权力的实现常常借助于当权者与接受权力者的不自觉同谋。当权力拥有者将符合自身利益的观念体制化的时候，那些处于被支配地位的人把

① 参阅贺建平：《西方媒介权力批判》，15页，重庆，重庆出版社，2004。

② [澳]马尔科姆·沃特斯：《现代社会学理论》，杨善华等译，252页，北京，华夏出版社，2000。

③ [美]丹尼斯·朗：《权力论》，陆震纶、郑明哲译，3页、7页，北京，中国社会科学出版社，2001。

④ [法]加尔布雷斯：《权力的剖析》，刘北成译，9页，台北，台湾时报文化出版公司，1997。

这些观念视为体制自身本当具有的信念而加以遵守。正如米尔斯所指出的，权力受众基于服从是其责任的信念而自愿服从当权者的意志。① 布尔迪厄把这种信念称为"符号暴力"和"温和的暴力"。②

达尔接受了帕森斯的观点，即权力潜在地遍布整个社会，并未完全集中于合法化的国家权威。并进而指出，权力之所以存在，并不是由于它被认可，而是由于它被运用。达尔讨论了与权力有关的一组术语，即"控制""影响""权力""权威""支配""劝说""诱导""强制""强力"等。他特别将"影响"一词定义为"行动者中的一种关系，一个或多个行动者的愿望、欲望、偏好或意图，可以据此对一个和多个其他行动者或行动倾向产生一定效应"，并以此替代"权力"。权力意味着某些社会实体（个体行动者、集体行动者或结构）对于其他类似的实体来说具有特定的影响或"效力"。其效力可以指这样一种能力或本领，足以使某些东西发挥作用或发生转变，或改变物质环境和社会环境（称之为"做……权力"）；也可以指一个社会实体能够控制另一社会实体的行动（称之为"对……的权力"）。尽管可以宣称"对什么的权力"和"做什么的权力"代表着不同的理论观点，但区别仅仅在于其着重点的不同，因为每一种权力都隐含另一种权力。③ 达尔的观点并不注重权力的主体，而偏重于权力的实际效果，阐明了现代权力的普遍性和影响力特征，这正是媒介具有的特征而可以作为权力来认识的基点。④

福柯提出的"知识是权力"和"话语是权力"等观点对权力概念所进行的批判，在"权力"研究中具有革命性的意义。其一，福柯权力观的革命性在于揭示出权力运行机制的生产性问题。按照福柯的阐释，所谓权力的生产性，是指权力致力于生产、培育和规范各种力量，而不是专心于威胁、压制和摧毁它们。在福柯看来，权力的运作无须借助于暴力，也无须借助于法律，而是借助于居于霸权地位的各种规范、政治技术，借助于对躯体和灵魂的塑造。可以说，福柯的权力概念具有明确的建构性，它不是手段和工具，而是生产性的过程。因此，福柯认为，权力机制深嵌于知识体系之中，并通过一整套

① ［美］丹尼斯·朗：《权力论》，陆震纶、郑明哲译，28 页，北京，中国社会科学出版社，2001。

② ［法］布尔迪厄：《语言与符号权力》，见杨善华主编：《当代西方社会学理论》，289~290 页，北京，北京大学出版社，1999。

③ ［澳］马尔科姆·沃特斯：《现代社会学理论》，杨善华等译，257 页、232 页，北京，华夏出版社，2000。

④ 贺建平：《西方媒介权力批判》，重庆，重庆出版社，2004。

精心组织起来的道德的、法律的、心理的、医学的、性的等存在物，从而建构了主体。其二，福柯权力观的另一要点，是把权力视为分散的而不是确定的。在福柯看来，现代性的特征之一就在于现代权力是一种"多种多样的力量关系"，它绝不可能在某个中心点上凝结或驻留，从而具有高度的不确定性。显然，福柯重点探究权力的运行机制以及权力的分散性和不确定性等特征，为进一步研究权力问题开拓了更为广泛的思路，他的权力研究理论也产生了重大影响，不但成为后现代理论的重要基础，对媒介批评理论探究媒介话语权力也具有重要的理论指导意义。

二、媒介话语权力

在权力理论的基础上，关于"媒介权力"的研究也不断展开，并成为媒介批评理论的重要范畴。

所谓媒介权力，即指现代传播媒介对个人或社会进行影响、操纵、支配的力量。随着人类传播技术的发展，媒介的力量已深深嵌入社会生活的各个领域，并"构成了社会权力结构中一种具有强大影响力的部分"。媒介权力具体体现在政治、经济、文化及意识和行为等方面。[①] 从西方学者对"媒介权力"的研究看，"媒介权力"具有两层含义：一是指传播媒介对个人或社会进行影响、操纵、支配的力量；二是指具有事件得以发生和影响事件怎样发生，界定问题以及对问题提供解释与论述，由此而形成或塑造公共意见的各种能力。

有研究者认为，"媒介权力是指支配者通过占有、操纵媒介，实现对被支配者的信息控制，迫使被支配者（大多数是在不完全知情或自动赞同的情况下）在认知行为和价值判断上服从于支配者的利益要求"。[②] 该概念强调，第一，媒介权力是一种支配性力量。第二，权力支配者的支配力量源自对信息的控制。第三，对被支配者的控制是通过占有和操纵信息实现的。第四，这种支配力量带有隐蔽性和目的性，即权力支配者对信息的占有和操纵具有某种主观意图（大众传播是一种有目的的活动）。第五，被支配者有服从的结果发生，这种服从可以仅仅是认知上的，如对媒介权力者发布的信息与包含在信息中的价值观念表示认同。也可以是行动上的，如对通过广告传播的产品产生购买行动。媒介权力所产生的影响效果往往是权力支配者并未预见到和没有预期，而实际效果却意想不到地发生了，只要有影响结果的生产，依

---

① 郝加林：《媒介的权力——一种全景透视方法》，载《现代传播》，1998(1)。

② 吴予敏：《帝制下的媒介权力》，载《读书》，2001(3)。

然是媒介权力实施的结果。

对媒介权力的批评研究主要有两个层面：一是将"媒介权力"假设为一种力量，研究它对个人和社会的影响；二是考察构成及影响媒介权力发挥能力的资源，即反思"媒介权力"的存在状态。媒介权力是大众传播理论研究的一个普遍理论假设，也在诸多学者的研究中得到了证实。但从福柯所认为的"话语权力"概念考察，这似乎是一个不言自明的事实，而与学术假设无关。正如他所言："权力不是一个机制，不是一个结构，也不是我们所拥有的某种力量；它只是人们为特定社会差异中复杂的战略情势所使用的名字。"①权力应该被理解为多重力的关系，它存在于一切差异性的关系之中。福柯更强调权力的形成过程，而非静态的特征描述。但对于媒介权力的界定，其核心仍然是社会关系中普遍存在的支配与控制力量，具体通过话语的建构而实现，并且这种支配力量具有隐蔽性和不确定性等特征。

从权力的基本特征及上述各种对媒介权力的定义中，可以从不同层面来认识媒介权力：② 第一，媒介权力通过话语形态来实现，是人们社会关系构成中的重要的支配与控制力量。第二，媒介权力不同于政治、经济等制度化权力，是一种非制度化的、隐形的产生作用的社会控制与反控制的力量。第三，媒介权力是一种"合法化"的权力，其"合法化"并不完全指法律意义上的合法，还表现在媒介权力对象（受众）对媒介权力的认可和自愿服从之上。第四，媒介权力来源于传播者在传播活动中的主导地位，或通过政治和资本控制的方式，或通过传播渠道的控制等途径，从而实现对信息和符号的控制和支配。第五，媒介权力的效力主要体现在是否产生效果上，而非强制行使的过程。

此外，如果按照权力最一般意义上的理解，把影响视为外部世界产生效果的动源，它作用于环境，并使其产生某种变化，那么，媒介权力带来了社会环境的变化，环境的改变决定人们态度和行为的变化；媒介权力建构了人们所认识的世界，从而改变了人们对世界的感知和认识，这也是媒介权力的影响力。因此，对媒介权力的批评研究，应重点探讨媒介权力的存在形态、本质特征及其运作过程。

媒介权力的本质是一种话语权力。在权力研究理论中，福柯指出，权力依赖于话语发生作用，话语产生了权力，并且传递和强化了权力。在福柯看

---

① 汪民安：《福柯的界线》，2 页，北京，中国社会科学出版社，2002。

② 贺建平：《西方媒介权力批判》，重庆，重庆出版社，2004。

来，话语是权力的来源，它决定了权力的延伸和发展。系统化的话语即为知识，福柯由此推论出知识在权力运作中的力量，权力产生新的知识，知识维护了权力。他指出，权力关系的建立和巩固得益于话语的生产、积累、流通和发挥功能。福柯认为，社会是一个总体化的强制力体系，如果仅仅把权力同法律和宪法、国家或国家机器联系起来，那就会把权力问题简单化。权力比法律和国家更复杂、更稠密、更具有渗透性。①

福柯把"权力"视为生产性过程，它把个体不断地构成和塑造为符合一定社会规范的主体。在这个过程中，福柯揭示出权力作用发生的机制，即权力是通过话语发生作用的，"话语传递着、产生着权力，它强化了权力"。② 通过对性话语的研究，揭露人类社会深处隐蔽着的权力关系，同时揭示出知识与权力之间的密不可分的依赖关系。话语之所以是权力得以实现的条件，是因为"话语和话语结构是我们把握现实的唯一途径"。福柯认为，权力已渗透到整个社会生活领域之中，行使着非强制性的、浸润性的，但又极具影响的控制力。由此，费斯克也认为，"知识就是权力，知识的传播就是权力的社会分配的一部分"，他甚至直接指出，新闻就是一种话语权力，是一种建构"真实"的推理权力。就此意义理解，媒介权力其实是一种隐性的社会知识话语体系。

既然如福柯所认为的，权力是通过话语来实现的，那么，媒介权力的运作过程也就围绕话语生产而展开。在媒介话语的生产过程中，作为信息来源的大众媒介组织，往往是主要的社会话语生产机构。媒介研究对媒体机构的研究，其重点往往在于体制、机制与组织形态的研究，由此从政治、经济及技术等方面进行客观性的描述性分析。但是，媒介作为社会的权力形态，其重点在于社会话语的生产，对这种社会话语意义建构的剖析，应该是媒介话语权力批评的重点。当然，文化研究、传播政治经济学、批判理论以及媒介符号学等媒介批评理论，都已在媒介话语权力问题上做出了深入的探究。

从基本生产形态看，媒介话语权力的生产机制主要包括以下几点：第一，体制性的控制。具体是对媒介生产资源的控制，如通过制度体制，对媒介生产的所有权、资本、技术等的控制。第二，技术控制。通过技术手段施行权力控制，如网络言论的技术过滤等控制手段。第三，法律控制。通过制

---

① 包亚明：《权力的眼睛——福柯访谈录》，161页、228页，上海，上海人民出版社，1997。

② ［法］福柯：《性史》，张廷琛等译，99页，上海，上海科学技术出版社，1999。

定相关的法规，从而实现媒介话语的控制，如基于利益的媒介组织的建立和媒介政策的制定等。此外，在特定的社会情境中，社会文化的其他要素也会对媒介话语生产产生重要的影响。

从媒介权力的表现形态看，媒介权力的具体象征是媒体产品或媒体文本。作为话语形态的媒介文本，既是媒介话语意义的生产者，也是媒介与受众的结合点。因此，媒介权力是通过其产品或文本得以实现的。换言之，媒体文本所具有的意义，隐含着媒介生产机制性权力的运作和形成过程。因此，媒介批评对媒介话语权力的探究，对媒介文本的批评是其权力批评的基本出发点。媒介批评就应该探究各类不同的文本分析方法，从而发现媒介文本所隐含的权力关系以及权力生产和运作的基本特征，阐释媒介权力的内涵和本质。

在大众传播媒介构成的政治经济、传播体制三个环节中，只有信息传递拥有相对独立的权威，从而决定了它的权力是相对的和部分的。它要受到同样作为社会基本职能机制的政治机制和经济机制的制约，如政府部门和私人企业对信息采集和信息处理的影响，这种牵制和影响就是政治和经济机制对大众传播机制的权力。在社会正常时期，政治机制、经济机制和大众传播机制都比较稳定，三者的通力合作可以对社会发展产生巨大的影响，这种影响渗透到社会的各个领域。

第二节　媒介权力批评理论

对话语权力的研究具有普遍意义，也是媒介话语权力研究的理论基础和方法基础，文化研究、政治经济批判等媒介批评理论也正是在对权力的普遍意义研究的基础上，对媒介权力进行审视和批判。

就其运作过程而言，权力与社会中的资源分配具有内在关系。权力既可以被化约为如财产、地位等其他资源的分配，权力本身也是一种资源，并能够争夺或控制对其他资源的使用。对稀缺资源的控制能够促使那些需要而没有这些资源的人们的服从，这是权力运作的内在逻辑。因此，无论如何定义权力，都可以说它是指特定主体因拥有一定的资本或者优势而得到支配他人或影响他人的力量。但是，就资源形态看，这些资本或优势是经济的，也可能是政治和文化的、传播和符号的或其他方面的权力，如福柯所言的话语权力，媒介权力也是话语权力。由此，媒介批评理论对媒介权力从政治、经济、文化等不同方面展开批判。

因此，与政治、经济等能够发生直接作用的社会权力形式不同，媒介权力正通过话语符号的意义的建构产生影响。大众传播媒介可以决定话语的题目、类型、风格和表达方式，并通过符号权力制造和传播公共知识、价值观念和意识形态。各种话语符号遵循各自的语法规则和现实逻辑，组合成文本、语言和图像信息，构成各类传播文本。媒介依靠其传播的工具性资本和掌握的符号资本行使权力，从而掌握着"话语权力"。媒介权力正是来源于它可以通过体制的认同而成为一种符号权力或意识形态，在潜移默化中对社会产生影响。

一、文化霸权与媒介权力

对媒介权力的批评，基于马克思的意识形态批判，以西方马克思主义者葛兰西提出的"文化霸权"理论为代表，研究者将媒介权力与意识形态联系起来，认为是意识形态的主要构成要素。文化霸权理论不仅是媒介批评的宏观理论基础的重要构成，也是媒介话语权力研究的基础，具有重要的意义。

葛兰西所说的文化霸权，即文化领导权，也就是意识形态的领导权力。葛兰西关于文化霸权的理论，虽然源于马克思的意识形态理论，但与马克思的分析不同。马克思认为社会结构是经济基础－政治法律等上层建筑－意识形态的构成模式，而葛兰西则认为，社会结构是经济基础－市民社会（意识形态）－政治社会（政治、法律等上层建筑），葛兰西将意识形态置于社会结构的第二层面。葛兰西认为，市民社会是西方资本主义社会政治的基础，资产阶级的统治不是依赖军队、暴力等国家权力，而主要依靠牢牢占有的文化霸权即意识形态的领导权。媒介权力就是意识形态领导权的主要实现途径。

作为意识形态领导权的媒介权力，不是一种简单的压迫和支配，其传播并不是通过简单粗暴的灌输，而是需要被统治者某种自愿的认同、某种一致的舆论和意见才得以达成。故而，媒介权力正是这样一种意识形态领导权实现的具体工具。统治阶级为了取得支配权，必须与对立的社会集团、阶级以及他们的价值观念进行谈判、协商。文化霸权并不是消除对立的一方，而是将对立方的利益纳入自身来进行维系。媒介权力集中体现了社会各方利益的谈判、协商和认同的过程。一方面它是统治者的工具，另一方面，它又是被统治者表达权利的工具。所以，葛兰西提出的文化霸权的这一本质特征，对于理解媒介权力具有重大的启示意义。

二、文化资本与符号权力

媒介权力是话语权力，媒介文本是媒介权力的呈现方式，因此，媒介批评研究借助于符号学理论，分析媒介文本的话语"意义"，从而认为媒介权力是一种"符号权力"，构成了媒介权力批评的理论基础。

传播学理论认为符号是信息的载体，卡西尔将符号定义为"人类的意义世界之一部分"。① 符号不仅仅是意义与沟通的工具，也是一种权力技术的工具。布尔迪厄将符号与权力结合起来，把符号生产视为一种权力的实践。布尔迪厄立足于"场域"理论，提出了"文化资本"和"符号权力"的概念，阐释媒介权力的本质。布尔迪厄媒介批评理论的核心是对媒介文本的权力结构的分析。

首先，布尔迪厄关于符号权力的探究以其"场域"理论为基础。布尔迪厄把整个社会看作诸多权力"场"，如经济场、法律场、宗教场、艺术场等的集合。权力场域中包含多种力量，它们都力求在场域中占据有利的位置而拥有权力。各种力量借助于自己所拥有的资本，如经济资本、政治资本或文化资本等去争夺更多的权力或者资本，从而在场中占据一个支配性的地位。

在布尔迪厄看来，"场域"是指一个"某种类型的资本的特定分布结构"，是一个围绕特定的资本类型或资本组合而组织的结构化空间。根据他的解释，大众传播媒介引发的资本介入和组织形式也构成一个场域。大众媒介场域就是社会的话语生产平台，它容纳并呈现政治、经济、科学、宗教、道德、文学、艺术以及日常生活等各种话语形式，并根据自己的意图与模式给予改造，通过转换、移植、膨化、过滤等方式对这些社会话语进行再组织。在这个话语生产场中，市场与商业需要构成了生产的巨大动力，消费主义成为一种新的意识形态，其运行机制则是由政治、经济及文化等规范结构所决定的。

大众传播媒介场域的特点，一方面受制于商业利益的支配。节目收视率和广告份额等标准已经成为目前衡量大众传播媒介实力的主要指标。所以，这种掌控媒介的形式，也就意味着媒介的符号权力具有明确的话语权力。另一方面，媒介场域体现了"文化资本"的特征。媒介场域作为一个现实的关系网络存在，其内部经济资本与符号象征资本共生的关系形成了媒介本身的权力结构。

其次，在文化资本的基础上，布尔迪厄提出"符号权力"的概念。所谓符号权力，"是通过占有符号资本而取得支配社会资源和他人行为的权力"，符号权力是一种次级的权力形式，是其他权力经过变形、改造和合法化的一种形式。因此，必须描述在不同种类的资本变为符号资本中起支配作用的转化

---

① ［德］卡西尔：《人论》，甘阳译，145页，上海，上海译文出版社，1985。

规律。一方面，从符号权力的角度看，"符号系统"就是一套知识工具，既被结构塑造，也被进一步用来塑造结构。布尔迪厄指出，"符号权力"概念就是要强调符号是一种建构现实的权力，它往往能够建立社会世界的秩序。另一方面，要避免将符号关系简化为传播关系，仅仅注意到传播关系是权力关系还不够，还必须认识到"符号系统"既作为知识工具，同时也是支配的手段。①

最后，就媒介权力与社会其他权力的关系而言，布尔迪厄认为，社会权力场中的大众传播媒介场由多个具有自身逻辑的权力形式组合而成，媒介权力因其传播的工具性资本，主要以控制信息载体、话语形式和传播特定的"符号—意义"体系而占据重要位置。政治、经济权力等一方面与媒介争夺于己有利的位置，另一方面又依赖媒介权力，使之更加深广地产生权力作用和对其他权力施加影响。

权力场中的一切权力都是通过符号权力发挥效力的。"符号权力是通过占有符号资本而取得支配社会资源和他人行为的权力。""符号权力"或"符号暴力"是一种建构现实的权力。"符号系统"既作为知识工具，同时也是支配的手段。任何权力关系都是在权力主体与对象"合谋"的情况下完成的。社会的支配秩序并不主要是通过暴力来实现，而是依靠一种"看不见的、沉默的""符号暴力"。

媒介依靠其掌握的符号资本行使权力。符号精英"可以在其权力范围之内，决定话语的类型、风格、题目和表达方式。这种符号权力本质上不受清晰度的限制，而且可以扩展其影响的模式；建立公众讨论的话题，影响典范的中肯性，管理信息的数量和分类，特别是影响到公开描绘什么人和以什么方式描绘。他们是公共知识、信仰、态度、规则、价值、道德和意识形态的制造者。他们依靠其掌握的符号资本行使权力"。② 媒介权力正是通过掌握文化资本，与政治权力、经济权力等结合，进而建构符号权力，形成特定的大众传播媒介场域，从而影响社会。

三、作为"第四权力"的媒介

"第四权力"是西方社会的一种关于新闻传播媒体在社会中的地位的比喻。它所表达的内涵，指的是新闻传播媒体在总体上构成了与立法、行政、

---

① 参阅王伟利：《媒介·符号·权力——解析语言符号在媒介权力建构中的作用》，北京，中央民族大学硕士学位论文，2010。

② 贺建平：《检视西方媒介权力研究——兼论布尔迪厄权力论》，载《西南政法大学学报》，2002(3)。

司法并立的一种社会力量，对这三种政治权力起制衡作用。① 作为"第四权力"，媒介权力的核心含义是指媒介的舆论监督的权力，媒介权力并不能超越其他三种权力，而是与立法、行政、司法三权并立的一种社会力量，对这三种政治力量起到一种制衡的作用。但是这种权力并不是来自国家主权通过法律的合法授予，它的存在和作用是来源于媒体在现实中所扮演的角色在社会中的地位。因此，媒介的舆论监督成为"第四权力"仅仅是一种认识观念和比喻。② 可见，对于媒介权力的批评，其根本问题在于探究作为社会观念形态的媒介与其他社会权力之间的关系。

　　就媒介作为"第四权力"的思想渊源和理论形成发展看，自由主义思想传统构成了媒介第四权力说的基础，早期欧洲的自由主义思想家就主张公民具有言论自由的权利。约翰·弥尔顿于 1644 年出版的《论出版自由》首次提出了影响深远的关于新闻自由的口号和思想，其主要观点是"观点的自由市场"和"自我修正过程"。弥尔顿认为，"言论和出版自由是人们与生俱来的权利，而人是有理性的，他们倾向于服从真理；而真理只有在意见的公开市场上的竞争中才能凸显出来。在意见的公开市场上，通过真理与谬误的搏斗，正确的思想必然会被大多数人所接受，而错误的思想必然会被人们所抛弃。"因此，限制言论自由，就意味着扼杀真理。后来，弥尔顿的这些思想成为新闻的自由主义理论的基础。"观点的自由市场"和"自我修正过程"成为自由主义新闻理论的基本原则，也为新闻媒体成为第四权力提供可能。

　　西方最早提出"第四权力"思想的是美国著名思想家杰弗逊。杰弗逊认为，如果一个政府在批评面前站不住脚，就理应垮台，而联邦政府的真正力量在于接受公众的批评，而且有能力抵挡批评。自由报刊理应是对行政、立法、司法三权起制衡作用的"第四权力"。③ 而"第四权力"真正成为西方新闻界的基本行动原则，始于 1828 年英国政治家爱德蒙特·巴克在英国议会上称记者为"第四阶级"，他认为，议会中除贵族、僧侣、资产者三个阶级之外，记者应该是第四阶级，比其他阶级更重要。1923 年，美国伊利诺伊州最高法院对"芝加哥市对《芝加哥论坛报》案"的判决，正式确立了报纸批评政府的绝对权力的原则。1964 年，"《纽约时报》对苏利文案"的判决确立了报纸批评官员的权力。1971 年，由"专业新闻人员协会"提议创立的"盾牌法"保证了

---

① 陈力丹：《第四权力》，载《新闻传播》，2003(3)。
② 陈沭岸：《浅谈美国媒体如何成为第四权力》，载《理论界》，2013(6)。
③ 刘建明：《第四权利说的历史滑落》，载《现代传播》，2006(4)。

新闻人员对新闻来源的保密权，以防止官员钳制舆论。上述法律保障措施使得美国的新闻界拥有了更大的自主权，并能够负起监督政府及其工作人员的职能。1974 年，美国联邦最高法官斯特瓦特根据新闻媒介在现代社会中所起的作用，从法学的角度提出了"第四权力理论"。其论述提到，宪法之所以保障新闻自由，目的就是保障一个有组织的新闻媒体，使其能够成为三权以外的第四权力，起到监督政府、防止政府滥用权力的功能。第四权力不仅是一种认识观念，而且在美国社会中得到有效的保障。

就美国新闻传播的实践而言，美国媒体作为"第四权力"的作用得到了极大的体现。一方面它为美国民众的政治参与提供了有效、便捷的通道，大多数美国公民认为电视是他们获取日常政府活动、选举和相关事件的主要来源，同时，网络作为获取政治信息的渠道也日渐变得重要，年轻人通过网络获取政治信息的比例最高。另一方面它能够凝聚社会力量对政府实施监督制约，这主要体现在媒介利用议程设置、提供讯息等传媒技术手段，让公众在一定时期内围绕某个相关的议题进行讨论或者引起公众的注意，从而形成一定的民意和声音，最后达成公意，利用强大的公意向政府部门施加压力，促使司法机关秉公处理，及时对相关人员进行处理，从而实现其"第四权力"的功能。除了体现民意之外，媒体还因为现实中民众不能直接监督庞大的政府，便自然而然地担负起监督政府的职能，这也是由媒介本身具有结构健全、相关新闻评论等人才聚集、获取新闻讯息的专业化机构等特征所决定的。①

就我国媒介实践发展而言，如何有效保障人民的知情权、参与权、表达权和监督权，从而真正实现公民的表达自由权利，不仅是大众传播媒介现实发展的问题，还需要媒介批评理论进行深入探究，立足于中国发展的现实，厘清媒介权力与社会其他权力之间的关系，保障社会的良性发展。

思考与练习

一、名词解释

1. 权力

2. 媒介权力

3. 符号权力

4. 第四权力

---

① 参阅陈沐岸：《浅谈美国媒体如何成为第四权力》，载《理论界》，2013(6)。

二、简述题

1. 简述权力研究的基本理论。

2. 简述媒介话语权力的基本内涵。

3. 简述媒介权力批评的基本理论。

4. 简述媒介"第四权力"理论的形成和发展。

三、课堂练习

选取不同的视角，如政治、经济、文化和社会等，查阅有关"媒介控制"的文献资料，并整理成系统的文献综述，总结其中的规律和特点。

第十三章　媒介与身份

本章内容要点

- 身份认同是文化批评研究中的重要概念，也是媒介批评所关注的重点问题，它受到新左派、女权主义、后殖民主义研究理论的特别关注。身份认同的基本含义，是指个人与特定社会文化的认同，其追问的核心问题是：我（现代人）是谁？从何而来、到何处去？身份认同问题已经成为诸多学科所关注的理论重点。在身份认同研究中，民族身份认同尤为重要，其本质在于考察不同形式的媒介与民族身份认同的关系。实践中对于个人身份认同的维系，民族认同与文化适应是两个重要的领域。

- 媒介批评理论关于媒介与身份认同的研究，对媒介的主体认同性建构作用与影响给予更多关注。对于大众传播媒介与身份认同研究理论，技术批判学派主要探讨信息时代的网络社会与身份认同问题，而文化研究学派的重点则关注媒介文化和身份政治认同层面以及媒介与国家民族认同等问题。媒介批评理论认为，媒介是身份认同的主要影响因素和途径，从而探究媒介与身份认同的内在关系问题。媒介批评理论就媒介与民族身份、文化身份、性别、族群等"身份政治"问题做出具体阐释。

"身份"不仅有多重含义，而且成为当代文化研究的重要术语。英语中的"Identity"指的是同一性、等同性等含义，在汉语中，身份指出身和社会地位、身价和姿态、姿势等。身份是个体在社会中的位置及地位的标志和称谓，而认同旨在表达与他人相似或相异的归属感和行为模式。但是，关于身份认同的研究理论，不同的学科对其含义展开的阐释也不同。对身份认同内涵的探究，要与相关的研究问题和理论背景结合起来。媒介批评理论对大众传播媒介与文化身份认同问题的探究，重点对大众传播媒介在文化身份认同中的作用和意义进行考察。媒介与身份认同的研究对分析批判当代文化及其内部结构具有重要意义。

第一节　身份认同

　　身份认同问题在当代世界的人文社会科学研究中占据了重要位置。至今，对文化身份认同研究仍是西方学术界的重要议题，仍受到新左派、女权主义、后殖民主义等的特别关注。其最为基本的含义，是指个人与特定社会文化的认同。就本质而言，身份认同就是来追问"我（现代人）是谁？从何而来、到何处去"等问题。在后工业化时代探讨身份认同问题，大众传播媒介是其不能忽视的重要的影响因素，人们生活在媒介无处不在的世界，各类图像、符号和话语充斥于人们的生活，在当代身份认同中产生重大的影响。媒介不断建构人们的世界，人们内心的不安与焦虑也因为媒介的使用而不断地增加。因此，就现实意义看，媒介批评理论对身份认同的研究具有更为迫切的现实需要。

　　关于文化身份认同的研究究竟兴起于何时？克里斯·贝克尔在《文化研究：理论与实践》中指出，由于政治斗争、哲学与语言学研究的推动，"身份"成为20世纪90年代文化研究的中心议题。而乔纳森·弗雷德曼在《文化身份和全球化进程》中则认为，西方对文化身份政治的关注至少在20世纪70年代中期就已经出现，"从70年代中期起（在美国还要更早）兴起的文化政治从建立在普遍进步和发展基础上的现代政治全面转向与性别、地方或种族身份相关的文化身份政治。这表现为'新'身份、新社会类别以及通常情况下新政治群体的增生。"①国内学者周宪简要勾勒了国际身份认同研究的状况："从经典的弗洛伊德式的精神分析，到拉康后结构主义精神分析，认同研究有了很大的发展。虽然其理论局限在只关注个体认同问题，局限于个体主体性的探讨，但是它的重要性不可低估，尤其是精神分析所揭示的那种新的、变化的、非中心化的主体观，是对传统的、固定不变的、笛卡儿式主体观念的有力颠覆。自20世纪90年代以来，认同问题作为焦点问题被凸显出来，它不仅在文学研究和文化研究领域得到了拓展，而且广泛延伸到社会学、哲学、教育学、政治学、媒体研究等诸多领域，其中霍尔的认同理论特别有

---

　　① 罗如春：《身份认同问题三论》，见钱中文主编：《理论创新时代：中国当代文论与审美文化的转型》（中国中外文艺理论学会年刊2008年卷），286页，北京，知识产权出版社，2009。

影响。"①

　　哲学研究层面将身份认同结构分为客观的"我"与主观的"我"两部分。客观的"我"是指行动者站在他人立场上对自己形成的认识，而这个他人的立场与视角则是通过文化形成的。行动者将这种视角内化，并由此判断、评价并监控自己的行动。大多数人都希望并需要维持一个受人尊敬的社会身份，建构稳定的、有效的、客观的"我"。这种愿望与需要可以在很大程度上解释人们的行动。同时，当人们批评他人行动不当或违反某些社会行为规范的时候，也是在诉诸身份认同；而受批评的人之所以愿意接受批评、道歉并且改正，也是因为他们内化了别人的视角，希望在自己的心目中成为一个更好的人。

　　但是，只有客观的"我"还不足以解释有关行动者身份认同的所有问题。例如，在整个生命旅程中，人们的社会身份（即客观的"我"的一种体现）可能会发生巨大的变化，但是行动者身上却会保持某些特性，会超越这些变化而始终如一。它们监控行动者构建客观的"我"，对自我进行判断并且对判断的结果负责。另外，有些时候，我们的行动甚至会令自己感到惊讶，这些行动通过我们自身得以实现，但是却似乎并不完全符合我们的社会身份，也不是预先设定的。所有上述情况都可以用主观的"我"来解释。

　　一方面，主观的"我"是每一个个体独特性的源泉，如果我们有幸能够在整个生命过程中不断学习与发展，那么这些特性与潜能很有可能得以发掘，而这个展露过程就被称为"自我实现"；另一方面，主观的"我"在形成客观的"我"的过程中也发挥着重要作用，他从普通他人的角度监控与调适个体的行动，是一个可以依据一般性的社会规则行动的道德实践主体。这种道德实践性是个体独特性的反面，对其也是一种制约。可以说，此时主观的"我"是人们自主行动的依据与原则，并且这个"我"也在不断成长发展。在这一过程中，人们不断学习如何在社会道德原则与规范允许的情况下自主地行动，而这个道德意识与行动自主性发展的过程就被称为"自我规约"。

　　按照人类学与社会学的看法，身份认同在传统的社会生活中是坚实而又稳定的，从出生到死亡，人自身就被限制与固定在一定的社会群体中，固定的社会分工进一步稳固了每个人的身份地位，每个人又都从属于各自的家族、血统中，因此，身份认同从不会受到个人与外界的质疑。然而，现代的身份认同则变得更加多变而不稳定，更加具有个性化，这种变化的大部分原

① 周宪：《文学与认同》，载《文学评论》，2006(6)。

因，是由于现代的社会生活打破了原有一成不变的固定的社会结构，同时在各种大众媒介的介入下，人们从各自原有的历史与社会关系中被割裂开来，但与此同时，大众媒介向每个孤立的个体提供了一系列共同的图像与文本，孤立的人们被联系起来，一种新的共有的文化及集体记忆被拥有，从而形成了新的身份认同。但是，即使是身份本身也是变化的。吉登斯就指出，身份是一种关于我们自身的思考模式。我们对自身的看法会随着时空变化及情景差异而变化。此外，身份是社会建构的，人产生身份和认同都在一个特定的社会情景中间，语言和文化实践构成形成身份的资源。

关于身份认同的理论阐释，约翰·费斯克在《关键概念：传播与文化研究辞典》中将认同解释为"个体将自我身份同至少另外某些身份相融合的过程"。斯图亚特·霍尔在《文化身份问题研究》的导言《是谁需要身份》中指出，"身份是建立在历史与文化背景之上的，事实上身份是关于使用变化过程中的而不是存在过程中的历史、语言和文化资源的问题。"霍尔将身份认同界定为启蒙主体、社会学主体和后现代主体三种不同的概念。启蒙主体以核心的、统一的个体观念为基础，具有判断、自觉和行为的能力。社会学主体在自我与他人的"交互作用"中形成，主体被文化和社会塑造、调节。后现代主体不仅没有固定的本质或者永恒的核心，而且还存在着矛盾的、暂时的身份认同，把人们拉向不同的方向。显然，霍尔是从主体的角度对身份认同进行界定的，把身份认同视为"话语实践为我们建构的主体立场点"。同时，霍尔从启蒙哲学后的现代知识话语入手，着重探讨现代和后现代主体身份认同的五大范式，具体包括马克思主义、弗洛伊德心理分析、女权主义、解构主义语言中心观以及福柯的权力/话语分析。可见，霍尔的解释更多地集中于哲学、文化社会研究的视角界定身份认同之上。

有学者研究认为，心理学领域的身份认同与自我定位、自尊、个人主义有密切的关联。社会学理论从群体认同与文化建构的角度界定身份认同，如社会学家彼得·瓦恩里希认为，"个人身份认同是自我建构的总体，在此人们对过去、现在、未来的自我展开剖析和解释"。此外，性别认同和移民身份认同等研究不断展开。有学者将身份认同划分为四类：第一，个体与特定文化的认同，就是个体身份认同；第二，集体身份认同，是指文化主题在两个不同文化群体或亚群体之间进行抉择；第三，自我身份认同，强调的是自我的心理和身体体验，以自我为核心；第四，社会身份认同，强调人的社会属性。① 由此可见，身份认同的概念内涵在各个不同的学术研究领域不断延伸，它不仅是个人对"我是谁""我从哪儿来""我要到哪儿去"这些经典哲学问题的追寻过程，也是对个人与社会、个人与群体之间关系的阐释。社会学家泰弗尔在关于社会身份认同的理论中提出，社会中的个体会自发地将自己归类到一个或更多的群组中去。按照泰弗尔的观点，社会认同的界定是与个体对从属于某一特定社会群体的认知以及这一群体认同所带来的情感和价值意义相关联的。正是由于从属于不同的社会群体，个体才需要一个社会身份以确定自己在社会上的特殊位置。②

有研究者总结归纳了对身份认同问题研究的不同视角，③ 具体包括以下几个方面：第一，认同。Weeks J. 认为，认同即你和一些人有何共同之处以及你和他者有何区别之处。从本质上讲，认同给人一种存在感，它涉及个体的社会关系，包含你和他者的复杂牵连。Jenkin R. 认为，认同的过程就是追求与他人相似或者与他人相区别的过程。曼纽尔·卡斯特认为，认同是人们获得其生活意义和经验的来源，它是个人对自我身份、地位、利益和归属的一致性体验。第二，个体认同。Tajfel 和 Turner 认为，个体认同是指个体对自己独特性的意识，由此，个体认同使个体在时空上确立自己是同一个人而不是其他人。第三，社会认同。Tajfel 将社会认同定义为，个体认识到自己所在群体的成员所具备的资格以及这种资格在价值上和情感上的重要性。第四，种族身份认同。Sellers、Smith、Shelton、Rowley & Chavous 等认为，种族身份认同是对关于种族意义及其重要性等方面产生的态度和信念。第五，角色身份认同。Ashforth 认为，角色身份认同提供了一个自我在角色中的定义，它包括和角色有关的目标、价值观、信念、规范、时空和角色间相互作用模式的认知。第六，职业身份认同。Samia C. 、Bernie W. & Bob H 认为，职业身份认同是个人作为职业中的成员的自我定义，它和职业角色的制订有关。第七，身份认同。Deaux 认为，身份认同是一个人对自己归属群体的认知，这是自我概念中极其重要的一个方面。对于身份认同的研究，至 20 世纪 60 年代兴起的新社会运动，使身份认同研究扩展到文化、日常生活和个体身份等领域，因此，个人身份认同就与种族、性别、性取向、

① 陶家俊：《身份认同导论》，载《外国文学》，2004(3)。

② 黄熏：《媒介使用角度下的"洛丽塔"亚文化群体身份认同建构研究》，上海，上海外国语大学硕士学位论文，2012。

③ 张淑华、李海莹、刘芳：《身份认同研究综述》，载《心理研究》，2012(5)。

历史、文化和整个社会、历史的话语等联系起来。这些研究从不同的学科领域和理论视角回答了身份认同的问题。

第二节　媒介与身份认同批评

按照学科领域，国内外关于身份认同问题的研究基本可以归纳为几类：[①] 第一，国际政治学领域关于民族国家及政党身份的认同。第二，文学领域基于后殖民主义及文化研究关于文化身份的认同。第三，哲学领域关于主体和认同的研究。第四，社会学领域关于性别、种族、阶级、亚文化群体等少数群体的认同及消费认同研究。第五，人类学领域关于族裔身份的认同。第六，教育学领域关于认同的研究。但显见的是，从大众传播媒介角度进行有关身份认同的研究却不是很多，其研究成果主要集中在网络新媒体等的传播与身份认同的问题研究。关于大众传播媒介与身份认同研究，技术批判学派主要探讨信息时代的网络社会与身份认同问题，文化研究学派的重点在媒介文化和身份政治认同层面。总体而言，关于媒介与身份认同的批评研究多数集中于将媒介作为身份认同的影响途径，从而探究媒介与身份认同的内在关系问题。媒介批评理论就媒介与民族身份、文化身份、政治身份、性别、族群等内在关系做出阐释。

一、媒介与民族认同

民族国家在 20 世纪是一个支配性的概念，尽管现代社会人们早已熟悉这样的概念并习以为常，但民族国家却是近代历史的产物，它同时也有社会建构的特性。民族国家的形成与媒介有着不可分割的关系，即民族身份认同的产生与媒介有直接的联系。

(一)作为民族身份认同的语言媒介

语言的形成为早期意义上的"民族"概念的形成提供了关键性的可能，语言在民族认同的形成过程中有着不可替代的作用。早期人类社会受生产力水平低下等的限制，人类氏族社会在一个狭小的区域不得不供养较多的族人，为了种族的生存与繁衍，部落必须分化，于是种数不多的原始语言开始不断分化出众多的语言分支，氏族部落的分离导致了语言的分化现象。当人类的

---

① 刘燕：《媒介认同论：传播科技与社会影响互动研究》，13 页，北京，中国传媒大学出版社，2010。

语言分化发展到一定程度后，随着社会生产力的提高，物质交往和精神交往的扩大以及区域性、世界性的交往的形成，人类语言逐渐又呈现出融合的趋势。①

首先，口语的传播与部族身份的认同。在人类早期的社会生活中，口语的兴起与传播有着生存的意义，在日常生活中，不同部族形成了各自不同的语言，而这种口头语言就成为直接的"传播媒介"，面对面的直接口头交流在少数的部落中随时间空间流动传播，传承整合了部落的文化与传统。在没有文字书写的年代，部落的文化价值观念就是通过口头流传的神话传说、史诗、故事、歌谣等形式承载下来，以族长、氏族、血缘为纽带的部落群体形成了早期最为巩固的"族群认同"。麦克卢汉认为，伟大的、持久不变的大众媒介不是文献，而是语言。语言既是一切媒介之中最通俗的媒介，又是人类迄今可以造出来的最伟大的艺术杰作。②

其次，文字、印刷语言与民族身份的认同。现代民族国家的形成离不开文字、印刷语言的直接作用。文字的出现创造了一个非声音的符号，使得使用不同语言的人借助于文字有了共同的文化意识。在民族身份认同的过程中，起着重要扩散作用的是以印刷术为代表的媒介技术的进步，这种进步使得书籍和文献等少数社会精英阶层所控制独享的特权变成了大众的消费品，文字在此就成了共享交流的工具。交通、通信技术和设施的改善逐步缩小了时间和空间对人类交往的限制，在增加了人的流动性的同时，也加深了地区之间和人群之间的联系。③

本尼迪克特·安德森特别肯定和强调了印刷语言对民族作为"想象的共同体"的影响。他认为印刷语言以不同的方式奠定了民族的意识。第一，最重要的是，印刷语言在拉丁文之下，口语方言之上，创造了统一的交流与传播的领域。印刷字体和纸张的中介作用，使原本无法用语言沟通的人们变得能够相互理解了。第二，印刷资本主义赋予了语言一种新的固定性，经过长时间之后，这种固定性为语言塑造出对"主观民族理念"而言极为关键的古老形象。因为印刷书籍保有一种永恒的形态，几乎可以不拘时空地被无限复

---

① 陈力丹：《精神交往论》，79～81页，北京，开明出版社，1993。

② ［加拿大］埃里克·麦克卢汉、弗兰克：《麦克卢汉精粹》，何道宽译，424页，南京，南京大学出版社，2000。

③ 俞可平等：《全球化与国家主权》，69～70页，北京，社会科学文献出版社，2004。

制，不再受制于经院手抄本的限制。第三，印刷资本主义创造了和旧的行政方言不同的权力语言。[1]

马歇尔·麦克卢汉也同样肯定了印刷语言在促成整个民族观念的过程中所起的作用。他认为，文艺复兴之前的欧洲是不存在民族主义的，而印刷语言使得部落这一血亲家族形式崩裂，取而代之的是经过相似训练的个体所组成的群体，而这种被印刷术所同质化的个体在使用规格一致的封闭民族语言时，内心往往能产生一种统一和强大的感情，从而把民族观念当成是群体命运和地位中强烈而又新鲜的形象，使得民族主义的兴起成为可能。因而麦克卢汉评价说："印刷术发现了生动逼真的民族疆界。印刷术使人以分析的眼光看待自己的母语，把它看成是规格一致的实体。印刷孕育了整个民族主义观念。"[2]

最后，电子媒介语言与民族身份认同。印刷语言需要依靠视觉的努力和大脑的深层次思维，用以形成概念和观点。电子媒介相对于印刷语言的优势是易于理解和可将社会的差异单纯化。同印刷语言的直线序列倾向相比，电子媒介更富于流动性与沟通性，它更为快速、便捷、具有跨时空性。从媒介技术发展的观念来看，电子媒介在认同创造与认同整合方面的效力，较之印刷时代在成倍地增长。

广播在电视出现之前，可以说是前现代时期血亲部落依靠口语传播承袭认同的一种现代景观的延伸。因为广播是以电子媒介为载体的口头传播，具有面对面交流的亲切感，还具有某种部落魔力——它加快了信息传播的速度，使世界缩小为一个"小村落"的愿望成为现实可能。广播具有推广民族标准语言的作用，重新创造民族语言传统，恢复民族特性。"自电台问世之后，爱尔兰、苏格兰和威尔士经历了古老语言的复活。以色列人给我们提供了语言复活的另一个极端例子。"[3]消失了数百年时间的希伯来语借由广播的神奇传播力量在此成为以色列的国家语言和民族凝聚的象征语言符号。

自20世纪60年代后，广播的绝对优势被生动形象的电视逐渐取代。电视作为一种日常消费品逐渐走入普通人的家庭，电视强烈的视觉感官与听觉

---

[1]　[美]本尼迪克特·安德森：《想象的共同体》，吴睿人译，52～53页，上海，上海人民出版社，2003。

[2]　[加拿大]马歇尔·麦克卢汉：《理解媒介——论人的延伸》，何道宽译，225页，北京，商务印书馆，2001。

[3]　[加拿大]马歇尔·麦克卢汉：《理解媒介——论人的延伸》，何道宽译，377页，北京，商务印书馆，2001。

的立体结合对人形成了强烈的冲击力。电视语言的民族融合性、民族构筑性优势也终于得到显示，电视在国家范围采用统一的民族标准语言和规范的书写语进行节目录制与播放，成为国家语言的推广者与普及者。同时受过训练的电视节目主持人用纯正、规范的播音与措辞给整个国家、地区及各少数民族的国语使用者提供了规范，电视的画面语言与文字语言互补，加强不同地域、不同方言以及少数民族之间的沟通与相互理解，促进民族的大融合。电视同样改变了时空概念，使得身处一个巨大空间范围的、不同地区互不相识的国民在同一水平时间收看同样的节目，产生了公众集体的归属感，进一步加强了民族统一和国家的身份认同。

语言媒介与民族认同的关系是民族主义学者关注的重点。因为"使用同一语言符号系统人群"的"语言共同体"的形成是民族国家产生的前提。在电子媒介无孔不入的后现代语境社会，印刷文字的推广和教育作用逐渐被日常性、大众性、亲密性的电子传媒所侵蚀。就语言、传播与民族国家认同的关系看，人们无法抹杀历史进程中不断变化的语言媒介以及承载语言的大众媒介对促进民族形成和巩固民族国家所起到的作用。但任何事物都有其变化性、复杂性和多元性，在媒介技术日新月异的今天，如何克服大众传播媒介的双刃剑，避免其同时附带的、潜在的民族认同的分裂因素，也成为国家媒体需要认真思考的问题。

(二)"想象的共同体"：安德森关于民族的解读

"民族与民族主义"的问题是构成 20 世纪的重要思潮之一，本尼迪克特·安德森将民族问题与民族主义看成是一个"特殊的文化人造物"。在安德森《想象的共同体》的开篇，他以简洁的文字写道："这些人造物之所以在 18 世纪末被创造出来，其实是从种种各自独立的历史力量复杂的'交汇'过程中自发地萃取提炼出来的一个结果。然而，一旦被创造出来，它们就会变得'模式化'，在深浅不一的自觉状态下，它们可以被移植到许多形形色色的社会领域，可以吸纳同样多形形色色的各种政治和意识形态组合，也可以被这些力量吸收。"①安德森对于民族这个概念也在这本书中给出了定义："它是一种想象的政治共同体——并且，它是被想象为本质上是有限的，同时也享有主权的共同体。"这个定义回避了寻找民族"客观特征"的障碍，更为纯粹地指出了集体认同的"认知"特征，由此认为，关于民族的想象就不再是虚假的意

---

① ［美］本尼迪克特·安德森：《想象的共同体》，吴睿人译，17 页，上海，上海人民出版社，2003。

识而成为了主观的身份认同(图 13-1)。

安德森所认为的"民族"在本质上是一种现代性的想象形式，它起源于人类意识步入现代性过程的深刻变化。人类从中世纪开始理解世界的方式开始发生根本性的变化，这种人类意识的变化表现为世界性宗教共同体、王朝以及神谕式的时间观念的没落。安德森认为只有这三者构成的"神圣的、层级的与时间终始的同时性"的旧世界观开始在人们的心灵中丧失了霸权的地位，人们才能开始想象"民族"这种"世俗的、水平的、横向的共同体。"他指出，自 18 世纪末以来，资本主义、印

图 13-1　本尼迪克特·安德森

刷技术、人类语言变化等要素共同推动了美洲殖民地独立运动、欧洲语言民族主义、欧洲官方民族主义、亚非殖民地民族主义四波民族主义的运动。在安德森看来，这四波运动有着共同的基础，这些浪迹天涯的移民生活在特定的殖民空间，因而形成了一种共同的生活体验与文化心理。而这种共同的体验与文化心理所形成的"技术手段"却是在 18 世纪初兴起的两种想象形式——小说与报纸。这两种早期的媒介的叙述的结构呈现出"一个社会学的有机体遵循时历规定之节奏，穿越同质而空洞的时间的想法"，而这恰好也是民族这个"被设想成在历史之中稳定地向下(或向上)运动的坚实的共同体"。而这种"共同体"即是通过文字的阅读而想象成的。人类的语言在与资本主义社会的发展与印刷技术之间的结合中，为民族身份的认同提供了可能。

根据安德森的观点，报纸在形成民族国家的身份认同上也有着巨大的作用，报纸用一种通用的语言向读者提供定期(每天)的公共故事。报纸对世界时间解读所面向的读者通常都被想象成民族国家的公民，分散在广袤国土上的人们，虽然从未相识，却在同一时间，阅读同一语言的同一报纸故事，由此可以想象到他们有无数的同胞。报纸的同一性(不同内容的新闻集中在一张版面上)折射出国家的同一性，将不同群体的人们聚拢在一个共同的空间区域。因此，安德森说"印刷的语言，而不是某个特定的语言，发明了民族主义。"①

---

① [美]本尼迪克特·安德森：《想象的共同体》，吴睿人译，122 页，上海，上海人民出版社，2003。

二、媒介与文化适应

(一)媒介与文化身份适应

身份不是因为血缘或者种族等固定下来，而是要依靠不同的历史语境与不同的历史相联系。身份不仅是血缘的身份，更重要的是文化身份。事实上，当人们脱离自己熟悉的祖国或故乡，旅行或移民到另一个地方，媒介成为他们进行文化调节的工具，有助于让他们在新的环境下有家的感觉。许多进入另一个文化的人，如移民、外籍劳工、难民、留学生等往往会通过媒体来学习和适应新的文化，或者通过媒体来保持原来文化认同，抑或是来调节这两种文化认同。

媒介在帮助脱离故土的人们适应新文化方面具有重要的作用。适应一种新的文化环境通常被称为"文化适应"。大众传播研究中的"媒介使用与满足"理论研究学者，重点关注媒介在文化适应中的角色以及外来者如何利用媒介内容来满足自己的特殊目的。由于电视的普及性和电视节目的跨越文化共同性，电视在文化适应方面有强大的作用。一个外来者不仅可以从电视中得到娱乐，而且可以从节目中学习语言和文化。由于许多电视节目类型有共同性，如带有固定人物类型和故事情节的情景剧，外来者较容易通过这些节目来了解新文化。

外来者不仅通过媒介适应文化，也通过本国媒介与祖国保持联系。类似的媒介形式包括录制的节目、卫星节目或来自互联网的信息。在外来者居住的少数民族社区中还有商店可以租借祖国的电视节目。远离家乡的人接触自己国家的媒介一般都出于不同的动机，如为了得到来自家乡的舒适感和亲切感，为了保持对自己原有身份认同或者是其他一些比较实用的目的等。有学者通过研究采访了在美国就读的中国留学生，他发现一些受访者看中国节目的原因不是为了与家乡认同的需要，而是希望通过家乡的媒介内容加强对当前祖国的文化认知，为今后的工作打下基础。一个受访者认为，他的中国身份是一个有价值的东西，有助于他在美国找到工作。也就是说，在美国，中国人所具有的二元文化认同是"独特的文化资本"，它可以使一个中国求职者比一个拥有单一文化的美国求职者更有优势。在国外，通过网络或其他媒介欣赏中国历史剧可以帮助他继续了解中国文化。因此，他把自己的留学生活视为一个更多地学习美中双方文化的机会。另外，受访者计划在毕业后返回中国，觉得对国内媒体内容保持关注，有助于他们回国后加深对祖国社会发展的了解。当讨论到华文媒体的时候，受访者"显示出对几乎每一个细节都关注到令人惊讶的程度，他们关注的内容包括语言、时尚、风景、流行音乐、室内装饰、人情世故、政治、社会价值、公众生活等"。

(二)文化身份与认同危机

文化的概念非常的广泛，单纯对于民族而言，它的文化是历代相传而形成的产物，是维护民族群体凝聚力和整合力的重要纽带；民族文化的面貌是该民族在观念、生活、宗教和行为准则等方面的综合反映，也是区别于其他民族的重要标志。① 从该层面上讲，所谓文化是认同之源。安东尼·史密斯曾是"文化同质化"理论的强烈反对者，其理由在于全球化破坏了那种赋予个人生活意义的对历史和地域的特殊依附，使得文化的全球化非常难以实现。在他看来，作为社会团结形式的民族文化的吸引力在于它们是"特定的、有历史渊源的以及意味深长的"，这种民族认同感为某特定地域的人们所共有，包括"世代相传感、集体的共享记忆和共同命运感"。个人或群体的文化身份事实上是建立在以时间为纵轴的历史经验积累之上的，具有传统性、垂直性和延续性。普瑞斯顿也指出，传统意义上的认同主要包括地域、网络、记忆三个层面，即人们以地域为基础，在与他人互动的人际网络中形成认同观，最后经由主题持续不断地修正，存储于记忆之中，由此形成个体、社会和国家的层级文化身份认同。②

但是，全球文化的时空穿插性、水平迁入性与长驱直入及其文化产品暂时的连续感、体验的肤浅、无深度感等，使世界大部分国家给予传统认同的地域、网络和记忆等要素产生动摇，垂直的历史认同建构被巨大的文化缝隙所填补，造成认同观断裂的局面。此外，无论是全球化的"文化同质论"，还是"文化多元论"，都是全球化过程所具有的文化混合形态的不同层面，总是牵涉强势文化对弱势文化的文化介入、文化辐射与文化权力，抑或是弱文化的抵抗性融合与改造。不论是介入、融合，还是改造，文化的撞击与交锋总是两股不同的"差异力量"的博弈，强势文化或是弱势文化在其中都会就势改变其原有的面貌，要么被挪用、被修改，或者被杂糅、被整合。单数形式的民族文化样式会受到冲击，文化气质的失落、文化品位与文化的纯洁性的丧失也会无法避免，传统文化的一脉相承性也会被打断，这也是文化断裂产生的原因。

---

① 姜芃主编：《加拿大：文化的碰撞》，55 页，长春，吉林教育出版社，1992。
② 李天铎：《想象空间与认同并裂：媒介全球化的后果?》，见孟建主编：《冲突·和谐：全球化与亚洲影视》，65 页，上海，复旦大学出版社，2003。

三、媒介与身份政治

随着身份认同研究领域的不断拓展，"政治"在文化研究的话语体系中被用来表现一种描述、规范文化认同和社会行为的话语权利，而文化认同以"命名"来重新描述被差异化的身份。拉克劳和莫芙认为，"社会"是通过一系列对差异的论述来构成的。同处于一个社会的成员在个人的身份上依然是有着不同的显著差异，不只是阶级的差异，还包括性别、种族、族群等差异。在身份政治中，媒介的再现成为被广泛关注的场域，其中，媒介与女权主义、多元文化和公共领域是身份政治研究的重要流派。

（一）身份政治

"身份政治"是西方学术界使用的概念。西方学术界对这个概念有不同的理解，其中最为普遍的看法，认为身份政治是用来描述那些以非白种的、非欧洲的、非异性恋的、非男人的身份进入政治舞台的社会现实。① 西方"酷儿"②理论家艾斯科弗对身份政治做了如下概括："身份政治是一种差异政治。差异政治的原则包括肯定优先的局部存在。"③道格拉斯·凯尔纳也认为，身份政治指的是个人通过参加与其所认同的社群的利益相关的政治活动，来构建自己的政治和文化身份。与艾斯科弗的差异观点相比，凯尔纳从文化的角度强调身份政治的建构性与表演性更具有现实意义。

凯尔纳认为，身份政治起源于个人所受到的各种负面体验。④ 当少数群体成员被处于支配地位的群体强加身份从而拉开距离，被视为外人、边缘人从而低人一等并受到歧视与压制时，任何人都会自然而然产生逆反心理，想要反抗反击这种评估，并赋予被斥责和攻击的身份以标志（如肤色、性别、性取向或是种族等）正面的意义来表示自身的价值，同时去进一步强化那些被支配群体视为消极的一些因素。当被边缘化的相对少数群体去重新追寻自

---

① ［英］阿雷恩·鲍尔德等：《文化研究导论》，陶东风等译，231 页，北京，高等教育出版社，2004。

② "酷儿"为 queer 的音译，原意是西方主流文化对同性恋的贬称，有"怪异"之意，后被性的激进派借用来概括他们的理论，含反讽之意。"酷儿理论"是 20 世纪 90 年代在西方兴起的关于性与性别的理论，它最初源于同性恋运动，后来成为所有性少数人群"正名"的理论，成为挑战男权文化的思想武器，是后现代主义在性学研究上的代表性理论。

③ ［美］葛尔·罗宾：《酷儿理论》，李银河译，321 页，北京，文化艺术出版社，2003。

④ ［美］道格拉斯·凯尔纳：《媒体奇观——当代美国文化透视》，史安斌译，131 页，北京，清华大学出版社，2003。

我和界定自己的文化身份认同，并通过自己的社群开始进行集体行动表达不满与愤怒时，他们的言行表现就是一种身份认同政治。

自 20 世纪 60 年代以来，媒体逐渐成为政治表演的舞台。个人所认同的成为通过媒介再现的群体、偶像、政治事务和抗争行为，而新的身份认同模式也借由大众媒介来传播；反过来观众也通过媒介认同体现个人身份的主要特征等。① 由此，媒介中所展现的少数群体的形象就成为被不断强化的固有"刻板印象"，或者是再生产与组装拼贴的"异类形象"，大众媒介通过这样的手段来满足主流观众的需要。而这种非客观的偏见再现，使得媒介将少数群体"污名化"。社会学家戈夫曼指出，污名就是一种身体或社会的属性或标志（如身体畸形或犯罪前科记录），它可以使行为者的社会身份降低到"没有资格得到社会充分容纳的程度"。② 大众媒介所描述的少数群体的形象，事实上是一种虚拟的建构的真实，但它形成了虚拟的社会认同，与实际的现实有很大的差距，这其中就暗含着主流社会对少数群体显而易见的或是隐蔽的污名和名誉伤害。通过这样一种认识，少数群体的身份政治认同实质上也是一种限制和洗刷处理污名的策略和行动。

刻板印象并不是一成不变的，大众传媒同样也可以成为身份政治团体对抗认同的工具手段。媒介是可以在某种程度上改变再现的形象与范围的，少数群体的媒介形象是可以重新塑造并传播。同时，媒介也可以通过少数群体成员进入媒介组织，均衡媒介观点。此外，关于少数群体的媒介文本生产应该有客观公正的立场，避免暗示误导，也要给予少数群体回应的权利。身份政治不仅是凭借政治运动进行改变，如 20 世纪五六十年代的黑人民权运动和六七十年代的女权主义运动等，可以说，媒介发挥了关键的作用。

关于媒介与身份政治之间的构架关系，凯尔纳做过比较精辟的概述，他指出，当代文化各种形式的再现在身份建构过程中起到了重要的作用，媒介文化不仅为打造身份提供了资源，媒介文化奇观也引发了身份的后现代化，即个人通过与特定群体、主体位置和话语的认同，实现了个人和政治身份认同的结合。③

---

① ［美］道格拉斯·凯尔纳：《媒体奇观——当代美国文化透视》，史安斌译，131 页，北京，清华大学出版社，2003。

② 郑翰林编：《传播理论简明词典》，211 页，台北，台湾风云论坛出版社，2003。

③ ［美］道格拉斯·凯尔纳：《媒体奇观——当代美国文化透视》，史安斌译，143 页，北京，清华大学出版社，2003。

(二)媒介与性别

媒介与性别的建构关系也成为媒介批评身份政治关注的重点。性与性别的身份是社会建构的，媒介上呈现的诸多女性形象就是社会建构的重要成分。研究者对于大众传媒中的女性形象进行分析发现，媒介中女性形象的再现往往处于边缘和从属的地位，特别突出女性的家庭化和美丽化的特征。事实上，女权主义的论述揭示了社会文化中男权的主导地位与符号的控制，为新的有主体意识的女性定义开阔了空间。

(三)媒介与种族/族群认同：多元文化

种族/族群同样也是社会话语的建构，大众传播媒介在此过程中的作用不可忽视。它们的含义在不断地变化，并涉及诸多现实的抗争，不同的族群被不断地差别化或组合化。多元文化主义颂扬差异，反对同化。

关于"种族"，必须要强调的是，世界上只存在一个"种族"，那就是"人类种族"。人类生物学从未将人类划分为不同的"种族"，只有种族主义者以及反种族主义者才强调人种之间的差异。"种族"存在于一个历史与文化的范畴，是依据肤色不同而制造的差异性指称，也包括这一过程中通过某种方式建构出社会政治的等级制度。人与人之间的确存在着肤色与体质的差别，但这些差别本身并不能产生任何意义，如果有这种"意义"，只能是认为定义的结果。除此之外，也没有任何理由认为肤色比发色、瞳色更重要。种族主义是一个指意系统而不是生物系统，如保罗·吉尔罗伊所言，须首先认识到肤色(一个毫无意义的概念)仅具有极其有限的生物学基础，方能借助指意理论对"种族"能指的可塑性和空幻性以及种种从一开始即将"种族"概念转变为能指的意识形态进行分析。显然，该观点强调应将"种族"视为一个开放的政治范畴内的概念，其理由是无论哪种界定得以占据主流地位以及在何种环境下"种族主义"方可生存或消亡，其实都是权力斗争的结果。① 无论用来指意与否，差异都是客观存在的。但差异被用来指意的机制，却始终是政治权力的结果，本来与生物学的差异无关。

1. 霍尔关于"种族"的观点

斯图亚特·霍尔指出，在西方社会历史上，"种族"概念的发展经历了奴隶制与奴隶贸易、殖民主义与帝国主义以及伴随着 20 世纪 50 年代去殖民化的移民浪潮这三个关键的历史时刻。"种族"与种族主义现象既非自然而然，

---

① GilroyPaul，*There Ain't No Black in the Union Jak*，London：Routledge Classics，2002，p. 36.

也不是命中注定，而是具有历史渊源的，是人类行为与互动的结果。人们源于无知与恐惧的"仇外情绪"由来已久，仿佛从不同族裔开始共存的那天起便始终存在。而"种族"和种族主义的历史是极其特殊的。

霍尔针对英国的种族主义的现实分析认为，英国种族主义最早是为维护奴隶制与奴隶贸易的合法性而出现的。同时，大众媒介上的普遍同质化形象成为多元身份批判与建构的资源，然而以形象不"真实"为基础的争辩却包含着自身的悖论。既然差异身份都是文字、语言、图像的建构，又何为"真实"的再现？这种基于族裔身份的多元文化主义也被批判为是另一种形式的同质化观点，它抹杀了同一族裔内部的差异。而且那种黑（有色）/白的二元分类本身对解构的对象也是具有争议的，在媒介再现中还有属于混杂身份的情形。

对此，霍尔进一步分析认为，"当产生自文化种族主义中的一些条件不仅坚持而且在撒切尔主义的宣扬下繁荣时，原来的种族和表征以及围绕这个问题发展而来的政治之间的居于优势的关系并没有也不可能消失。认为黑人文化政治可能取代早期文化政治的新阶段是没有任何意义的。因此正确的看法是，斗争向前运动并且假设了新形式，这的确从某种程度上移植、组织和设置了相互之间的不同的文化张力。"[1]因此，英国政治上仍然实施的是葛兰西所指出的文化霸权的政治策略。黑人社群需要重新处理好黑人的流散经验，处理好不确定性的、混杂的流散过程。这也是霍尔支持英国年轻黑人电影和电影制造商通过非洲人的经验，联合非洲—加勒比海人的经验以及亚洲和非洲文化的美学传统和表征的复杂系统来实现新的文化政治的原因所在。霍尔针对这种情况，提出了两个解决办法：一是通过黑人艺术家和黑人文化工作者用自身的表征来获得权利；二是设置积极的黑人形象的看法。霍尔邀请黑人和亚裔电影制作商以及其他从事表征政治的人来参与演讲，挑战西方文化中黑人形象的边缘化、客观化、偶像化。

霍尔认为，种族身份的认同不仅是外在建构的，还有内在自我认知建构的因素。认同性的不同之处在于，差异性是认同性的根源和表征，而认同政治则是认同性的内在和对策。黑人认同感的产生决定于移植和差异性。在黑人成长的过程中也有这样的问题："将自己建构成'黑人'是另一种通过差异性进行自我认知：对抗与一个人正试图定义自己的某种极端性。我们不断低

---

① Stuart Hall and Mark Sealy, *Different: A Historical Context*. New York: Phaidon, 2001: 35.

估某些发生在世界上关键政治事件的重要性，低估在黑人认同上人们从心里建构自我的能力。这长期以来被认为是一个非常简单的过程；一种认知，一种不可能解决问题的解决办法，一种一直在某个地方等待回家的地方。最终成为'真实的自我'。"①

传统的黑人认同总是指向种族主义。但霍尔发现，认同性并不是普遍固定的，不同认同性之间所产生的关系，一直需要进行不断的对话和协商，产生一种新型的政治是可能的并且是具有权威性的。这样的一种政治明显是将种族从民族主义、种族主义中分离出来，能够对种族的特性和差异性进行思考而不去考虑民族身份的排他性。霍尔认为，黑人种族认同更多的是一种认同政治。霍尔肯定了媒介建构的作用和影响。霍尔将黑人新种族认同和文化认同诉诸加勒比海电影的意义。电影加勒比海在重建加勒比海的历史和普遍性的文化符码方面具有重要的作用，这种普遍的文化代码可以提供"在变动的分裂和我们真实的历史怀旧中的不断的参照和意义的结构。"记忆、幻想和深化都通过电影、画面、音乐和其他艺术形式连接起来，构成并表达加勒比海认同。通过这种方式认识认同的连续性，可以无须以某种更陈旧的、显然是固定的认同的安全性来探讨现代黑人认同性。

总之，霍尔在针对西方种族主义文化背景下的媒介如何建构身份认同进行了深入的分析。不仅看到了"他者"的建构，同时也结识了"自我"认知的同化，深刻分析了媒介与社会文化的内在关系。

2. 萨义德的"东方主义"

在对西方种族中心主义的文化批判中，最著名的则是美国学者爱德华·萨义德的"东方主义"理论(图 13-2)。

西方的"东方主义"是一系列有影响力的论述，它们被用来建构一个叫作"东方"的实体。自 20 世纪以来，用东方主义形容西方对东方的研究是有负面意思的，大意是指该研究者持有 18 世纪和 19 世纪的欧洲帝国主义态度来理解东方世界，也可以是指东方以外的人对东方文化及人文的陈旧的并带有偏见的理解。因此，用东方主义来阐释西方对东方的研究基本上是带有负面色彩的，在"西方"的知识、制度和政治/经济政策中，长期积累的那种将"东方"假设并建构为相异的、分裂的和"他者化"的思维。那么，对于西方的东方主义话语，萨义德进行了批判。萨义德的《东方主义》是后殖民主义的奠基之著，他深入考察了西方世界利用一种东方话语来建构关于东方的"知识"过

---

① Helen Davis, *Understanding Stuart Hall*. London：Sage，2004，p. 179.

程，探索相应而生的"权力—知识"体系如何在西方强权的利益中得到结合。

　　萨义德借助福柯的话语概念考察了"东方主义"的形成，并阐释权力如何通过话语起作用、权力如何产生认识以及关于"东方"的认识本身如何表现社会权力之间的关系。在萨义德看来，东方完全是被欧洲人发明出来的。他用"东方主义"这个表述来形容欧洲与东方的关系，尤其是"东方如何在影像、观念、性格和经验领域将欧洲（西方）界定为自己的对立面"。① 此外，他还"竭力展现欧洲文化如何将自己装扮成东方代理人，乃至东方的潜在自我，并从中获得力量与身份"。在讨论分

图 13-2　爱德华·萨义德

析东方主义时，可将其视为"处理"东方问题的某种组织机制，其具体方式包括制造对东方的叙述、赋予某些关于东方的观点以权威性、描绘东方、教授东方的知识、对东方进行殖民、统治东方等。简而言之，东方主义就是西方对东方加以宰制和重构，进而凌驾于东方之上的一种观念殖民的方式。② 作为虚假意识形态系统的东方主义，其实与权力问题密切相关，是西方维系对东方霸权的诸多机制之一。因此，在一定程度上，这种霸权是通过强调西方与东方的"绝对差异"来实现的，诸如"西方——理性、发达且优秀，而东方则——古怪、落后而贫瘠。"③在这种二元对立的叙事建构中，隐含着西方中心主义的文化殖民观念。

　　以萨义德的观点和方法来描述西方帝国的虚构类文艺作品中基本包含两种情节结构。第一类故事往往讲述白人殖民者被原始森林的野性力量征服，用种族主义的神话来说，就是"回归自然"。比如，小说《黑暗之心》④和依此

---

　　① Said、Edward，*Orientalism*，*Harmondsworth*：Penguin，1985，pp. 1-2.

　　② Said、Edward，*Orientalism*，*Harmondsworth*：Penguin，1985，p. 3.

　　③ Said、Edward，*Orientalism*，*Harmondsworth*：Penguin，1985，p. 300.

　　④ 《黑暗之心》是波兰裔英国小说家约瑟夫·康拉德的代表作，初版于 1902 年，讲述英国白人船长马尔洛带领比利时商船在刚果河从事象牙贸易的故事。这部小说被认为是 20 世纪英语文学最重要的作品之一。

改编的电影《现代启示录》①中的人物库尔茨上校就属于这种类型。第二类故事则强调拥有"种族优越性"的白人对丛林及丛林栖息者的利用与征服。小说、电影和神话故事中常常出现的角色"人猿泰山"则是此类结构中最典型的代表。在东方主义的视角下，上述两种叙事结构都包含着西方中心主义文化的欲望和焦虑，而不仅仅是对其他种族和异域土地的征服。这样人们的注意力从叙事结构中的时间和地点因素转移到此类故事对其生产者和消费者发挥的"功能"上来。

(四)公共身份认同

公共身份是另一种认同，是民主框架下个体对公民权利和义务的承诺，同样与媒介有密切的联系。对此，哈贝马斯有深刻的论述。

哈贝马斯继承法兰克福学派对资本主义的批判传统，用公共理论来宣扬他的平等、多元和理性的民主社会理念。哈贝马斯所指的公共领域，指的是介于国家与社会(即国家所不能触及的私人或民间活动范围)之间，公民参与公共事务的地方，它凸显了公民在政治过程中的互动，其由来可上溯至古希腊时期，当时出现了"公"(公共事务)与"私"(私人事务)的分化。哈贝马斯认为，民主社会的理想运作是要在保证国家权力和资本权力之外，还有一个公民可以公开、平等、理性地形成民意的"公共领域"。虽然当代资本主义社会中，公共领域业已衰败，公民平等参与公共辩论的渠道和媒介也非常有限，但是，哈贝马斯仍寄希望于建立一个公共舆论形成与表达的三个层面的多元系统：一是公民社会中常面对面的讨论。二是在弱公共空间和媒介系统中的公共话语。三是政治中心系统的机制化的话语。对此，哈贝马斯相信，西方社会公民身份重建的基础在于重建公共舆论所形成的"公共领域"。

哈贝马斯指出，具有政治功能的公共领域最先是在 18 世纪初的英国出现的。17 世纪末，新闻检查制度的废除标志着公共领域发展到了一个新的阶段，"使得理性批判精神有可能进入报刊，并使报刊变成一种工具，从而把政治决策提交给新的公众论坛"。② 但他同时认为自 19 世纪的最后 20 年以来

---

① 电影《现代启示录》改编自康拉德的小说《黑暗之心》，只不过电影将故事的背景改为越战时期的越南。导演弗朗西斯·科波拉是当代最著名的电影艺术大师之一。该片最早于 1979 年上映，并于 1987 年及 2001 年先后推出新的剪辑版。1979 年，该片荣膺法国戛纳电影节金棕榈奖。

② ［德］哈贝马斯：《公共领域的结构转型》，曹卫东等译，68～69 页，上海，学林出版社，1999。

（以 1873 年经济大萧条为标志），随着国家干预主义渐趋强化，资本主义的发展进入了新的阶段，国家干预社会领域与公共权限向私人组织转移，即社会的国家化和国家的社会化同步进行，这一辩证关系逐渐破坏了资产阶级公共领域的基础——国家和社会的分离。哈贝马斯据此认为，一个重新政治化的社会领域摆脱了"公"与"私"的区别，消解了原本属于私人领域的自由主义公共领域，这种情形与封建社会晚期有类似之处，哈贝马斯称之为公共领域的"再封建化"。①

　　哈贝马斯论述了媒介与公共领域的关系。自 19 世纪中后期以来，在报刊与公众之间，大众报刊逐渐取代了具有批判意识的文学杂志，它们往往不惜以牺牲其政治与公共事务内容为代价，迎合教育水平较低的消费集体的娱乐和消闲需要，他引用施拉姆的术语说，即时报偿新闻（如腐败、事故、灾难、漫画、体育、娱乐、社会新闻和人情味故事等）不断排挤延期报偿新闻（如公共事务、社会问题、经济事件、教育和健康等），"阅读公众的批判逐渐让位于消费者'交换彼此品位与爱好'"，因而"文化批判公众"变成了"文化消费公众"，即被操纵的公众，这样，文学公共领域消失了，取而代之的是文化消费的伪公共领域或伪私人领域。② 由此，他进一步分析了媒介与政治经济的内在关系。

　　哈贝马斯认为，在传播媒介同政治和经济的关系上，随着资产阶级法治国家的建立，其具有政治活动功能的公共领域在法律上得到认可，具有意识批判功能的报业摆脱了意识形态的压力，向商业化报刊的转变铺平了道路，乃至于商业化成为必由之路。由于新闻版面与广告版面越来越密不可分，报刊变成了有特权的私人利益侵略公共领域的入口。另外，商业性报刊结构转型的各个方面与报业的集中，尤其是报团的出现和技术一体化的趋势相关联。因此，在商业化的过程中，报刊业自身也越来越容易被操纵。但是与 20 世纪的电影、广播和电视等新媒体相比，报刊又是小巫见大巫。由于耗资巨大，威力惊人，包括英、德、法在内的许多国家的新媒体一开始就受到政府的管理和控制，其中最有代表性的通讯社，如路透社、德新社和法新社等从由私人组成的公众私人机构变成官方半官方的机构。这样，大众传媒最初的

---

　　① ［德］哈贝马斯：《公共领域的结构转型》，曹卫东等译，170～171 页，上海，学林出版社，1999。

　　② 展江：《哈贝马斯的"公共领域"理论与传媒》，载《中国青年政治学院学报》，2002(3)。

基础主要掌握在私人手中，不受公共权力机关的干涉的传统被彻底颠覆了，传播效率越高，越容易受某些个人或集团利益的影响。而 20 世纪初的美国公共关系行业的发展，则表明政府、政党和各种组织积极参与新闻活动，有计划地制造新闻或利用有关事件吸引公众注意力，大众娱乐与广告的结合具有了一种政治性质，于是出现了政治推销业，尤其是"政治公共领域在竞选时的定期出现，很容易就具有资产阶级公共领域衰败的形式"。①

哈贝马斯关于公共领域及公民身份认同的论述，揭示了大众传播媒介对此的影响关系，一方面，媒介形成了早期的资产阶级的公共领域；另一方面，政治和资本权力的介入使得这种公共领域又走向衰败。在这些分析中，媒介批评理论可以进一步思考在新媒体环境中，公共领域及公民身份认同的具体特征和现实途径。

思考与练习

一、名词解释

1. 身份认同

2. 想象的共同体

3. 女权主义

4. 种族

5. 公共领域

二、简述题

1. 简述身份认同的概念内涵。

2. 简述身份认同研究的不同理论。

3. 简述霍尔关于身份认同的理论观点。

4. 简述安德森的"想象的共同体"理论。

5. 简述哈贝马斯"公共领域"的主要内容。

---

① ［德］哈贝马斯：《公共领域的结构转型》，曹卫东等译，248～249 页，上海，学林出版社，1999。

第十四章　媒介与性别

本章内容要点

- 社会性别是当代文化批评研究中被广泛应用的概念。人类性别一般分为自然性别和社会性别，前者是从生物学意义上展开的，但是这种生物学意义上的差异总是被人为地划分到社会文化层面，从而形成某一历史阶段和某文化区域中相对固定的性别特征。而社会性别就是对人类性别从社会文化层面进行的界定，旨在对社会文化的规定性、对其所赋予的人类性别特征和性别化的过程进行考察，其核心在于对性别的社会化过程的探究。

- 女性主义媒介批评的形成与西方女性主义运动的发展密切相关。随着社会性别研究和女性主义运动的发展，女性主义媒介批评的视野不断拓展，大众传播媒介和通俗文化批评成为女性主义批评的重要领域，特别是大众媒介对于女性不平等的文化表现，成为女性主义媒介批评的主要视角。基于此，女性主义媒介批评重点探究了导致女性不平等的社会、文化、政治等原因。

在媒介批评理论中，关于"社会性别"的研究以及由此产生重要影响的女性主义媒介批评，成为媒介批评理论实践范畴中的重要领域。在探究社会性别的建构中，大众传播媒介是非常重要的角色，因此，考察媒介与社会性别建构的内在关系也是目前媒介批评研究的重要问题。

第一节　社会性别

在当代文化批评研究中，社会性别是一个被广泛应用，但仍有争议的核心概念。人类性别一般分为自然性别和社会性别，前者是从生物学意义上展开的，但是这种生物学意义上的差异总是被人为地划分到社会文化层面，从而形成某一历史阶段和某文化区域中相对固定的性别特征。而性属或社会性别就是对人类性别从社会文化层面进行的界定，旨在对社会文化的规定性、对其所赋予的人类性别特征和性别化的过程进行考察，其核心在于对性别的社会化过程的探究。

一、社会性别

社会性别与生理意义上的性别不同，性别是指男女在生物学上的差异，社会性别则指在社会文化适应中形成的男女角色、性格、地位、行为特征等方面的差异。① 简言之，社会性别指基于自然性别的差异而被社会按照不同方式进行建构的性别。社会性别不仅是一个词语，还由此派生出一套分析的范畴和研究的方法，包括社会性别意识、社会性别视角、社会性别分析和社会性别理论等。② 社会性别理论的核心观点认为，每个人都有社会性别，社会性别源于社会建构，社会性别规范人的行为，决定了人的社会角色和行为特征。

英文 gender 一词本身的含义一是指心理学所特指的性，二是指语法学上词汇的性。该词在人文社会学科中被借用，在于和原有的生理学层面上的 sex 相区别，即"在社会文化差异，而非生物学参照中特指男女性的状态"③，因此，性属"是指性别差异的社会、文化和历史建构"。④ 一般而言，学术界用 sex 指涉生理意义上的自然性别，而用 gender 指涉文化意义上的社会性别。⑤ 自 20 世纪 70 年代以后，由于女性主义理论研究的深入，由此引入并发展了"社会性别"概念，使之成为一种分析的范畴、方法和框架，并被赋予了新的含义。⑥ 对于 gender，中国学界将其译为"性别"和"社会性别"两种⑦，但大多数学者将其翻译为"社会性别"，并认为在性的问题的研究方面，要用社会性别制度和社会性别关系来分析现存的文化观念，而不能用现在的概念、现存的观念来进行表述。⑧ 目前，中国的政治、学术、妇女界等各个领域绝大多数采用"社会性别"的中文译法。

社会性别概念及其研究的兴起，与 20 世纪后半期西方社会运动和思潮所引发的对既定概念系统进行反思和质疑的社会背景密切相关。因此，社会性别研究与 20 世纪后期兴起的以跨学科研究方法为标志的文化研究、女性

---

① 卜卫：《媒介与性别》，3～4 页，南京，江苏人民出版社，2001。

② 刘利群：《社会性别与媒介传播》，17 页，北京，中国传媒大学出版社，2004。

③ Judy Pearsall, ed. *The New Oxford Dictionary of English*. Oxford：Clarendon Press，1998，p. 763.

④ ［英］彼得·布鲁克：《文化理论词汇》，王志弘等译，167 页，台北，台湾巨流图书有限公司，2004。

⑤ 王晓路：《文化批评关键词研究》，251 页，北京，北京大学出版社，2007。

⑥ 刘利群：《社会性别与媒介传播》，17 页，北京，中国传媒大学出版社，2004。

⑦ 李银河：《妇女：最漫长的革命——当代西方女权主义理论精选》，北京，生活·读书·新知三联书店，1994。

⑧ 王政：《"女性意识"、"社会性别意识"辨异》，载《妇女研究论丛》，1997(1)。

主义研究、同性恋以及族群研究等有直接的联系。就其理论基础来看，社会建构论是社会性别理论的渊源。波伏娃（图 14-1）指出，"不论是历史现实还是事物本性，实际上都不是一次性给定的，因而不是固定不变的。"①社会建构论首先批判了把生理性别和社会性别等同的思维方式。比如，说一个女人，出生时在生理性别上是女性，因此，就必然应该拥有女性的社会性别特征，如母性、柔弱性、依赖性等。社会建构论的出现，打破了二者之间联系的固定性和必然性，即人所存在的社会性别特征与人的生理性别并不总是一致的，有时是无关的，甚至是完全相反的。波伏娃的观点鲜明地体现了社会性别的社会性大于生理性，对社会性别研究起到了奠基作用。

由此，基于话语和社会双重力量所建构的社会性别研究，其理论基础是，人类个体总是在社会历史时段中存在的，其自然性别所拥有的社会文化特征并不仅仅是自然性别或生理特征的外在表现或生理的必然附加物，而是该个体在具体的历史时段中，在某种社会文化支配性观念的作用下，在社会和话语文本中被建构起来的。福柯则将社会性别与其权力分析相联系，福柯认为，就生理性别和社会性别的关系看，性别不是天生的，男人之所以为男人，女人之所以为女人，是与权力共存共变的。他认为性别在两分的本质主义，如男人/女人、阴性/阳性等的区别中是原因

图 14-1　西蒙娜·德·波伏娃

而不是结果。也就是说，无论是男性气质还是女性气质，都是话语的产物，是社会历史的产物。这个产物不单单是社会压制的，而且是通过自身规训的产物。尽管在父系权力的基础上，或者说在男性话语霸权上，女性气质的建构构成了如今女性分析的核心，但在社会环境下的话语对女性气质的塑造的具体过程往往成为这些分析的一个盲点。故此，作为社会活动的传播活动和大众传播媒介在社会性别建构中具有重要的作用。

二、女性主义批评

在争取女性权利和社会地位、妇女解放运动推动及社会性别研究等理论的影响下，女性主义批评在 20 世纪 60 年代发展起来，成为具有强烈的政治性的文化批评理论。女性主义批评的基本观点认为，西方文明是以男性为中

① ［法］波伏娃：《第二性》，陶铁柱译，37 页，北京，中国书籍出版社，1998。

心，由男性控制的，妇女处于从属地位。在家庭、宗教、政治、经济、教育、法律、文艺等社会所有领域中，妇女都受到男性的压制和排斥。社会性别是文化建构，男女性别差异不仅是由生理决定的，也是由父权制社会决定的。西方的文化传统和文学经典都是以男性为中心的，充斥着对女性的歧视和偏见。因此，女性主义批评主张对以男性为中心的西方文明和社会进行批判，在社会各个领域争取与男性平等的地位和权利。许多女性主义批评家还主张发展一套女性诗学，建构一套女性批评话语。

女性主义有激进的女性主义、马克思主义女性主义、自由主义女性主义以及西尔维娅·沃尔比所言的"双重系统理论"等。不同流派都从特定的角度解释女性所受的社会压迫，并根据不同的原因提出相应的解决方案。激进女权主义认为造成女性受压迫的首恶是父权制，在这一社会系统内，男性群体将自己的权利凌驾于女性群体之上。马克思主义女权主义则是将矛头指向资本主义，认为男性统治女性只不过是资本统治劳动力的结果。自由主义女权主义与前两者的不同之处，在于其未将问题归咎于任何制度——父权制或资本主义制度——而倾向于在具体形式中有意无意地将女性排除于特定生活领域之外等。"双重系统理论"体现了激进女权主义与马克思主义女权主义的融合，指出女性所受压迫乃是父权制和资本主义互相勾结的产物。在现实发展中，女权主义流派不仅仅有以上四种，还包括自由主义、马克思主义、激进主义、精神分析、社会主义、存在主义以及后现代主义女性主义等流派。

女性主义不仅是学术文本与行为实践的集合，而且是一种从本质上关注女性受压迫的地位、为女性争取社会权利的政治运动和思想工具。非裔美国批评家洛里亚·沃特金斯认为，作为一种自我改造的隐喻，"获得发言权"对于那些从未在公众面前发表过言论的女性群体而言至关重要。女性第一次拥有了说话和写作的权利。尽管女性主义对"发言权"的关注有时过于迂腐，但对处在被压迫地位的女性而言，能够发出自己的声音本身就是一种抵抗行为。争取发言权的过程既是一种自我改造的积极行动，又是将自身从客体变为主体的必由之路，因为只有主体才有发言的权利。

女性主义运动的发展经历了两次高潮。女性主义运动的第一次浪潮发生在 19 世纪下半叶到 20 世纪初；女性主义运动的第二次浪潮发生在 20 世纪六七十年代。通过女性主义运动，女性要求享有人的完整权利，向男性和女性之间的不平等关系挑战，向所有造成女性无自主性、附属性和屈居次要地位的权力结构、法律和习俗挑战。不同的是，第一次女性主义运动的目标是争取与男性同等的政治权利，所以也叫作女权运动。而第二次女性主义运动的目标是批判性别主义、性别歧视和男性权力，认为当时女性虽已拥有教育权、工作权和选举权，但是表面的平等掩盖了实际的不平等。

女性主义批评研究作为正式的研究领域，最早出现于 20 世纪 60 年代的英国与美国。人们一般都认为，女性运动的第二次浪潮对女性主义这一学科的建立具有根本性的作用。女性主义主张各异，除了自由主义女性主义、激进主义女性主义、社会主义女性主义以及后现代女性主义等批评理论之外，还有其他不同流派和分支。

自由主义女性主义的基本观点是理性、公正、机会均等和选择的自由。首先，自由主义女性主义的早期代表思想是提倡理性。这一理论依据人们具有同等的理性潜能这一假设，主张人人生而平等。其次，自由主义女性主义十分看重公正和机会均等，认为女性的地位受到习俗法的限制，限制了女性对社会的参与。解决途径是通过教育和经济制度的改善，争取平等的机会。对女性教育权的关注是他们的一大特征。最后，反对强调两性间的性别差异，而非常强调男女两性之间的相似性。

激进主义女性主义出现于 20 世纪 60 年代，它的基本观点，是把对女性的压迫视为统治的最基本、最普遍的形式，它的目的就是结束这一统治。他们最主要的理论建树是创造了男权制理论。女性作为一个群体，和男性利益相对立，这一利益使女性在姐妹情谊的基础上联合起来，不论阶级与种族，共同为女性的解放而斗争。男权的统治不仅限于公共领域，也存在于私人领域，如家庭和性这两者都是男性统治的工具。

从 19 世纪到 20 世纪 60 年代，社会主义女性主义是女性运动中活跃的另一流派。其理论基础是历史唯物论，基本观点是物质基础决定上层建筑。关注男女不平等的经济原因和资本主义问题。在平等和公正的争论中，社会主义女性主义是站在平等一边的，它认为女性在生活的各个方面系统地处于不利地位，这不是个人的能力造成的，而是由历史和社会的原因引起的。因此，她们呼吁通过各种保护性立法以及各种救助弱势群体的措施来争取同男人平等的地位。

在女性主义三大派别长达百年的论争之后，随着西方国家进入后工业化社会的进程，出现了一个崭新的理论流派，即后现代女性主义。有的理论家甚至将这一流派的出现称为女性主义运动的"第三次浪潮"。后现代女性主义主要有以下基本观点：第一，后现代女性主义反对一切有关解放和理性的宏大叙事。第二，反本质主义的社会建构论。本质主义强调的是人的本质的生理和遗传决定论。以为用自然和人性可以解释一切，后现代女性主义认为，社会背景塑造知识，意义是由历史和语言造成的。第三，后现代女性主义的抱负之一是发明女性的话语，产生新的知识，制造新的真理，并组成新的权力。第四，后现代女性主义一反西方思想界重精神、轻肉体的传统，大谈身体的重要性和肉体的体验，向所有试图将女性的身体意义固定下来的性与性别差异理论挑战。第五，后现代女性主义彰显了相对论与多元论的思想，最终导致个人主义政治。

除了上述女性主义批评四大主要流派之外，从 20 世纪 70 年代开始，女性主义批评还不断涌现出新的流派与理论分支，如文化女性主义、生态女性主义、第三世界女性主义、心理分析女性主义、女同性恋女性主义等。这些流派以及不同的理论诉求丰富了女性主义批评的学术研究。[①]

第二节　女性主义媒介批评

女性主义批评的研究视野不断发展，并向其他学科方向拓展。大众传播媒介和通俗文化批评成为女性主义批评的重要领域，特别是大众媒介对女性不平等的文化表现，成为女性主义媒介批评的主要视角。例如，对广告中所流露的性别陈规，女性读者阅读罗曼史小说产生的快感，女性观众对肥皂剧的讨论等。这些研究具有跨学科研究的特点，学者通常将这种尚未形成完整的学术体系的研究统称为女性主义媒介批评。[②]

一、女性主义媒介批评的研究视角

社会性别建构视角是女性主义媒介批评的主要方面。社会性别视角即以社会性别建构观点来对大众传播媒介进行批评，社会性别视角的核心在于发现、批评和改造社会或文化中的性别歧视。

有研究者从社会性别观点总结了传播学研究中的问题：第一，在传播教育和科学研究高级职位中的女性的缺失。第二，科学常被用来说明性别偏见的"合理性"，如大众传播经典的"两级传播"理论研究和亲身影响研究中的女性样本被再现为容易被广告说服的"充满利益欲望的消费者"。第三，研究主题、理论和方法论带有男性偏见，常常漠视妇女问题。一向"奉行"客观性、价值中立或自由的科学界常常将男性特殊的经验表现为普遍有效的经验，而

①　李银河：《女性主义》，45～58 页，济南，山东人民出版社，2005。
②　蔡骐：《女性主义媒介研究初探》，载《湖南师范大学学报》，2004(3)。

忽略了妇女的特殊经验，因此，科学原则本身值得反思。第四，社会性别概念的提出也促进了一些研究者对科学的后现代主义的理解。科学作为一种社会建构的知识、一种情境知识，根植于它的实践者的社会经历之中。传播者、媒介内容、媒介、受众、效果五个方面总结了大众传播学中的女性主义研究。①

就人们对大众传播媒介的使用来看，大多数社会公众是从大众媒介中获取信息并娱乐生活的。事实上，无论是男性还是女性，都在大众媒介中获取关于自身社会性别的定义，即媒介成为社会性别建构的主要手段，出现在大众传播媒介中的女性形象直接影响了人们对于女性身份的定位。克里斯蒂娜·格莱德希尔的研究认为，女性主义研究"应当将广受鄙夷的大众文化形式与具体的文化消费环境相结合，并将其视为由社会历史建构的产物"。她同时认为，"只有如此，对女性电影和肥皂剧的女性主义分析才能跳出电影精神分析的窠臼，不再仅仅将注意力集中于男性的窥视，超越女性被征服、被孤立、被凌虐的身份立场。"②

电影中的女性形象的身份建构是女性主义媒介批评的重要领域。杰姬·斯黛西在《凝视明星：好莱坞与女性窥探》的研究中做过一项调查，对一组年龄多居于 60 岁以上的工人阶级白人妇女进行了接受分析，这些人在 20 世纪 40 年代和 50 年代都是狂热的电影迷。在通信和问卷调查的基础上，斯黛西将她们对电影的反应区分为逃避现实、身份认同和消费主义三种话语类型。其关于身份认同的研究就体现了女性主义媒介批评对社会性别建构的关注。斯黛西基于精神分析学说，将电影文本视为女性观众深受父权制利益压迫的产物，由此提出"身份认同"乃是女性同气连枝、携手对抗压迫的利器。不过斯黛西将分析的对象从电影文本中的女性形象转移至影院中的女性观众身上，进而生成身份认同机制常有多种迥异的运作方式。从受访者的反馈中可以看出，女性观众往往持续不断地将电影明星视为权利的象征，后者胸有成竹、自信满满，观看她们的表演仿佛为日常生活注入了新鲜的活力。斯黛西的观点对大多数电影精神分析的普适主义论调提出了职责。经由细致的受众研究，"女性的观影行为理应被视为与好莱坞电影宰制性意义进行的协商，

①　卜卫：《媒介与性别》，3 页、4 页，南京，江苏人民出版社，2001。
②　［英］克里斯蒂娜·格莱德希尔：《文类与性别：肥皂剧个案分析》，见［英］斯图亚特·霍尔编：《表征：文化表象与意指实践》，徐亮、陆兴华译，347 页，北京，商务印书馆，2003。

而非仅仅被动受制于后者的过程"。由此可见，基于社会性别的意识形态是好莱坞电影建构女性身份认同的潜在手段。

立足于女性主义批评的"身份认同"视角，对女性杂志的媒介批评也有深入的探讨。研究者认为，女性杂志实际上建构了女性的社会身份。自18世纪晚期起，女性杂志始终是获得娱乐和建议的场所，女性杂志扮演着"生存指南"的角色，为女性读者提供各类生活建议，使之得以在父权制社会中生存。女性杂志通过提供娱乐和建议的方式来取悦读者。这个过程如《深掘女性杂志》一书的作者詹尼斯·文希普所指出的，杂志内容是围绕一系列"虚构"组织起来的，其中包括广告的视觉虚构以及与时尚、烹饪、家庭起居相关的内容。当然还有那些实实在在的虚构人物，如言情小说系列、五分钟故事等。此外，名人隐私和"世俗男女"的日常生活报道也在其内。上述种种殊途同归，都旨在将读者引入杂志所建构起来的世界，进而深陷消费主义的汪洋，于是，其结果是女人们"只能通过花钱的方式来为自己的女性气质寻求确信，别无他途"。

此外，研究者还认为，女性杂志建构起来的"女性气质"实质是虚无缥缈的意识形态，与现实根本无关。女性杂志、文章广告、时尚信息、家居装饰、烹饪化妆等上述种种所竭力兜售的，乃是一种既成功且怡人的女性气质。只有采纳了某些建议，或购买了某些东西，才能成为更好的恋人、更好的母亲、更好的妻子以及更好的女人。从女性主义的视角来看，上述现状的问题在于其始终是围绕着一个虚无缥缈的女性个体而被建构起来的，完全置身于社会权利与文化结构的束缚与影响之外。而这种建构的手段就是那一本本迷人的女性杂志，这些杂志建构了人们脑海中女性的真实。女性杂志所提供的"个体性解决方案"往往是通过建构女性的"虚设集体"的方式实现的，其中有一个很明显的例子就是杂志的社论坚持用"我们"这个人称行文。文希普认为，由于女性"被意识形态束缚在相对无力的私人领域之内，对公共事务缺乏发言权，因此，她们亟待通过某些途径来实现表达或宣泄。"一系列不同的"虚构"之所以能够连为一体，在于它们都展示了人类在情感领域而非物质领域所获取的成功。这一点对维系女性杂志的"想象共同体"至关重要，因为从情感领域到物质领域的转变有可能带来阶级、性别、族裔或"种族"的分裂危险。

女性主义媒介批评研究者约克·赫米斯的《解读女性杂志》一书以对前辈女权主义学者所做的女性杂志研究的综述开篇写道："我始终有种强烈的感觉，即女权主义的抗争应当以赢得尊敬为最终目标。或许正因如此，前人所做的绝大多数女性杂志研究都令我感觉极不舒服。这些研究仅仅表达了对女性杂志读者的'关注'而非'尊敬'。"因此，赫米斯指出，上述研究方法（称之为"现代主义的女权主义"）源自一种将女权主义学者视为"预言家和驱魔者"的媒介批评形式。她解释道："采用现代话语的女权主义者潜在地认为自己的使命在于让那些无力看清女性杂志等媒介文本之危害性的芸芸众生开窍。她们需要被启蒙，需要优质的女权主义将自身从虚假一时的泥淖中解救出来，从此远离女性杂志，过上毫无欺骗的生活。只有在这种生活里，女性才能得到幸福。"赫米斯认为，女性杂志不断塑造的女性的本质其实是一种意识形态的虚构策略。

赫米斯研究的独创性体现在她与旧式女权主义文化分析的彻底决裂。以往的研究者大多认为必须确定文本自身存在着一个可感可触的意义，再去分析受众如何通过阅读文本来将这一意义生产出来。而赫米斯则反其道而行之，指出："读者通过种种解读策略来为女性杂志赋予意义；在很大程度上，这种行为是独立于文本之外的。读者在梦幻和想象'新的'自我之中建构出新的文本，这意味着包括女性杂志研究在内的'类型研究'可以完全建立在解读行为分析的基础之上，而全然不必考虑文本的（叙事）结构或内容"。此外，赫米斯还反对关于女性与消费关系的主流理论。她所提出的"解读策略"理论拒绝将女性阅读杂志的行为不加拒绝地视为获取权利的象征。相反，她声称，我们应当仅仅将对女性杂志的消费理解为女性"获取权利的短暂瞬间"。

女性主义媒介批评也成为新的学术动向。1978 年，美国女性传播学者塔奇曼与他人主编出版了《炉床与家庭：媒介中的女性形象》论文集，标志着女性主义媒介批评研究正式成为传播学研究的一个分支，也标志着女性主义媒介批评逐步发展成为重要的学科领域。

二、女性主义媒介批评的发展阶段

总体来看，自诞生以来，女性主义媒介批评经历了形象研究、文本研究再到文化研究三个阶段。这三个阶段累积了丰富的研究成果，伴随各国研究者的努力，也不断累积新的研究成果。在介绍女性主义媒介批评发展三个研究阶段的同时，也论及促成研究转型背后的方法论转变和理论思潮转变问题。

(一)形象研究阶段

女性主义媒介批评的形象研究阶段，始于 20 世纪六七十年代，主要关注大众传播媒介对女性形象的建构，其理论的关键词是"刻板形象"。

这一阶段的研究者认为，媒体倾向于较少、较低地呈现女性形象，且这些女性形象表现出"类型化"的特征。以 Betty Friedan 于 1963 年出版的 *The Feminine Mystique* 的奠基之作开始，到 1977 年 Kathryn Weibel 出版的 *Mirror Mirror：Images of Women Reflected in Popular Culture*，都认为女性在小说、电视、电影、女性杂志和杂志广告等媒体中呈现的刻板形象基本上都是家庭主妇的、被动的、身心健康的、美丽的女性形象。由 Gaye Tuchman、Arlene Daplan Daniels and James Benet 三人合编于 1978 年出版的 *Hearth and Home：Images of Women in the Mass Media* 也收录多篇各媒体领域中的女性刻板形象。其中收录了 Tuchman 非常重要的文章"The Symbolic Annihilation of Women by the Mass Media"，文章强烈指责了大众传播媒介对女性的扭曲与歧视。该研究重点讨论了报纸、电视、杂志等的性别刻板形象，采取了内容分析的量化研究方式，呈现女性形象被贬抑的数据，但并没有进行更深入的质化分析。

刻板形象的研究从最初到现在一直在持续进行。在早期的女性主义媒介研究中，广告被认为是社会与性别歧视神话最明显可见与持续的证据。Gunter 在 1995 年整理的许多实证研究内容中发现，20 世纪 70 年代早期的电视广告具有强烈的刻板印象：有近四分之三女性出现于厨房和卧室产品广告中，女人出现在家中的频率比男人多出两倍，当女性出现在工作场合时，她们通常是男性的助手。20 世纪 70 年代晚期与 20 世纪 80 年代早期的研究发现，此种趋势仍继续持续着，男人通常出现于工作场合，而女人则是家中的主妇或母亲。然而，渐渐地男人也以丈夫或父亲的角色出现在家中，女性的职业范围也逐渐增加。在 20 世纪 80 年代，电视广告开始采用"忙碌的职业女性"这样的概念，但这些女性仍必须要在家中煮饭与处理杂务。20 世纪 90 年代初，Cumberbatch 研究英国电视黄金时段的 500 则广告，发现广告中男性出现于烹饪的次数首次多于女性，但这多发生在令人印象深刻的特殊场合。

温乃楠于 2008 年通过对中央电视台一套综合频道中半年来的广告进行文本分析发现，传统上被认为主要由男性扮演的形象，如"权威/专家""老板/经理/领导"，女性作为主要形象出现的比例仍然很小，约为 4%；而女性扮演的"母亲/妻子/女儿""家庭主妇""美女""其他类型从属形象"等形象仍占女性形象总体的一大部分，约为 80%。可见，女性形象出现在广告中，大多扮演的是家庭领域内的、辅助的、从属的、点缀的角色。① 范竞文在 2006 年

---

① 温乃楠：《大众传媒中的女性形象问题研究》，大连，大连理工大学硕士学位论文，2008。

对电视广告的研究中也有类似发现：女性主角在职业角色上的比例偏低，而其中又以专门及技术人员所占的比例最高，而男性主角的职业角色比例偏高，并且以主管及监督人员的比例最高，由此可知，两性在职业角色上的性别刻板印象十分明显。

女性身体也是媒体在呈现女性议题时不可忽视的面向，根据研究者Dittmar 和 Howard 在 2004 年的研究发现，在电视、广告及其他流行媒体中出现的众多模特中，约有 20％低于理想体重，属于神经性厌食症的范畴。而诸多研究已经证明，反复接触超瘦模特的媒体信息会加强对自我形象的关注，并引起饮食紊乱。各国关于刻板形象研究的发现都很相似，Gallagher在 1980 年和 1985 年综合相关的研究发现，无论在哪个国家，哪种政治制度下，女性都在传播内容上和媒介产制过程中受到歧视，或局限于传统角色与价值。

(二)文本分析研究

在以刻板形象为特征的研究中，惯常使用的方法主要是定量的内容分析法，这种方法建立在数据的基础上，形象分析的研究结果在各个国家、各种媒体中都极其相似，研究停留在表面，难以继续深入下去。基于此，女性主义媒介研究开始转向，从对女性形象出现频率及其角色类型的分析转移到对具体文本的分析上。结构主义思潮的兴起也启发了女性主义媒体研究。因为结构主义理论能够使得女性主义媒介研究深入到文本的深层，探寻其意义建构背后的深层意识形态。

在这一阶段，研究者开始对以女性为接受对象的媒体或节目类型进行研究，研究者们认识到文本包含着意识形态的企图，需要批评的已经不仅仅是表面被扭曲的女性形象，而是整个文本中蕴藏着的父权制的意识形态。总体上看，女性主义媒介研究应当揭示被文本编码的、深层的主导意识形态。这一阶段的研究主要采用语义学分析方法，在语义学中，任何事物都被看成是一个符号。在文本的建构中，不同的符号表达着不同的意识形态，文本倾向于为主导的意识形态服务，倾向于把自己建构为封闭的文本。[1]

这一针对文本中意识形态的研究转向，主要是源自结构主义的理论传统，深入到文本的深层探寻其意义背后社会的权力结构运作，包括资本主义、统治霸权和意识形态运作等。同时也结合了心理分析对父权结构的研

---

[1]　刘胜枝：《西方女性主义媒体研究述评》，载《徐州工程学院学报》(社会科学版)，2011(4)。

究，尤其是拉康（图 14-2）从象征秩序的观点解释父权社会权力如何建构主体认同；罗拉·莫薇应用心理分析理论说明电影如何达成父权欲望掌控的男性凝视机制以及唯物主义的心理分析学者 Nancy Chodorow 将女性主义研究与精神分析相结合而提出的"母性的再制"等观点。这些研究都提出了如何分析社会性别再现的深层结构的主要理论依据和方法。

图 14-2　雅克·拉康

除了少数历史性的分析外，这一阶段的研究多半是以符号学个别文本诠释的方式进行的。例如，麦克罗比对英国流行的少女杂志《杰基》所做的分析非常著名。她深受阿尔都塞和葛兰西意识形态理论的影响，把《杰基》视为一种特殊的意识形态符号系统，即为少女们日后的妻子和母亲角色进行定位。麦克罗比运用语义学方法详细地分析了构成女性青少年意识形态的四种主要代码，即浪漫代码、个人生活代码、时尚和美丽代码、音乐代码等。这四种代码倾向于把文本建构成一个封闭的系统，以灌输主导意识形态。尽管麦克罗比认为主导意识形态不会完全按照期望的那样发挥作用，有可能遭到读者的破坏和新的解释，但显然，主导意识形态力量的强大是不容置疑和不可颠覆的。[①] Macdonald 曾在其所著《再现女性》中归纳出"以男性为中心"的媒体在 20 世纪所塑造的关乎女性意象的"迷思"。第一种迷思是"女性是神秘不可测而善变的"，在此迷思下，女性的意象被填充了两种状似矛盾的男性想象，若非完美无瑕的"女神"，就是能吞噬男性的"怪物"，女性在这种神话下被迫抽离其历史与社会的脉络，而被神秘不可测、谜样甚至致命的意象所取代。第二种迷思是"女性都是有母爱天性的"，在此迷思下，所有女性都被认为具有照顾他人的天性，对家庭、子女无私奉献。第三种迷思是女性拥有并享有自主的性欲，然而这种带有解放妇女束缚意味的迷思却很快被商品化，成为另一种被消费的神话。第四种是有关"理想女体"的迷思。在此迷思之下，女性的身体，特别是西方的、白种的、年轻的、苗条的女体，成为一种美学的参考对象，而女性相关的媒体，特别是女性杂志，则更透过这一迷思来塑造意义与打造认同。

---

① Mcrobbiej, *An Ideology of Adolescent Femininity*, London：Croom Helm, 1982.

媒介与女性美貌迷思的研究向来是女性主义媒介研究的重要领域，并同样经历了从量化分析到质化分析的转折。张锦华在 2002 年出版的《女为悦己者"瘦"——媒介效果与主体研究》中，采用量化与质化相结合的方法研究发现，在"美貌"与"自主"的呼唤下，瘦身广告更大量夸赞其"医学科技和仪器设备"的效果。假借科技知识诊断女性身体为"病态"或"不美"，夸大科技知识及设备的权威、效率、容易读等，骨子里却结合父权观点的美貌迷思、贬抑及丑化不符合男性审美的女体形象、制造深层的美貌焦虑、更让整个社会开始迷恋纤瘦的女体，甚至任意批判、歧视别人的身体，忽略对个人体型差异以及健康愉悦的尊重。[①]

还有学者研究创刊 25 年之久的《妇女杂志》，重点考察该杂志报道的主题及传达的两性价值和形象，探究女性杂志和女性价值变迁的相关性。研究发现，在两性价值方面，《妇女杂志》中所传达的女性价值朝向自由多元的方向发展，鼓励女性做有主见的人，但在男性价值方面，仍偏向传统的价值，和根深蒂固的男性形象相符合。从社会背景变迁和《妇女杂志》的报道内容来看，在 1970 年以前，《妇女杂志》偏向扮演社会变迁的促动者，从 1971 年始，和社会变迁的时间差距拉近，反映者和强化者的角色开始突显出来，但因时间不易明确划分，促动者的角色也不能去除。从《妇女杂志》的报道内容来看，在 1970 年以前，父权意识形态色彩浓厚，但自 1971 年开始，女性角色日益多元化，两性关系也朝平等方向发展，显示父权意识形态的威力已逐年减低。[②]

虽然这一阶段的女性主义学者费尽心思揭露媒介文本背后隐藏的意识形态的企图，但却无法得到普通女性受众的认同，也无法阻止她们消费女性文化产品。文本分析中对文本的过度依赖和对意识形态的过度关注使研究者们反省过去的研究取向。研究者们开始逐渐认识到，意义必须是在文本与读者的互动中产生的，因此不少学者站在受众的角度，开始以质化的、民族志法的研究方式对女性受众进行人类学的经验式研究。

(三)文化研究阶段

新阶段的女性主义研究受到文化研究学派的影响。英国文化研究学派兴

---

① 张锦华：《女为悦己者"瘦"——媒介效果与主体研究》，台北，台湾正中书局，2002。

② 赖珮如：《女性杂志与女性价值变迁相关性之探析》，台北，台湾政治大学硕士学位论文，1994。

起于"第二次世界大战"后的英国，在新左派观点的影响下，他们从文化、权力、意识形态等角度切入来探讨各类社会现象，尤其是大众文化现象。传媒作为大众文化的主要载体也成了文化研究的重要领域。

文化研究学派从文本—话语模式出发，关注传播过程中意义的建立，按照该学派代表人物霍尔在其著作《编码/解码》中提出的，讯息由节目制作者编码，再由受众来进行解码。这样一种观念就意味着发送的讯息和接收的讯息并不一定是统一的，不同的受众可能对节目有不同的解码。于是，讯息的效果就不再是根据行为主义的刺激—反应模式发生，而有赖于受众的解读过程，因此与早期的刻板形象研究和文本分析研究中的受众被置于被动消极的位置不同，在文化研究学派中，受众被认为是积极的、活跃的，具有自主诠释能力的。并且研究者们具体考察两方面的情况，即受众如何解读文本以及受众如何在日常生活语境中接受文本。此外，根据符号学原理，任何讯息都是多义的，其所能生产的意义或诠释总是在一个以上，因此也就绝对无法化减至一个"最终的"或"真实的"意义。因此，也有研究者将其称为"解释研究"。

在女性主义媒介批评的文化研究阶段，研究者结合质性研究的传统，采用深入访谈方法，援引现象学、象征互动论、人类学研究、诠释学、扎根理论等方法论基础，形成了多项具有代表性的研究。

通过对女性受众的焦点访谈与个别深度访谈，分析女性受众对女性意识广告的解读。研究者总结了激励与宣泄、拒绝与解构、认同与矛盾三种主要解读类型。激励式的解读策略是指广告中的影响被受访者诠释为一种可以追求的理想及自我对于广告中主角形象、故事内容或女性意识诉求的欣赏。广告诉求是广告代言人激励她们往那样的目标前进。拒绝与解构的批判式诠释则是受众明白地批评广告再现的人为或非真实性的特征。她们"拒绝"从广告媒体中所察觉到的商业动机或资本主义逻辑，解构从广告文本中所解读到的"错误"意识形态，将个人先前的文化知识带入诠释分析广告策略生产所隐藏的经济动机、商业意图以及父权意识形态或主流社会价值，作者还在其中细分出八种面向类型。

而认同与矛盾解读策略指的是受众在她们的自我认同、个人实践以及广告呈现的影像和概念之间，进行协商解读的两种不同的互动方式。认同包括符号式的认同与个性化的认同，而矛盾是指阅听人在解读广告的过程中，显露出他在各项核心/延伸、主要/次要甚至相互冲突的认同之间持续摇摆的情形以及受访者在自我觉知、广告文本与其他社会文化等种种竞争论述的意识形态内进行辩证的一种策略，并依此延伸到个人实践层面上的困境或限制。①

正是因为多数女性受众对肥皂剧的喜爱，肥皂剧的收视研究在这一阶段对女性受众的解读分析引起了学者的关注。林芳玫在 1996 年更针对电视剧《阿信》一剧做观众研究，研究结果发现，年长女性对父权社会规范抱持着顺从态度，但并非消极宿命似的屈服，而是真正参与实践，而年轻女性对传统父权更具批判意识，对文本所呈现出的宰制意识做出了抗拒式解读。②

此外，关于女性阅读的媒介批评也有所探究。Redway 的《Reading the Romance》结合文本和受众分析，研究女性阅读罗曼史小说的动机。阅读罗曼史小说的乐趣不仅因为故事吸引人，也是妇女用来逃避的方式，拿起小说来看意味着暂时脱离家人的使唤，制造全然自主的女性时空。同时，Redway 使用心理分析理论说明，罗曼史小说也可满足人们的特殊欲望，即在父权体制下，妇女是爱的提供者，却鲜少被照顾和呵护，于是在罗曼史小说中，男主角成为一种感情的替代。

三、女性主义媒介批评的方法分析

在女性主义媒介研究的三种类型中包含不同的研究方法，分别是行为主义、批判理论和解释取向的文化研究。虽然形象研究与文本分析都重在探讨女性角色如何在媒介呈现中受到扭曲与歧视，但是方法论上仍延续行为主义经典研究，选择可观察的量化研究模式，主要采用内容分析对讯息的类别或频数加以测量。

探讨女性主义传播研究法论的著作是由 Kathryn Carter & Carole Spizack 主编并于 1989 年出版的《研究女性传播：理论与方法的观点》。作者批判了"男性主流"传播研究的基本假设，并引用心理分析、现象学和质化研究等观点，指出既有研究视野的局限和缺失，并重新界定传播研究的理论与方法。这种对方法论的转变要求实际上是对研究中女性个人经验而非量化的普遍资料的重视，同时还强调，相关研究过程应重视研究者与被研究者之间的互动，从诠释的角度认识个人经验，并研究个人经验。因此，女性主义媒介批评研究者开始使用文本研究方法，以结构主义观点，深入文本符号的底层，解析深层权力的运作，将个别现象视为结构决定或影响的表征，认为媒体中

---

① 范竞文：《女性阅听人对具女性意识广告之解读研究》，台北，台湾世新大学硕士学位论文，2004。

② 林芳玫：《女性与媒体再现：女性主义与社会建构的观点》，170～182 页，台北，台湾巨流图书有限公司，1996。

的性别符号其实受制于父权社会意识形态的运作。

而到了文化研究阶段，其所依据的方法论又再度离开了批判理论的主要脉络，研究者开始反省早前那种不关注受众解读经验，或者将受众与文本关系简单化的方法论，采用深入访谈方法，援引现象学、象征互动论、人类学研究、诠释学、扎根理论等方法论基础，来处理"人们自己如何诠释自己的生活意义与行为"问题。荷兰学者凡·祖仑将之称为"解释研究"，其方法论上具有以下三个特点。[①]

第一，研究的对象。质性研究典范中基于现象学、象征互动等理论，将人看成具有主观能动性的积极的个体，认为意义来自人与生活及社会情境的互动。基于此，要了解女性的经验就应深入访谈或参与观察，探究女性的个体经验，其情境意义为何，女性如何主动解读文本意义，女性的行动如何成为社会互动的一环等。虽然这一阶段的研究者大多不否定意识形态的重要性，但是意识形态作为社会权力情境的一环，其运作仍必须依据主体的行动诠释。因此，了解女性主体本身的意义赋予是十分重要的。

第二，研究者与受访者之间的互动过程。传播学者 Keller 与 Hawkins 通过男性价值和女性价值比喻不同研究方法论中研究者与受访者之间的关系。他们认为，所谓的科学研究其实具有男性认同的特征，男性从小与母亲差异的认同导致疏离的人际关系，因此发展出"静态"的客观概念，认为研究者和被研究者之间可以维持一种严格中立而互不影响的关系；而女性与母亲的亲密认同使得女性之间具有强烈的共同感，而这份共同感不但不应视为研究的缺点，相反地，研究者与被研究者之间的交流分享其实具有增进了解的功能，主观经验呈现的沟通也应视为有意义、有洞见的知识。因此，文化研究阶段较能重视研究者与受访者之间的互动，并且认为这样的互动其实具有互相赋权的能量，对女性意识的提升具有正面效果。

第三，女性主体认同。解释取向的研究并非与文本分析中批判取向的研究大相径庭，大多数研究者都企图兼顾诠释过程中的社会权力运作，无论是从心理分析的角度解释父权社会所造成的性别认同差异，还是分析受众解读中所援引的社会规范，都同样显示女性主义研究的一贯目标，就是以解释压迫与寻求解放为最终关怀。在揭示媒介表面或隐藏的性别歧视与压迫现象和关照女性读者的传播与解读经验中，可发现女性性别歧视不仅存在于媒介文本中，同时在媒介大环境的就业政策和营销推广政策中也都能看得出来。除

---

① Zoonen, Liesbet Van, *Feminism Media Studies*, Lodon: Sage, 1994, p. 135.

了以上大的研究分类之外，女性主义媒介研究也在其不断发展过程中涌现出更加丰富的、与女性主义传播实践紧密相关的议题。

在媒介与现实影响的批评方面，国内关于在媒介行业中女性传媒工作者中的现实生态问题研究也受到研究者的关注。传播学者刘利群比较全面、深入地探讨了女性传媒工作者在实践上、理论上和角色认同上所面临的困境，她的探讨颇能引起传播业界和理论界的思考。①刘丹的研究认为，当前中国女性新闻工作者大为增加，但是这也不代表着女性在媒介生态中的处境乐观。因为，尽管女性在媒介从业总人数中占40％，但是，在决策层中的比例却不到10％。大部分的女性在媒体单位中主要服务于"软新闻"领域。总结种种关于女性在媒体行业中的现况之后，最终还是得出女性新闻工作者被"边缘化"的结论。②

此外，女性运动与媒介之间的互动也是研究的主题。学者 Bernadette 通过历史研究，在更广大的时空背景下，呈现出新闻媒介与女性主义运动的对话。伴随着女性运动在美国社会的发展，当支持女性主义的记者撰写与女性主义议题相关的新闻时，她也会受到女性主义与新闻专业主义、媒介政策两种具有冲突性的观念和原则的双重影响。因为内化于新闻记者职业素养中的专业主义要求更多是含有商业化、自由主义以及男性主义取向的，这将会对它们关于女性主义的新闻选择、新闻生产带来限制。③与此同时，这些新闻工作者也在女性主义不断发展的大背景下，为女性主义在媒体上争取了更多发言权，推动着现实中女性地位的提升和改善。自身的地位也随着社会对女性的认识转变而发生积极改变。

女性主义媒介批评尚需进一步探究。首先，多数还是基于文本分析的研究范式，媒介批评研究还需要在文化工业的生产、制作和营销模式等方面进行分析。其次，女性主义媒介批评在文本分析阶段，运用符号学和结构主义等方法，探讨文本背后隐藏的意识形态。但是，有关媒介中女性歧视的研究不能仅仅停留在文本上，还需要结合认知心理学和框架理论等理论模式，从而分析受众如何受到这种意识形态的影响。再次，要解决媒介中存在的女性歧视，就应该影响到现实层面，推动相关现实制度的改变。因此，对于女性

---

① 刘利群：《媒体职业女性的困境》，载《妇女研究论丛》，2003(2)。

② 刘丹：《大陆女性在媒介行业中的现实生态》，载《新闻爱好者》，2011(2)。

③ Bernadette Barker-Plummer, *News and Media：A Historical Dialogue*, Journalism & Communication Monographs, vol. 12, No. 3, 2010, pp. 144-146, 190-192.

主义传播制度的批评研究十分必要。最后，国内现有的女性主义媒介批评研究大多运用内容分析和文本分析的方法，讨论和揭示在媒体的实践中存在的女性歧视现象。但是，有关女性受众的媒介使用，女性媒介使用与文本的互动以及与社会经验的互动的批评研究等领域需要不断强化。

思考与练习

一、名词解释

1. 社会性别

2. 女性主义

3. 女性主义批评

二、简述题

1. 简述社会性别理论的主要观点。

2. 简述西方女性主义发展的不同阶段。

3. 简述女性主义媒介批评的主要视角。

4. 简述女性主义媒介批评的发展阶段。

三、课堂练习

对同学进行一次访谈，了解"女性"的媒介使用有什么特点？与男性比较有什么不同？并将访谈结果整理出来，撰写研究报告。

第十五章 媒介批评的实践范畴

本章内容要点

• 媒介批评的实践范畴具体是指媒介批评理论在现实媒介实践中的具体应用，本章重点介绍新闻批评、影视批评、新媒体批评等诸实践范畴。本书前面部分所介绍的媒介批评理论和方法，为媒介批评实践范畴提供了理论基础。

• 媒介批评的实践范畴，主要是媒介批评的理论与方法范式的具体应用，由此对大众传播媒介的现实发展产生影响。作为社会信息的传播载体，新闻批评体现了公共性的特征，如何实现表达自由是其核心；作为社会娱乐化的手段，如何提升影视批评的审美价值和社会道德意义显得更为重要。作为当代技术发展的结果，网络、手机等新媒体如何影响当代社会人们的生活，是媒介批评理论需要关注的核心。

　　媒介批评的基本理论和方法为媒介批评实践提供了批评的范式，借助于媒介批评的基本理论框架和方法，立足于大众媒介发展的实践范畴，从而对大众传播媒介与社会、文化的关系做出具体分析，是媒介批评研究的重要组成部分，正如有学者提出的"媒介批评即对大众传媒新闻实践的阐释与评价"，"媒介批评与媒介实践自始至终相伴相随"。[①] 同时，研究者认为，从实践层面看，媒介批评至少应包括新闻媒体批评、影视艺术批评、书籍出版批评、理论和文艺及生活期刊批评、网络传播批评等。[②] 本章将重点把新闻批评、影视批评、新媒体批评等几大主要类型作为媒介批评实践范畴探究的对象，从而阐述媒介批评理论在具体媒介实践中的不同理论和方法特征。

第一节 新闻批评

　　新闻批评不同于批评性新闻报道和新闻评论等新闻实践操作层面的文本形式和体裁。新闻批评指的是通过媒介批评的理论范式，对新闻媒介本身所

---

① 谢静：《媒介批评在实践中发展——以〈新闻记者〉的媒介批评实践为例》，载《新闻大学》，2005(秋)。

② 刘建明：《新闻批评的学问》，载《新闻界》，2000(4)。

进行的批评。新闻媒介是现代社会人们日常生活的主要构成因素，并且随着技术的发展，新闻媒介对人们生活的影响日趋深入。因此，一方面，新闻媒介本身的价值导向、新闻报道方式、新闻机构的权力和社会公众的信息知情权等诸多问题，都已成为新闻媒介批评实践所关注的重点问题。另一方面，社会公众对新闻媒介信息需求的要求越来越高，对新闻媒介的参与度也不断加强。在此社会和新闻媒介发展的背景下，如何通过建立规范的批评范式，从而提高新闻媒介报道的社会水准，保持新闻媒介与社会的良性互动发展，是新闻批评的重要职责。

一、新闻批评的含义

新闻批评是对新闻媒介所进行的全方位的反思性批判，属于媒介批评理论的主要实践范畴。新闻批评不是指那些立足于新闻事件，通过新闻媒介的手段借以批评社会现象的新闻报道，而是通过批判性的理论和方法范式，对新闻媒介本身所进行的全面批评。新闻批评独立于新闻媒介本身。因此，为了凸显新闻批评的独立性，有学者将其称为新闻批评学，认为新闻批评学能够"引导人们科学地分析新闻作品和媒体活动，让受众正确理解新闻，开导记者从新闻批评的视角把握新闻质量"，要求新闻批评"走向新闻反馈的纵深，并将其作为独立的学科来研究。新闻批评学的成立，还在于它能确立新闻写作和新闻选择的新尺度，构成新闻评阅活动的行为准则。在新闻界内部，评选优秀稿件，总结报道得失，编辑们选用稿件时的商讨与决定，都涉及新闻批评的相关知识，而以往却无从获取这种系统的知识，他们的批评只能出自朴素的、日积月累的经验"。[①] 显然，研究者提出所谓的新闻批评学无非是重点强调新闻批评本身的特点和意义所在，从而强调新闻批评的独立性和专业性等特征。

新闻批评依据媒介批评建立的理论和方法范式，具有明确的专业化特征。有学者指出，媒介批评所批评的对象——"媒介"，不是以具体的媒介企业或个别的媒介现象进入研究的视野，而是作为社会学意义上的"专业"而被分析与研究。西方专业社会学对专业主义的研究大致可以分为结构功能主义和"权力"视角两个派别。在结构功能主义看来，新闻业并不完全具备研究者开列出来的专业清单，如系统知识、专门训练、资格认可、行业自律等，只能算是半专业。但是，从维护专业权限、建构专业权威的角度来看，新闻业丝毫不亚于其他"标准的专业"，如法律、医药专业，只不过建构与维护其专

---

① 刘建明：《新闻批评的学问》，载《新闻界》，2000(4)。

业权威的方式不同而已。① 就此意义而言，新闻批评的根本目的，在于如何确定新闻媒介的核心价值，从而建构具有专业主义要求的新闻媒介。

总之，新闻批评即是立足于社会发展的目的，对新闻媒介所展开的专业主义的批判和反思。新闻媒介批评是新闻界、学术界和公众对大众传媒新闻实践的反思与评价，批评的主体包括新闻媒介自身、媒介研究的学术领域以及作为媒介消费者的公众、社会机构、团体等方面。由于社会历史发展的差异，就新闻媒介的现实发展而言，在不同的历史时期和不同的社会背景下，对新闻媒介本质的观点和界定也有所差异。同时，社会各个阶层由于利益诉求的不同，对作为公共权力的新闻媒介的观念也有明显的冲突。这些差异和冲突也直接影响到新闻业本身的社会作用和社会功能的具体发挥和实现。因此，如何从社会良性发展的目标出发，寻找共识，建立具有专业精神的新闻媒介，应该是新闻批评的主旨所在。

二、新闻批评的原则

新闻批评除了借助于媒介批评的理论和方法范式，还需要有自己的批评原则。美国新闻理论学者科瓦齐等立足于新闻批评的视角，提出了新闻的十大基本原则，具体包括真实性、公共性、事实核实、独立性、监督权力、公共空间、受众目的、新闻均衡、责任心及公民的权利和义务等。这些原则其实正是新闻批评所不断讨论和反思的问题，也是媒介批评理论和方法需要不断探讨的问题。概括起来看，新闻批评的原则主要有下述几个方面。

(一)专业主义

新闻专业主义要求新闻媒介必须具备全面的专业精神，即作为新闻所必须具有的独立品格。例如，对事实真实性的追求，对社会公权力的监督，对社会公共利益的维护，对信息知情权和表达权的坚持等具体的途径。专业主义要求新闻媒介的独立性，但独立性又会导致专业主义下的专断。正如有学者所指出的，独立性可以"有效地防止外部的干涉和监督。专业主义是一个专业在与其他专业以及其他社会力量协商权限的过程中树立起的一套信念体系，具有独立、自主的精神素质，但同时也具有垄断、排外的性质。事实上，独立自主与垄断排外本来就是一枚硬币的两面。"②这也正是新闻批评对

---

① 谢静：《媒介批评：专业权威的建构策略——从新闻专业主义解读美国的新闻媒介批评》，载《新闻大学》，2004(秋)。

② 谢静：《媒介批评：专业权威的建构策略——从新闻专业主义解读美国的新闻媒介批评》，载《新闻大学》，2004(秋)。

专业主义的有效反思和深层探究。

（二）价值立场

新闻媒介的价值立场是新闻批评的基本原则。新闻媒介作为社会公共权力的体现，其价值立场应该以社会大多数人的利益为基本出发点。但是，事实上，新闻媒介往往受制于政治、经济等利益集团的控制，社会公众的利益难以实现。新闻批评就是不断反思和考察价值立场的维度，从而保障新闻媒介的公共性特征。

（三）知情权

新闻媒介的基本社会功能是传递信息，但问题的根本在于，新闻应该传播什么样的信息以及把信息传播给什么人。从理论上看，知情权要求新闻媒介对所有信息开放和公开，但是，基于各种限制因素，如传播的成本、法规的限制以及信息与人们生活的关联度、人们对信息的偏好等要素，并不可能也没必要让受众知道周围世界发生的所有的"情"。那么，知情权的问题就在这里其实转换成了新闻选择的问题，即选择将什么样的"情"传播给"什么人"的问题。既为选择，就有标准，这又涉及新闻选择的标准问题。而新闻选择的标准又会涉及新闻价值和新闻的社会意义等根本问题。故而，媒介批评理论就应该探讨新闻选择和新闻价值，以保障知情权的有效实现。

（四）公共性

新闻媒介的信息选择标准，即新闻价值，其根本立足点在于社会公众。新闻媒介的公共性原则，一方面，指的是新闻媒介属于社会公共权力，因此，任何社会集团都没有权力将新闻媒介的公权力据为己有，公权力的特征决定了新闻媒介的公正和真实性的专业主义要求。另一方面，指的是新闻媒介必须以社会公共事务和公民的基本权利为诉求，选择那些关乎社会整体利益和保障公民基本权利的信息和立场。

为了保证新闻媒介的公共性特征，特别是对新闻媒介的政治报道，尤其是竞选报道的不满与批评，美国新闻批评学者提出了"公共新闻学"的概念。公共新闻学是 20 世纪 90 年代初在美国新闻界兴起的一场社会运动，是新闻界面对社会的批评和信任危机而提出的解决方案。它强调由公众而非新闻工作者来设置新闻报道的议程，对传统新闻规范形成了强烈挑战。[①] 在公民新

---

① 谢静：《协商规范：美国媒介批评与新闻专业规范之建构和解构》，载《新闻大学》，2003(秋)。

闻理念的背后，体现的是美国社会对于政治议题占据新闻议程的批评，由此对新闻媒介的公共性特质的坚持。

三、新闻批评的范围

新闻批评究竟从哪些方面展开呢？即新闻批评的范围是什么？有研究者认为，结合中外已有的媒介批评实践来看，媒介批评至少可以分为五个层面，包括文本层面的媒介批评，针对新闻与广告等媒介产品展开的批评；行为层面的媒介批评，针对媒介活动中从业人员的传播行为展开的批评；现象层面的媒介批评，针对某种带有普遍性的媒介现象展开的批评；体制层面的媒介批评，针对媒介体制问题展开的批评；文化层面的媒介批评，针对媒介文化展开的批评。[①] 这里当然指的是宽泛的媒介批评的范围，就一般意义的媒介批评而言，在本书中已对媒介批评的范围有所界定。但其实研究者所概括总结的这五个层面，基本上指的是新闻批评的范围。具体来看，新闻批评的范围包括对新闻体制和机制、新闻文本、新闻从业者、新闻现象、新闻与社会文化的关系等展开批评问题。

近年来，有学者通过文本内容分析的方法，总结了中国媒介批评所涉及的议题，从这些研究分析中可以看出中国新闻批评所关注的范围和重点问题，如新闻的真实性问题、新闻的价值立场问题、新闻人文关怀问题以及新闻的娱乐化问题等。例如，有研究者对新闻批评的文章进行分析后得出结论，认为新闻批评议题比较集中地探讨了"新闻真实性"和"人文关怀"的议题，这也是当前中国社会公众普遍关注的两个重要话题。此外，除了各类业务探索的媒介批评文章外，还包括商业化的负面影响、价值观与舆论导向、媒介对未成年人的影响、媒介的低俗化、媒介文化、舆论监督、广告与新闻来源问题等议题，内容涉及面广、重点亦很突出。[②] 也有研究者通过对《新闻记者》《新闻界》《今传媒》等期刊所刊发的"媒介批评"专栏的文章进行文本分析，发现"主要议题"包括七个方面，分别是新闻技巧业务探索、虚假新闻、职业道德、低俗化、价值观与舆论导向、社会责任、人文关怀等。"次要议题"主要包括广告、媒体炒作、媒介对青少年的影响、媒介权力、新闻来源

① 董天策、刘薇：《当前媒介批评实践的议题分析——以新闻专业期刊"媒介批评"专栏文章为样本》，载《西南民族大学学报》（人文社科版），2009(5)。

② 谢静：《媒介批评在实践中发展——以〈新闻记者〉的媒介批评实践为例》，载《新闻大学》，2005(秋)。

等问题五个方面。① 此外，也有研究者通过文本分析，发现媒介批评的重点议题集中在改进新闻教育、新闻娱乐化现象批判、承担传媒责任、维护新闻真实、新闻事件（包括犯罪、自杀、死亡、灾难和诉讼等）报道中的业务和道德问题、强调人文关怀、广告批判及其道德探讨等。关于新闻事件报道中的专业水准和道德问题两方面的引用最多，其后依次是新闻真实问题和新闻娱乐化现象批判等。②

综合不同的研究，不难看出，目前新闻批评的重点集中于下述方面：第一，新闻的基本价值的确认，如新闻真实性、新闻道德、新闻娱乐化等，重点探究新闻本质的问题，具有形而上的理论批评的特征。第二，新闻专业水准的提高，如在具体的新闻实践中，如何提高业务水平，以体现新闻本身的社会价值和功能。第三，新闻媒介与社会文化的关系，如探讨新闻媒介的人文关怀、舆论监督、新闻与广告的关系、新闻对社会事实的呈现等基本方面的问题，重点探究的是新闻的社会功能的实现。第四，新闻事件呈现的社会规范，如对新闻报道中的特殊事件的研究，探究如何在传递信息的过程中遵循社会的法律、道德和习俗等社会规范。这些不同的方面构成了新闻批评的基本范围。当然，随着社会的发展变迁，新闻批评的范围也会相应地产生变化，媒介批评理论就应该不断探索现实和理论的发展，从而建构完整的新闻批评理论。

第二节　影视批评

影视批评对影视艺术的鉴赏、创作以及影视艺术的发展都具有不可缺少的推动作用，是提升影视审美、促进影视创作、推动影视理论发展的重要理论基础。影视批评基于媒介批评理论和审美艺术理论的原则和方法，对具体的影视艺术作品、影视创作或影视艺术审美现象给予阐释与评判。

一、影视批评的类型

就影视艺术批评的内涵来看，从广义上说，是被用来描述各种关于影视的写作。按研究对象区分，可以分为电影批评和电视批评；按研究受众区

---

① 董天策、刘薇：《当前媒介批评实践的议题分析——以新闻专业期刊"媒介批评"专栏文章为样本》，载《西南民族大学学报》（人文社科版），2009(5)。

② 李滨、钟沈军：《媒介批评实践中的西方新闻学和传播学影像——基于对上海〈新闻记者〉杂志 2006 年—2008 年"媒介批评"专栏的考察》，载《今传媒》，2009(1)。

分，可以分为新闻性影视评论和学术性影视批评；按研究方法区分，可以分成传统批评和现代批评；按研究内容区分，可以分为技术性影视批评和艺术性影视批评。从狭义上看，所谓影视艺术批评，是以影视作品欣赏为基础，以影视理论为指导，以各种具体的影视现象，包括影视剧作家、影视剧创作、影视欣赏以及影视理论批评等，作为研究对象的一种创造性文化活动，其中心是对具体影视作品进行分析判断和评价，揭示作品在思想蕴含和艺术技巧方面的价值。"①

影视批评主要包括以下类型。

(一)电影批评和电视批评

电影批评是根据电影理论思想原则和审美标准，对电影艺术进行理性分析和科学评价的一种艺术研究活动。通过审视影视艺术作品所体现的真、善、美等内涵，从而确定作品的价值和意义。电视批评以电视节目欣赏为基础，以各种具体的电视节目以及同节目相关的电视现象、电视思潮、电视受众、电视创作者等为对象的研究活动，其主要任务是对电视节目进行分析、判断和评价以及分析知名作品在内容和形式方面的思想和艺术价值。电视批评对观众的观赏活动有着重要的影响，主要表现在增强观众对电视作品及其相关现象的读解认识能力及提高观众审美趣味，提升审美层次等方面。

(二)新闻性批评和学术性批评

新闻性批评与学术性批评最重要的区别在于受众对象不同。新闻性批评针对的是一般读者，它的主要目的在于为报刊和影视作品吸引更多的读者和观众。新闻性批评的内容包括影片信息的传播、商业卖点的推广、影院上映的广告和观众观影的反馈等，这些影评信息间接影响影视作品口碑和票房。学术性批评服务于特定读者，如媒体专业人员、影视专业的学生和学者专家等。较之新闻性影评，学术性批评写作更规范，理论更充分，论证更严密，方法更科学，用词更严谨，在时间性要求上较新闻性影评更为宽松，在篇幅上也常常远超过流行媒体上的新闻性影评。

(三)技术批评和艺术批评

技术批评的研究对象主要是影视作品的制作技术，包括摄影、声音、光线、造型、道具、剪辑、特效等。研究内容涉及影视技术效果的解读、分析、评价、建议和新技术的研发、介绍、使用、争议等。艺术批评主要研究

---

① 周安华：《现代影视批评艺术》，北京，中国广播电视出版社，1999。

影视作品的文化意识形态，内容涉及政治、国家形态、民族、宗教、哲学、文艺、情感、社会科学、时代背景等，它较少涉及技术层面，更多的是对影视作品的思想解读。

二、影视批评理论

关于影视批评的类型和方法，学者们从不同角度进行了研究和划分，涵盖了影视批评的各个方面。影视批评理论主要包括三个方面：一是社会批评理论模式，包括伦理道德批评、政治批评和社会历史批评；二是本体批评模式，包括本文分析、作者批评和类型批评；三是文化批评模式，包括影视文化分析、女性主义批评、第三世界和后殖民主义批评等具体模式。①

(一)社会批判理论

1. 道德批评

道德批评以评判影片的伦理道德内容为主要目的，以宗教文化、普世伦理道德观、传统伦理道德意识等为主要批评标准，探讨影视作品的道德伦理和社会意义。

2. 政治批评

影视政治批评模式以较为明确的政治功利为批评目的，以影片的民族和阶级内容为批评基础，采用政治鼓动和宣传教育的批评方式。影视政治批评首先承担了意识形态传播的功能。政治批评除了传播意识形态，还承担着监督作用。

3. 社会历史批评

社会历史批评模式以影视作品的社会历史内涵为批评对象，通过对作品外在社会历史元素和典型人物的解读，实现影视批评创作。影视作品作为人类社会历史的活动文本，无法独立于社会历史环境而存在。因此，从社会历史的角度批评影视作品，并以影视社会历史批评为途径解读人类历史都显得十分必要。

(二)本体批评模式

1. 本文分析

本文分析与作者论、类型研究同属影视本体批评。影视本体批评排除影视本体以外的因素，只对影视本体的内部结构进行分析。影视作品的本文分析模式源于电影符号学创始人麦茨提出的"本文"概念。影片本文的范畴局限

---

① 李道新：《影视批评学》，北京，北京大学出版社，2002。

于影片可以观察到的一切表意形态，不包括通过分析得到的系统综合信息。根据麦茨的符号学研究法，本文分析有两个层面：一是研究电影语言；二是研究影片特有的系统。

2. 作者批评

作者批评是针对作者电影的影视批评。法国著名导演特吕弗提出电影"作者论"，认为要以电影导演的创造性来代替传统由剧作家支配电影的局面，强调电影导演个人风格的重要性。特吕弗的作者理论对电影批评理论产生了重大影响，使得作者批评成为影视批评的重要模式。

3. 类型批评

类型批评是对类型片的影视批评。类型片是指"在好莱坞的片场制度基础上，按照某种电影样式的标准化规定生产出来的，在形式、风格、影像和主题上非常类似的通俗（商业）电影。"[①]换句话说，类型片是在影视生产的商业链模式下，对已有成功模式进行复制的工业化产品。类型批评开始于对类型片的否定。"第一次世界大战"前的影评人从提高观众的文化修养出发，开始了对好莱坞类型片的长期否定，其中最主要的否定对象是类型片一成不变的形式和内容。在不断地研究和实践中，电影类型批评走向成熟，并逐渐渗透到电视领域。对电视肥皂剧的分析和对复制同类电视节目的研究都是电视类型批评的运用。

（三）文化批评模式

1. 影视文化分析

影视文化分析是从社会学或大众文化的角度，对影视与种族、伦理、阶段和身份等之间的关系进行综合研究的一种影视批评模式。影视作品是全人类共有的艺术成果，但对于同一部影视作品，不同种族、文化背景、社会地位的人有着不同的解读方式。影视作品带有鲜明的创作者烙印，因而它往往并不能迎合所有受众的文化认同。影视文化分析模式对指导观众观影、阐述影片思想、解构文化现象都有着深刻的意义。近年来涌现的伊斯兰世界电影、亚洲电影、欧洲中世纪影片等，都有效促进了中西世界文化交流。

2. 女性主义批评

女性主义主要被理解成为以女性体验为起源和动机的社会理论和政治运动。影视作品的女性主义批评是其中的一个分支，它以女性的视角欣赏和创造影视艺术作品，改变过去女性角色的"附属"定位，发挥女性特质在影视作

---

①　陈犀禾、吴小丽：《影视批评：理论和实践》，上海，上海大学出版社，2003。

品中的特有功能。① 女性主义批评包含两部分内容：一是对影视作品本身蕴藏的性别歧视的揭露和批评，是女性意识文化的分析和体现。二是透过影视作品反映的社会现象，对现实生活中男女不平等问题进行批判。

3. 第三世界和后殖民主义批评

第三世界和后殖民主义批评主要研究第三世界和发展中国家的电影文化。1969 年，阿根廷电影大师弗尔南多·索伦纳斯和奥克托维尔·杰提诺在《走向第三种电影》中提出了"三种电影的模式"："第一种电影"，好莱坞与类好莱坞电影；"第二种电影"，欧洲及其他地区的艺术电影；"第三种电影"，第三世界和第一世界的革命激进电影。第三种电影的主题包括反帝、反殖民与反种族歧视和反剥削压迫等，它需要创造一套全新的电影语言，如手持摄影机、"非完美"影像和无所不在的跳接等，以追求和展现一种不完美的真实感。到了 20 世纪八九十年代，第三世界的革命热潮被全球化趋势所取代，文化和政治批评结合，催生了"后第三世界主义"，并引起了对媒体帝国主义和文化殖民主义的讨论。

第三节　新媒体批评

新媒体是一个复杂多义的概念。有学者认为这不是严格的科学术语，而是一种时髦的行话，体现了人们对"新"的信息和传播技术的"崇拜"；或者强调新媒体开放和动态的特性，新媒介技术本身处于不断变化的流动状态，几乎不会受到约束。新媒体借助互联网、无线通信、卫星发射、宽带、数字电视等高科技的迅速发展以及 3G、4G 技术和数字媒体的广泛应用，数字家庭娱乐、信息产品的不断涌现、三网汇流合一等，将会成为一种新的传媒经济热点和新的传媒文化趋势，并与传统媒体交融形成新的整合传播特点。由于新媒体传播技术的独特性及其快速发展，新媒体批评面临着伦理与法治缺失等极为迫切的问题。

一、新媒体的含义

新媒体概念的提出可追溯到 40 年前。1967 年，美国哥伦比亚广播电视网（CBS）技术研究所所长，同时也是 NTSC 电视制式的发明者 P. 戈尔德马费发表了一份关于开发电子录像商品的计划，第一次提出了"新媒体"一词。

---

① 史可扬：《影视批评方法论》，36 页，广州，中山大学出版社，2009。

1970 年，美国传播政策总统特别委员会主席 E. 罗斯托在向尼克松总统提交的报告书中也多处使用新媒体一词。由此，"新媒体"一词开始在美国社会流行，不久就扩展到全世界。①

目前，"新媒体"的基本含义主要是指在数字化信息时代，利用计算机处理技术、网络技术、移动技术、无线技术、通信技术、卫星技术等手段，通过手机、电脑、数字化电视等终端工具，向受众提供讯息和娱乐的一种新型的传播模式和媒体形式。② 而随着新技术的进步与推广，新媒体呈现的具体形式愈加多样化，对新媒体的定义也有了更加具体的说法，即新媒体是指突破传统报刊、电视等传媒方式，以网站、搜索引擎、虚拟社区、RSS、即时通讯，特别是以博客、微博为代表的新型传播工具所形成的传媒形态，从本质上讲，新媒体是数字技术在信息传播媒体中的应用所产生的新的传播模式或形态。因此，新媒体具有数字化、互动性、超文本、虚拟性、网络化等诸多新的特性。③

新媒体技术的关键是数字技术和网络技术的发展，它使计算机不再是一种孤立的计算工具，而是变成了新媒体信息共存的平台。网络不仅实现了尽可能的全球信息资源的交换和汇聚，而且在未来将进一步实现网格化的计算能力的汇聚，使信息处理能力更加强大，以至于不仅可实现计算机与计算机之间硬件能力的整合，而且可实现多种电气设备之间的整合，如家庭中的每一件电器物品都可以连接在网络上，实现实时网络控制。④ 技术变革所带来的新媒体发展让新媒体具有了更为广阔的发展前景。

从全球范围来看，随着交通与电信技术的扩散，国际与国内交流日趋频繁，世界的距离缩短，全球相互依赖性增强，利用信息通信技术进行交流的新媒体已经成为国际发展的主流，世界各国纷纷把发展新媒体技术作为社会和经济发展的重大战略目标。⑤ 20 世纪 90 年代中期，互联网在我国逐步兴起并迅速发展，新媒体随之如雨后春笋般不断更新、不断涌现。"新媒体的交互性、开放性使一种自上而下的信息流通方式演变为多元化、去中心、离

　①　陈刚：《新媒体与广告》，1 页，北京，中国轻工业出版社，2002。

　②　戴元光、金冠军：《传播学通论》，上海，上海交通大学出版社，2006。

　③　郭震威、郭志刚、王广州：《2003～2050 年农村实际计划生育的老年夫妇人数变动预测》，载《人口研究》，2005(2)。

　④　蒋宏、徐剑：《新媒体导论》，2 页，上海，上海交通大学出版社，2007。

　⑤　詹勇：《怎样破除"谣言法则"——新媒体时代的舆论法则思考之三》，载《人民日报》，2012-02-29。

散型、重反馈的多向互动性循环传播。"①

基于以上的原因，当下越来越多的 IT 产业也在技术发展及其应用的过程中，正在从原先作为硬件技术平台的制造商、支持运营商和服务商，转变为新闻信息传播、教育和娱乐传播的内容制作、提供、集成的服务商。在这样的大背景下，技术与内容的整合、运营与制作的整合、跨行业和跨媒体的整合，以至于跨区域的资源整合等，加强了媒体间强强合作的趋势。在这种合作的过程中，充分利用各种类型新媒体的传播平台和传统媒体的权威内容资源以及新型的传播模式，将为传播效果的最大化提供更加强有力的平台。实施和提供以信息内容为王的产品制造、增值服务和资源维护，使硬件和软件的开发得到充分有效的使用，使社会效益和经济效益同比增长，使科学技术与文化艺术相得益彰、互相促进、共同发展。新媒体技术促进了传播内容和形式的多元化，新媒体的互动性、信息传播的即时性和信息平台的开放性都对传统媒体已有的功能进行了补充和拓展。

二、新媒体批评的特点

新媒体提供的一种可能，是任何使用者都可以在新媒体平台上发布信息、言论等各种内容，进行地位对等的交流。通过与其他参与者的互动发出更多的声音，这种"全民 DIY"式的信息与思想的传播彻底颠覆了传统媒体的内容生产方式和媒介批评方式，使新媒体批评的模式呈现多样性和原创性日益增强的特征。新媒体的操作终端更加丰富，智能手机、平板电脑等移动智能上网工具为新闻信息的传播、意见的反馈、消息评论的发布提供了更大的便利性，普通民众对新闻媒介事件的参与度越来越高，发表评论、发布信息也变得愈加的简单。

同时，新媒体批评具有交互性和实时性，参与各方都能够立即得到反馈信息，这种方式彻底打破了大众传播时代文化与传播精英对传播主体的把控，并进一步实现了个人成为传播主体的大众梦想．新媒体传播的内容所涉及的人类生活的广度、对各类问题所讨论的深度以及传播形式的多样性都是空前的。在新媒体时代，新媒体的内容几乎已经涉及人类现有的所有文化形态。新媒体媒介使用者的多样化和广泛性已经对媒介批评提出了更复杂的要求。社会中不同领域的话题不断在新媒体的平台上被提出和讨论，因此，对不同个体实施个性化的精确传播，这种个性化的范围完全可以缩小到单个个

---

① 谢耕耕、曹慎慎、王婷：《突发事件报道》，38 页，上海，上海交通大学出版社，2009。

体，使得"个人化精准传受"一词在某种程度上成了分众时代新媒体的代名词。

此外，传播技术发展到今天，由于传播载体发生了改变，信息的传播形态也发生了本质的改变，依托于数字技术作为新媒体的共同特征，成为现代传播方式与传统传播方式更合适的区分词，"数字化"的字眼在新媒体定义中不可或缺。新的传播技术在传播形态上产生的最大的变化就是能够在新的媒体平台上把传统媒体的各种信息的表现形式复合起来。在已有的大众媒体中，按照传播形态的不同可以划分为报纸、杂志、广播、电视等。而网络和数字技术所能提供的可能性是主要的传播载体，如网络、数字电视、手机等，都既能进行文字的传播，同时又能进行视频和声音的传播，并且还能把文字、视频、声音存储下来，为受众提供闲暇时的信息消费。新媒体是多种传播形式复合的媒体，界限分明的媒体类型区分在新媒体阶段将不再具有意义。"复合信息"将在新媒体研究领域备受关注。

三、新媒体批评的范围

(一)新媒体的商业性

在新媒体的发展过程中，由于片面追求经济利益而弱化了把关人的力量。伴随着传播作为社会公益事业身份的淡化以及其商业性质的加强，传媒必然不断地追求自身利益的最大化。依托新媒体技术产生的一些企业，如商业性质的网站、手机平台等，他们彼此之间存在着激烈的竞争，为了取得最大化的利润，片面满足受众的各方面需求，弱化了把关人的作用。一方面，新媒体将话语权和选择权交还给大众，由大众进行信息的整理，并由大众决定他们接收什么样的信息，新媒体的随意传播性弱化了传统媒介的把关作用；另一方面，在新媒体中，大众也可以获得广告或者内容收益，用户同样也是内容提供者，因此他们同样可以凭借着自身的内容创意获得注意力，从而在新媒体平台上得到收益。[①] 这也是造成新媒体混乱及各种缺乏道德与法律规范言论出现的一个重要原因。

(二)新媒体的开放性

新媒体的开放性特征是其一大优势，但同时也需要适当的规范。新媒体平台的开放性导致了许多伦理问题。首先导致主体言论和行为的开放性和不

---

① ［美］Patricia Wallace：《互联网心理学》，谢影、苟建新译，126页，北京，中国轻工业出版社，2001。

易控制性，从而使媒介传播行为极难监管。新媒体时代的信息传播中，充斥着大量违背社会伦理道德的信息，尤其是在网上论坛、电子公告板等新媒体的开放性社区上。移动互联网终端的涌现让新媒体批评的监管与规范更加困难，如手机平台的应用软件"微信"等社交媒体，由于其搭载在手机终端上，这就决定了它的移动性、私密性和扩散性，导致对其追踪管控更为困难。这些是新媒体中最能体现公共舆论的开放性的自由言论场所，同时也是最难管理的新媒体传播通道。技术进步的步伐常常比伦理演进的步伐要急促得多，因此促使了社会扭曲、伦理失衡等问题的显现。

（三）新媒体的新技术

新媒体的出现为人们提供了不同的、新的技术应用形式，改变了人们旧有的媒介使用传统，这种改变也在人类使用的过程中产生了前所未遇的一些问题，如作为新媒体的手机的出现，"手机的固有属性是社会性工具。所以，如果我们只孤立地考虑它对个体的影响，而不考虑个体与他人的关系，无论他人是否在场，那还是不够的。手机铃声和打电话的声音越是近，就越是带有侵犯性，谅解和侮辱的分界线也可能是很脆弱的。"[①]在这种适应新媒体特性的过程中，从人们的心理方面看，互联网、全球通手机、国际卫星电视等新媒体使人们的交往和活动摆脱了物理时空的限制，因此，传统道德规范对网络言行的限制力大为削弱。同时，新媒体大大解放了人的实践能力，人类活动的空间范围的深度和广度都被极大地拓展了，这给人类的心理带来了前所未有的体验和冲击。仍以网络为例，由于人们是以符号化的身份、在身体"不在场"的情况下进行交往，一方面在现实交往中无法避免的责任顿时减轻，甚至在主观心理上认为责任已经消失；另一方面，由于感受不到对方作为一个活生生的人的感受和反应，在有意和无意之中，错把交往的对象由"人"转换为"物"，往往会以在物理空间中难以想象的粗暴、无礼的方式行事，突破道德限制。[②]

思考与练习

一、名词解释

1. 新闻批评

---

① ［美］保罗·莱文森：《手机——挡不住的呼唤》，何道宽译，83 页，北京，中国人民大学出版社，2004。

② 蒋宏、徐剑：《新媒体导论》，73 页，上海，上海交通大学出版社，2007。

2. 影视批评

3. 新媒体批评

二、简述题

1. 简述新闻批评的原则和范围。

2. 简述影视批评的类型。

3. 简述新媒体批评的主要范围。

三、课堂练习

观察自己的同学，了解他们是如何使用新媒体的，从其使用中可以发现什么有意义的话题？整理并完成报告。

参考文献

中文专著及教材

鲍晓兰主编. 西方女性主义研究评介. 北京，生活·读书·新知三联书店，1995

陈启能、倪为国主编. 书写历史. 上海，上海三联书店，2003

陈宏图选编. 表象的叙述：新社会文化史. 上海，上海三联书店，2003

陈新主编. 当代西方历史哲学读本（1967－2002）. 上海，复旦大学出版社，2004

陈嘉明. 现代性与后现代性十五讲. 北京，北京大学出版社，2006

陈龙. 媒介批评论. 苏州，苏州大学出版社，2005

陈力丹、易正林. 传播学关键词. 北京，北京师范大学出版社，2009

陈卫星. 传播的观念. 北京，人民出版社，2004

陈韬文主编. 大众传播与市场经济. 台北，庐锋学会出版社，1997

陈玉申. 晚清报业史. 济南，山东画报出版社，2003

曹晋、赵月枝主编. 传播政治经济学英文读本. 上海，复旦大学出版社，2007

曹卫东. 权力的他者. 上海，上海教育出版社，2004

程正民. 巴赫金的文化诗学. 北京，北京师范大学出版社，2001

程锡麟. 什么是女性主义批评. 上海，上海外语教育出版社，2011

崔欣、孙瑞祥. 大众文化与传播研究. 天津，天津人民出版社，2005

常昌富等编. 大众传播学：影响研究范式. 北京，中国社会科学出版社，2000

戴锦华. 隐形书写：90年代中国文化研究. 南京，江苏人民出版社，1999

戴锦华主编. 书写文化英雄：世纪之交的文化研究. 南京，江苏人民出版社，2000

戴锦华. 雾中风景：中国电影文化（1978－1998）. 北京，北京大学出版社，2000

戴元光. 传播学研究理论与方法. 上海，复旦大学出版社，2003

董天策主编. 中外媒介批评（第1辑）. 广州，暨南大学出版社，2008

董天策主编. 中外媒介批评（第2辑）. 广州，暨南大学出版社，2010

董小英. 再登巴比伦塔：巴赫金与对话理论. 北京，生活·读书·新知三联书店，1994

樊星. 世纪末文化思潮史. 武汉，湖北教育出版社，1999

方汉奇、陈业劭、张之华. 中国新闻事业简史. 北京，中国人民大学出版社，

1983

方生. 后结构主义文论. 济南, 山东教育出版社, 1999

方汉文. 后现代主义文化心理: 拉康研究. 上海, 上海三联书店, 2000

方珊. 形式主义文论. 济南, 山东教育出版社, 1999

高宣扬. 布迪厄的社会理论. 上海, 同济大学出版社, 2004

高亮华. 人文主义视野中的技术. 北京, 中国社会科学出版社, 1996

郭庆光. 传播学教程. 北京, 中国人民大学出版社, 2002

黄新生. 媒介批评: 理论与方法. 台北, 台湾五南图书出版公司, 1987

黄力之. 中国话语: 当代审美文化史论. 北京, 中央编译出版社, 2001

黄华. 权力、身体与自我: 福柯与女性主义文学批评. 北京, 北京大学出版社, 2005

黄展人. 文艺批评学. 广州, 暨南大学出版社, 1985

胡翼青. 再度发言: 论社会学芝加哥学派传播思想. 北京, 中国大百科全书出版社, 2007

胡正荣. 传播学总论. 北京, 清华大学出版社, 2009

何言宏. 中国书写: 当代知识分子写作与现代性问题. 北京, 中央编译出版社, 2002

贺仲明. 中国心像: 20 世纪末作家文化心态考察. 北京, 中央编译出版社, 2002

贺建平. 西方媒介权力批判. 重庆, 重庆出版社, 2004

金元浦. 接受反映文论. 济南, 山东教育出版社, 1999

金元浦主编. 文化研究: 理论与实践. 开封, 河南大学出版社, 2004

姜飞. 跨文化传播的后殖民语境. 北京, 中国人民大学出版社, 2005

康正果. 女权主义与文学. 北京, 中国社会科学出版社, 1994

匡文波. 网络传播学概论. 北京, 高等教育出版社, 2009

雷跃捷. 媒介批评. 北京, 北京大学出版社, 2007

雷跃捷. 新闻理论. 北京, 北京广播学院出版社, 1997

罗以澄. 新闻与传播评论. 武汉, 武汉大学出版社, 2005

罗钢. 叙事学导论. 昆明, 云南人民出版社, 1994

罗钢、刘象愚主编. 文化研究读本. 北京, 中国社会科学出版社, 2003

罗钢、王中忱主编. 消费文化读本. 北京, 中国社会科学出版社, 2003

罗钢等编. 后殖民主义文化理论. 北京, 中国社会科学出版社, 1999

陆扬. 精神分析文论. 济南, 山东教育出版社, 1999

陆扬、王毅. 大众文化与传媒. 上海, 上海三联书店, 2000

陆扬等选编. 大众文化研究. 上海，上海三联书店，2001

陆扬、王毅. 文化研究导论. 上海，复旦大学出版社，2006

刘北成. 福柯思想肖像. 北京，中国人民大学出版社，2012

刘小枫. 现代性社会理论绪论. 上海，上海三联书店，1998

刘纲纪主编. 马克思主义美学研究. 桂林，广西师范大学出版社，2000

刘海龙. 大众传播理论：范式与流派. 北京，中国人民大学出版社，2008

刘建明. 媒介批评通论. 北京，中国人民大学出版社，2001

刘建明. 中国媒介批评史. 福州，福建人民出版社，2011

刘晓红. 西方传播政治经济学研究. 上海，上海人民出版社，2007

李幼蒸选编. 结构主义和符号学. 北京，生活·读书·新知三联书店，1987

李小江. 女性主义：文化冲突与身份认同. 南京，江苏人民出版社，2001

李瞻. 世界新闻史. 台北，台湾三民书局，1983

李立. 影视艺术批评与鉴赏. 北京，北京广播学院出版社，2001

李岩. 媒介批评：立场、范畴、命题、方式. 杭州，浙江大学出版社，2005

李彬. 全球新闻传播史（公元 1500 年—2000 年）. 北京，清华大学出版社，2005

李彬. 大众传播学. 北京，中央广播电视大学出版社，2000

李彬. 媒介话语. 北京，新华出版社，2005

李彬. 符号透视：传播内容的本体诠释. 上海，复旦大学出版社，2003

李道新. 影视批评学. 北京，北京大学出版社，2002

李龙牧. 中国新闻事业史稿. 上海，上海人民出版社，1985

李银河. 女性主义. 济南，山东人民出版社，2005

李芹. 社会学概论. 济南，山东大学出版社，1999

联合国教科文组织. 多种声音，一个世界. 北京，中国对外翻译出版公司，1981

梁漱溟. 中国文化要义. 上海，上海人民出版社，2011

梁衡. 新闻原理思考. 北京，人民出版社，1997

梁衡. 传媒新论. 北京，学习出版社，1997

林树明. 多维视野中的女性主义文学批评. 北京，中国社会科学出版社，2004

鲁曙明、洪浚浩. 传播学. 北京，中国人民大学出版社，2007

孟繁华. 传媒与文化领导权：当代中国的文化生产与文化认同. 济南，山东

教育出版社，2003

欧阳宏生．电视批评论．北京，中国广电出版社，2000

欧力同．哈贝马斯的"批判理论"．重庆，重庆出版社，1997

潘知常、林玮．传播批判理论．北京，新华出版社，2002

浦安迪．中国叙事学．北京，北京大学出版社，1996

彭兰．网络传播概论．北京，中国人民大学出版社，2009

汝信．社会科学新辞典．重庆，重庆出版社，1988

任皑．批判与反思：法兰克福学派"当代资本主义理论"辨析．合肥，安徽大学出版社，1998

上海社科院哲学所编．法兰克福学派论著选辑．北京，商务印书馆，1998

邵培仁．传播学．北京，高等教育出版社，2000

单世联．现代性与文化工业．广州，广东人民出版社，2001

司马云杰．文化社会．济南，山东人民出版社，1986

时统宇．电视批评理论研究．北京，中国广播电视出版社，2003

石义彬．单向度·超真实·内爆：批判视野中的当代西方传播思想研究．武汉，武汉大学出版社，2003

陶东风等主编．文化研究．天津，天津社会科学院出版社，2000

王君超．媒介批评：起源·标准·方法．北京，北京广播学院出版社，2001

王晓路等．文化批评关键词研究．北京，北京大学出版社，2007

王岳川．中国镜像：90年代文化研究．北京，中央编译出版社，2001

王岳川．现象学与解释学文论．济南，山东教育出版社，1999

王政等主编．社会性别研究选译．北京，生活·读书·新知三联书店，1998

王晓明．半张脸的神话．桂林，广西师范大学出版社，2003

汪晖、陈燕谷主编．文化与公共性．北京，生活·读书·新知三联书店，2005

汪民安．福柯的界线．北京，中国社会科学出版社，2002

汪民安等编．福柯的面孔．北京，文化艺术出版社，2001

汪民安等编．后现代性的哲学话语：从福柯到赛义德．杭州，浙江人民出版社，2001

吴铎．社会学．北京，高等教育出版社，1992

吴飞．传媒批判力．北京，中国传媒大学出版社，2005

吴增基．现代社会学．上海，上海人民出版社，2001

谢少波、王逢振编．文化研究访谈录．北京，中国社会科学出版社，2003

谢新洲．网络传播理论与实践．北京，北京大学出版社，2004

肖小穗．传媒批评．哈尔滨，黑龙江人民出版社，2002

杨大春．文本的世界：从结构主义到后结构主义．北京，中国社会科学出版社，1998

杨义．中国叙事学．北京，人民出版社，1997

叶舒宪选编．神话－原型批评．西安，陕西师大出版社，1987

尹鸿．世纪转折时期的中国影视文化．北京，北京出版社，1998

尹鸿．尹鸿影视时评．开封，河南大学出版社，2002

殷晓蓉．战后美国传播学的理论发展．上海，复旦大学出版社，2000

余虹．思与诗的对话：海德格尔诗学引论．北京，中国社会科学出版社，1991

俞吾金．从康德到马克思．桂林，广西师范大学出版社，2004

于德山．当代媒介文化．北京，新华出版社，2005

于海．西方社会思想史．上海，复旦大学出版社，2008

于文秀．文化研究思潮导论．北京，人民出版社，2002

张锦华．传播批判理论．台北，黎明文化事业公司，1993

张国良．20世纪传播经典文本，上海，复旦大学出版社，2003

张荣翼．文学批评论稿．昆明，云南人民出版社，1995

张汝伦．思考与批判．上海，上海三联书店，1999

张意．文化与符号权力：布尔迪厄的文化社会学导论．北京，中国社会科学出版社，2005

张岩冰．女权主义文论．济南，山东教育出版社，1999

张寅德编．叙述学研究，北京，中国社会科学出版社，1989

赵毅衡．文学符号学．北京，中国文联出版公司，1990

赵月枝．传播与社会：政治经济与文化分析．北京，中国传媒大学出版社，2011

朱大可、张闳主编．21世纪中国文化地图．桂林，广西师范大学出版社，2004

朱立元．当代西方文艺理论．上海，华东师范大学出版社，2008

朱立元．法兰克福学派美学思想论稿．上海，复旦大学出版社，1997

曾娅妮．媒介批评：理论与例证．成都，四川大学出版社，2010

周安华．现代影视批评艺术．北京，中国广播电视出版社，1999

［奥］弗洛伊德．弗洛伊德后期著作选．林尘、张唤民等译，上海，上海译文

出版社，2005

　　[奥]弗洛伊德. 精神分析学引论. 高觉敷译，北京，商务印书馆，1997

　　[奥]西格蒙德·弗洛伊德. 精神分析引论. 高觉敷译，北京，商务印书馆，1997

　　[澳]丹纳赫. 理解福柯. 刘瑾译，天津，百花文艺出版社，2002

　　[澳]约翰·多克. 后现代主义与大众文化. 吴松江、张天飞译，沈阳，辽宁教育出版社，2001

　　[比]布洛克曼. 结构主义：莫斯科－布拉格－巴黎. 李幼蒸译，北京，中国人民大学出版社，2003

　　[德]阿多诺. 美学理论. 王柯平译，成都，四川人民出版社，1998

　　[德]本雅明. 本雅明文选. 陈永国、马海良译，北京，中国社会科学出版社，1999

　　[德]本雅明. 德国悲剧的起源. 陈永国译，北京，文化艺术出版社，2001

　　[德]本雅明. 发达资本主义时代的抒情诗人. 张旭东、魏文生译，北京，生活·读书·新知三联书店，1989

　　[德]本雅明. 机械复制时代的艺术. 王才勇译，南京，江苏人民出版社，2006

　　[德]本雅明. 经验与贫乏. 王炳钧、杨劲译，天津，百花文艺出版社，1999

　　[德]本雅明、桑塔格等. 上帝的眼睛：摄影的哲学. 吴琼等译，北京，中国人民大学出版社，2005

　　[德]冈特·绍伊博尔德. 海德格尔分析新时代的技术. 宋祖良译，北京，中国社会科学出版社，1998

　　[德]哈贝马斯. 关键概念. 杨礼银、朱松峰译，南京，江苏人民出版社，2009

　　[德]哈贝马斯. 合法化危机. 刘北成、曹卫东译，上海，上海人民出版社，2000

　　[德]哈贝马斯. 交往行动理论. 洪佩郁、蔺青译，重庆，重庆出版社，1994

　　[德]哈贝马斯. 交往行为理论. 曹卫东译，上海，上海人民出版社，2004

　　[德]哈贝马斯. 认识与兴趣. 李黎、郭官义译，上海，学林出版社，1999

　　[德]海德格尔. 存在与时间. 陈嘉映、王庆节译，北京，生活·读书·新知三联书店，2000

　　[德]霍克海默. 批判理论. 李小兵等译，重庆，重庆出版社，1989

[德]霍克海默、阿多诺. 启蒙辩证法：哲学断片. 渠敬东、曹卫东译，上海，上海人民出版社，2006

[德]加达默尔. 哲学解释学. 夏镇平译，上海，上海译文出版社，2004

[德]加达默尔. 真理与方法. 洪汉鼎译，上海，上海译文出版社，2004

[德]康德. 纯粹理性批判. 邓晓芒译，北京，人民出版社，2004

[德]康德. 判断力批判. 邓晓芒译，北京，人民出版社，2002

[德]马克思. 马克思恩格斯选集. 北京，人民出版社，1972

[德]伊瑟尔. 阅读活动：审美反应理论. 金元浦、周宁译，北京，中国社会科学出版社，1991

[俄]巴赫金. 弗洛伊德主义. 佟景韩译，上海，上海文艺出版社，1988

[俄]什克洛夫斯基. 俄国形式主义文论选. 方珊等译，北京，生活·读书·新知三联书店，1989

[俄]托多罗夫编. 俄国形式主义文论选. 蔡鸿滨译，北京，中国社会科学出版社，1989

[法]阿尔都塞. 哲学与政治. 阿尔都塞读本. 汪民安等编，长春，吉林人民出版社，2003

[法]艾德加·莫兰. 社会学思考. 阎素伟译，上海，上海人民出版社，2001

[法]巴尔特、鲍德里亚等. 形象的修辞：广告与当代社会理论. 吴琼、杜予等译，北京，中国人民大学出版社，2005

[法]鲍德里亚. 符号政治经济学批判. 夏莹译，南京，南京大学出版社，2009

[法]鲍德里亚. 完美的罪行. 王为民译，北京，商务印书馆，2000

[法]鲍德里亚. 消费社会. 刘成富、全志钢译，南京，南京大学出版社，2006

[法]布尔迪厄. 关于电视. 许钧译，南京，南京大学出版社，2011

[法]布尔迪厄. 文化资本和社会炼金术：布尔迪厄访谈录. 包亚明译，上海，上海人民出版社，1997

[法]布尔迪厄. 艺术的法则：文学场的生成和结构. 刘晖译，北京，中央编译出版社，2001

[法]布尔厄、华康德. 实践与反思：反思社会学导引. 李猛、李康译，北京，中央编译出版社，1998

[法]德赖弗斯、保罗·拉比诺. 超越结构主义与解释学. 张建超、张静译，北京，光明日报出版社，1992

[法]德里达. 论文字学. 汪堂家译, 上海, 上海译文出版社, 1999

[法]德里达. 马克思的幽灵. 何一译, 北京, 中国人民大学出版社, 2008

[法]德里达. 书写与差异, 张宁译, 北京, 生活·读书·新知三联书店, 2001

[法]德里达. 文学行动. 赵兴国等译, 北京, 中国社会科学出版社, 2000

[法]多斯. 从结构到解构: 法国 20 世纪思想主潮. 季广茂译, 北京, 中央编译出版社, 2004

[法]福柯. 必须保卫社会. 钱翰译, 上海, 上海人民出版社, 1999

[法]福柯. 词与物: 人文科学考古学. 莫伟民译, 上海, 上海三联书店, 2001

[法]福柯. 疯癫与文明. 刘北成、杨远婴译, 北京, 生活·读书·新知三联书店, 2007

[法]福柯. 福柯集. 杜小真译, 上海, 上海远东出版社, 1998

[法]福柯. 规训与惩罚. 刘北成、杨远婴译, 北京, 生活·读书·新知三联书店, 2003

[法]福柯. 临床医学的诞生. 刘北成译, 南京, 译林出版社, 2001

[法]福柯. 权力的眼睛: 福柯访谈录. 严锋译, 上海, 上海人民出版社, 1997

[法]福柯. 性经验史. 佘碧平译, 上海, 上海人民出版社, 2005

[法]福柯. 知识考古学. 谢强、马月译, 北京, 生活·读书·新知三联书店, 2007

[法]戈德曼. 隐蔽的上帝. 蔡鸿滨译, 天津, 百花文艺出版社, 1998

[法]格雷马斯. 结构语义学. 蒋梓骅译, 天津, 百花文艺出版社, 2002

[法]格雷马斯. 结构语义学: 方法研究. 吴泓缈译, 北京, 生活·读书·新知三联书店, 1999

[法]古斯塔夫·庞勒. 乌合之众: 大众心理研究. 戴光年译, 北京, 中央编译出版社, 2005

[法]居伊·德波. 景观社会. 王昭风译, 南京, 南京大学出版社, 2007

[法]拉康、鲍德里亚等. 视觉文化的奇观: 视觉文化总论. 吴琼等译, 北京, 中国人民大学出版社, 2005

[法]利奥塔. 非人: 时间漫谈. 罗国祥译, 北京, 商务印书馆, 2000

[法]罗兰·巴特. 符号学原理. 李幼蒸译, 北京, 中国人民大学出版社, 2008

[法]罗兰·巴特. 罗兰·巴特随笔选. 怀宇译, 天津, 百花文艺出版社,

1995

[法]罗兰·巴特．神话：大众文化诠释．许蔷薇、许绮玲译，上海，上海人民出版社，1999

[法]麦茨、德勒兹等．凝视的快感：电影文本的精神分析．吴琼等译，北京，中国人民大学出版社，2005

[法]热拉尔·热奈特．叙事话语新叙事话语．王文融译，北京，中国社会科学出版社，1990

[法]舍普等．技术帝国．刘莉译，北京，生活·读书·新知三联书店，1999

[法]西蒙娜·德·波伏娃．第二性．郑克鲁译，上海，上海译文出版社，2011

[荷]梵·迪克．作为话语的新闻．曾庆香译，北京，华夏出版社，2003

[荷]麦奎尔．麦奎尔大众传播理论．崔保国、李琨译，北京，清华大学出版社，2006

[荷]米克·巴尔．叙述学：叙事理论导论．谭君强译，北京，中国社会科学出版社，1995

[加拿大]查尔斯·泰勒．现代性之隐忧．程炼译，北京，中央编译出版社，2001

[加拿大]戴维·克劳利、保罗·海尔．传播的历史．董璐、何道宽、王树国译，北京，北京大学出版社，2011

[加拿大]弗莱．批评的剖析．陈慧等译，天津，百花文艺出版社，1998

[加拿大]弗莱．批评之路．王逢振、秦明利译，北京，北京大学出版社，1998

[加拿大]哈罗德·伊尼斯．传播的偏向．何道宽译，北京，中国人民大学出版社，2003

[加拿大]麦克卢汉．机器新娘．何道宽译，北京，中国人民大学出版社，2004

[加拿大]麦克卢汉．理解媒介：论人的延伸．何道宽译，北京，商务印书馆，2000

[加拿大]麦克卢汉．麦克卢汉精粹．何道宽译，南京，南京大学出版社，2001

[加拿大]文森特·莫斯可．传播政治经济学．胡正荣译，北京，华夏出版社，2000

[美]艾恺．世界范围内的反现代化思潮：论文化守成主义．贵阳，贵州人

民出版社，1991

　　[美]艾伦. 重组话语频道. 麦永雄、柏敬泽等译，北京，中国社会科学出版社，2000

　　[美]保罗·康纳顿. 社会如何记忆. 纳日碧力戈译，上海，上海人民出版社，2000

　　[美]鲍德韦尔等. 后理论：重建电影研究. 麦永雄等译，北京，中国社会科学出版社，2000

　　[美]贝尔·胡克斯. 女权主义理论：从边缘到中心. 晓征、平林译，南京，江苏人民出版社，2001

　　[美]本·巴格迪坎. 传播媒介的垄断. 林珊等译，北京，新华出版社，1986

　　[美]本. H. 贝戈蒂克安. 媒体垄断. 吴靖译，石家庄，河北教育出版社，2004

　　[美]宾克莱. 理想的冲突：西方社会中变化着的价值观念. 马元德等译，北京，商务印书馆，1983

　　[美]波斯特. 第二媒介时代. 范静晔译，南京，南京大学出版社，2000

　　[美]伯格. 通俗文化、媒介和日常生活中的叙事. 姚媛译，南京，南京大学出版社，2001

　　[美]布莱克. 现代化的动力. 段小光译，成都，四川人民出版社，1988

　　[美]大卫·哈伯斯塔姆. 掌权者：美国新闻王国内幕. 尹向泽等译，成都，四川文艺出版社，1994

　　[美]戴安娜·克兰. 文化生产：媒体与都市艺术. 赵国新译，北京，商务印书馆，2001

　　[美]戴卫·赫尔曼. 新叙事学. 马海良译，北京，北京大学出版社，2002

　　[美]丹尼·卡瓦拉罗. 文化理论关键词. 张卫东、张生、赵顺宏译，南京，江苏人民出版社，2006

　　[美]丹尼尔·贝尔. 后工业社会的来临. 高铦等译，北京，商务印书馆，1984

　　[美]道格拉斯·凯尔纳. 媒体奇观：当代美国社会文化透视. 史安斌译，北京，清华大学出版社，2003

　　[美]道格拉斯·凯尔纳. 媒体文化. 丁宁译，北京，商务印书馆，2004

　　[美]德弗勒. 大众传播研究的里程碑. 刘海龙译. 北京，中国人民大学出版社，2009

　　[美]德弗勒、丹尼斯. 大众传播通论. 颜建军译，北京，华夏出版社，

1989

[美]德里克. 后革命氛围. 王宁等译，北京，中国社会科学出版社，1999

[美]德曼. 解构之图. 李自修译，北京，中国社会科学出版社，1998

[美]多米尼克·斯特里纳蒂. 通俗文化理论导论. 阎嘉译，北京，商务印书馆，2001

[美]多诺万. 女权主义的知识分子传统. 赵育春译，南京，江苏人民出版社，2003

[美]盖伊·塔奇曼. 做新闻：关于现实建构的学问. 麻争旗、刘笑盈、徐扬译，北京，华夏出版社，2008

[美]海登·怀特. 后现代历史叙事学. 陈永国、张万娟译，北京，中国社会科学出版社，2003

[美]海登·怀特. 形式的内容：叙事话语与历史再现. 董立河译，北京，文津出版社，2005

[美]海登·怀特. 元史学：十九世纪欧洲的历史想象. 陈新译，南京，译林出版社，2004

[美]赫伯特·阿特休尔. 权力的媒介. 黄煜、裘志康译，北京，华夏出版社，1989

[美]赫尔曼. 新叙事学. 马海良译，北京，北京大学出版社，2002

[美]赫施. 解释的有效性. 王才勇译，北京，生活·读书·新知三联书店，1991

[美]亨廷顿. 文明的冲突与世界秩序的重建. 周琪等译，北京，新华出版社，2002

[美]华莱士·马丁. 当代叙事学. 伍晓明译. 北京，北京大学出版社，2005

[美]霍兰德. 后现代精神分析. 潘国庆译，上海，上海文艺出版社，1995

[美]卡勒. 结构主义诗学. 盛宁译，北京，中国社会科学出版社，1991

[美]卡勒. 论解构. 陆扬译，北京，中国社会科学出版社，1998

[美]卡林内斯库. 现代性的五副面孔. 顾爱彬、李瑞华译，北京，商务印书馆，2002

[美]凯特·米利特. 性的政治. 钟良明译，北京，社会科学文献出版社，1999

[美]克莱德·克鲁克洪. 文化与个人. 高佳等译，杭州，浙江人民出版社，1986

[美]克里格. 批评旅途：六十年代之后. 李自修等译，北京，中国社会科学

出版社，1998

　　[美]克里斯蒂安. 媒介公正：道德伦理问题真的不证自明吗?. 蔡文美等译，北京，华夏出版社，2004

　　[美]库利. 社会过程. 洪小良等译，北京，华夏出版社，2000

　　[美]库隆. 芝加哥学派. 郑文彬译，北京，商务印书馆，2000

　　[美]雷克·韦克勒. 批评的概念. 张今言译，杭州，中国美术学院出版社，1999

　　[美]理查德·沃林. 文化批评的观念. 张国清译，北京，商务印书馆，2000

　　[美]利昂·纳尔逊·弗林特. 报纸的良知. 萧严译，北京，中国人民大学出版社，2004

　　[美]刘易斯·科塞. 理念人：一项社会学的考察. 郭方等译，北京，中央编译出版社，2004

　　[美]罗伯森. 全球化：社会理论和全球文化. 梁光严译，上海，上海人民出版社，2000

　　[美]罗杰斯. 传播学史. 殷晓蓉译，上海，上海译文出版社，2005

　　[美]马尔库塞. 单向度的人：发达工业社会意识形态研究. 刘继译，上海，上海译文出版社，2006

　　[美]马尔库塞. 审美之维. 李小兵译，北京，生活·读书·新知三联书店，1989

　　[美]迈克尔·舒德森. 发掘新闻：美国报业的社会史. 陈昌凤、常江译，北京，北京大学出版社，2009

　　[美]迈克尔·舒德森. 为什么民主需要不可爱的新闻界. 贺文发译，北京，华夏出版社，2010

　　[美]迈克尔·舒德森. 新闻社会学. 徐桂权译，北京，华夏出版社，2010

　　[美]迈克尔·辛格尔特里. 大众传播研究：现代方法与应用. 刘燕南译，北京，华夏出版社，2001

　　[美]米德. 心灵、自我与社会. 赵月瑟译，上海，上海译文出版社，2005

　　[美]米勒. 重申解构主义. 郭英剑等译，北京，中国社会科学出版社，2000

　　[美]尼尔·波兹曼. 技术垄断. 何道宽译，北京，北京大学出版社，2007

　　[美]尼尔·波兹曼. 童年的消逝. 吴燕莛译，桂林，广西师范大学出版社，2011

　　[美]尼尔·波兹曼. 娱乐至死. 章艳译，桂林，广西师范大学出版社，

2011

[美]乔姆斯基. 新自由主义和全球秩序. 徐海铭、季海宏译，南京，江苏人民出版社，2000

[美]切特罗姆. 传播媒介与美国人的思想. 曹静生等译，北京，中国广播电视出版社，1991

[美]萨义德. 东方学. 王宇根译，北京，生活·读书·新知三联书店，2007

[美]萨义德. 文化与帝国主义. 李琨译，北京，生活·读书·新知三联书店，2003

[美]赛佛林和坦卡德. 传播理论：起源、应用和方法. 郭镇之等译，北京，华夏出版社，2000

[美]施拉姆、威廉·波特. 传播学概论. 何道宽译，北京，中国人民大学出版社，2010

[美]史蒂夫·莫滕森编. 跨文化传播学. 关世杰、胡兴译，北京，中国社会科学出版社，1999

[美]斯蒂芬·李特约翰. 人类传播理论. 史安斌译，北京，清华大学出版社，2009

[美]斯坦顿·巴兰等：大众传播理论. 曹书乐译，北京，清华大学出版社，2004

[美]苏特·杰哈利. 广告符码. 马珊珊译，北京，中国人民大学出版社，2004

[美]唐·泰普斯科特. 数字化成长. 陈晓开等译，大连，东北财经大学出版社，1999

[美]托德·吉特林. 新左派运动的媒介镜像. 胡正荣、张锐译，北京，华夏出版社，2007

[美]托马斯·弗里德曼. 世界是平的：21 世纪简史. 何帆等译，长沙，湖南科学技术出版社，2006

[美]韦勒克. 批评的诸种概念. 成都. 四川文艺出版社，1988

[美]沃林. 文化批评的观念：法兰克福学派、存在主义和后结构主义. 张国清译，北京，商务印书馆，2001

[美]约翰·费斯克. 传播研究导论：过程与符号. 许静译，北京，北京大学出版社，2008

[美]约翰·费斯克. 关键概念：传播与文化研究辞典. 李彬译，北京，新华出版社，2004

［美］约翰·费斯克. 理解大众文化. 王晓珏、宋伟杰译，北京，中央编译出版社，2006

［美］约翰.R. 霍尔、玛丽·乔·尼兹. 文化：社会学的视野. 周晓虹、徐彬译，北京，商务印书馆，2004

［美］约书亚·梅罗维茨. 消失的地域. 肖志军译，北京，清华大学出版社，2002

［美］詹姆斯·米勒. 福柯的生死爱欲. 高毅译，上海，上海人民出版社，2003

［美］詹姆逊. 文化转向. 胡亚敏译，北京，中国社会科学出版社，2000

［日］竹内郁郎. 大众传播社会学. 张国良译，上海，复旦大学出版社，1989

［瑞士］皮亚杰. 结构主义. 倪连生、王琳译，北京，商务印书馆，2006

［瑞士］荣格. 分析心理学的理论与实践. 北京，生活·读书·新知三联书店，1991

［瑞士］索绪尔. 普通语言学教程. 高名凯译，北京，商务印书馆，1980

［西］奥尔特加·加塞特. 大众的反叛. 刘训练、佟德志译，长春，吉林人民出版社，2004

［希腊］柏拉图. 文艺对话集. 朱光潜译，北京，人民文学出版社，1983

［以］艾森斯塔德. 现代化：抗拒与变迁. 张旅平等译，北京，中国人民大学出版社，1988

［以］里蒙—凯南著. 叙事虚构作品. 姚锦清等译. 北京，生活·读书·新知三联书店，1989

［意］安东尼奥·葛兰西. 狱中札记. 曹雷雨、姜丽、张跣译，北京，中国社会科学出版社，2000

［意］葛兰西. 狱中札记. 曹雷雨、姜丽、张跣译，北京，中国社会科学出版社，2000

［英］阿兰·斯威伍德. 大众文化的神话. 冯建三译，北京，生活·读书·新知三联书店，2003

［英］艾勒克·博埃默. 殖民与后殖民文学. 盛宁、韩敏中译，沈阳，辽宁教育出版社，1998

［英］安德鲁·古德温等. 电视的真相. 魏礼庆、王丽丽译，北京，中央编译出版社，2001

［英］安东尼·吉登斯. 现代性的后果. 田禾译，北京，译林出版社，2011

［英］安东尼·吉登斯. 现代性与自我认同. 赵旭东等译，北京，生活·读书·

新知三联书店，1998

　　[英]安东尼·吉登斯等．自反性现代化．北京，商务印书馆，2001

　　[英]安吉拉·默克罗比．后现代主义与大众文化．田晓菲译，北京，中央编译出版社，2006

　　[英]奥利弗．媒介研究的进路：经典文献读本．汪凯、刘晓红译，北京，新华出版社，2004

　　[英]戴维·巴勒特．媒介社会学．赵伯英、孟春译，北京，社会科学文献出版社，1989

　　[英]丹尼斯·德沃金．文化马克思主义在战后英国．李凤丹译，北京，人民出版社，2008

　　[英]多德．社会理论与现代性．陶传进译，北京，社会科学文献出版社，2002

　　[英]费尔克拉夫：话语与社会变迁，殷晓蓉译，北京，华夏出版社，2003

　　[英]费瑟斯通．消费文化与后现代主义．刘精明译，南京，译林出版社，2000

　　[英]格罗姆·伯顿．媒体与社会：批判的视角．史安斌译，北京，清华大学出版社，2007

　　[英]霍克斯．结构主义和符号学．瞿铁鹏译，上海，上海译文出版社，1997

　　[英]吉尔伯特．后殖民理论：语境实践政治．陈仲丹译，南京，南京大学出版社，2004

　　[英]吉尔伯特等编．后殖民批评．杨乃乔等译，北京，北京大学出版社，2001

　　[英]雷蒙·威廉斯．关键词：文化与社会的词汇．刘建基译，北京，生活·读书·新知三联书店，2005

　　[英]雷蒙德·威廉斯．文化与社会．吴松江、张文定译，北京，北京大学出版社，1991

　　[英]雷蒙德·威廉斯．政治与文学，樊柯、王卫芬译，开封，河南大学出版社，2010

　　[英]罗德里克·马丁．权力社会学．丰子义、张宁译，北京，生活·读书·新知三联书店，1992

　　[英]马克·柯里．后现代叙事理论．宁一中译．北京，北京大学出版社，2003

　　[英]玛丽·伊格尔顿编．女权主义文学理论．胡敏译，长沙，湖南文艺

出版社，1989

[英]尼克·史蒂文森. 认识媒介文化：社会理论与大众传播. 王文斌译，北京，商务印书馆，2001

[英]齐亚乌丁·萨达尔. 东方主义. 马雪峰译，长春，吉林人民出版社，2005

[英]瑞恰慈. 文学批评原理. 杨自伍译，南昌，百花洲文艺出版社，1992

[英]萨莉·斯皮尔伯利. 媒体法. 周文译，武汉，武汉大学出版社，2004

[英]塞尔登. 文学批评理论：从柏拉图到现在. 刘象愚、陈永国等译，北京，北京大学出版社，2000

[英]斯道雷. 文化理论与通俗文化导论. 常江译，北京，北京大学出版社，2010

[英]斯各特·拉什. 信息批判. 杨德睿译，北京，北京大学出版社，2009

[英]斯特罗克. 结构主义以来：从列维－斯特劳斯到德里达. 渠东等译，沈阳，辽宁教育出版社，1998

[英]斯图尔特·霍尔编. 表征：文化表象与意指实践. 徐亮、陆兴华译，北京，商务印书馆，2003

[英]汤林森. 文化帝国主义. 冯建三译，上海，上海人民出版社，1999

[英]汤普森. 英国工人阶级的形成，钱乘旦等译，南京，译林出版社，2001

[英]特伦斯·霍克斯. 结构主义和符号学. 瞿铁鹏译，上海，上海译文出版社，1997

[英]伊格尔顿. 历史中的政治、哲学、爱欲. 马海良译，北京，中国社会科学出版社，1999

中文期刊文献

阿超. 呼唤媒介批评. 载新闻出版导刊，2001(2)

蔡骐. 女性主义媒介研究初探. 载湖南师范大学学报，2004(3)

蔡琰、臧国仁. 新闻叙事结构：对新闻故事的理论分析. 载新闻学研究，1999

常燕荣、蔡骐. 民族志方法与传播研究. 载湖南大众传媒职业技术学院学报，2005(2)

陈芝. 我国近年来媒介批评的得与失. 载新闻爱好者，2007(2)

陈默. 拓展学术视阈 提升观照层次——近年来"媒介文化批评"研究简述. 载现代远距离教育，2006(6).

陈共德．政治经济学的说服——美国传播学者赫伯特．I. 席勒的媒介批评观．载新闻与传播研究，2000(2)

陈信凌．媒介批评刍议．载南昌大学学报(社会科学版)，1998(3)

陈信凌．国内现行媒介批评衡估．载现代传播，1997(6)

董天策．媒介批评：新闻教育理论联系实际的有效途径——新闻理论教学札记一则．载新闻界，2001(4)

董天策．制约新闻炒作需要媒介批评——从成都媒体恶炒"美人鱼作家"谈起．载新闻记者，2001(7)

丁俊杰．媒介批评的意图．载现代传播，1996(2)

冯建三．媒介批评的历史轨迹与前景——以台湾为例．载山西大学学报(哲学社会科学版)，2011(3)

郭宏安．电视：文学批评的新媒介——访法国文学批评家贝尔纳·比沃．载读书，1987(3)

何道宽．加拿大传播学派的双星：伊尼斯与麦克卢汉．载深圳大学学报(人文社会科学版)，2002(5)

何道宽．媒介革命与学习革命——麦克卢汉媒介理论批评．载深圳大学学报(人文社会科学版)，2000(5)

何道宽．媒介即文化——麦克卢汉媒介理论批评．载现代传播，2000(6)

郝雨．媒介批评的整体缺席与系统失语．载今传媒，2007(2)

郝建．大众文化守候媒介批评．载现代传播，1996(2)

胡正强．梁启超新闻媒介批评实践与思想论略．载新闻界，2005(6)

黄顺铭．事实的二度客观与新闻舆论监督——用媒介批评眼光审视两个新闻报道个案．载新闻战线，2001(12)

黄顺铭、谭舒．一个历史的维度——美国媒介批评著作概况．载湖北社会科学，2001(10)

兰璐希．电视交友类节目中的男权中心现象——以非诚勿扰为例．载现代商业，2010(20)

刘利群．媒体职业女性的困境．载妇女研究论丛，2003(3)

刘丹．大陆女性在媒介行业中的现实生态．载新闻爱好者．2011(2)

刘高．媒介批评：何去何从．载新闻爱好者(理论版)，2007(4)

刘建明．关于媒介批评与媒介批评史的对话——刘建明答《中国图书评论》杂志编辑任勇胜先生问．载新闻与写作，2006(8)

刘建明．媒介批评学的新架构．载当代传播，2001(6)

刘建明．媒介批评的结构主义方法．载国际新闻界，2000(6)

刘建明. 媒介批评的文本理论. 载现代传播, 2000(5)

刘建明. 媒介批评者的主体性与个性. 载新闻爱好者, 2000(11)

刘胜枝. 西方女性主义媒体研究述评. 载徐州工程学院学报(社会科学版), 2011(7)

刘晓程. 论"新闻阅评"之不同于"媒介批评"——兼谈媒介批评的内涵与本质. 载今传媒, 2005(4)

刘晓程. 媒介批评: 类别探讨与特征反思. 载新闻记者, 2005(4)

刘自雄、熊珺. 略论"媒介批评"的概念及其起源. 载湖南大众传媒职业技术学院学报, 2002(4)

李异平. 美国媒介批判研究概述. 载国际新闻界, 2009(4)

李立. 反思电视的消极社会文化后果: 一种柏拉图式的媒介批评传统. 载新闻界, 2007(3)

李春娟. 西方媒介批评的四大理论背景. 载河北学刊, 2003(1)

李迅. 跨语境的电视: 媒介批评与观众研究. 载当代电影, 1997(2)

李奕明. 大众传播媒介: 理论与批评. 载电影艺术, 1990(6)

雷跃捷. 媒介批评是对大众传媒和大众文化的反思活动——对国内有关"媒介批评"定义的辨析. 载现代传播, 2003(3)

雷跃捷. 简述新中国媒介批评的发展历程. 载现代传播, 2003(6)

赖珮如. 女性杂志与女性价值变迁相关性之探析. 载国立政治大学硕士学位论文, 1994

梅琼林. 媒介批评之"结构主义方法"与系统方法的对比观照. 载江西社会科学, 2006(4)

马修·保罗. 美国连环漫画与传播媒介的文化批评. 载国际新闻界, 1990(4)

潘知常、林玮、曾艳艳. 结构主义-符号学的阐释: 传媒作为文本世界——西方传媒批判理论研究札记. 载东南大学学报(哲学社会科学版), 2004(5)

秦志希、刘建明等. "媒介文化研究"笔谈. 载武汉大学学报(人文科学版). 2010(9)

秦志希、夏冠英、徐小立、刘建明. "媒介文化研究"笔谈. 载武汉大学学报(人文科学版), 2005(4)

若文、杨静. 媒介批评对象的负性心理抵抗透视. 载今传媒, 2007(1)

若文、刘建明. 媒介批评研究的拓荒者: 访刘建明教授. 载今传媒, 2006(5)

任勇胜. 刘建明谈媒介批评的几个问题：答《中国图书评论》编辑问. 载今传媒, 2006(7)

孙坚华. 传媒业应得到更多的关注. 载新闻出版导刊. 2001(1)

宋双峰. 填补媒介批评史空白的一部力作：评西方媒介批评史. 载今传媒, 2007(5)

宋双峰. 媒介与媒介批评的良性互动. 载今传媒, 2006(8)

宋双峰. 国外媒介批评机制研究. 载新闻记者, 2006(6)

宋双峰. 英国媒介批评的历史变迁. 载今传媒, 2006(11)

宋文翔. 网络传播媒介对当代美术批评方法论的拓展. 载玉溪师范学院学报, 2005(9)

苏蕾、董文辉、若文. 审读主体的角色认定：兼论报刊审读与媒介批评的小同大异. 载今传媒, 2006(6)

石潇纯. 解读媒介批评新视野中的女性主义. 载湖南大众传媒职业技术学院学报, 2003(4)

谭舒、袁传峰. 网络 BBS 与媒介批评. 载大连民族学院学报, 2004(4)

谭舒、董天策. 媒介批评：疑问与思考. 载新闻记者, 2002(2)

童兵. 媒介化社会新闻传媒的使用与管理. 载新闻爱好者, 2012(21)

田中初. 电子媒介如何影响社会行为：梅罗维茨传播理论述评. 载浙江师范大学学报, 2006(1)

陶忠辉. 媒介批评的困境及突围策略. 载新闻前哨, 2003(9)

王海涛、刘晓程：美国新闻史中的媒介批评与新闻自律. 载新闻知识, 2007(1)

王颖吉. 论李大钊媒介批评思想的来源及其马克思主义转型. 载贵州文史丛刊, 2006(1)

王君超. 媒介批评的现状、机遇与挑战. 载今传媒, 2005(10)

王君超. 媒介批评：历史与走向. 载 国际新闻界. 1999(2)

王君超. 我国媒介批评的现状与思考. 载报刊之友, 2002(1)

王德胜. 媒介变化·大众文化·文学批评. 载民族艺术研究, 2003(4)

王志敏. 媒介批评的定位问题. 载现代传播, 1996(2)

吴迪. 媒介批评. 特性与职责. 载北京广播学院学报, 1995(5)

吴迪. 媒介批评. 现状与对策. 载当代电影, 1996(2)

吴靖、云国强. 媒介批评的重构：兼论媒介批评的公共性. 载现代传播, 2005(2)

闻仲. 也谈开展媒介批评的立场、观点问题. 载今传媒, 2006(4)

闻仲. 审读、阅评与媒介批评：兼与刘晓程先生商榷. 载今传媒，2006(9)

温乃楠. 大众传媒中的女性形象问题研究. 载大连理工大学硕士学位论文，2008

肖云儒. 质疑"传媒文艺评论". 载新华文摘，2001(3)

肖鹰. 媒介扩张与文学批评：当前中国主流批评症候. 载天津社会科学，2007(1)

肖云、王卉. 科学精神在媒介批评中的缺失. 载中共成都市委党校学报，2005(4)

夏建中. 当代流行文化研究. 概念、历史与理论. 载中国社会科学，2000(5)

谢静. 认同危机与"新闻场"的重构：有关付费采访的媒介批评话语分析. 载新闻大学，2006(3)

谢静. 媒介批评在实践中发展——以"新闻记者"的媒介批评实践为例. 载新闻大学，2005(4)

谢静. 20世纪初美国的媒介批评与新闻专业主义确立. 载新闻与传播研究，2004(2)

谢静. 媒介批评：专业权威的建构策略——从新闻专业主义解读美国的新闻媒介批评. 载新闻大学，2004(3)

谢静. 美国的媒介批评与新闻专业自律. 载新闻记者，2003(5)

谢静. 协商规范：美国媒介批评与新闻专业规范之建构和解构. 载新闻大学，2003(3)

习耳. 报刊批评与媒介批评：兼评《媒介批评通论》. 载报刊之友，2001(4)

徐舫州. 也算是"媒介批评". 载现代传播，1996(2)

余红. 网络时政论坛与舆论领袖研究：以强国社区"中日论坛"为例. 华中科技大学出版社，2010

尹焕霞. 新闻媒介与新闻批评方法. 载内蒙古农业大学学报(社会科学版)，2005(1)

应天常. 媒介批评是对媒介人物进行人格评价的试金石. 载声屏世界，2002(4)

应天常. 媒介人物与媒介批评. 载声屏世界，1997(4)

张晓锋. 论媒介化社会形成的三重逻辑. 载现代传播，2010(7)

张慧玲、任东晖. 五四时期：中国现代媒介批评的诞生期. 载湖南大众传媒职业技术学院学报，2006(6)

张羽. 当前开展媒介批评需要思考的几个问题. 载今传媒，2006(3)

张羽. 对媒介批评若干基本问题的再思考. 载今传媒，2006(10)

张羽. 报刊批评与媒介素养教育. 载报刊之友，2000(6)

张碧红. 从媒介工具化到媒介社会化：微博的个体表达与社会影响. 载学术研究，2012(6)

张锦华. 女性主义与大众传播研究. 载心理，1999.

郑航生. 流行文化社会学研究的新进展. 载创新，2011(3)

郑微波. 传播媒介对文艺批评的影响. 载淮阴师范学院学报(哲学社会科学版)，2004(6)

赵红艳、刘峰. 媒介批评之我见. 载新闻传播，2006(9)

赵勇. 大众文化的概念旅行、演变轨迹和研究走向. 载山西大学学报(哲学社会科学版)，2012(3)

哲峰. 行为传媒评论：主体、客体与标准. 载新闻出版报. 1997(1—17)

邹欢芳. "媒介批评"的焦点现象及对策的思考. 载长沙铁道学院学报(社会科学版)，2005(4)

朱光烈. 主题. 媒介批评. 载现代传播，1996(2)

朱国华. 大众媒介时代的文学批评. 载四川大学学报(哲学社会科学版)，2007(3)

英文文献

Abbott，H. P. The Cambridge Introduction to Narrative. Cambridge：Cambridge University Press，2008

Bernadette Barker-Plummer. News and Media：a Historical Dialogue. Journalism & Communication Monographs，2010

Chaper Hill，NC：Univ of North Carolina Press，1987

Carter Kathryn，Spitzack，Carole(Eds). Doing Research on Women's Communication：Perspectives on Theory and Method. New Jersey：Ablex Publishing Corporation，1989

Dworkin，Dennis. Cultural Marxism in Postwar Britain. Trans. Li Fengdan. Beijing：People's Publishing House，2008

Gaye Tuchman. The Symbolic Annihilation of Women by the Mass Media，1978

GayeTuchman，Arlene Kaplan，Daniels，James Walker Benét. Hearth and Home：Images of Women in the Mass Media. New York：Oxford Univ. Press，1978

Gunter, B. Television and Gender Representation . London: John Libbey, 2005

Gauntlett, D. Media, Gender and Identity: An introduction. London: Rout ledge, 2002

Goodwin, Andrew. Introduction. The Uses of Literacy. By Richard Hoggart. New Brunswick, New Jersey: Transaction Publisher, 1998

Kellner, Douglas, Media Culture: Cultural Studies, Identity and Politics between the Modern and the Postmodern. London and New York: Routledge, 1995

Keller, E. F. Reflections on Gender and Science. New Haven, CT: Yale Univ Press, 1985

Hawkins, Katherine. Exposing Masculine Science: An Alternative Feminist Approach to the Study of Women's Communication. Carter Kathryn, Spitzack, Carole(eds). Doing Research on Women's Communication: Perspectives on Theory and Method. New Jersey: Ablex Publishing Corporation, 1989

Hall, Stuart. "Richard Hoggart, The Uses of Literacy and the Cultural Turn." British New Left Thinkers. Ed. Zhang Liang. Nanjing: Jiangsu People's Publishing House, 2010

Hoggart, Richard. The Uses of Literacy. New Brunswick, New Jersey: Transaction Publisher, 1998

Hoggart, Richard. Introduction to the Transaction Edition. Practical Criticism: A Study of Literary Judgment. By I. A. Richards. New Brunswick, New Jersey: Transaction Publishers, 2004

Kathryn Weibel. Mirror mirror: Images of women reflected in popular culture. 1977

Jensen, J. Redeeming Modernity: contradictions in media criticism. London: Sage, 1990

James Boylan, Critics. A Thousand Voices Bloom, Columbia Journalism Review(CJR), March-April, 2000

Mcrobbiej. An ideology of adolescent femininity. London: Croom Helm, 1982

Genette, Guard. Narrative Discourse. An Essay in Method. Ithaca. Cornell University Press, 1980

Mulhern, Francis. "A Welfare Culture?: Hoggart and Williams in 50s", Research on Marxist Aesthetics, Vol. 3. Guilin: Guangxi Normal University Press,

2000

Norman Fairclough. Discourse and Social Change. polity press, 1992

Prince, G. A Dictionary of Narratology. Lincoln: University of Nebraska Press, 2003

Radway, Janice A. Reading the Romance: Women, Patriarchy, and Popular Literature

Zoonen, Liesbet Van. Feminism Media Studies, Lodon: Sage, 1994

Raymond Williams. Keywords. a vocabulary of culture and society. New York. Oxford University Press, 1983

Ryan Marie-Laure. Narrative as Virtual Reality. Immnersion and Interactivity in Literature and Electronic Media. Baltimore and London. The Johns Hopkins University Press, 2001

Robert C. Allen. Channels of Discourse. Reassembled: Television and Contemporary Criticism. the University of North Carolina Press, 1992

The Politics of News. the News of Politics, Edited by Doris Graber, Denis McQuail, Pippa Norris, A Division of Congressional Quarterly Inc. , 1998

Teun A. Van Dijk. News as Discourse. Lawrence Erlbaum Associates, Inc. 1988

Terence Hawkes. Structuralism and Semiotics. University of California Press, 1977

Baudrillard, Jean. The Consumer Society. Trans. Liu Chengfu and Quan Zhigang. Nanjing: Nanjing University Press, 2006

Thompson, E. P.. The Making of the English Working Class. Trans. Qian Chengdan, et al. Nanjing: Yilin Publishing House, 2001

Vincent, R. C. , Crow, B. K. & D. K. Davis(1989). When technology fails: the Drama of airline crashes in network television news. Journalism Monographs, No. 117

Lazarsfeld Paul. The role of criticism in the management of mass media. Journalism Quarterly, 1984

Williams, Raymond. Politics and Letters. Trans. Fan Ke and Wang Weifen. Kaifeng: Henan University Press, 2010

后　记

经过两年多的努力，教材《媒介批评：理论与方法》终于脱稿了。

首先我要声明的是，本教材由本人和本人的博士生、硕士生参与，是大家共同努力完成的成果，是集体劳动的结晶。本教材的基本思路、内容、结构和试图体现的特色由我提出和拟定，除了我撰写的内容外，其他章节内容都是我与我的博士生、硕士生们集体讨论、集体劳动和集体写作的成果。在此，向所有参与本教材编写工作的人员表示诚挚的谢意！

本教材编写难度很大。作为大众传播学科理论体系的重要构成，"媒介批评"研究已得到学界的普遍认同，在建立"媒介批评"作为独立的学科的理论体系方面，前辈们也做了很多有益的探索。已出版的各类有关"媒介批评"的著述，为建立"媒介批评"学科的理论体系与研究方法奠定了坚实的学理基础。但是，目前全面总结各家研究成果，并形成完整系统的学科体系的"媒介批评"教材尚不多见。因此，撰写"媒介批评"理论与方法这一教材，虽非筚路蓝缕之功，但艰难辛苦唯有自知。本教材中的诸多观点、论述未必完全明晰准确，甚至难免有错谬之处，唯望请益于方贤，恳切不吝斧正，以便有益于我国媒介批评理论研究与教学及实践的良性发展。

本教材撰写的具体分工如下：姚君喜撰写第一章、第二章、第三章、第四章、第五章、第十二章、第十五章（第一节），徐金忠撰写第六章、第七章、第十章，白如金撰写第八章，易钟林撰写第九章，叶百安撰写第十一章、张寅撰写第十四章，周晓晗撰写第十五章（第二节），刘展撰写第十三章、第十五章（第三节）。

本教材初稿完成后，由我统稿和修改，并充实完善了大量内容。为了使全书的观点、逻辑、内容和语言风格较为统一，在原作者撰写的基础上，对部分章节做了大幅度的修改，作为最后的定稿。由于有多位编写者参与写作，内容、体例、语言等方面难免有差异。当然，本书中的任何纰漏和不足之处，皆由本人承担全部责任，也恳请方家批评指正，以待再版时补正。

本教材的编写出版得到了北京师范大学出版社的大力支持，特别是王强先生的敬业和宽容的态度以及愉快的合作过程，给我留下了深刻的印象。书稿从计划写作到最后完成，经历了整整三个年头，在此期间，王强先生始终耐心地等待，并不断给予理解和鼓励，在此，特别表示衷心的感谢！也借此机会，向多年来在教学、研究和日常生活中不断给本人帮助和支持的所有同仁、朋友和家人表示衷心的谢意！

姚君喜

2013 年 8 月 30 日于

上海交通大学南洋博仕欣居寓所